미륵불佛과
재림再臨예수 2

Maitreya Buddha, Second-coming Jesus

미륵불佛과 재림再臨예수 2
Maitreya Buddha, Second-coming Jesus

2010년 02월 20일 초판 1쇄 인쇄
2010년 02월 25일 초판 1쇄 발행

지은이 彌照 金重泰
펴낸곳 華山文化
펴낸이 許萬逸

등록번호 2-1880호(1994년 12월 18일)
전화 02-736-7411~2
팩스 02-736-7413
주소 서울시 종로구 통인동 6, 효자상가 A 201호
e-mail huhmanil@empal.com

ISBN 89-978-93910-04-9
      89-978-93910-02-5(전 2권)
ⓒ 김중태, 2010

미륵불佛과
재림再臨예수 2

Maitreya Buddha, Second-coming Jesus

彌照 金重泰 지음

화산문화

책머리에

옛부터 우리 땅에는 삼신 신앙이 있었다. 미륵님이 오신다는 미륵 신앙도 있었다. 우리들은 할머니로부터 삼신과 미륵에 대한 이야기를 무수히 들어 왔다. 집안에 크고 작은 일이 있을 때마다 우리네 할머니들은 뒷 장독대에 정화수를 떠놓고 밤새 칠성님께 두 손 모아 빌었다. 이 소박한 그러나 더없이 정성을 다해 올린 기도는 하늘과 땅에 닿았다.

몇 해 전 정부의 어느 기관 공직자들이 자신들과 소속되었던 조직을 "영혼 없는……" 표현하여 많은 국민들로부터 빈축을 산 일이 생각난다.

彌照 金重泰 선생은 "'영혼', '영'이 무엇인지, 이 '영'은 어떻게 우리 인간에게 들어와 있는지, 또 어떻게 본래로 돌아가는지?" 이 책에서 형이상학의 유일한 주제인 '영혼' 문제를 우리들에게 잘 설명해주고 있다.

또 유교의 영향과 일제 식민시대에 잘못 알려진 단군 이래 우리 조상들의 훌륭한 유풍과 사상을 저자는 동서양 철학에 대한 깊은 사유와 연구를 통해 이를 바로 잡아주고 있다.

앞으로 닥쳐올 우리 민족과 인류의 미래에 대해서도 많은 성직자와 종교학자, 세계의 석학들이 논란을 펴고 있습니다만 10년 전 저자가 쓴 『원효결서(元曉訣書)』의 재물일도(宰物一道)에서 세계 사상과 종교의 통일을 밝혔듯이 미륵불(佛)의 출세(出世)와 재림(再臨) 예수의 강림(降臨) 문제를 명쾌히 밝혀주고 있다.

저자인 彌照 金重泰선생께서 『원효결서』 이후 이 책을 집필하게 된 경위와 그 뜻을 이 책 2권 말미에 '후기(後記)'로 붙여 놓았기에 부득이 책머리에 이 책을 펴낸이로서 대신 몇 자 적었음을 양해구하는 바입니다.

2009년 12월 말

許萬逸 識

〈제1권〉

차례

제1장 동서양 사상의 회통(會通)

1. 설산십육자(雪山十六字), 선팔자 후팔자의 의미   12
2. 잘못 알고 있는 유교와 도교   21
3. 성경에 대한 회의   27
4. 『탈무드 임마뉴엘』(Talmud Immanuel)   30
5. 한국 철학과 종교에 나타난 윤회(輪廻)와 열반(涅槃)사상   41

제2장 태양앙명인중천지일(太陽昻明人中天地一)

1. 천부인(天符印) 3개   65
2. 한웅천왕의 태양중심설과 계해력(癸亥曆)   69
3. 천도의 순리를 거역한 요(堯)임금의 갑자력(甲子曆)   76
4. 갑자력의 역사적 의미   83
5. 태양앙명인중천지일도가 지리에 미친 영향   104
6. 태양앙명인중천지일도와 가림토(加臨土) 문자   114
7. 「훈민정음 제자해(制字解)」의 비과학성   115
8. 국문정음과 훈민정음을 관통하는 철학의 공통성   122
9. 세종(世宗)과 『징심록』(徵心錄)   124
10. 태양앙명인중천지일도의 과학성과 세계성   129
11. 「훈민정음 제자해」는 세종의 작품이 아니다   134

제3장 한자의 기호해석학

1. 천(天) 150
2. 지(地) 153
3. 왕(王) 156
4. 무(巫) 166
5. 선(僊) 175
6. 령(靈)자의 잘못 191
7. 령(靈)자와 그 이칭(異稱) 194
8. 신(神)자와 榊자 249
9. 여(呂) 251
10. 뷰 258

제4장 한검(桓儉)단군과 가륵(嘉勒)단군의 즉위조서(卽位詔書)

- 1세 단군왕검 즉위조서(B.C. 2333년 戊辰 10월 3일)와
  3세 가륵단군 즉위조서(B.C. 2176년 乙巳 9월) 261
1. 천심(天心), 도심(道心)과 일심(一心) 267
2. 충(忠)이란 무엇인가 289
3. 경천(擎天)의 올바른 이해 303
4. 효친(孝親) 305
5. 사인여천(事人如天) 343
6. 극애물(克愛物) 349
7. 성기(成己) 362
8. 자유(自由) 363
9. 개물평등(開物平等) 383

〈제2권〉

차례

제4장 한검(桓儉)단군과 가륵(嘉勒)단군의 즉위조서(卽位詔書)

10. 천하자임당존(天下自任當尊)   9

제5장 홍범구주(洪範九疇)

■ 홍범구주의 유래   47
1. 오행(五行)   54
2. 오사(五事)   63
3. 팔정(八政)   67
4. 오기(五紀)   92
5. 건용황극(建用皇極)   96
6. 삼덕(三德)   96
7. 명용계의(明用稽疑)   104
8. 서징(庶徵)   111
9. 오복(五福)과 육극(六極)   126

제6장 여호와와 예수

1. 그리스도교와 로마제국   135
2. 예수교가 아닌 바울교   146
3. 윤회(輪廻)와 환생(還生)과 부활(復活)   153
4. 성령(聖靈)   160

5. 원죄와 구원과 교회의 문제 … 163

6. 신앙(信仰)의 문제 … 178

7. 노예 도덕의 문제 … 181

8. 변형(變形)과 기적(奇蹟)의 문제 … 183

9. 여호와는 신인가, 악마인가 … 197

제7장 석가모니와 원효

1. 불교철학의 딜레마 … 217

2. 일관도(一貫道)와 궁장조사(弓長祖師) … 240

3. 미륵불(佛)의 출세(出世) … 245

4. 투화지근(偸花之根) … 262

5. 신라 불교와 여타 불교 … 267

6. 원효(元曉) 사교(四教) … 306

제8장 一과 ○의 비밀

1. 하느님 그 불완전의 운명 … 329

2. 하나님의 잠 … 335

제9장 재물일도(宰物一道)

1. 예수의 예언 … 353

2. 에너지의 위기와 석유전쟁 … 359

3. 창조주의 생명법칙과 청산되어야 할 사이비 진리들 … 372

4. 미륵불(佛)과 재림(再臨) 예수 … 388

■ 후기(後記) … 398

제4장

한검(桓儉)단군과 가륵(嘉勒)단군의
즉위조서(卽位詔書)

10. 천하자임당존(天下自任當尊)

　가륵단군 즉위조서 본문에는 成己 自由 開物平等 以天下自任當尊 으로 문장이 구성되어 있다.
　"참 나(眞我)를 이루고 시간과 공간의 제약을 받지 않는 영원불변한 적 존재로서 자유를 만끽, 열락하고 만물이 수행하는 역할의 절대 평등 성위에서 지상에 살고 있는 행저화유재(行룛化游裁)의 모든 존재들이 스스로 맡은 임무를 수행한다면 이로서 천하는 마땅히 높힘을 받을 것이다"라는 뜻이다. 以자는 앞의 성기, 자유. 개물평등과 뒤의 천하자임당존을 연결해주는 어조사이기 때문에 以를 뺀 天下自任當尊만으로도 하나의 훌륭한 성어(成語)가 된다. 한인하나님으로부터 性命精의 三眞을 받은 인간과 행저화유재(行룛化游裁)의 중생이 자발적으로 맡은 바 책임을 다함으로써 하늘 밑 세계는 마땅히 높힘을 받을 것이다라는 天下自任當尊은 하늘 밑 세계가 하늘 위 세계, 즉 한인하나님이 상주(常住)하시는 천당과 같은 레벨의 세계로 화하여 지상 천국이 된다는 뜻이다. 천당과 그 반대어인 지옥, 합해서 천당지옥이 개념은 무엇이고 실체는 무엇이며 천당지옥은 과연 실제로 존재하는 것인가?

이러한 물음은 천당과 지옥의 엄연한 실재를 종교적 교리로 설정하고 있는 기독교, 이스람교, 힌두교, 불교는 물론이려니와 어떠한 종교도 믿지 않는 무종교인조차 수도 없이 반복하여 자문해보는 실존적 삶의 원초적 질문이라 아니 할 수 없다.

먼저 지옥, 감옥 할 때 獄이 개념이 무엇인지를 해명해보자.

獄자는 개犭자와 말씀言자 개犬자로 구성되어 있는 합성어이다.

犬이 야생의 개에서 사람에 의해 길들여진 가축화된 개에 붙여지는 글자라면 犭은 늑대, 이리, 여우, 원숭이 등 야성(野性)을 가진 개과 동물에 주로 붙여지는 글자이다. 犭자 변이 붙은 야생동물의 이름을 들자면 狼=늑대랑, 狐=여우호, 猿=원숭이원, 獅=사자사, 猬=고슴도치위, 猪=산돼지저 등 많이 있다.

犭자 변이 들어간 글자가 인간 및 인간 집단에 적용되는 경우, 포식자인 늑재근성을 버리지 못한 겉모습만 사람뿐인 야만인에게 적용되는 글자이다.

충족(狆族)은 온몸이 털로 뒤덮힌 삽살개충이지만 인간 집단에 적용될 경우 충족은 가슴팍과 얼굴, 양쪽 팔다리가 온통 털로 뒤덮힌 아리안계통의 서양 야만족에게 붙이는 오랑캐 이름 충자이고 狄은 피해자인 지나인의 입장에서 보아 불화살을 쏘아대며 이리떼같이 돌진하는 약탈근성을 못 버린 만리장성 북쪽에 살던 몽골, 거란, 흉노, 여진, 선비 등 유목민족에게 붙여진 오랑캐 이름 적狄이다.

狂은 미칠광이고 猖도 미칠창이지만 狂과 猖의 글자 속에는 늑대가 왕노릇하고 인간 본성 대신 늑대의 약탈 근성이 번창하는 세상은 정상적 세상이 아닌 미친세상이라는 뜻이 내포되어 있다. 이제까지의 설명을 바탕으로 옥(獄)자를 풀이해보자. 獄자는 늑대(犭)와 개(犬)가 말씀(言)을 사이에 두고 마주쳐다보며 대치하고 있는 형상이다. 늑대와 개가 만났다면 말로 서로 대화를 나누면 될텐데 양자간에 말이 통할 리 없다. 포식자인 늑대와 먹이 사냥의 야성을 못버린 사냥개는 서로 잇몸을 드러내고 잇빨을 내보이며 입에 거품을 물고 잡아먹으려 으르릉거리며 짖어댄다.

따라서 만나기만 하면 서로 으르릉거리며 싸움질만 하는 늑대와 사냥개, 그리고 견원지간(犬猿之間)의-개와 원숭이는 대립과 반목과 투쟁과 상호 저주와 상대방 생명 앗아가기를 상징하는 지옥의 두 저승사자다. 지구로부터 멀리 떨어진 하늘에 지옥의 간판을 내다 걸은 외토(外土)의 지옥별이 있어서 지옥이 존재하는 것이 아니라 문자 그대로 지구에 있는 옥(獄)이기 때문에 지옥은 다음과 같은 말로서 상징화 된다.

①말이 통하지 않는 세상, 인간의 보편적 상식이 통용되지 않는 세계, 피차간 대화가 단절된 세계는 지옥이다.

②반목과 갈등과 증오가 심화되어 있는 세계, 말보다 주먹이 가깝고 문제 해결의 지름길을 폭력에서 구하려는 세계는 지옥이다.

③천재지변이나 전쟁 등, 예기치 못한 사태로 여러사람이 비참한 지경에 빠졌을 때, 그 고통에서 헤어나려고 악을 쓰며 고래고래 소리지르는 현장을 아비규환(阿鼻叫喚)의 생지옥이라 부른다. 고로 정상 궤도를 이탈한 비정상적 세계, 일어나서는 안될 일이 자주 일어나는 황당 사건의 발생 빈도가 잦은 세계는 지옥이다.

④기근이나 전염병으로 사망자가 속출하는 세계, 백성들의 자유를 탄압하는 정치권력의 횡포가 극심하고 지도층의 부정부패가 만연하며 관리들의 가렴주구가 창궐(猖獗)한 세계도 생지옥이다.

⑤가난하고 힘 없는 사회적 약자를 무시하고 노인과 부녀자를 천대하

며 병약자 및 신체장애인, 지체부자유자를 멸시하면서 오로지 약육강식의 밀림법칙을 출세의 법칙으로 신봉하는 자가 잘되는 세계도 지옥이다.

⑥생명 및 생명현상에 대한 심오한 외경심 대신 생명경시 풍조가 만연한 세계, 기아(棄兒)와 어린이의 고아원 위탁과 해외 입양이 아무런 꺼리김 없이 성행하고 낙태 수술이 성업을 이루는 세계, 사람의 생명조차 이렇게 천시하는 세계는 인간과 수평적 동반자 관계에 있는 다른 생물의 생명을 살상하는 악행에 조금의 주저함도 없다. 극성을 부리는 밀렵꾼들의 행패, 환경 친화적 사업이란 간판을 겉으로 내걸고 속으로는 생태계 파괴에 앞장서는 악덕기업들이 주류를 형성하고 있는 세계 또한 사(死)지옥이 아닌 생(生)지옥이다.

지옥의 정 반대가 천당이므로 천당은 지옥이 될 수 있는 자격요건으로 위에 규정한 6개항이 전무한 적정평화(寂靜平和)의 세계이다.

다시 한 번 강조하지만 지옥은 외계(外界)에 지옥 간판을 달고 있는 인간의 상상 속에 존재하는 유상(有相) 지옥을 말하는 것이 아니라 한시성의 감옥에 갇혀 생자필멸(生者必滅)의 필연성을 향해 전진하고 있는 인간과 뭇 생물의 육신이 살아가는 닫힌 계(closed system)인 지구를 말한다. 다만, 인간과 행저화유재(行豬化游裁) 생물과의 협동과 공동 노력 결과에 따라 지구의 위상은 천당으로 승격 될 수도 잇고 지옥으로 타락할 수도 있는 양면성을 가지고 있다.

한편 천당은 한시적 육신이 살아가는 현상계가 아닌 영원한 영혼의 세계인 본체계를 말한다.

"천당 간다", "극락왕생 한다", 열반에 든다", "정토(淨土)에 다시 태어난다", "천국의 백성으로 영생을 누린다", "귀천(歸天) 한다", "復歸於無極" 등 다양한 표현은 모두 육신이 죽은 후 불멸의 영혼이 본래 온 곳으로 회귀하는 상태를 각 종교의 고유한 언어로 묘사한 것이다.

육신의 형상 없이 순수 0으로 형연중존(炯然中存)하신 하나님이 곧 천당이기 때문에 유상(有相) 지옥이 없는 것과 마찬가지로 유상 천당도 없다. 유상천당이란 외형적 모습을 갖춘 형상있는 천당이라는 뜻이다.
　『아미타경』에 나와 있는 표현을 인용하자면 "일곱 겹 난간과 일곱 겹 보배 그물과 일곱 겹의 가로수가 늘어서 있고 황금 빛 금모래가 깔려있는 밑바닥이 유리알처럼 투명하게 들여다보이는 연못마다. 여덟 가지 공덕으로 가득한 푸른 물이 넘실대고 물위는 푸른 연꽃 빛이요, 금, 은을 비롯한 일천 가지 보화와 온 갖가지 꽃으로 장엄하게 장식된 계단과 누각과 궁전이 즐비하게 들어서 있는 극락세계" 운운(云云)으로 절경의 천당을 묘사하고 있다. 하지만 이는 인간의 상상력이 지어낸 천당의 모습을 온갖 미사여구를 동원해 문학적으로 표현한 것일 뿐, 아름다운 경치를 감상할 눈도 탄성을 지를 입도 육신의 형상도 없는 영혼의 세계에 장엄한 외형을 갖춘 구조물과 절경이 어찌 필요하리요. 유상지옥 역시 인간의 상상력이 만들어낸 픽션(fiction)일 뿐이다.
　『신곡』의 저자 단테를 비롯하여 여러 문학자들이 묘사한 지옥의 외형적 모습은 공포괴기드라마에 나오는 광경과 흡사하다.
　지옥에 붙잡혀온 악인은 온갖 귀신과 악령, 괴물과 괴수들의 저주와 악담 속에 암흑의 구렁텅이로 떨어져 득실거리는 독사와 독충들에게 물어뜯기고, 무수한 바늘과 송곳에 온 몸을 찔리고, 유황불이 이글거리는 불구덩이에 내던져져 살갗이 타 들어가는 고통을 견뎌야 하고 거꾸로 매달려 암흑의 천장으로부터 100년마다 한 방울씩 떨어지는 물방울로 혀를 적시려 하나 갈증에 시달린 악인들의 입이 너무 많아 그나마도 여의치 못한 한마디로 영원한 암흑과 고통과 절망으로 가득 찬 저주받은 장소로서 유상지옥이 묘사되고 있다.
　그렇다면 여기에서 한 가지 피할 수 없는 의문점이 제기된다. 유상 지옥과 유상 천당이 실제로 존재하지 않는 것이라면, 왜 각 종교의 성직자들은 천당, 지옥을 두 눈으로 직접 목격한 것처럼 이야기하면서 교인들에게 심리적 압박을 가하는가?

정답은 의외로 간단하다. 석가모니께서 사람들을 교도하기 위해 말씀한 교육용 천당, 교육용 지옥을 성직자들이 앵무새처럼 복창한 것에 불과하기 때문이다. 사실 예수는 천당, 지옥을 단 한번도 거론한 적이 없다. 베드로와 바울이 예수의 가르침을 변조하여 『요한계시록』에 천당, 지옥, 최후의 심판 등을 삽입했다.

늘 울어대는 아이의 울음을 그치게 하기위해 "순사가 너를 잡아간다.", "호랑이가 너를 잡아간다", "귀신이 너를 잡아먹는다." 등 온갖 무시무시한 이야기로 아이의 공포심을 유발시켜 울음을 그치게 하려는 어머니의 노력이 허사가 되자 최후로 "지옥의 저승사자가 너를 잡아 지옥의 지글지글 끓는 유황불에 던진다."는 말에 아이가 울음을 뚝 그쳤다는 일화는 옛날 동화에 자주 등장한다. 이 경우 어머니가 말한 지옥은 아이의 울음을 그치게 하기위한 교육용 지옥이다. 개인이 아닌 집단을 상대로 교육용 천당과 지옥이 가장 큰 효험을 본 곳은 암흑기로 요약되는 중세 유럽의 봉건사회였다. 중세유럽의 봉건체제에서 대 토지 소유주는 각 지역의 봉건 영주와 교회였으며 농노의 노동력에 전적으로 의존하는 농노제경제체제였다. 4세기 말 54대 교황 겔라시우스 1세에 의해 세속적 국가 권력(secular power)과 교회의 신성한 권력(sacred power)이 2개의 권력(two Swords)으로 용인된 이래 세속적 국가의 목적은 국민의 지상적 행복을 보장하는데 있고 교회의 신성한 목적은 유럽 각 지역에 살고 있는 신의 백성들에게 천상적 행복을 보장하는데 있었다. 천상적 행복이란 단 한가지 즉, 죄 사(赦)함을 받고 구원을 얻어 천당에 가는 것이다.

교회가 식탁에서부터 부부의 잠자리까지 간섭한다는 말은 이때에 이미 시작되었다. 예배와 각종 의식 때마다 사제들은 이런 식으로 설교한다.

"여러분들은 원죄의 멍에를 짊어지고 이 세상에 태어났오, 현실세계의 모든 괴로움, 특히 농노 여러분이 겪는 괴로움은 모두 원죄를 저지른 대가로 신께서 내린 형벌이요, 따라서 신의 계율을 지키는 것만이 최상의 삶임을 깨달아야 할 것이요, 성부, 성자, 성신의 대행자인 교황님과 사제님들의 말씀과 가르침에 절대 순종하는 자는 구원을 받아 천당에 갈 것이며, 교황님과 사제님들의 가르침에 의심을 품거나 불복하는 자, 노동현장에서 태업하는 자, 우상을 숭배하는 이교도와 놀아나는 자, 일상생활에 있어 신의 계명에 어긋나는 악행을 저지르는 자들은 모조리 최후의 심판을 받아 훨훨 타는 지옥의 유황불 속에 내던져져 영원한 고통을 받을 것이요."

중세 유럽에 살았던 사람들에게 있어 삶의 유일한 목표는 예배 때마다 귀가 따갑도록 들어온 무시무시한 지옥으로 떨어지지 않고 구원을 받아 천당으로 직행하는 일이었다. 마치 수영에 들어가기 전에 준비운동을 하듯 이 세상의 삶은 아무런 의미가 없는 그야말로 내세를 위한 준비단계에 불과 했으며 이것이 바로 아우구스티누수적 신의 국가(Civitas Dei)로 상징되는 중세 암흑기의 참 모습이었다.

그러나 진실을 말하자면 기독교의 교주(敎主)인 예수는 유상천당 유상지옥의 실존설을 부정했다.『탈무드 임마누엘』에는 사람의 영혼은 창조주 영혼의 일부이므로 사람 하나하나가 모두 영혼의 왕국의 임금이며 창조주가 살아 계시는 천국이라는 의미로 천당의 개념이 정의되어 있다.

창조주의 o으로부터 분유되어 사람의 육신 속에 거주하는 o 은 눈으로 볼 수 없는 무형이기 때문에 예수께서 말씀하신 천국(Kingdom of Heaven)은 온갖 보배와 꽃들로 장엄하게 장식된 형상 있는 유상 천당이 아닌 형상 없는 무상 천당이다.

文殊菩薩所說般若經에 云하되 淸淨行者不入涅槃이요
문수보살 소설 반야경   운   청정행자불입열반
破戒比丘不入地獄이니라.
파계비구불입지옥

문수보살이 설법하신 반야경에 이르되 청정행자는 열반에 들지 아니 하고 파계한 비구는 지옥에 들지 않는다

하였다. "열반에 든다"는 말은 "천당 간다"는 말과 같은 뜻이다. 청정일심(淸淨一心)의 본체는 비로자나 대광명불의 唯心이며 그로부터 받은 청정무구(淸淨無垢)의 一心을 지켜 사바세계의 염상(染相)에 물들지 않는 청정한 수행과 선행을 거듭하는 불심 자체가 곧 무상 천당이기 때문에 청정수행자는 구태어 있지도 않는 외계의 유상 천당에 가야 할 이유가 없고 또한 계율을 깨뜨리는 것 자체가 무상 지옥이므로 구태어 있지도 않는 외계의 유상 지옥에 가야 할 필요성도 없다. 무상 천당, 무상 지옥이 무엇인지 아직도 실감나지 않는 독자들을 위해 실화 한 토막을 예로 들어보겠다.

한 400년 전쯤 일본에서 일어난 일이다.

칼 잘 쓰는 사무라이 한 명이 하루는 절을 찾아 와 주지스님에게 천당, 지옥의 해답을 구하였다.

"스님! 천당, 지옥이 무엇이며 실제로 있습니까?"

스님은 빙그레 웃으며 아무 말씀이 없다.

두 번째는 좀 더 큰 목소리로 "스님! 천당, 지옥이 무엇이며 실제로 있읍니까?" 이번에도 스님은 빙그레 웃으며 아무런 말씀이 없다.

역정이 난 사무라이는 이번에는 더 큰 목소리로 "스님, 제 말이 들리지 않습니까? 3번째로 질문컨대 천당, 지옥이 무엇이며 실제로 있읍니까?"

스님은 여전히 빙그레 웃기만 할 뿐 아무런 대답이 없다. 이에 화가 머리끝까지 치민 사무라이는 갑자기 언사를 바꾸어 "네 이놈, 천당 지옥도 모르는 놈이 무슨 얼어 죽을 스님이라니 이놈 땡중임이 틀림없구나, 너같은 놈은 밥만 축내는 식충이니 내 오늘 네놈을 죽여주마" 하며 칼을 뽑아 스님을 죽이려고 하였다.

 다급해진 스님이 칼끝을 피해 법당 기둥을 붙잡고 몸을 돌리는 순간 사무라이의 칼은 표적을 빗나가 기둥을 찍고 말았다. 스님은 넓은 법당의 기둥을 안고 뺑뺑 돌며 피신하고 쫓아가는 사무라이는 칼로 헛되이 기둥 찍기를 수십 차례, 지칠대로 지친 사무라이가 드디어 칼을 내던지고 바닥에 엎드려 스님에게 큰 절을 올리면서 "스님 제가 졌습니다" 하며 항복하고 말았다. 그제서야 스님이 입을 열어 천천히 말하기를 "증오에 가득 찬 네가 칼을 뽑아 나를 죽이려고 하는 마음, 그것이 바로 지옥이며, 자신의 잘못을 뉘우치고 엎드려 비는 겸허하고 청정한 마음 그것이 바로 천당이니라."

 "스님! 이제야 이 어리석은 놈이 천당 지옥이 무엇인지를 알게 되었습니다. 스님! 참으로 감사합니다. 그런데 스님! 그렇게 간단한 진리를 왜 제가 물어볼 때 말씀하지 않으시고 한바탕 어이없는 난리를 치루고 난 다음에야 말씀해주십니까?"

 "내가 처음부터 그렇게 말했더라면 너는 아마도 천당 지옥의 실상(實相)을 보지 못하고 그냥 돌아갔겠지, 너의 3번 질문에 3번 소이부답(笑而不答)한 것은 너의 급한 성격으로 미루어 분명 칼을 뽑아 나를 죽이려들 것이고 또한 나를 죽이지 못한 네가 분명 뉘우치며 용서빌 것을 알았기 때문에 네 마음의 양면성(兩面性)이 행위로 나타나 천당과 지옥의 참모습이 어떤 것인지를 네 스스로 깨닫게 하기 위함이었다."

 그렇다. 천당과 지옥은 손가락을 들어 하늘을 가리키며 저 멀리 하늘

저 쪽에 존재하고 있을지 없을지 확실하게 알지 못하는 지방정토(指方淨土)나 지방지옥(指方地獄)을 지칭하는 것이 아니라 인간의 마음속에 자리 잡고 있는 무상 천당과 무상 지옥을 말하는 것이다.

無防天堂 少往至者 三毒煩惱 爲家自財 無誘惡道 多往入者 四蛇五欲
무방천당 소왕지자 삼독번뇌 위가자재 무유악도 다왕입자 사사오욕
爲妄心寶
위망심보 (發心修行章에 나와 있는 원효의 말씀)

아무도 막지 않는 천당으로 가는 사람이 적은 이유는 탐진치(貪瞋痴)의 삼독번뇌(三毒煩惱)로 자신의 재물을 삼기 때문이며 아무도 유혹하지 않는 삼악도(三惡道)에 많은 사람들이 들어가게 되는 이유는 사사(四蛇: 육체의 구성요소인 地 水 火 風의 四大를 네 마리의 독사에 비유한 말)와 오욕(五慾: 식욕 성욕 재물욕 명예욕 수면욕)으로 마음의 허망한 보물을 삼고 있기 때문이다

일본스님과 사무라이의 실화에 이어 원효의 이 말씀도 현생체(現生體)에서 발생한 심생멸문(心生滅門)에 오락가락하는 내토(內土)의 무상지옥과 변역생사(變易生死)의 수많은 윤회를 거듭하면서도 상주불변(常住不變)하고 독야청청(獨也靑靑)한 심진여문(心眞如門)의 불심에 깃들어 있는 내토(內土)의 무상 천당을 논한 것이다.

다독다문(多讀多聞)의 불교승려 중 어떤이는 질문하리라.

"예수께서 유상 천당, 유상 지옥을 부정하셨는지는 몰라도 우리 아미타여래께서는 유상(有相)의 극락세계에 왕생할 수 있는 중생의 품격을 상품, 중품, 하품으로 나누어 上, 中, 下의 삼배(三輩)를 모두 이끌어 서방정토의 안양국(安養國)으로 인도하신다. 말씀하셨고 석가여래께서도 대승경전 여러 곳에서 유상(有相)의 무간지옥(無間之獄), 아비(Avei) 지옥

을 언급하셨으며 또한 불설아미타경의 이름이 시사하듯 아미타경은 석가여래께서 자청, 자원하시어 아미타여래가 다스리는 서방정토가 실제 존재하고 있음을 밝히신 것인데 당신은 어찌하여 불교의 무상 정토, 무상 지옥만을 거론하는가?"라고 질문할 것이다.

위의 질문에 대한 필자의 대답은 이렇다. 찐빵을 좋아하여 빵집을 들른 구매자에게 "손님! 이번 찐빵에는 앙꼬가 없습니다"라고 빵집 주인이 말한다면 "앙꼬 없는 빵이 어떻게 찐빵인가?" 거부감을 나타내며 빵집 문을 나서는 구매자 같이 믿음을 처음으로 일으킨 초심자에게 온갖 보배와 꽃들로 장엄하게 장식된 유상 천당이 없다고 말한다면 초심자는 크게 실망하여 "아하! 이 종교를 믿어 봐야 얻을 것이 아무것도 없구나" 탄식하며 발길을 돌리게 된다. 반대로 도둑질을 일삼는 상습적 도둑에게 만약 유황불이 지글지글 끓는 유상 지옥도 없고 도둑의 악행을 알알히 굽어 살피시는 하나님도 존재하지 않는다고 말한다면 도둑은 "그러면 그렇지 암 그렇고 말고"를 연발하고 의기양양해 하며 더욱 도둑질에 일로 매진할 것이다.

인간이 모두 석가나 예수 같은 성인이 아닌 이상 인간 행위에 대한 최종심판자인 신께서 선행자에게 내리는 상으로서의 유상 천당, 악행자에게 내리는 천벌로서의 유상 지옥은 필수불가결의 존재이다. 따라서 처음으로 믿음을 일으킨 초발심자에게 선행을 장려하고 악행을 경계하는 의미에서 유상 지옥과 유상 천당의 존재를 알린 다음 스님과 사무라이의 예화에서 보듯 일심의 무상 천당과 난심(亂心)의 무상 지옥을 스스로 깨닫게 유도하는 방법이 순리다. 이러한 깊은 뜻에 입각하여 중생을 교화하기 위한 방편으로서 석가여래는 유상의 무간지옥과 유상의 서방정토를 말한 것이다.

인간은 현상계와 본체계를 동시에 살아가고 있는 두 세계의 시민이다.

하지만 깨닫고 나면 육신의 세계인 현상계와 영혼의 세계인 본체계, 식욕과 성욕의 필요성에 체포되어 있는 육신의 사바세계와 영혼의 대 자유를 열예(悅豫)하는 열반의 세계는 두 개의 분리된 세계가 아닌 하나의 세계다. 이점에 관해 국선 화랑 출신으로 불교의 고승이 된 원효의 말씀을 직접 대면해보자.

爾乃或因塵風 淪五濁而隨轉 沈苦浪而長流 或承善根 截四流而不還 至彼岸
이내혹인진풍 윤오탁이수전 침고랑이장류 혹승선근 절사류이불환 지피안
而永寂 若斯動寂皆是大夢 以覺言之 無此無彼 穢土淨土 本來一心 生死
이영적 약사동적개시대몽 이각언지 무차무피 예토정토 본래일심 생사
涅槃 終無二際 然歸原大覺 積功乃得 隨流長夢 不可頓開
열반 종무이제 연귀원대각 적공내득 수류장몽 불가돈개 (무량수경종요 中에서)

혹 번뇌망상의 먼지바람으로 말미암아 시대의 혼란이 가중 되는 겁탁(劫濁)과 부정한 사상이 횡행하는 견탁(見濁)과 번뇌가 무성해지는 번뇌탁(煩惱濁)과 중생의 마음이 무디어지고 신체가 약해지고 이에 따른 고통이 많아지는 중생탁(衆生濁)과 중생의 수명이 짧아지는 명탁(命濁)의 다섯 가지 탁류(濁流)로 더럽혀진 악세(惡世)에 떨어져 끝없이 구르고 고해의 물결에 빠져 길이 표류하며 혹 선근(善根)을 심고 사류(四流)의 번뇌(몸과 마음에서 일어나는 欲, 有, 見, 無明의 4가지 번뇌)를 끊어 다시는 사바세계로 돌아옴이 없이 구경열반의 저 높은 언덕에 이르러 길이 적멸하나니 이러한 動과 寂이 모두 한 바탕 큰 꿈이로다.

無上의 깨달음을 얻은 佛의 입장에서 말하자면 이쪽 언덕의 사바세계도 저쪽 언덕의 열반의 세계도 없고 사바의 예토(穢土)와 불국의 정토가 본래 一心이니 육신의 삶과 죽음이 있는 이 세상과 一心이 永存을 누리는 저 열반의 세상이 분리되어 있는 두 세계가 아닌 하나의 세계일 뿐이다. 그러나 一心의 근원으로 돌아가는 큰 깨달음은 功을 쌓은 후에야 비로소 얻어지는 것이

니 생사의 흐름을 따르는 윤회의 긴 꿈에서 대번에 깨어날수는 없는 것이다

세계의 모든 종교는 육신은 죽어도 영혼은 영원히 살아 미래세에 필연적으로 환생, 부활한다는 내세관을 가지고 있다. 만약 영혼의 불멸성과 윤회를 통한 환생이 참이 아닌 거짓명제라면 인간 존재는 먹고 배설하는 단순한 고깃덩어리의 집합체로서 동물생태학의 연구대상일 뿐 형이상학의 주제는 되지 못한다.

오늘날 많은 사람들은 23억 명의 신도를 갖고 있는 세계 최대 종교인 기독교는 불교와 전혀 다른 종교이며 열반과 윤회는 불교의 교리일 뿐 기독교와는 아무 상관이 없는 주제로 생각하고 있다.

이러한 인식은 열반과 윤회를 말씀하신 예수의 진짜 가르침이 고의적으로 탈락되고 심하게 왜곡된 내용만을 신약성경에 기록함으로 말미암아 빚어진 오해이다.

진실을 말하자면 석가의 가르침과 예수의 가르침은 표현의 차이만 있을 뿐 근본적으로 같다. 이러한 의미에서 석가모니께서 직접 말씀하신 열반의 12가지 뜻을 살피면서 필자의 간단한 해의(解義)를 곁들인다.

『대반열반경』(大般涅槃經) 25권 광명변조고귀덕왕보살품(光明遍照高貴德王菩薩品)에 다음과 같은 내용이 기록되어 있다.

(1) "선남자야, 열(涅)은 아니다(不)라는 말이며 반(槃)은 짜다(織)라는 말이니 열반은 곧 부직(不織)이다."

〈필자해의〉: 織은 실로 옷짤직, 베(布)짤직이다. 織物은 실로 짠 옷가지 종류를 말하고 織成은 실로 옷을 짜듯이 촘촘하고 꼼꼼하게 일을 만들어낸다는 뜻이다. 직물이나, 직성이나 인공을 가해야 결과물이 완성되므로 織에는 人工 또는 인간 作爲의 뜻이 내포되어 있다. 따라서 涅槃 곧 不織은 사람이 만들고 계획을 짜고 노력해서 천당에 가는 것이 아니라

육체가 죽고 나면 亡者의 영혼(一心)은 저절로 스스로 알아서 자기 고향인 우주의 본체로 돌아간다는 뜻이다.

(2) "선남자야, 槃은 또 돌이킨다(覆)는 말이니 不覆이 곧 열반이니라."

〈해의〉: 覆은 덮을복, 엎어질복, 돌이킬복(反也)이다. 자동차가 전복(轉覆)되었다 함은 자동차가 거꾸로 뒤집어졌다는 말이고 자동차가 불복(不覆)되었다 함은 뒤집어지지 않았다는 말이다.

태양이 동쪽에서 일출(日出)하고 서쪽에서 일몰(日沒)함은 만년이 가고 백 만년이 가도 뒤집혀지지 않는, 돌이킬 수 없는 불복(不覆)의 진실이다. 따라서 涅槃 곧 不覆은 죽은 육신을 떠난 영혼이 자신의 본가(本家)로 귀가(歸家)하는 법칙은 돌이킬 수 없는 법칙이며 천만 년 억만 년이 흘러도 결코 뒤집어지지 않는 필연의 진리라는 뜻이다.

(3) "선남자야, 또 한 槃은 가고 온다(去來)는 말이니 가지도 않고 오지도 않는 것을 열반이라 이름한다. 不去不來가 涅槃이니라."

〈해의〉: 오고(來) 가는(去) 행위는 상대가 있어야 한다. 내가 친구를 만나러 간다거나 친구가 나를 보기 위해 온다 등 쌍방관계를 전제로 할 때 오고 감이 성립한다. "나와 너의 관계"는 말이 되지만 나와 나의 관계, 너와 너의 관계, 나가 나에게 간다, 내가 나를 만나기 위해 온다, 등의 표현은 논리적으로 성립될 수 없는 문자 그대로 어불성설에 불과하다. 그런데 열반은 타타가타(Tharagata) 즉 如來如去이며 여래여거는 나는 나로부터 오고 나는 나에게 간다는 뜻이다.

하나님의 ο 이 나의 ο 이고, 나의 ο 이 하나님의 ο 이므로 내가 하나님이고 하나님이 곧 나다. 따라서 열반은 내가 나에게 가고 내가 나에게서 왔으므로 가는 것도 없고 오는 것도 없는 不去不來다.

(4) "선남자야, 槃은 취(取)한다는 말이니 열반은 不取니라."

〈해의〉: 涅槃 곧 不取도 바로 위 3항과 비슷한 뜻이다. 取한다는 것은 내 것이 아닌 남의 것을 내 것으로 만들 때 쓰는 말이다. 남의 것을 빼앗아 내 것으로 만드는 것은 탈취(奪取), 배달된 물건을 받은 사람은 수취인이다. 내가 남의 돈을 取할 수는 있어도 내 돈을 "내가 取했다"고 말하지 않는다. 그냥 "내 돈이다", "나 돈 있다" 등으로 표현한다. 그런데 열반은 내가 나에게로 가는 것이고 내가 나에게 오는 것이기 때문에 상대가 없다. 상대가 없다면 취할 것도 없으므로 열반은 不取인 것이다.

(5) "선남자야, 槃은 정해지지 않았다는 不定의 뜻이 있고 또한 定해지지 않음도 없는 無不定의 뜻이니 정해진 것도 없고 정해지지 않음도 없는 不定無不定이 곧 열반이니라."

〈해의〉: 불교 특유의 논법으로서 不定無不定은 불특정다수를 뜻하는 말이다. A라는 군인이 전쟁터에 나가 적군과 대치하고 있다. 적군 2만 명이 수풀이 우거진 산속에 매복하고 있는데 이제 막 전투가 시작되었다. A군인은 얼굴도 모르고 이름도 모르는 적군을 향해 총을 난사한다. 총을 난사하는 A군인의 입장에서 볼 때, 죽일 적병이 미리 정해진 것도 아니고 그렇다고 죽일 적병이 정해지지 않는 것도 아니다. 불특정다수의 적군을 향해 총을 난사하다 보면 자신의 자유의지와 관계없이 죽는 적병이 생길 수도 있고 생기지 않을 수도 있다.

그러므로 不定無不定을 열반에 대입시키면 극락세계에 갈 사람이 정해진 것도 아니고 그렇다고 정해지지 않는 것도 아니다. 결국 不定無不定 是卽涅槃은 모든 사람이 극락왕생한다는 진리를 역설적 논법으로 표현한 것이다.

(6) "선남자야, 槃은 새로운 것과 낡은 것 즉 新故를 말하니 새로운 것도 낡은 것도 없는 不新不故가 열반이니라."

〈해의〉: "태양 밑에 새로운 것은 아무것도 없다"(There is nothing new under the sun)는 속담이 있다. 50억 년 전에도 태양은 빛났으므로 오늘 아침의 태양 빛이 하등 새로울 것이 없고 10억 년 후에도 태양은 여전히 빛날 것이므로 낡은 것도 아니다. 새로운 것도 없고 낡은 것도 없다는 말은 영원한 시간을 의미한다.

따라서 시초를 알 수 없는 영원한 과거로부터 종말을 알 수 없는 영원한 미래에 이르기까지 모든 존재들의 영혼이 우주의 본체로 자기 복귀하는 열반이 있어 왔고 또 있을 것이므로 열반은 새로운 것도 아니며 낡은 것도 아닌 것이다.

(7) "선남자야, 槃은 障碍라는 말이니 장애가 없는 無障碍를 열반이라 이름하느니라."

〈해의〉: 낙타는 바늘 구멍에 들어갈 수 없지만 형체 없는 영혼은 바늘 구멍보다 더 작은 구멍에라도 들어갈 수 있다. 영혼은 지극히 작은 극소자(極小者)임과 동시에 온누리에 편만(遍滿)한 지극히 큰 극대자(極大者)이기도 하다. 극소자와 극대자에 두루 원융(圓融)하는 자재무애(自在無碍)한 존재가 영혼이기 때문에 영혼의 자기복귀인 열반은 아무런 장애가 없는 일체무애(一切無碍)의 진리인 것이다.

(8) "선남자야, 우라가(優羅迦)와 가비라(迦毘羅)의 제자들은 槃은 모습이라고 말하니 모습이 없는 無形相이 바로 열반이니라."

〈해의〉: 열반은 형상 없는 영혼이 형상 없는 창조주의 o으로 자기 복귀하는 진리다. 더 이상 무슨 설명이 필요할 것인가.

(9) "선남자야, 槃은 있다는 말이니 있지 않는 不有를 열반이라 이름하느니라."

〈해의〉: 바로 위의 8항과 같은 의미이다.

열반은 육신을 여읜 영혼의 자기 복귀이므로 육신이 있을 까닭이 없다. 육신 불유(不有), 육신 부재(不在)가 곧 열반인 것이다.

(10) "선남자야, 槃은 和合이라는 말이니 화합하지 않는 不和合이 열

반이니라."

〈해의〉: 불교는 사람의 육신을 地 水 火 風 사대(四大)의 물질화합으로 규정하고 있다. 육신은 일시적으로 존재하는 가변적 물질이고 영혼은 물질이 아닌 영구불변의 정신이다. 정신의 精은 문자 그대로 우주창조자인 일신의 정기(精氣: 만물이 생성하는 원기)와 일신의 정수(精髓: 사물의 가장 중심이 되는 요점)를 의미하기 때문에 정신이 곧 o 이며 o 이 곧 육신의 형상이 없는 하나님이다. 따라서 열반은 물질화합으로 이루어진 육체가 천당가는 것이 아닌 정신의 자기 복귀임으로 不和合이 열반이라고 말씀하신 것이다.

(11) "선남자야, 槃은 괴로움(苦)이라는 말이니 괴로움이 없는 無苦를 열반이라 이름하느니라."

〈해의〉: 모든 괴로움의 근거는 육체다. 육체가 있기에 춥고, 덥고, 배고프고, 목마르고, 성욕이 발동하고, 아프고, 병이 난다. 현실 세계에서 육체를 가진 중생의 생존이 괴로움의 연속이라면 영혼이 사는 열반의 세계는 기쁨 밖에 없다. 때문에 육체를 버려 더 이상의 괴로움이 없는 無苦가 곧 열반이라 말씀하신 것이다.

(12) "선남자야, 번뇌를 단절하는 것을 열반이라 이름하지 않고 번뇌를 일으키지 않는 것을 열반이라고 이름하느니라. 선남자야, 삼세제불(三世諸佛)은 번뇌가 일어나지 않으니 이것을 열반이라 이름하느니라"

〈해의〉: 1~11항까지는 주로 열반의 뜻을 해석하는데 치중하고 있으나 이 곳 12항은 열반의 종류를 열거하고 있다. 즉 보살의 유여열반(有餘涅槃, Sopadhissesa nirvana), 부처의 무여열반(無餘涅槃, Parinirvana), 다시는 육신을 받아 사바세계에 태어나지 않는 삼세제불의 구경열반(究竟涅槃)을 말하고 있다. 무여열반과 구경열반은 같은 종류의 열반이며 유여열반, 무여열반, 구경열반은 모두 윤회와의 상관성을 떠나 설명할 수 없다. 석가와 예수의 진정한 가르침 및 세계 모든 종교의 교리를 통합해서 한마디로 결론지우자면 열반이란, 우주의 창조자인 일신이 상주(常住)하는 천당(우주의 정신층)으로부터 온 인간 영혼이 다시 천당으로 돌아가는 자기 복귀이자 불변의 진리다.

그렇다면 한번 천당으로 간 영혼은 왜 적멸위락(寂滅爲樂)의 영생을 누리지 않고 새로운 육신을 받아 시간의 한계성에 구속되는 사바세계로 다시 오며 이러한 윤회전생의 끝은 어디인가?

이 문제의 해답을 얻기 위해서는 유여열반(有餘涅槃)과 무여열반(無餘涅槃)과 무주처열반(無住處涅槃, Apratishita nirvana)이 무엇인지를 반드시 알아야 한다. 유여열반 또는 유루열반(有漏涅槃)은 번뇌의 찌꺼기가 남아 있는 열반(유여열반) 구멍 난 그릇에 물이 새듯 번뇌가 계속 새어 나오는 열반(유루열반)이며 반대로 무여열반 또는 무루열반(無漏涅槃)은 번뇌의 찌꺼기가 더 이상 남아 있지 않는 열반(무여열반) 번뇌라는 이름의 물방울이 더 이상 새어 나오지 않는 열반(무루열반)이라는 뜻이다. 그리고 무주처열반은 말 그대로 열반의 세계에 계속 머무르지 않는 열반, 비록 성불(成佛)했으나 적멸위락의 영생에 안주(安住)하지 않는 열반이라는 뜻이다.

옛날 주성국(酒星國)에 술을 무척 좋아하는 청탁불문주당불(淸濁不問酒黨佛)이라는 긴 이름을 가진 부처님과 보리밭만 봐도 스스로 취하는 맥전견자취보살(麥田見自醉菩薩)이 살고 있었다.

둘이서 단짝이 되어 주거니 받거니 술잔을 기울이며 세월을 보내던 어느 날 부처님이 "여보게 자취보살! 이런 식으로 음주 행각이 계속되면 수도정진에도 방해가 되고 중생을 대하기도 민망스러우니 이제 술을 끊어 보세. 바다 건너 저 쪽 언덕에 활염사(活炎寺)라는 절이 있으니 앞으로 100일을 기약하여 그 곳에서 수도하다가 100일 후 이곳 도피안사(到彼

岸寺) 법당에서 다시 만나세" 라고 제안하였다.

부처님의 제안을 받아들여 활염사에 도착한 맥전견자취보살은 매일처럼 냉수로 목욕한 다음 불경을 독송하고 염불하며 술 이름을 지워 보려 하였으나 수십년 간 마셔온 술이라는 이름이 갑자기 잊혀질 리 만무하였다. 그때마다 자취보살은 맥주, 소주, 정종, 꼬냑, 위스키, 포도주, 막걸리 등 자신이 마셔봤던 모든 종류의 술 이름을 차례로 부르며 "이놈의 악마야! 이 웬수같은 놈들아 썩 물러가라"고 저주하고 고함치며 활활 타오르는 번뇌의 불꽃을 끄고자 안간힘을 썼다.

살을 깎고 뼈를 깎는 노력 끝에 한 달이 지나고 두 달이 되자 번뇌의 활염(活炎)은 비록 꺼졌으나 가끔식 문득 떠오르는 술 생각 즉 번뇌의 불씨는 여전히 자취보살의 잠재의식 속에 내장(內臟)되어 있었다. 마침내 주당불(酒黨佛)과 약속한 100일째가 되자 새벽같이 일어나 냉수로 목욕하고 옷매무새를 가다듬은 자취보살은 일엽편주에 몸을 싣고 번뇌의 바다를 건너 저쪽 언덕의 도피안사에 이르러 법당에 들어서는 순간 눈앞에 벌어진 광경에 악! 소리를 지르며 그만 넋을 잃고 말았다.

주성국(酒星國)에서 생산되는 온갖 종류의 술병들을 책상 위에 진열해 놓은 채 돋보기를 낀 늙은 부처님이 『대반열반경』을 읽고 계신 것이 아닌가.

"부처님 이게 도대체 어떻게 된 연유이옵니까? 저보고 술을 끊으라 하시더니 부처님께서는 어이하여 술병들을 그득히 앞에 두고 불경을 읽고 계신 것이 옵니까?"

자취보살의 비명에 가까운 외침을 다 듣고 난 청탁불문주당불(淸濁不問酒黨佛)은 그제서야 입을 열어 천천히 말했다.

"이것들이 술인지 물인지 개미오줌인지 모기 눈물인지 나는 그 이름을 잊은 지 오래니라, 하지만 그대는 아직도 집착에 깊이 빠져 술의 계명자상(計名字相)에서 벗어나지 못하였구만! 술과 물과 개미 오줌과 모기 눈물과 농부의 땀방울이 서로 다른 물방울임을 분간(分揀)할 수 있는 분별력(分別力)이 있는 것으로 보아 번뇌의 찌거기가 그대로 남아 있구나. 보살은 생긴 번뇌를 애써 끊으려하나 궁극적 깨달음을 얻은 부처는 아예 번뇌도 없으며 형상 없는 번뇌가 일어나지도 않느니라."

위의 예화에서 보듯 번뇌의 찌거기가 남아 있는 보살의 열반은 유여열반(有餘涅槃)이고 번뇌가 아예 생기지 않는 부처의 열반은 무여열반(無餘涅槃)이다.

유여열반자는 번뇌의 찌거기가 남아 있기 때문에 번뇌망상이 소멸될 때까지 윤회를 계속하여야 만하고 무여열반자는 번뇌의 마지막 찌거기까지 소멸되어 더 이상 일어날 번뇌가 없음으로 괴로움과 번뇌의 근원인 육체를 새로 받아 인간 존재로 사바세계에 더 이상 윤회하지 않는다.

열반이란 번뇌의 불꽃이 치열하게 타오르는 이쪽 언덕의 활염사(活炎寺)에서 번뇌도 없고 죽음도 없는 저쪽 언덕의 피안사(彼岸寺)에 도달하는 창조주가 정한 불변이 법칙이다. 저쪽 언덕에 도달하는 도피안(到彼岸)의 사의(四義: 네가지 뜻)를 원효는 『대혜도경종요』(大慧度經宗要)에서 다음과 같이 해석했다.

①생사(生死)의 차안(此岸)에서 열반의 피안(彼岸)에 도달한다.
②유상(有相)의 차안(此岸)에서 무상(無相)의 피안(彼岸)에 도달한다.
③미만지(未滿智)의 차안(此岸)에서 구경지(究竟智)의 피안(彼岸)에 도달하다.
④차안, 피안(此岸, 彼岸)이 있는데서 차안, 피안(此岸, 彼岸)이 없는 곳에 도달한다.

①항과 ②항은 죽은 육체에 거주하던 영혼이 현실세계를 떠나 번뇌도, 괴로움도 죽음도 없는 영혼의 세계인 천당으로 가는 법칙을 말해준다.

인간사회나 인간의 법정(法廷)에서 선인이나 악인으로 판결 받은 인위적 선고에 관계없이 강도살인자나, 매일 소 돼지 닭 개 칠면조 등 중생의 목숨을 수 십 마리식 고의적으로 살생하는 불성단종(佛性斷種)의 백정 같은 일천제(一闡提, Icchantika)까지도 천당 간다는 진리를 설(說)하고 있다.

　③항은 아직 덜 깨달은 영혼, 즉 번뇌의 찌꺼기를 청산하지 못해 윤회의 싸이클을 벗어나지 못한 생령(生靈, Sattva)이 우주의 궁극적 진리체(眞理體)인 창조주의 구경지(究竟智)로 복귀하는 진리를 설한 것이다.

　④항은 생사의 바다를 사이에 둔 이쪽 언덕 죽음의 세계와 저쪽 언덕 영생의 세계가 모든 번뇌가 소멸되어 궁극적 깨달음을 얻은 무여 열반자의 입장에서 보자면 생사도 없고 생사 흐름의 장한몽(長恨夢)도 없는 하나의 통일된 세계임을 설한 것이다.

　유여열반과 무여열반의 뜻을 알았으니 이제 무주처열반으로 넘어가 보자. 무주처열반(無住處涅槃)이 과연 무엇인지를 이해할 수 있는 실화 한 토막을 소개하겠다.

　지금은 고인이 되었지만 필자와 중고등학교 동창생으로서 절친한 친구에 하종만이라는 분이 있었다. 독실한 불자로서 일광(一光)이라는 법명(法名)을 썼는데 一光은 "산은 산이요, 물은 물이로다"로 유명한 성철 큰 스님이 직접 지어준 법명이다. 건설회사 사장이었던 일광보살은 해인사로 들어가는 도로와 큰 스님이 계시던 백련암으로 올라가는 비포장도로를 포장해준 큰 시주(施主)로서 일주일이 멀다하고 백련암에 들려 삼천배를 올리면서 항상 큰 스님과 가깝게 지내던 불자였다.

　큰 스님의 열반으로 허탈감에 빠진 一光보살은 그때부터 항상 마음속으로 "큰 스님은 지금 쯤 어떻게 지내며 무얼하고 계실까? 큰 스님의 존안이 그립습니다"를 수 없이 되뇌이며 꿈속에서라도 큰 스님이 나타나

주기를 기원했다.

一光보살의 염원이 하늘에 사무쳤는지 어느날 밤 꿈에 드디어 큰 스님이 나타나 놀라운 이야기를 말씀하셨다.

"내 천당이라고 와보니 먹지 않아도 배부르고 마시지 않아도 갈증나지 않고, 만나는 신선들마다 눈웃음만 보일 뿐 대화가 없고 무엇보다 너무 조용하기만 하여 긴장감도 없고 내가 할 수 있는 일이라곤 하나도 없으니 답답하고 심심하여 견딜 수가 없구나. 오히려 긴장감이 넘치는 시끄러운 사바세계가 그립구나. 사바세계로 돌아갈 수 없다면 차라리 지옥에라도 가서 중생을 교화하는 지장보살의 물심부름이라도 했으면 좋겠구먼. 천당을 벗어나 사바세계로 다시 보내 달라고 윗분에게 주청해 놓았으니 조만간 좋은 소식이 오겠지."

일광보살로부터 이 이야기를 듣는 순간 필자는 이것이 무주처열반의 진면목임을 단번에 알아차렸다.

그렇다. 적멸위락(寂滅爲樂)의 적정열반(寂靜涅槃)에 머무르는데 만족하지 않고 온갖 번뇌와 망상이 불꽃처럼 타오르고 보편적 상식을 벗어난 온갖 궤변이 활개치고 상호불신과 반목과 증오와 천사의 얼굴을 가장한 악마의 폭력과 속임수가 난무하는 생지옥 같은 사바세계를 지상천국으로 만드는 서원을 세워 실천하는 정신이 곧 무주처열반의 정신이다. 진정한 홍익인간은 "마음이 청정한자여! 그대가 머무는 세계 또한 청정하리니."

"마음이 아름다운자여! 그대가 머무르는 세계 또한 아름다우리니." 의 달콤한 말에 유혹 되지도 않으며 만족하지도 않는다.

한사람의 마음만이 청정하다고 해서 청정한 세계가 실현되는 것도 아니며 한사람의 마음만 아름답다고 해서 아름다운 세계가 건립되는 것이 아님을 분명 알기 때문이다.

현실세계에 몸을 담고 사는 모든 사람들의 마음이 본래청정(本來淸淨)한 한인하나님의 一心으로 되돌아가야만 청정세계가 출현하고, 만물역할 평등론을 바탕으로 한 開物平等의 원칙 위에서 사람과 행저화유재(行翥化游裁)의 모든 생물들이 공동으로 노력해야만 천당을 닮은 아름다운 지상천국이 실현될 수 있다.

가락국(駕洛國) 시조 수로왕(首露王)의 부인인 허황옥(許黃玉)황후는 아유타(阿踰陀)국에서 오셨고 원효대사의 부인인 요석공주의 법명(法名)도 아유타(阿踰陀)이다.

3천 년 전 간지스강 서쪽에 아유타라는 이름의 나라가 있었기는 하나 태종무열왕의 첫째 공주로 경주에서 태어난 요석공주가 인도 아유타국에서 왔을 리는 만무하므로 이 경우 아유타는 지상에 있는 나라 이름을 말한 것이 아니다.

아유타는 범어 Auyta의 음역으로 10^2 즉, 백억을 나타내는 고대 인도의 수치이며 지구로부터 백억토(百億土) 떨어진 제석천한인이 거주하는 도솔천의 천당이라는 뜻이다. 또한 범어(梵語)의 阿자는 죽지 않고 영생하는 우주 최초의 존재인 본초불생(本初不生)을 뜻하며 『반야심경』에 나오는 "아제 아제 바라아제" 할 때의 阿提는 본초각자(本初覺者), 제일각자(第一覺者)로 한역(漢譯)된 모든 존재의 근원으로서 우주의 본체인 본초본불(本初本佛)의 하나님 ㅇ 을 말한다.

그러므로 허황옥왕후와 아유타 공주는 우주의 본초본불(本初本佛)인 한인하나님이 거주하는 도솔천의 천당에서 적멸위락(寂滅爲樂)을 누리는데 만족하지 않고, 어느 순간 지옥으로 추락할지도 모르는 사바세계를 지상천국으로 만들기 위한 위대한 서원(誓願)을 세워 이를 성취코자 이 땅에 오신 청정일심(淸淨一心)의 천사들이다.

신라 24대 진흥제(연호, 開國, 大昌, 鴻濟)의 본명은 삼맥종(三麥宗) 혹은 심맥부(深麥夫), 말년 출가 해서는 법운(法雲)이라는 법명(法名)을 사용했다. 삼맥종의 이름 자체가 이두문으로 처음 글자 三은 한문, 두 번째 글자 麥은 한문을 가탁(假託)한 한글음이다. 만약 麥을 뜻으로 해석해버리면 三麥宗은 매일 3끼니에 보리밥만 먹는 사람의 종지(宗旨)를 세운 원조로 해석되어 어불성설이 되고만다.

麥을 뜻으로 보지말고 그냥 한글음으로 읽으면 麥은 보리이므로 삼맥은 삼보리(三菩提)가 된다.

삼보리는 아뇩다라삼먁삼보리의 준 말이고 아뇩다라삼먁삼보리는 산스크리트어 anuttara(아뉴타라) samyak(삼약) sambodhi (삼보디)를 음역(音譯)한 것이다.

anuttara : 더 이상 위가 없는, samyak : 바르고 완전한, sambodhi : 세 가지의 진리란 뜻으로 무상정등각(無上正等覺)으로 한역된다. 더 이상 위가 없는 바르고 완전한 깨달음은 "천상(天上) 천하(天下)에 모습을 나타낸 모든 존재들의 physical body는 영원치 못하여 죽고 나는 윤회를 거듭하지만 하나님 영혼의 일부인 모든 존재들의 영혼은 윤회를 그친 후 하나님의 o 으로 자기 복귀하여 본래의 고요함 속에서 영원한 즐거움을 누리리"의 諸行無常是生滅法 生滅滅已寂滅爲樂의 내용을 말한다. 삼보리를 그림으로 표시한 것이 앞에서 설명한 신라 금관의 ‡무늬이다.

따라서 홍익인간의 정신은 아무나 가는 천당에 머무는데 만족하지 않고 무주처열반(無住處涅槃)의 정신으로 현실세계에 돌아와 자신이 일시적으로 머무르고 있는 현실세계를 변화시켜 천당에 상응(相應)하는 지상천국으로 만드는데 있다.

지나정토종의 개조인 북위(北魏)의 담란(曇鸞, 476~542)과 그의 제자 도작(道綽, 562~645) 그리고 도작의 제자인 선도(善導, 613~681) 스님은 계율(不殺生, 不偸盜, 不妄言, 不邪淫, 不飮酒의 五戒)과 십념(十念: 念

佛, 念法, 念僧, 念戒, 念施, 念天, 念休息, 念安般, 念身, 念死)의 도덕과 대승행(大乘行: 위로 진리를 구하고 아래로 대중을 교화하는 행위)만 잘 실천하면 온갖 꽃들과 보배 구슬로 장엄하게 장식된 아미타여래의 서방 정토에 태어난다고 말한다. 그러나 원효는 계율과 십념은 어디까지나 정토(淨土)를 만드는 조인(助因)에 불과하며 정토의 정인(正因)은 삼계의 일체중생을 나와 다른 상대적 존재가 아닌 나와 똑같은 절대적 자아로 인식하고 발심(發心)하는 큰 보리심(菩提心)에 있다고 강조하였다.

원효는 "깨달은 자의 입장에서 보아 사바의 예토(穢土)와 열반의 정토가 두 개의 별 다른 세계가 아니기 때문에 지구로부터 10만억토 떨어진 창조주가 계시는 무상천당의 존재를 부정하지는 않지만, 일체중생이 몸담아 살고 있는 의토(依土)인 지구를 정의와 순선(純善)과 아름다움이 지배하는 유상 천당으로 만드는 것만이 깨달은 자로서 마땅히 해야 할 의무임을 강조한다.

창조주의 一心이 강림해 있는 사람 사람마다 먼저 몸과 마음을 닦아 내토의 천당을 건립한 다음 외토(外土)인 지구를 천국으로 만들려는 노력을 경주해야하며 설사 유한한 수명의 한계에 부딪쳐 완성하지 못할지라도 최소한 지구를 지옥으로 만들지는 말아야 한다.

옥(獄)은 늑대와 사냥개가 서로 흰 이빨을 드러내어 으르렁거리며 잡아먹으려는 반목과 적대감을 상징하는 글자다. 그러므로 지구가 지옥으로 타락하지 않기 위해서는 첫째 무엇보다 상대방을 잡아먹는 호족(虎族) 근성을 버려야 한다.

단군신화로 잘못 알려진 호족(虎族)과 웅족(熊族)의 이야기를 통하여 홍익인간의 대의(大義)가 무엇인지를 다시한번 살펴보자.

한웅천황께서 태백산 신단수에 강림하여 신시를 열고 『천부경』과 『삼일신고』로 백성들에게 교화를 베풀어 올바른 길로 인도하자, 호족과 웅족은 한웅천황이 계시는 수두(蘇塗, 소도로 읽으나 여기서는 신채호설을 따라 수두로 적는다)의 신단수에 와서 "원컨데 신계(禔戒)의 무리가 되게 하여 주소서" 간청했다.

한웅은 웅족과 호족의 청을 받아들여 통과의례(通過儀禮)를 시행하였다. 먼저 성품과 정기를 웅글(全)게 하기 위하여 쑥 한다발과 마늘 20개를 내놓고 지켜야 할 바를 말씀하기를 "너희들 이것을 먹고 햇빛을 100일 동안 보지 않으면 참된 본성에 통달하여 사람의 도리를 알게 될 것이다"라고 하였다.

웅족과 호족은 모두 이를 받아서 먹고 삼칠일 동안 스스로 수련에 힘썼다. 웅족은 능히 굶주림과 추위를 견디어 신계(禔戒)를 지키고 참된 본성에 통달하였다. 그러나 호족은 방만하여 참지 못하고 능히 신계를 지키지 못하여 공적을 이루지 못하니 한웅천황께서 그들을 사해(四海)로 쫓아버렸다. 계해년(B.C. 3898)에 태백산 꼭대기 신단수 아래 신시에서 태황(泰皇)으로 추대된 한웅은 이에 웅족(熊族)의 여인을 태후(太后)로 삼아 신도(禔道)를 실천하셨다."

역사적 사실이든, 신화이든 위의 이야기는 인간계와 자연계의 매개자로서 인간의 역할 및 인간계와 자연계의 상호의존성 위에 기초하는 문명에 관해 심오한 진리를 시사해 주고 있다.

호랑이와 곰의 차이점은 누구나 알고 있는 바와 같이 호랑이는 육식성 동물이고 곰은 잡식성 동물로 분류되지만 육식을 거의 하지 않고 주로 초식에 의존한다. 피보기를 좋아하는 살육자, 포식자로서의 호랑이는 인간이 되기 위해 처음에는 쑥과 마늘을 억지로 먹었지만 피 냄새나는 생(生)고기가 그리워 계속해서 쑥과 마늘을 먹을 수 없다. 따라서 호랑이는 인류 역사의 지평위에 문명이 출현하기 이전 원시적 자연상태에서 존재하였던 약육강식의 맹수권(tiger right)과 만인 대 만인의 투쟁(bellum omnium contra omnes)으로 요약되는 원시 수렵시대의 상징이다.

　백악기 말기로부터 신생대 초창기에 있어 여우원숭이, 안경원숭이, 유인원(類人猿) 및 사람을 포함한 영장류 동물은 거대한 육식 공룡인 티라노사우루스(Tyranosaurus)의 먹이감이었다. 티라노사우루스가 먹이감을 사냥할 때마다 미처 도망가지 못한 영장류 동물은 자포자기의 심정으로 눈을 감고 "제발 나만은 잡아먹지 말아 달라" 빌면서 티라노사우루스의 자의적(恣意的) 자비심에 생명을 내맡길 수밖에 없었다.

　도처에 널려 있는 먹이감을 포식한 티라노사우루스는 "참으로 살기 좋은 세상이로다. 이곳이 바로 꿈에도 그리던 지상천국이구나. 천당이 따로 없다"고 말할 것이며 반대로 잡아먹히는 동물은 "참으로 지옥같은 세상이로다. 여기가 바로 생지옥이구나"라며 한탄할 것이다. 이와 똑같은 논법은 호랑이와 호랑이의 먹이감이 되는 동물의 관계에도 적용된다. 포식자 호랑이는 이 세계가 자신을 위해 만들어진 무대로 생각하여 지상천국의 도래를 찬양할 것이며 힘이 약해 어쩔 수 없이 잡아먹히는 동물들은 "생지옥이 따로 없다"를 되뇌이며 죽어갈 것이다.

　천당과 지옥이 동시에 출몰(出沒)하고 교차(交叉)한다. 호랑이 입장에서 최상의 행복한 순간은 포식당하는 자의 입장에서 최악의 불행한 순간이다. 잡아먹는 자는 날카로운 이빨과 발톱이 과특수화(過特殊化, overspecialization)된 소수자이며 잡아먹히는 자는 자연의 순리를 쫓아가는 보편적 다수자이다.

　따라서 소수자에게 천당이고 다수자에게 지옥인 세상은 지옥이거나 지옥에 가까운 세계이지 결코 천당은 아니다. 호랑이가 반문명과 지옥의 상징이라면 곰은 문명과 천당의 상징이다. 문명이란 육체의 생존을 위해 피를 흘리면서 서로가 서로를 잡아먹는 무제한적 투쟁의 장에서 적개심과 적대감을 버리고 상호협력과 신뢰를 바탕으로 공동생활에 필요한 규칙을 준수하면서 살아가는 협화공생(協和共生)의 틀(framework)로 이전해가는 것을 말한다. 곰은 살육자, 포식자와는 거리가 먼 자연친화적 동물이다. 북극곰(polar bear)이 아닌 한국곰의 경우 솔방울, 칡넝쿨, 도토리, 산딸기 등의 산나물과 열매는 물론 사람이 먹는 온갖 들나물과 과일 열매를 먹으며, 자이언트 판다(giant panda)의 경우 대나무 잎사귀만 먹을 뿐, 육식을 하지도 않고 사람을 해치지도 않는다.

따라서 상대방을 공격하여 잡아먹으러 들지 않는 자연친화적인 채식주의 자 곰과 곰의 습성을 닮은 웅족(熊族)은 문명의 놈(Norm)이 설정한 규칙을 지킬 수 있는 적합한 참여자이지만 살육자 호랑이와 호랑이의 습성을 닮아 피를 좋아하고 탐욕스럽고 잔인하여 상습적 약탈행위로 불로소득을 추구하는 호족은 문명의 룰(rule)을 깨뜨리는 파괴자이므로 한웅천황은 그들을 바닷가로 쫓아버려 물고기나 잡아먹으면서 살게 한 것이다.

"웅족이 쑥 한다발과 마늘 20개를 먹고 추위와 배고픔을 참아가면서 100일 동안 햇빛을 보지 않고 수련에 힘쓴 결과 인간의 참된 본성에 통달했다"는 기사는 겨울 100일간에 걸친 곰의 동면을 말한다.

문명이 성립되기 위한 3가지 필수요건은 상대방을 적이 아닌 협력의 파트너로 인정할 수 있어야 하고 잉여생산물의 비축이 있어야 하고 불필요한 에네지를 소모하지 않고 최대한 에네지를 저축할 수 있어야 한다.

하루의 먹을 거리를 당일의 사냥에 의존하는 불안정한 식량공급체계로는 문명을 정착시킬 수 없다. 불안정한 식량공급체계는 결국 사람의 마음을 불안하게 만들어 항심(恒心)을 유지할 수 없다.

맹자의 말처럼 "항산(恒産)이 없으면 그로인해 항심(恒心)도 없다." (無恒産因無恒心, 『맹자』양혜왕편)

곰은 겨울잠을 통해 에네지 유동량을 극소화한다. 동면기간 동안 곰은 숨 쉬는데 필요한 최소한의 에네지만 소비할 뿐 남은 에네지를 고스란히 체내에 저축한다. 먹을거리가 없는 긴 겨울을 아예 동면 하면서 만물이 소생하는 새봄을 기다리는 곰은 자연의 질서에 순응할 줄 아는 에네지 절약형의 저(低)엔트로피 동물이고 반대로 눈 덮인 산속을 이리저리 쏘다니며 먹이감을 찾는 호랑이는 자연의 질서에 순응하지 못하는 에네지 낭비형의 고(高)엔트로피 동물이다. 곰의 습성을 닮은 웅족이 쑥과 마늘을 먹고 100일 동안 명상(Contemplation)에 잠겨 수도하는 행위는 동양인들에게 아주 친숙한 용어인 이른바 정중동(靜中動)으로서 에네지의 소모를 최소화 한다.

월드 머신 파라다임(world machine paradigm)의 신봉자들은 에너지의 소비가 크면 클수록 더 많은 물품이 생산되어 인간의 행복과 복리에 기여하기 때문에 인간이성에 기초한 역사발전의 전개는 무질서로부터 질서를 향해 전진하고 있는 부단무휴(不斷無休)의 운동 그 자체라고 주장한다.

하지만 엔트로피 법칙은 우리들에게 에네지를 더 많이 사용하면 할수록 세계는 질서에서 무질서로 향해 나아간다고 가르친다.

에네지의 과다소비는 결국 혼란과 무질서만 가중시킬 뿐이다. 혼탁한 대기와 오염된 수질, 화학비료와 독성농약으로 오염된 토양에서 생산된 오염된 곡물과 각종채소, 유해한 발암물질의 색소와 수많은 인공 첨가제가 혼유(混有)되어있는 각종 식품과 화장품 등 이 세계는 점점더 아타락시아(ataraxia)와 적정평화(寂靜平和)의 천당이 아닌 혼란과 무질서가 난무하는 지옥 같은 세상으로 변해가고 있다.

상대를 적대적 객체로 규정하여 공격과 약탈의 대상으로 삼은 호족은 결국 홍익인간이 되지 못하였고 인간의 본성이 신성임을 깊이 깨달아 상대를 상입상즉적(相入相卽的) 절대적 자아로 수용한 웅족은 마침내 홍익인간이 될 수 있었다. 이에 관한 한검단군의 즉위조서 내용을 다시 한번 음미해 보자.

"너희 백성들 호랑이를 보아라! 강포(强暴)하고 신령스럽지 못하여 비천(卑賤)하게 되었지 않았느냐. 너희 백성들은 호랑이처럼 사납게 날뜀으로써 한인하나님으로부터 받은 천성(天性)을 잃어서도 아니되고 사람을 상하게 하여서도 아니되나니 항상 하나님으로부터 받은 천심(天心)을 지켜 겉모습의 차별적 상이성(相異性)을 뛰어넘어 만물을 능히 사랑할지어다. 쓰러져가는 존재들을 부축해 줄 것이며 약한 존재들을 능멸하지 말고 불쌍히 여기는 마음으로 구제해 줄 것이며 낮은 자를 모멸하지 말찌어다. 너희 백성들이 만약 천심을 벗어나 유일천심(惟一天心)에 위배되는 행동을 하게 되면 하나님의 도움을 영원히 얻지 못하게 되어 몸과 집안이 모두 멸망하리라."

그렇다. 사납게 날뛰는 호랑이를 닮아 신령스러움을 잃어버린 불령(不靈)의 인간과 본성을 잃어버린 실성(失性)한 인간과 참 나(眞我)를 잃어버린 실진(失眞)의 인간은 인간의 탈만 덮어썼을 뿐 결코 참(參) 사람인 홍익인간이 될 수 없다. 신성이 곧 인간의 본성이므로 신성의 화신 한웅과 본성에 통달한 웅녀의 결합은 신과 인간이 하나가 되는 신인합일을 의미한다. 홍익인간은 온갖 악과 불의와 부정과 부조리가 횡행하는 지상의 예토(穢土: 더러운 땅)를 천당의 정토(淨土: 깨끗한 땅)로 바꾸는 과업에 앞장 서는 사람이다. 따라서 팔짱을 끼고 방관자의 자세로 혼탁한 세상을 방치한 채 비웃으며 나 혼자만 깨끗한 채하는 오만한 태도를 버려야 한다.

온 세상이 모두 혼탁한 중에도 나 혼자만이 홀로 맑고 온 세상 사람들이 모두 술 취하여 비틀거려도 나 혼자만이 맑은 정신으로 깨어있네.
새로 머리를 감은 자 반드시 갓을 털어 쓰고 새로 몸을 씻은 자 반드시 옷의 먼지를 털어 입거늘 어찌 이 맑고 깨끗한 몸으로 추잡한 꼴들을 받아 드리리오! 차라리 상수(湘水)의 물에 뛰어들어 강물고기 뱃속에 장사를 지내리라, 어찌 희고도 흰 결백한 마음에 속세의 탁한 먼지를 뒤집어 쓸 수 있으리오! 어부는 빙그레 웃음을 지으며 상앗대를 두들기고 떠나가며 노래 불렀네 창랑의 강물이 맑을 때는 가히 내 갓끈을 빨아서 행구지만 창랑의 강물이 흐리고 탁할 때는 가히 내 발이나 담가 때나 씻으리라 그리곤 사라져서 다시는 말이 없네.

擧世皆濁我獨淸 衆人皆醉我獨醒- 중략 - **新沐者必彈冠 新浴者必振衣 安能以身之察察 受物之汶汶者乎 寧赴湘流葬於江魚之腹中 安能以皓皓之白而蒙 世俗之塵埃乎 漁父莞爾而笑鼓枻而去 乃 歌曰滄浪之水淸兮可以濯吾纓滄浪之水濁兮 可以濁吾足遂去不復與言**

위의 시는 초(楚)나라 굴원(屈原)의 어부사(漁父詞)에 나오는 유명한 구절이다.

어부사는 삼려대부(三閭大夫) 굴원이 권력투쟁에서 밀려나 호남의 강호(江湖)를 떠돌며 어부로 지내는 어느 은자(隱者)와의 대화를 통해 자신의 인생관을 피력한 시로서 문학작품으로는 높이 평가받을 만하나, 굴원의 태도와 처신은 전혀 홍익인간의 그것이 아니다.

홍익인간이라면 혼란한 세상과 제정신이 아닌 사람들을 비난하고, 냉소하면서 혼자만 고고(孤高)한 채 처신할 것이 아니라, 스스로 몸을 던져 더러운 세상을 깨끗하게 만드는 자정제(自淨劑) 역할을 자청하고 술 취해 제정신 못차리는 이웃들을 일깨울 수 있는 각성제(覺醒劑) 역할에 충실하여야 한다.

바람직한 것은 세상을 비웃는 태도보다 세상을 변혁시키려는 의지와 열정이다. 대광명의 본원(本源)인 천당, 즉 o 의 세계는 선과 악, 미와 추,

정의와 불의, 삶과 죽음, 그리고 처음도 끝도 없는 영원무한의 세계지만 식욕과 성욕과 수면욕의 지배를 받는 육체의 세계인 욕계(欲界)에는 분명 선과 악, 미와 추, 정의와 불의, 삶과 죽음, 시작과 종말 등 서로 모순되고 반대되는 명제(命題)로서의 안티노미(antinomy: 이율배반)가 존재한다.

안티노미의 존재는 사람들의 의식과 지식을 풍성하게 만들어 o 적 진화에 도움을 준다. 악이 있어야 상대적으로 선의 귀중함을 알고 불의가 있어야 정의가 더욱 빛난다. 현실세계는 인간 본성의 시험대이며 영혼의 발전을 위한 훌륭한 교육 현장이다. 진실이 이러함에도 불구하고 어떤 사람은 세상의 부조리를 한탄하고 현실의 삶이 너무 고달픈 나머지 자살을 선택한다. 예수께서는 자살하지 말라고 가르쳤다.

『탈무드 임마누엘』 26장 55절: 사람들이 자기들의 생사를 결정할 권리가 없다는 것을 깨달으시오.

56절: 그들은 오직 그들이 살고자 원하는 삶의 종류를 결정할 권리를 갖길 뿐, 생사를 결정할 권리는 가지고 있지 않습니다. 57절: 창조주의 법칙은 어떠한 사건이나 상황도 자살을 정당화할 수 없다고 말합니다. 이것은 살인청부업자나 안락사와 같은 다른 사람들에 의한 자살도 포함하고 있습니다. 58절: 사람들이 제 아무리 큰 죄를 지었더라도 또는 인생의 짐이 아무리 무겁다 할찌라도 그들에게 자기들의 죽음을 결정할 권리는 없습니다. 59절: 유다이하이옷이 아무리 큰 죄를 저질렀더라도 자신의 생사를 결정할 권리는 없습니다.

60절: 어떠한 죄나 실수도 영혼을 이해와 완전으로 이끄는 것입니다. 61절: 그러나 만일 사람들이 자살함으로써 그들의 죄와 실수로부터 도피한다면, 이것은 그들이 이해와 책임을 회피하는 것이기 때문에 다음 생에서 똑같은 것을 다시 배워야만 하게 됩니다. 62절: 그 때문에 완전을 향한 의식과 영혼의 진보가 늦추어 지게 되므로 그것은 창조주가 뜻하는 바가 아닙니다. 63절: 하여튼 자살은 통탄할 만큼 비겁한 행위이며 창조주의 법칙과 계명(戒銘)을 아무 생각 없이 무시하는 행위입니다.

고등학교 3학년에 재학 중인 어떤 학생이 낙제하였다면 1년을 더 재수하여 3학학년 과정을 반복하여 다 마치고 졸업하는 길 밖에 다른 방도가 없다.

이와 마찬가지 논법으로 80세의 천수(天壽)를 타고난 A라는 사람이 30세에 자살하였다면 이생에서 못다 채운 50년은 다음 생으로 이월되어 처음부터 다시 시작해야한다. 80년의 천수를 받은 다음 생에서 50세에 자살하고 80년의 천수를 받은 3번째 생에 70세에 또 자살한다면 A는 240-50-30-10=150년을 산 것이 되어 결국 90년의 결손 년수(缺損年數)가 발생한다.

240년간 3번의 생(生)을 윤회한 사람이 각생(各生)에 한번식 3번 깨달음을 얻어 괄목할만한 영혼의 진보를 이루었다면 3번의 생을 모두 자살로 마친 A는 결국 하나의 깨달음도 없이 제자리걸음만 되풀이하고 있다. 식욕과 성욕의 지배를 받는 A의 육체가 설사 현실의 삶에 있어 잘못을 저질렀다 할지라도, 육체의 사멸과 더불어 A의 영혼은 존재하지도 않는 지옥은 커녕 천당으로 가 하나님의 o 에 합일된다. 현실적 삶이 너무 고달파 괴로우면 괴로울수록 역설적으로 영혼은 더욱 귀중한 깨달음을 얻어 장족의 발전을 이루게 된다. 육체의 편안함만을 추구하여 태어나서 죽을 때까지 아무런 고생도 어려움도 기복도 없이 평탄한 삶을 누리는 사람을 우리들은 부러워 하지만 이런 종류의 사람들에게는 단언컨대 영적(靈的) 깨달음의 기회가 거의 없다.

배고파 봐야 밥 한 그릇의 꿀맛을 알고 극도의 갈증을 경험해 보아야 물 한잔의 귀중함을 깨달을 수 있다. 현실세계의 고통을 도저히 참지 못하고 자신의 신세를 한탄하여 자살하는 것도 안되지만 수도의 미명하에 자신의 육체에 끊임없이 고통을 가하는 육체 학대, 즉, 자학(自虐)행위도 창조주의 생명법칙에 어긋나는 행위이다. 수도란 육신과 영혼, 마음과 몸을 병행하여 같이 닦아야만 성과가 있다.

마하비라(Mahavira)가 창건한 자이나교의 니간타나타푸타(Nigantha Nataputta: 벌거벗은 자이나교의 탁발승, 옷을 홀딱 벗고 있어도 아무런 부끄러움이 없다하여 무참(無慙)이라고도 함)에게는 6가지 수행방법이 있으니 이른바 수육천행(修六天行)의 수련법이다.

①자아파(自餓派): 음식을 탐내지 않고 배고픔을 무진장 참는 고행을 통해 천당에 다시 날 수 있다고 믿는 파

②투연파(投淵派): 빨가벗고 깊은 연못에 들어 앉아 온몸이 얼어붙는 고통을 능히 견뎌냄으로서 천당에 다시 날 수 있다고 믿는 파

③부화파(赴火派): 항상 뜨거운 촛불이나 관솔불로 손가락, 발가락을 위시 온몸을 지지며 코로 뜨거운 열기를 맡는 등의 고행을 위주로 하여 생천(生天)하려는 파

④자좌파(自坐派): 항상 빨가벗고 수행하되 추위와 더위를 아랑곳하지 않고 남의 이목에 노출 되는 것을 부끄럽게 여기지도 않고 맨땅위에 좌정하는 고행을 통해 생천하려는 파

⑤적묵파(寂墨派): 주로 시체가 쌓여있는 화장터나 공동묘지를 거처로 삼아 시체 썩는 냄새를 즐겨 맡으며 고요히 앉아 아무런 말도 하지 않는 고행을 통하여 생천하려는 파

⑥우구파(牛拘派): 자신의 전생이 소나 개라고 주장하면서 소와 개가 먹는 풀과 더러운 음식을 땅바닥에 입을 대고 감지덕지 먹는 고행을 통해 천당에 다시 나려는 파

니간타나타푸타의 수육천행 수련법은 두 가지 점에서 비판받아 마땅

하다. 첫째, 사람의 육신이 죽으면 망자의 육신 속에 거주하던 영혼은 자동적으로 자기집으로 돌아가 창조주의 o과 합일하여 하나가 된다. 착한 사람의 영혼이든 인간의 법정에서 사형을 받은 흉악한 강도살인자의 영혼이든 모든 영혼은 하나님의 o으로 자기 복귀한다.

진실이 이러함에도 불구하고 니간타나타푸타는 고행을 하는 자의 영혼만이 천당에 갈 수 있다 믿음으로서 창조주가 정한 만고불변의 진리를 거스르고 있다.

둘째, 육체에 끊임없는 고통을 스스로 가함으로써 해탈한다고 믿는 자이나교의 교리는 분명 크게 잘못된 것이다. 자이나교의 육체멸시와 육체 자학사상은 지바(Jiva: 영혼)와 아지바(Ajiva: 비영혼 즉 물질로 구성된 육신)를 모든 존재의 구성요소로 보아 아지바인 업신(業身)이 Jiva를 속박하여 해탈을 방해한다고 믿기 때문인데 이것은 전혀 진실이 아니다. 영혼은 육체를 의지하여 능력을 최대로 발휘하고 육체는 영혼의 가이드(guide)를 받아 신명나게 활동하고 생산하고 창조하기 때문에 영혼과 육체는 분리될 수 없는 하나이며 2개의 상반된 안티노미(Antinomy)가 아니다.

육체는 부모로부터 받고 영혼은 하나님으로부터 받은 것이기 때문에 인간존재는 하나님과 부모님의 결합으로 이루어진 영육일체(靈肉一體), 충효쌍전(忠孝雙全), 신인합일(神人合一)의 고귀한 존재다. 따라서 일체중생이 공유하는 지구를 지상천국으로 만들기 위해서는 무엇보다 튼튼한 몸이 전제되어야 한다. 튼튼한 몸이 있어야 부지런히 일해 먹을 거리를 생산할 수 있고, 튼튼한 몸이 있어야 추위와 더위를 이겨낼 수 있고, 튼튼한 몸이 있어야 나의 육신 속에 거주하는 창조주의 영(靈)을 편안히 모실 집을 지어 이른바 몸 튼튼, 마음 평안의 건강을 지켜 영적 깨달음을 얻을 수 있다.

선을 권장하고 악을 징벌하며 아름다움을 사랑하고 추잡함을 미워하며 정의를 옹호하고 불의를 배척하는 영(靈)적 각성의 적광(寂光)과 적공(積功)을 통해 발현되는 지구의 천국화(天國化)는 기원이나 소망만으로 이루어지는 것이 아니라 생산하고 창조하는 육체의 노동을 거쳐야만 실현될 수 있다.

영육일원론(靈肉一元論)을 설(說)한 예수의 말씀을 직접 접해보자.

『탈무드 임마누엘』 6장 36절: 그러므로 나는 그대들에게 말합니다. 영혼과 육신, 음식과 의복에 관한 지식에 관심을 가지시오. 37절: 영혼과 육신의 생(生)이 이 세상의 어떤 보배들보다 더 중요하지 않습니까? 38절: 진리와 지식에 목말라하는 영혼은 육신이 없으면 지상에서의 생명을 보전할 수 없으니 이는 육신과 영혼이 하나이기 때문입니다.

50절: 그러므로 그대들은 마땅히 영혼의 지혜와 지식을 얻기 위해 노력하여야 하며 음식과 의복의 부족으로 인해 고통 받지 않도록 자신을 돌보아야만 합니다. 51절: 진실로 내가 그대들에게 말합니다. 육신의 굶주림이나 목마름, 또는 헐벗음으로 인해 고통을 겪을 때에는 걱정으로 말미암아 영혼의 지혜나 지식은 밀려납니다. 52절 그러므로 그대들은 우선 영혼과 영혼의지식이 거처할 곳을 마련하고 그대의 육신을 음식과 의복으로 편안하게 하도록 하시오. 53절: 그리하여 내일을 위해 준비할지니 내일이 저절로 그대들을 돌보아 주지는 않을 것이기 때문입니다. 54절: 또한 하루의 걱정은 그 하루로서 충분하니 물질적인 결핍으로 걱정하지 않도록 해야 할 것입니다. (위의 글은 『마태복음』 6장 25~34절에 완전히 엉뚱한 내용으로 기록되어 있음)

항준천심(恒遵天心)하고 경천(擎天)하고 효친(孝親)하고 사인여천(事人如天)하고 극애물(克愛物)하여 마침내 성기(成己)하고 자유(自由)와 개물평등(開物平等)의 진리를 깨달아 홍익인간이 된 대각자(大覺者)가

마지막으로 수행해야 할 임무는 적멸위락(寂滅爲樂)의 천당에 머무는데 만족하지 않는 무주처열반(無住處涅槃)의 정신으로 말도 많고 탈도 많고 모순도 많고 희극과 비극의 안티노미가 수시로 명멸(明滅)하는 예토(穢土)의 사바세계를 천국의 낙토(樂土)와 같은 수준의 지상천국으로 만드는 일이다.

물론 인간의 이러한 노력은 연속적인 시련의 늪 속에서 좌절을 맛볼 수도 있고 어떠한 성과도 거두지 못한채 실패할 수도 있다. 하지만 실패와 시행착오를 두려워해서는 안된다. 실패를 통하여 인간 영혼은 귀중한 깨달음을 얻고 이타행(利他行)을 통하여 윤회의 사슬을 벗어날 수 있기 때문이다.

고해의 거친 파도에 휩쓸려 길이 표류하는 미각자(未覺者)들은 남을 위해 나를 희생하면 나만 손해라는 생각을 하지만 깨달은 자의 관점에서 보면 중생일체를 두루 이롭게 하는 홍익(弘益)의 실천이 곧 자기를 이롭게 하는 자리행(自利行)이다. 이타행의 홍익 정신을 궁행실천 함으로써 다음 생에 보다 높은 영격(靈格)의 인간으로 환생한다면 이는 윤회의 사슬을 빨리 벗어날 수 있는 모멘텀이 되기 때문에 이타행이 곧 자리행이다.

우주는 완성된 것이 아니라 지금 이 순간에도 계속 팽창, 성장하고 있다. 이는 깨달음을 얻어야 할 중생의 수가 계속 증가하고 있음을 뜻한다. 우주도 미완성, 일체중생이 몸담아 살고 잇는 의토(依土)인 지구도 미완성, 인간 또한 언젠가는 영혼의 완성을 이루어 임마누엘이 되고 부처가 되어야할 뒤나미스(dynamis: 가능태)지만 현재로선 궁극적 깨달음의 저 높은 언덕을 향하여 거북의 보법(步法)으로 뚜벅뚜벅 전진하고 있는 미완의 대기(大器)에 불과할 따름이다.

그러므로 다음 생(生)에 지구 혹은 어느 별 어느 나라의 시민으로 윤회전생(輪廻轉生)하더라도 선과 악, 미와 추, 정의와 불의 , 희극과 비극의 안티노미가 존재하는 육체가 살아가는 현실 세계를 천국의 낙토(樂土)로 변화시키려는 노력을 통해 구극(究極)의 깨달음은 얻어 성통공완(性通功完)의 홍익인간이 되고 임마누엘이 되고 더 이상 윤회하지 않는 부처가 되는 것이야 말로 인간이 짊어지고 가야 할 필연적 운명이다.

제5장

홍범구주(洪範九疇)

■ 홍범구주의 유래

『서경』(書經) 주서(周書) 홍범(洪範)편에는 멸망한 은(殷)나라 왕족인 기자(箕子)가 주 무왕에게 홍범구주에 관해 "제가 듣기로 옛날 곤(鯤: 하나라 시조 우왕의 아버지)은 황하의 홍수를 막으려다 오행(五行)을 어지럽혔다 하오. 그리하여 천제(天帝)께서 진노하시어 아홉가지 대법(大法)을 가르쳐주지 않아 떳떳한 인륜이 무너졌오. 곤(鯤)은 죽임을 당하였고 우(禹)가 뒤를 이어 일어나자 하나님은 우에게 홍범구주를 줌으로써 인류의 도리를 정하게 하였오."라고 말한 내용이 기록되어있다.

그런데 글자 한자 틀리지 않는 똑같은 내용이 『도산신서』(塗山神書)에도 수록되어 있다. 『단기고사』(檀奇故事), 『단군세기』(檀君世紀), 『규원사화』(揆園史話)는 물론 한양조선시절 편찬된 『동국여지승람』(東國輿地勝覽), 『동사강목』(東史綱目), 『동국역대총목』(東國歷代總目), 『세종실록』(世宗實錄)에도 단군왕검 치세(治世) 61년 갑술년(B.C. 2267)에 일어난 황하의 대홍수를 언급하고 있다.

요(堯)임금이 명한 치수관 (治水官) 곤(鯤)이 9년 동안 홍수퇴치에 아무런 공이 없자 이 난제는 단군조선의 힘으로 왕위에 오른 조선인 순임금에게 넘어가게 되었다. 그리하여 순임금은 홍수퇴치 실패의 책임을 물어 곤을 처형하고 곤의 아들 우(禹)를 새로운 치수관으로 임명하여 상국(上國)인 단군조선에 도움을 청하였다.

이에 한검단군은 B.C. 2267년 단군조선의 속국이었던 중원의 모든 제후를 안휘성 소재 도산(塗山, 오늘의 當塗)에 집결토록 명하였는데 이것이 이른바 도산회의(塗山會議) 혹은 도산회맹(塗山會盟)이다.

한검단군은 도산회의에 태자 부루(夫婁)를 특사로 파견하여 오행치수법(五行治水法)의 『도산신서』(塗山神書) 즉, 홍범구주를 순의 새로운 치수관인 우(禹)에게 전해 황하의 홍수를 퇴치시켰다.

따라서 홍범구주는 한인하나님의 아들인 천자(天子) 한웅이 그의 아들 천손 (天孫) 한검에게 가르친 형이하학(形而下學)의 교육 내용으로서 기자(箕子)와 아무런 관계가 없다. 한검단군과 가륵단군 즉위조서에 나오는 唯一天心→忠→擎天→孝親→事人如天→克愛物→成己→自由→開物平等→天下自任當尊의 교과내용이 주로 영혼의 대각(大覺) 내지 일심(一心)의 활연관통(豁然貫通)에 치중한 형이상학이라면 홍범구주는 육체가 살아가는 현실세계에서 반드시 알아야 할 생활의 지혜를 체득하는 형이하학의 가르침이다.

귀족 평민 가릴 것 없이 모든 사람에게 홍익인간이 될 씨앗이 잠재해 있다면 홍익인간이 될 예정자는 마땅히 형이상학적 진리는 물론 현실적 삶의 경험으로 증명된 과학적 진리(형이하학적 진리)도 동시에 터득해야만 한다.

한검단군의 가르침인 홍범구주는 서기 788년 신라 38대 원성왕(元聖王)이 독서삼품과 (讀書三品科)를 설치하기 이전까지 이 나라 모든 교육

기관에서 가르치던 필수과목이었다. 『삼국사기』 신라본기 원성왕편에는 독서삼품과의 내용을 이렇게 기록하고 있다.

『춘추좌씨전』(春秋左氏傳), 『예기』(禮記), 『문선』(文選)을 읽어 그 뜻에 능통하고 겸하여 논어 효경에 밝은 자가 상품(上品)이 되고 『곡례』(曲禮), 『논어』, 『효경』을 읽은 자가 중품(中品)이 되며 『곡례』, 『논어』를 읽은 자 가 하품(下品)이 되고 만약 오경삼사(五經三史), 제자백가(諸子百家)의 글을 널리 읽어 두루 통한다면 초월하여 등용키로 하였다. 전에는 활쏘기로 사람을 뽑았는데 지금에 이르러 고친 것이다

讀春秋左氏傳 若禮記若文選而能通其義 兼明論語孝經者爲上 讀曲禮 論語孝經者爲中 讀曲禮孝經者爲下 若博通五經三史諸子百家書者 超擢用之 前祇以弓箭選人至是改之

그렇다면 독서삼품과 이전에 어떤 교육기관이 있었는가? 『삼국사기』에는 "신라의 경우 31대 신문왕 2년(682) 국학(國學)을 창설하였고 35대 경덕왕 6년(779) 국학을 태학감(太學監)으로 명칭 변경하였으나 36대 혜공왕 때 다시 국학으로 되돌아왔다"고 기록하고 있다.

또한 고구려의 경우 11대 소수림왕 2년(372) 태학(太學)을 창설하였다고 기록되어 있고 백제의 경우는 아예 기록이 없다.

하지만 이조 500년 동안 주자학에 세뇌되어 그 엉뚱한 모화주의 사관에 훈습(薰習)된 오늘의 역사학자들은 국학이나 태학의 교육기관이 공맹(孔孟)의 가르침을 학습하던 수사학(洙泗學: 공자맹자의 가르침 즉, 지나유교)의 전당이라고 강변하고 있다. 그렇다면 12세 아한(阿漢)단군 30년(B.C. 1814)에 개설되어 국가의 동량지재(棟樑之材)를 육성했던 태학관(太學館)의 존재는 어떻게 설명할 것인가?

3814년 전이라면 공자(B.C. 551~479)가 태어나기 1263년 전인데 그럼에도 불구하고 태어나지도 않았던 공자의 가르침을 미리 앞당겨 태학관에서 강의했던가?

이점으로 미루어 신라의 국학(國學)과 태학감(太學監), 고구려의 태학(太學)과 그것의 원형인 단군조선의 태학관(太學館)에서 공맹교(孔孟敎)를 강론했다는 사대주의 궤변가들의 주장은 터무니 없는 억설(臆說)에 불과하다.

진실을 규명하기 위한 증거로 고구려 교육제도의 기본인 경당(扃堂)을 거론하지 않을수 없다. 경당의 교육기관은 고구려의 창제(創製)가 아니라 11세 도해단군 원년(B.C. 1891)에 개설된 학교로서 평민의 자제들을 뽑아 천지화랑(天地花郞)을 만들고 그들에게 삼륜구서(三倫九誓)의 훈(訓)과 천경신고(天經神誥, 천부경과 삼일신고)와 활쏘기를 가르치던 곳이었다. 다시 말해, 경당은 홍범구주를 가르치던 만인의 학교로서 오늘의 초등학교와 비슷한 교육기관이었다. 중요한 점은 단군조선의 경당을 계승한 고구려의 조의선사(皂衣禮士)백제의 무절(武節)신라의 국선화랑은 사회적 신분고하에 관계없이 주로 평민의 자제들을 국가의 동량지재로 길러냈다는 사실이다.

이 점은 확실히 제자백가의 인재등용방식과 대비된다. 인재등용방식에 있어 공자는 거현(擧賢)을, 묵자는 상현(尙賢)을, 노자는 불상현(不尙賢)을, 한비자의 법가(法家)는 존현상공(尊賢尙功)을 주장한다.

유가의 거현은 왕족 및 조정을 좌지우지하는 권력자와 혈통이 같은 친족의 친소(親疎)여부에 따라 인재를 기용하는 말하자면 귀족의 자제들에게만 등용문에 오를 응시자격을 부여하는 제도를 말하며, 묵자의 상현은 신분의 귀천을 가리지 않고 재능이 있는 사람이라면 누구나 기용될 수 있는 인재발탁제도를 말한다. 공자는 친족의 친한 정도의 등급순위에 따라 인재를 기용하는 친친지쇄(親親之殺)와 친친상은 (親親尙恩)은 하늘이 부여한 움직일 수 없는 天理라 주장하면서 한편 신분의 귀천을 가리지 않고 재능 있는 사람이면 누구나 기용될 수 있다고 주장하는 묵가(墨家)의 무차별적 평등주의는 결국 현실방기(現實放棄)주의에 빠지고 만다며 맹비난하였다.

노자의 불상현(不尙賢)은 무엇을 뜻하는가? 노자가 보기에 유가들이 말하는 인재란 겉치레에 불과한 인의예지(仁義禮智)가 습성화되어있는 자들인데 "천하의 큰 도가 폐기되면 거짓 사랑과 거짓 정의가 강조되고 잔재주를 부리는 지혜가 나와 큰 거짓이 생겨난다"(大道廢有仁義智慧出有大僞)고 강조함으로써 인의예지의 형식에 갇혀 있는 인재도 아닌 인재를 더 많이 기용할수록 온갖 거짓말과 거짓 법령들이 횡행하여 도둑은 더욱 많아지고 백성들은 점점 못살게 되어 마침내 천하는 더욱 어지럽게 되니 아예 유가식의 인재를 기용하지 말자는 주장이 불상현(不尙賢)의 뜻이다.

법가(法家)가 말하는 존현상공(尊賢尙功)은 말의 순서를 바꾸어 상공존현(尙功尊賢)이라 해야 이해하기 쉽다. 상공이란 공적을 숭상한다. 실적을 우러러 받든다는 뜻으로 오늘날 자본주의 경제체제에서 사람 능력을 평가하는 기준인 실적중심주의(meritocracy)와 같은 개념이다. 예를 들어 비누회사 영업부장을 평가함에 있어 그 사람의 출신성분이나 학력 혹은 그 사람의 인간성이 착하냐 나쁘냐는 도덕적 기준에 의거하여 사람을 평가하는 것이 아니라 일년 동안 비누를 몇장 팔았으며 영업이익을 얼마만큼 올렸느냐에 따라 사람능력의 유무를 평가하는 것이 상공주의(尙功主義)이며 이러한 실적중심주의에 기초하여 실적을 크게 쌓아 올린 사람을 우대하고 존경하는 것이 존현상공의 뜻이다.

1970년대 뉴욕양키즈 감독을 지낸 빌리마틴(Billy Martin)은 9회 말 5

대 5로 비기고 있는 상황에서 존현상공의 뜻이 무엇인지를 명확히 가르쳐주는 다음과 같은 명언을 남겼다.

"9회 말 2사 후 주자 2루의 상황에서 안타 한방이면 우리가 이길 수 있다. 누구를 대타(代打)로 기용할 것인가? 비록 예수라 할지라도 펀치히터로 기용해 안타를 때리지 못한다면 나는 그를 존경하지 않을 것이며 비록 히틀러라 할지라도 그가 안타를 쳐 우리 팀이 승리할 수 있다면 나는 그를 무한히 존경할 것이다."

유가의 인재양성소인 상서(庠序)는 귀족의 자제들에게만 교육의 혜택이 주어지고 거현(擧賢)제도는 사농공상(士農工商)의 4계급 중 적통의 士계급에게만 과거응시자격이 부여되기 때문에 아무리 학문이 높고 인품이 고매하더라도 응시자격이 없는 서얼출신은 조정에 출사(出仕)할 수가 없다. 따라서 유가의 거현 및 과거제도는 교육의 기회균등이라는 인류의 보편적 가치에 정면으로 위배된다.

겸애주의(兼愛主義)의 기치를 내건 묵가의 사상이 주로 밑바닥 계층에 처한 일반 서민들의 이익을 대변하는 철학임을 감안한다면 신분의 귀천을 가리지 않고 재능이 있는 모든 사람에게 문호를 개방하는 묵가의 상현은 엄격한 신분제의 고대사회에 있어 획기적인 발상임에 틀림없다. 하지만 묵가의 상현은 유가의 귀족주의적 거현에 대한 무조건적 증오로 일관된 감정적 대응이기 때문에 이는 부르조아를 증오하는 심정 하나만으로 육체노동 이외 아무런 기술도 없고 경영능력도 없는 무식한 노동자계급을 주축으로 프로레타리아 독재를 주장하는 맑스 레닌주의와 하등 다를 바 없다.

도가의 불상현사상도 마땅히 비판을 받아야 한다. 동서고금을 통해 관리되는 자는 먹물깨나 먹은 인간들인데 이들을 배제하고 나면 실제 행정업무를 수행할 담당자는 없다. 인재는 하늘에서 떨어지는 것도 땅에서 평지돌출로 갑자기 솟아나는 것도 아니다. 따라서 현실 문제에 둔감한 도가의 청풍명월적 음유선인(吟遊仙人)의 발탁은 결국 될대로 되라는 현실도피적 발상이라 아니할 수 없다.

법가의 존현상공은 실적에 따른 차등점수제를 채택한 점에 있어 칭찬을 받아 마땅하지만 공적에 너무 치우친 나머지 도덕성을 무시하는 우(愚)를 범하고 있다. 손오병법(孫吳兵法)은 손무(孫武)와 오기(吳起)의 용병술을 모아 책으로 엮은 병서(兵書)이다.

한데 오기는 싸움을 누구보다 잘하고 병사들의 종기(腫氣)를 자신의 입으로 스스로 빨아 고름을 내뱉을 정도로 부하들을 사랑하고 신망을 얻어 싸우면 반드시 이기고 공격하면 반드시 성(城)을 취하는 전필승공필취(戰必勝攻必取)의 명장이었지만 그에게는 치명적인 도덕성의 약점이 있었다. 오기의 도덕적 약점은 자신의 출세를 위해 조강지처를 살해한 점에 있다. 결국 오기는 그가 범한 씻을 수 없는 도덕적 패퇴로 말미암아 엄청난 전투공적에도 불구하고 백성으로부터 신망을 잃고 군주로부터 버림을 받아 쓸쓸한 최후를 마쳐야만 했다.

이렇게 볼때 유가의 거현, 묵가의 상현, 도가의 불상현, 법가의 존현상공은 모든 백성에게 보편적 진리를 가르치는 공교육 기관으로서의 역할과 인재등용의 형평성을 상실한 바람직하지 못한 제도로 규정하지 않을 수 없다. 그러므로 귀천의 차이, 노소의 차이, 유식무식의 차이를 넘어 모든 백성을 상대로 홍범구주(洪範九疇)의 진리를 전파한 경당과 경당교육의 부산물인 조의선사, 무절, 국선화랑의 존재는 참으로 대단하다 아니할 수 없다.

이러한 인식을 공유하는 입장에서 홍범구주의 구체적 내용을 차례로 살펴보자.

1. 오행(五行)

　홍범구주의 첫 번째는 오행(五行)이다. 오행은 물질을 구성하는 기본 원소인 火, 水, 木, 金, 土를 말한다.
　인체는 체온(火), 피 오줌 눈물 땀과 각종 호르몬(水), 머리카락 수염 음모(木), 골격(金), 살(土)의 5행으로 구성되어 있다.
　사람의 겉 모습도 오행의 복합체이지만 사람의 속 모습인 오장(五臟) 즉, 심장 폐장 간장 비장 신장 역시 내오행(內五行)이다. 오행의 법칙을 적용한 인명(人名)의 항렬(行列)과 지명(地名), 오방신장(五方神將), 오미(五味), 오상(五常) 등… 오행의 적용범위는 한없이 넓어 이를 다 말하자면 끝이 없기 때문에 가장 중요한 오행의 상생(相生)과 오행의 상극(相剋)을 실례를 들어 설명하고자 한다.
　먼저 한검단군 치세 67년(B.C 2267)에 일어난 황하의 홍수를 퇴치한 『도산신서』의 오행치수법이 어떠한 내용인지를 살펴보자.
　기록이 없어 자세한 내용은 알지 못하나 충남대학 환경공학과 장동순 교수의 연구 논문을 통해 복원된 5행치수법의 내역을 이 기회에 소개하고자 한다.
　오스트리아 출신의 천재과학자 빅터 샤우버거는 자연현상을 대립되는 양면성을 가진 형질의 불균형에 의한 역동적 운동으로 파악한다. N극과 S극 양전하와 음전하, 입자와 파동, 물질과 반물질 등이 바로 이것이다. 샤우버거는 음양운동의 결과로 발생하는 에너지 흐름의 기본 양상을 나선형 소용돌이 운동으로 파악하고 구심성 나선운동과 원심성 나선 운동 중 특히 구심성 나선운동을 생명력을 키우는 창조적 운동으로 파악했다.
　흘러가는 강물이 구심성 운동을 하게되면 온도가 낮아지고 낮아진 온도만큼 그에 해당하는 열에너지의 일부가 운동에너지로 바뀔수 있기 때문에 물의 유속(流速)이 증가하게된다. 이렇게 온도가 낮아지고 유속이 증가한 물은 활성화 되는데 밀도가 최대 4도C에서 생명력이 가장 왕성해진다. 물의 온도가 4도C를 유지하면 농작물의 소출이 늘고 녹조현상이 생기지 않으며 물이 쉽게 부패하지 않는다.

샤우버거는 물의 온도 4도C를 陽온도변화율, 4도C에서 멀어지는 현상을 陰온도변화율로 명명했다.

장동순교수는 샤우버거의 양온도변화율과 음온도변화율의 음양상생론에 의거하여 다년간에 걸쳐 우리나라 하천의 흐름을 주의 깊게 연구한 결과 직선하천(直線河川)에 있어서는 구심성나선운동이 없고 오직사행천(蛇行川)에 있어서만 구심성 소용돌이 운동이 일어난다는 사실을 발견하였다.

그림 1   그림 2

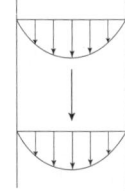
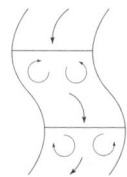

2차 유동이 없는 완전 전개된   중심부에 수심이 깊고 2차 유동이
직선하천(直線河川)의 평면도   있는 곡류하천(曲流河川)의 평면도

사행천은 뱀이 구불구불 기어가듯 S자형으로 흐르는 냇물이나 강물을 말하는 것으로 직선하천의 반대개념이다. 직선하천은 문자 그대로 사행천의 S자 형태를 없앤 직선화된 강으로써 많은 수량을 처리하고자 상류에 농업용수, 공업용수 및 홍수조절의 기능을 갖춘 다목적댐을 설치하여 하천의 폭을 인공적으로 넓힌 것이 특성이다. 직선형태 하천의 유동특성은 일정거리를 지나면 속도 변화가 없는 완전 전개된 유동형태로 물이 흘러간다는 사실이다. 유체역학이론에 의하면 완전 전개된 물의 유동특

성은 물이 흘러가는 주(主) 방향에만 속도가 나타나고 제방 쪽으로의 2차적인 흐름이나 속도는 최소한도로 억제된다.

따라서 직선형태의 하천이 가지는 문제점은 홍수에 의해 하천에 토사가 유입되거나 자체토사 유실이 생기는 경우 토사를 제방 쪽으로 운반하는 2차 유동이 존재하지 않기 때문에 토사는 물의 주(主) 유동 흐름을 따라 하천의 하류 바닥면에 쌓이어 하상을 점점 높게 만든다는 사실에 있다. 한편 사행천은 중심부의 온도가 낮아 유속 즉 물살이 강하기 때문에 하천중심부는 계속 토사가 파헤쳐져 유실된다. 따라서 토사가 파여 수심이 깊어지고 뚝방의 수풀조성에 의해 온도가 낮아져 수온이 4도C 에 가까워질수록 주방향의 물살과 2차 소용돌이 물살(구심성나선운동에 의해 역회전하는 물살)의 대립적 충돌은 유입되거나 자체 발생하는 토사를 잘게 부수어 제방 쪽으로 이동시켜 제방을 강화하고 제방에 서식하고 있는 초목에게 필요한 영양분을 공급한다. 그렇다면 어떻게 건강한 강(건강한 물흐름)을 유지할 수 있으며 이를 위한 5행의 상생적(相生的) 역할은 무엇인가?

첫째, 강 주변에 나무를 많이 심어 직사광선을 차단해야 한다. 특히 강의 굴곡면에서 제방의 벽면을 따라 마찰열이 크게 발생하므로 수분 발생량이 많은 수종(樹種)을 심어야 한다. 나무는 지표면의 온도를 낮게 유지하며 폭우시 지표면의 온도를 빗물의 온도보다 낮출 수 있어 땅의 물 흡수 능력을 증대시키고 빗물의 배수량을 최소화하는 이점이 있다. 또한 지표면의 온도가 물의 온도보다 낮을 경우 영양분을 함유한 지하수의 상승이 쉽게 되어 건조기에도 지상에 있는 초목의 성장을 촉진시킨다.

단, 인공조림이 발달된 독일 같은 나라의 삼림 토양에는 다양한 종류의 미생물이 존재하지 않으므로 단일수종을 위주로 한 인공조림은 될 수 있는 대로 기피하여야 한다. 자연의 아름다운 조화는 역시 종(種)의 다양성에 기초해 있기 때문에 여러 가지 종류의 나무를 심는 것이 마땅하다.

둘째, 강의 제방이나 바닥에 일정한 구조물을 설치하여 물의 온도하강을 도모하고 생명력을 발생시키는 구심성나선운동을 유도한다. 여기까지가 장동순교수가 말한 오행치수법의 주된 논지(論旨)로서 장교수 자신의 놀라운 상상력으로 복원시킨 오행치수법은 S자형 곡류(曲流)에 의한 소용돌이 물굽이를 유지하여 물의 온도를 낮추고 토사가 하상에 퇴적되는 것을 방지함으로써 오행상생(五行相生)의 대의(大意)를 천명한 것으로 볼 수 있다.

그렇다면 우왕은 과연 한검단군이 가르쳐준 오행치수법의 법도(法度)에 따라 황하의 홍수를 퇴치했는가?

『서경』과 『사기』에 의하면 "우(禹)는 아홉 개의 산과 아홉 개의 하천을 뚫어 홍수를 퇴치하고 기주(冀州) 연주(兗州) 서주(徐州) 양주(楊州) 형주(荊州) 예주(豫州) 청주(青州) 양주(梁州) 옹주(雍州)의 9주를 설치하였다" 기록되어 있다.

아홉 개의 산과 아홉 개의 하천을 뚫었다는 대목에 비밀이 숨어 있다. 사행천을 사행천답게 만드는 자연적 조건은 강의 양안에 구불구불 뱀의 허리처럼 늘어서 있는 산들이다. 따라서 9개의 산을 뚫었다는 기록은 인부 10만명쯤 동원하여 강 벽면의 산에 큰 구멍을 뚫어 범람 위기에 있는 황하물을 옆 방향으로 누수(漏水)시켜 수위를 낮게 했다는 이야기에 불과하고 9개의 하천을 뚫었다는 기록은 2차 유동이 있는 사행천 9개를 물이 빨리 빠져나가도록 직선하천으로 만들었다는 사실 폭로 이외에 아무 것도 아니다.

우(禹)가 오행치수법에 어긋나는 변칙적 방법으로 황하의 범람위기를 일시적으로 모면하였다 하더라도 결국 사행천을 없애고 사행천을 조건 지우는 9개의 산을 없애 물살의 2차 유동이 없는 직선하천으로 황하를 개조하여 누적된 토사의 퇴적으로 황하의 하상을 높여 놓았다. 한때 북송(北宋)의 수도였던 개봉(開封)은 하상이 높아진 황하의 범람으로 완전 매몰되어 지하 10m 속에서나 도시의 유적을 찾아 볼 수 있다. 황하는 그 주류를 수십번 변경한 역사를 갖고 있으며 부근 도시보다 20~30m 더 높은 하상을 가진 양자강이나 평양 시내보다 5m 정도 더 높은 하상을 가진 대동강도 예외는 아니다(대동강의 진실은 김일성 생존시 북한을 방문했던 제일동포 과학자의 증언으로 확인된 바 있다).

인체의 오행기통(五行氣通)은 지구의 오행기통을 닮았다. 사람의 창자를 직선으로 늘어놓으면 그 길이가 10m 정도에 이른다. 만약 키 12m쯤 되는 사람에게 직선의 형태로 10m의 창자가 부착되어 있다면 물을 마시는 즉시 직선의 창자를 타고 흘러내려 배설될 것이므로 이 경우 직선형태의 창자는 하수도 개념의 창자 역할 밖에 하지 못한다.

직선으로 10m나 되는 창자가 뱀이 따뱅이를 치고 웅크려 있듯 구불구불 구절양장(九折羊腸)동심원의 형태로 체내에 존재하기 때문에 영양분을 소화시켜 각 기관에 분배하고 배설물은 분뇨집으로 보내 정상적 신진대사를 수행할 수 있다.

사행천의 이치도 이와 같다. 부루단군 경술 10년(B.C. 2231) 단군께서 밭을 나누어 구정(邱井)을 정해 정전법(井田法)을 시행함에 있어 물(水)의 이름과 그에 따른 특성을 고려해 다음과 같이 분류하였다.

1) 溝 = 도랑구로서 외줄기 도랑물
2) 澮 = 2물줄기가 합해 하나의 흐름으로 된 물
3) 川 = 3개의 물줄기가 합쳐진 냇물
4) 河 = 삼수(氵)와 클가(可)의 합성어로 큰물이라는 뜻
5) 江 = 삼수(氵)와 장인공(工)의 합성어로 강은 장인(匠人)이 인공적으로 조성한 물이 아닌 자연 스스로 장인의 역할을 수행하여 무위자연(無

爲自然)의 덕택으로 이루어진 큰 물이다.

이중 논에 물을 대는 인공수로인 溝를 제외한 澮, 川, 河, 江은 모두 인공적 직선형태의 물 흐름이 아닌 구심성나선운동이 일어나는 자연적 사행천이다.

예컨대 700개의 물줄기가 합수(合水)되어 이루어진 낙동강의 수많은 사행천의 일부를 파괴하거나 없애버리는 행위는 인체내부 대동맥의 근간이 되는 수많은 실핏줄을 단절하는 것과 흡사한 어리석음이다.

한국의 아름다운 산에서 흐르는 계곡물은 전 세계적으로 비교대상이 없을 정도로 청정하고 또한 광물질의 함유량이 풍부한 약수(藥水)이다. 왜 그런가? 대부분의 산과 계곡이 화강암으로 덮혀 있어 물이 소용돌이 치는 계곡의 바위가 금(金)이 물을 살린다는 오행의 금생수(金生水) 역할을 톡톡히 해내고 있기 때문이다. 계곡이나 강심(江心)에 박혀 있는 바위를 파헤쳐 옮기거나 지하암반에 무분별하게 구멍을 뚫어 지하수를 퍼올리는 것은 금생수의 원칙을 파괴하는 행위이다. 바위가 있어야만 물이 소용돌이 칠 수 있다.

낙동강 상류에 있는 안동 하회(河回)마을의 순수 우리말은 '물도리동' 이다. S자형의 사행천 암벽과 강심의 바위에 의지하여 물이 역회전하면서 돌아가는 동네란 뜻이다. 만리장성을 쌓은 수많은 화강암들을 생각해보라. 이 많은 화강암들은 도대체 어디에서 왔는가? 멀리 양자강 이남의 계곡이나 산에서 옮긴 것은 아닐 테고 아무래도 만리장성에 가까운 황하 부근의 산이나 계곡에서 채취하여 소나 말의 힘을 빌려 운반되었으리라 추측할 수 있다. 황하부근의 산이나 계곡에서 바위를 뽑아 만리장성으로 옮긴 것은 본래 사행천이었던 황하의 물흐름을 2차 유동이 없는 직선하천의 하수도 개념으로 변질시키고 말았다.

강물 흐름의 오행상생(五行相生)을 정리하면 다음과 같다.

1) 火 = 샤우버거가 말한 물의 온도 4도 C, 즉 양온도변화율을 유지하여 물의 생명력을 키워야 한다.
2) 木 = 양온도변화율을 항상 유지하고 또한 여름철 태양의 뜨거운 직사광선을 막기 위해 강주변에 다양한 종류의 나무를 많이 심어야 한다.
3) 水 = 강물의 흐름은 구심성나선운동에 의한 2차 유동이 있어야 하므로 사행천의 원형을 반드시 유지하여야 한다. 물 흐름의 역회전 내지 되먹임 현상이 있어야 호메오스타시스(homeostasis: 역동적 평형, 자정능력)의 생명력이 발양될 수 있다.
4) 金 = 계곡이나 강의 제방 혹은 바닥에 있는 바위는 물의 온도 하강과 생명력을 고양시키는 구심성 소용돌이 운동을 일으키고 풍부한 광물질의 영양분을 물에 제공하므로 반드시 보호되어야 한다.
5) 土 = 위에 말한 火, 木, 金의 조건이 잘 갖추어진 사행천은 주 흐름의 강바닥을 파헤쳐 수심을 깊게 하고 2차 유동으로 토사를 제방 쪽으로 운반 제방을 튼튼히 하고 제방에 자라는 초목의 성장을 돕는다. 또한 제방쪽으로 운반되지 않는 나머지 토사는 강하구에 모여 비옥한 삼각주(delta)를 형성한다. 세계 최대 쌀 수출국 중 하나인 베트남의 메콩델타가 그 대표적 예다.

건강한 사행천의 존재는 단순 물만이 아닌 이렇듯 火 水 木 金 土의 오행이 상합상생(相合相生)하는 자연섭리의 위대한 공연장인 것 이다.

이번에는 오행의 상극(相剋) 케이스를 하나 살펴보자.

개고기를 즐겨 먹는 일부 한국인 때문에 한국인 전체를 야만으로 매도하는 사태가 외국언론에 보도된 바 있다. 하지만 개고기 먹는데도 일정한 원칙이 있어 아무 때나 아무 개나 잡아 먹는 것은 결코 아니다.

첫째, 정든 개는 잡아먹지 않는 정구불식(情拘不食)의 원칙이다. 정구불식의 원칙은 원광법사의 화랑오계중 5번째 계율인 살생유택계(殺生有擇戒)에 "집에서 기르고 부리는 가축을 죽여서는 아니되니 곧 말, 소, 닭, 개를 이름이요"(不殺使畜謂馬牛鷄犬)의 수칙(守則)에서 확인할 수 있다. 아무리 개고기를 좋아하는 사람이라도 자신이 키우는 애완견을 잡아 먹는 구육광(狗肉狂)은 아마 없을 것이다.

두 번째는 음이 같은 정구불식(正拘不食)의 원칙이다. 正拘不食은 정월(正月)에는 개고기를 먹지 않는다는 말로 확대해석하면 겨울철에는 개고기를 먹지 않는다는 원칙을 의미한다. 개고기는 무더위가 한창 기승을 부리는 여름철 삼복일(三伏日)에 주로 먹는다.

삼복일에 개고기를 먹는 풍속은 오행의 상극(相剋) 중 불(火)이 금(金)을 이기는 화극금(火克金)의 원리를 원용한 것이다. 오행으로 보면 여름철 찌는듯한 불볕더위는 화에 속하는데 금은 불속에 들어가면 녹아버리므로 화극금(火克金)이 된다.

火인 무더위에 적응하여 보신(補身)하려면 金에 해당하는 식품을 먹어야 하는데 甲 乙 丙 丁 戊 己 庚 辛 壬 癸 10천간 중 庚이 바로 金에 속한다. 여기에 子 丑 寅 卯 辰 巳 午 未 申 酉 戌 亥의 12지지를 적용하게 되면 庚자로 시작하는 동물은 庚子 庚寅 庚辰 庚午 庚申 庚戌 밖에 없다.

1) 庚子 = 쥐고기는 먹지 않는다
2) 庚寅 = 호랑이는 노루나 꿩처럼 개체수가 흔하지 않을 뿐만 아니라 호랑이에게 잡아 먹힐 위험성이 크므로 먹고 싶어도 호랑이 고기를 먹을 수 없다.
3) 庚辰 = 용은 상상의 동물로 실제 존재하지 않으므로 먹을 수가 없다.
4) 庚午 = 한국인은 예로부터 말고기를 먹지 않는다. 고대 유목 농경 사회에 있어 말은 굉장히 귀중한 동물이고 특히 전쟁터에서 말의 역할이 매우 컸으므로 갈증이 심하면 차라리 말 오줌을 받아 마시고

배고프면 말똥을 집어 삼킬지라도 말을 잡아 먹을 수는 없다.

5) 庚申 = 원숭이 고기는 먹지 않는다. 일부 지나인들이 살아 있는 원숭이를 도끼로 쳐 골을 빼먹는다 말하나 인간의 보편적 상식으로 볼 때 원숭이 고기는 괴상한 인간들이 먹는 괴식(怪食)일뿐 정상적 식품이 아니다.

6) 庚戌 = 쥐, 호랑이, 용, 말, 원숭이 고기가 못 먹을 고기라면 결국 복(伏)날에 먹을 수 있는 庚자가 달린 동물이란 개고기 밖에 없다.

초복(初伏)은 하지(夏至) 지난 뒤 셋째 경일(庚日)이고 중복(中伏)은 하지 지난 뒤 찾아오는 4번째 경일(庚日)이며 말복(末伏)은 입추(立秋) 뒤 첫 경일(庚日)이다.

그러므로 개고기는 시절에 관계없이 아무 때나 먹는 식도락(食道樂)이 아니라 삼복(三伏) 더위에 땀을 많이 흘려 자칫 탈진하기 쉬운 허약한 신체의 원기를 회복하기위한 보양식(保養食)이며 약식(藥食)인 것이다. 복(伏)날에 물이 불을 이기는 水克火의 원리를 따라 시원한 냇물에 발을 담그고 火가 金을 이기는 火克金의 원리에 따라 보양식의 개고기를 먹음으로써 계절의 운행도수(運行度數)에 인간의 신체 리듬을 맞추려는 옛 선인들의 조화 정신이야말로 진정 오행상극(五行相剋)의 진리를 실천하는 생활의 지혜요 멋인 것이다. 이상으로 오행치수법을 통한 오행상생의 예와 정구불식을 통한 오행상극의 실례를 살펴보았는바 여기서 반드시 알아두어야 할 한가지 사항이 있다.

그것은 오행을 운용하고 활용하는 주체 다시 말해 오행을 상생케도 하고 오행을 상극케도 하는 담당자는 사람이라는 사실이다. 알기 쉽게 말하자면 상생관계는 친구관계이고 상극관계는 불상용(不相容)의 원수관계에 비유할 수 있다.

도끼는 나무를 찍어 쓰러뜨릴 수 있다. 이른바 금이 목을 이기는 오행의 金克木이다. 하지만 금극목의 원리에 입각하여 도끼를 사용 벌목하는 주체는 사람이다. 불난 집에 대량의 물을 호스로 뿌려 불을 끌수 있다. 이른바 물이 불을 이기는 오행의 水克火이다.

이 경우에 있어서도 물을 뿌려 불을 끄는 존재는 사람인 소방관이다. 하지만 어떤 사람이 커피를 마실 요량으로 주전자에 물을 넣고 불로 끓여 소기의 목적을 달성한다면 물과 불은 더 이상 원수관계가 아닌 상생(相生)의 관계로 전화(轉化)된다.

당초부터 물과 불은 서로 친구라고 주장한 적도 없고 서로 원수지간이라고 선포한 적도 없다. 물과 불은 서로가 서로에게 있어 가치중립적인 물질일 따름이다. 다만 물과 불 사이에 매개자(媒介者)로서 인간의 의지가 개입하여 물과 불의 관계를 상생의 친구관계로도 ,상극의 원수관계로도 만들 수 있는바 바로 이점이 오행상생(木生水 火生土 土生金 金生水 水生木)과 오행상극(金克木 木克土 土克水 水克火 火克金)에 관한 한검단군의 위대한 가르침이다.

2. 오사 (五事)

홍범구주의 2번째 항은 모(貌) 언(言) 시(視) 청(聽) 사(思)의 오사이다. 그러나 오사의 연원을 모르는 기자(箕子)는 서경 홍범편에서 다음과 같이 완전히 그릇되게 오사를 해석하고 있다.

다섯 가지 일에 있어서 첫째는 태도이고, 둘째는 말이고, 셋째는 보는 것이고, 넷째는 듣는 것이고, 다섯째는 생각하는 것입니다. 태도는 공손하여야 하고,말은 옳음을 따라야 하며, 보는 것은 밝아야 하고, 듣는 것은 분명하여야 하며, 생각은 치밀해야 합니다

五事一曰貌 二曰言 三曰視 四曰聽 五曰思 貌曰恭 言曰從 視曰明 聽曰聽 思曰睿

진실을 말하자면 모언시청사(貌言視聽思)의 오사(五事)는 계해년(B.C. 3898)태백산에 조림(照臨)하여 신시를 개국한 한웅천황께서 전국민을 상대로 내걸었던 교육의 강령(綱領)으로서 한검단군이 신시오사를 홍범구주의 2번째 과목으로 편입시킨 것이다.

모언시청사(貌言視聽思)앞에 각각 바를 正자를 붙여 正貌 正言 正視正聽 正思로 만들면 오사를 이해하기 훨씬 쉽다. 먼저 가장 중요한 正貌를 해석하면 貌는 기자가 말하는 태도가 아니다. 모습(貌襲) 모양(貌樣) 모형(貌形) 외모(外貌) 등의 단어에서 볼수 있듯 貌는 모양모, 신체모습모자이다.

따라서 貌는 올바른 신체모습을 갖추어야 한다는 뜻이다. 올바른 모습을 갖추기 위해선 밭에 나가 일을 열심히 한다던지 혹은 말달리기, 활쏘기, 택견 등의 운동을 통하여 수련하는 방법이 있다. 외공(外功)을 통하여 신체를 수련하는 방법과 아울러 내공(內功)의 힘도 동시에 길러야 한다. 『삼일신고』는 내공(內功)을 통하여 신체를 수련하여 철인(喆人)이 되는 방법으로 지감(止感)과 조식(調息)과 금촉(禁觸)을 제시하고 있다. 인간은 성명정(性命精)의 삼진(三眞)과 감식촉(感息觸)의 삼망(三妄, 세가지 거짓)을 받아 이세상에 태어났다.

하나님의 신성(禔性)으로부터 유래된 인간본성과 하나님의 영혼으로부터 분유된 인간영혼과 하나님의 정신을 받은 인간정신은 영원불멸이므로 性命精은 삼진이며 육체에 부수적으로 따라오는 느낌(感), 숨쉼(息), 말초신경의 부딪침 내지 의도적 자극(觸)은 육신의 존속기간이 영원하지 않기 때문에 삼망에 속한다.

정신과 육체는 서로 분리될수 없기 때문에 외공, 내공으로 수련에 정진하는 자는 마땅히 눈, 코, 귀, 입, 신체의 오관(五官)에 의한 감각을 지양하고(止感), 거친 숨 가쁜 숨을 몰아쉬지 말고 항상 숨쉬기를 고르게 할 것이며(調息), 말초신경에 즐거움을 주는 촉각, 예컨대 과음(過飮), 미식(美食), 편식(偏食), 음행(淫行) 등을 자제하고 금해야 한다(禁觸).

『삼일신고』의 마지막 구절을 여기 적는다.

"느낌에는 기쁨(喜)과 두려움(懼), 슬픔(哀)과 성냄(怒), 탐냄(貪)과 싫어함(厭)이 있다. 숨쉼에는 맑고(芬) 흐리고(爛) 차고(寒) 덥고(熱) 마르고(震) 젖은(濕) 기(氣)가 있다. 부딪침(觸)에는 소리(聲)와 빛깔(色) 냄새(臭)와 맛(味), 음탕(淫)과 살닿음(抵)이 있다. 뭇사람들은 착함과 악함(善惡), 기의 맑음과 탁함(淸濁), 몸의 두터움과 엷음(厚薄)을 서로 섞어서 제 마음대로 달리다가 나고, 자라고, 늙고, 병들어 죽는 괴로움에 빠진다. 그러므로 사리 판단이 밝은 철인(喆人)은 느낌을 그치고 (止感), 숨쉼을 고르게 하며(調息), 촉각의 부딪침을 금한다(襟觸). 애오라지 한뜻으로 수행하여 가달(妄)을 돌이켜 참(參, 진리)으로 나아가면 네 본성 속에 잠재되어 있는 하나님의 신기(禧機)가 크게 발휘되리니 이것이 바로 참된 성품에 통달하여 공적(功績)을 완수하는 것이니라"(一意化行返妄卽眞發大禧機性通功完是).

노동과 무술 연마 등 외공을 통하여 신체를 단련하고 지감 조식 금촉의 내공 수련을 통하여 정신과 육체가 통일된 正貌를 갖추게 되면 다음 단계부터는 훨씬 쉬어진다. 바른 말하는 正言은 혓바닥으로 말하는게 아니라 마음으로 말하는 것을 이른다. 혀로 말하는 것은 자칫 교언(巧言)이나 감언이설(甘言利說)등 겉치례만 번지르한 입에 발린 말이 되기 쉽다. 말(言)이란 자신의 진심을 실어나르는 수단이며 진심이 상대방에게 전달될 때 상대도 감동하여 무언의 화합이 이루어진다.

바르게 보는 正視도 눈으로 보는 것을 뜻하는 것이 아니다. 눈으로 일견(一見)할 때 나플레옹이나 등소평 박정희는 보통 사람보다 훨씬 작은 키로 보잘 것 없는 외모를 갖추고 있다. 하지만 육안(肉眼)이 아닌 훌륭한 심안(心眼)을 갖춘 喆人이 출세하기 이전의 나플레옹 등소평 박정희를 보았다면 그들의 내면에 잠자고 있는 엄청난 가능성과 잠재력을 조견(照見)했음에 틀림없다. 왜? 철인은 눈, 코, 귀, 입, 피부의 시각, 후각, 청각, 미각, 촉각에 의지하여 감각과 느낌만으로 사람을 판단하지 않는 지감(止感)의 경지에 도달한 사람이기 때문이다.

바르게 듣는 正聽도 귀로 듣는 것이 아니라 마음으로 듣는 것을 말한다. 옛날 당나귀같이 큰 귀를 가진 어떤 어리석은 임금은 쓸데없는 소리만 들을 줄 알았지 정작 민심의 참된 소리를 듣지 못하여 쫓겨나고 말았다 한다. 귀가 아닌 마음으로 들어야만 하늘의 소리 양심의 소리 민심의 소리를 빠짐없이 다들어 이심전심(以心傳心)의 묘용(妙用)을 행사할 수 있다.

正貌 正言 正視 正聽이 이루어지면 바르게 생각하는 正思는 저절로 따라온다. 희노애락구탐염(喜怒哀樂懼貪厭)의 사감(私感)이 개입되고 선입관에 사로잡히면 바른 생각을 하기 어려운데 지감(止感)을 통해 이를 극복했고, 노(怒)하거나 흥분하면 숨결이 급해지고 거칠어지게 마련인데 조식(調息)으로 이를 극복했고, 말초신경에 즐거움을 주는 정욕이나 식도락도 금촉(禁觸)으로 이를 극복하였으니 사람과 사물을 접(接)함에 있어 항상 바른 생각으로 일관할 수밖에 없다.

그러므로 한웅천황이 제시한 심신수련법으로서의 신시오사(神市五事)는 모든 인간에게 잠재되어있는 홍익인간의 씨앗을 올바른 수도(修道)를 통해 발아(發芽) 성장(成長), 만개(滿開)하도록 유도한 탁월한 교육방법이다.

3. 팔정(八政)

홍범구주의 3번째 항은 식(食) 화(貨) 사(祀) 사공(司空) 사도(司徒) 사구(司寇) 빈(賓) 사(師)의 팔정이다.

팔정의 내용을 올바르게 알기 위해서는 먼저 삼신(三神)인 한인, 한웅, 한검의 역할과 사명 그리고 그 쓰임세를 알아야 한다. 이를 알기 쉽게 정리해보면 아래와 같다.

● 造化의 神인 한인 영원불멸한 우주 본체로서 우주 만유를 창조한 하나님 →	① 有形 = 만유의 형상 즉, physical body를 창조하였다 ② 無形 = 만유의 내면에 존재하는 형체없는 영혼(혹은 형체없는 一心)을 창조하셨다
● 敎化의 神인 한웅 하나님의 아들인 한웅이 지상세계에 강림한 것은 모든 인간을 홍익인간으로 교화시켜 理世光明의 세상을 만들기 위함이다 →	① 無言의 敎化 말없이 가르치는 것 이것이 최상의 방법이다. 단 무언의 교화는 인간의 본성이 신성임을 자각한 자, 인간의 一心이 唯一天心의 강림임을 아는 자에게만 有用 ② 有言의 敎化 無言의 교화가 최상책이라면 有言의 교화는 차선책에 불과하다. 초등학교 1학년 학생에게는 교과과목이나 예의범절 등에 관하여 선생이 하나부터 열까지 일일이 말로 가르쳐야 하는 것과 마찬가지로 어리석고 무지몽매한 인간들을 상대로는 말로 가르쳐 진리를 깨닫게 하는 방법 이외에 다른 도리가 없다

● 治化의 福인 한검	① 無爲의 治化
사람을 잘 다스려 홍익인간으로 만드는 것이 治化다. 치화는 권력의 강압에 의한 사람 지배가 아니라 사람마다 스스로 본성을 깨달아 자신이 자신을 다스리게 한다는 뜻이다	유일천심으로부터 받은 자신의 一心을 지키고 잘 다스려 一心에 어긋나지 않는 행위를 보여줌이 곧 忠이다. '일반삼토포 일목삼악발'의 행위로 백성들의 마음을 한마음으로 모으는 한검의 일심감통법이 無爲의 治化를 실현하는 모범사례다
	② 有爲의 治化
	무위의 치화가 상책이라면 유위의 치화는 하책에 속한다. 자신의 본성이 신성임을 깨닫지 못하고 자신의 一心이 유일천심으로부터 유래된점을 알지 못하여 나쁜 일만 일삼는 하류인생들에게 아무리 좋은 말을 해준들 쇠귀에 경읽기일 따름이다. 따라서 상습적으로 악행을 저지르는 자에게는 법령과 감옥과 병장기를 동원해서라도 사회정의를 지켜야 하므로 유위의 치화가 결코 상책은 아니지만 어쩔수 없는 하책의 선택이 될 수밖에 없다

이제 팔정의 구체적 내용을 알아보자.

1) 식(食)=먹을食으로 먹거리를 말한다. 『서경』홍범편에서 기자도 食을 식량으로 해석하고 있다. 예나 지금이나 사람들은 먹고사는 것을 귀중하게 여기고 사람들이 선택하는 다양한 직업 역시 먹고 살기 위한 방편이기 때문에 식량의 안정적 확보야 말로 인간생활에 없어서는 아니될 요건임에 틀림없다. "쌀독에서 인심난다" "삼일 굶으면 성인이 따로 없다" "목구멍이 포도청이다" "먹고 죽은 귀신은 때깔도 좋다"는 표현은 모두 먹거리와 관련된 속담들이다. 밥을 먹든 빵을 먹든 고기와 야채를

먹든 이러한 것들은 모두 육체에 지속적으로 영양분을 공급해주는 형이하학적 식품에 속한다.

그렇다면 여기서 한가지 의문점이 일어난다. 만약 육체는 튼튼한데 정신이 빈약한 사람이 있다면 이런 사람은 어떤 식품을 먹어야 빈약한 정신을 강인한 정신으로 바꿀수 있느냐 하는 의문이다. 이런 사람은 크게 먹든 독하게 먹든 일단 마음부터 먹고 봐야 된다. 앞에서 잠깐 언급한 바 있지만 지구상에 살고 있는 수백의 인종 중 "마음을 먹는다"는 표현을 사용하는 민족은 한국 인종밖에 없다.

"큰 마음 먹어라" "마음을 크게 먹어라" "마음을 독하게 먹어라" "성공할지 실패할지는 오직 마음 먹기에 달려 있다" 등이 누구를 격려할 때 한국인들이 즐겨 사용하는 표현이다. 1984년 LA올림픽 당시 유도부문에서 금메달을 딴 하형주선수는 고향집으로 전화를 걸어 "엄마! 나 애초 마음먹었던 대로 금메달을 먹었어. 고생 끝 행복 시작…"이라 했고 바둑의 이창호선수는 2000년 제4회 응창기배세계바둑선수권에서 우승한 직후 역시 전화로 "엄마 나 독한 마음 먹고 열심히 싸워 타이틀 먹었어…"라고 말했다. 운동이든 바둑이든 결승전에 오른 선수들의 체력과 기량이 비슷하다고 볼때 승패는 누가 더 강한 정신력을 갖고 있느냐에 따라 결정된다. 하형주처럼 큰 마음먹은 사람, 이창호처럼 독한 마음을 먹은 사람이 정신력이 강한 승리자가 되고 마음을 아예 먹지 않았거나 먹더라도 싱겁게 먹은 사람은 정신력이 약한 패배자가 될 수밖에 없다. 송충이는 솔잎을 먹고 살고 군인은 사기를 먹고 산다.

임진왜란 당시 일본군은 김밥을 먹고 싸웠지만 낡은 배 12척을 거느리고 노량결전에 임한 이순신은 조선의 마지막 남은 자존심을 먹고 싸워 대승을 거두었다. 그러므로 한검단군께서 홍범구주 팔정에서 거론한 食은 육신을 부양하기 위해 입으로 먹는 식품에만 그 의미가 국한되는 것이 아니며 입으로 먹는 식품과 동시에 눈으로 볼 수도 없고 손으로 만질 수도 없는 형체 없는 식품인 올바른 마음을 먹어야만 비로소 만사형통하는 진리를 말씀하신 것이다.

2) 화(貨) = 재물貨이다. 기자는 『서경』에서 貨를 財貨에 기초한 경제 시스템으로 해석하고 있으나 이는 한참 잘못된 오역이다. 물론 한검단군이 치세하던 4340년 전에 화폐는 없었지만 이웃간에 생활필수품을 서로 바꾸는 물물교환은 있었다. 종이가 발명되기 전이니 지폐가 있었을 리는 없고 『단기고사』에 4세 오사구단군 5년(B.C. 2132) 둥근 조개껍질에 구멍을 뚫어 원공패전(圓孔貝錢)을 만들었다고 기록되어 있으나 조개껍질이 없는 내륙 산간지역에까지 원공패전이 광범위하게 유통되었다고 볼 수는 없다. 이렇게 볼때 貨는 화폐가 아님이 명백하다. 貨는 조개貝자와 될化 화할化 본받을化자의 합성어이다. 패물(貝物)은 여자들이 애지중지하는 산호(珊瑚) 호박(琥珀) 수정(水晶), 진주(眞珠) 밀화(蜜花) 등의 보석을 말하고 패영(貝纓)은 산호 호박 밀화 수정 따위로 만든 갓끈을 말하며 패금(貝錦)은 조가비의 무늬같이 투명하고 아름다운 색상의 비단을 말한다.

고로 貨는 영롱하게 빛나는 조개 껍질을 닮아 보물화된 값을 매길 수 없는 가치를 말한다. 가격(price)과 가치(value)는 분명 다르다. 내가 끼고 있는 결혼기념 금반지는 시장가격으로 몇푼 되지 않지만 반지에 녹아 있는 지나간 세월의 연상과 낭만과 추억의 센티멘탈밸류(sentimental value)는 억만금을 주고도 사지 못한다. 가치는 구상적 가치와 추상적 가치로 대분된다. 쌀 한 되의 가치, 토지 한 평의 가치가 눈으로 확인할 수 있는 구상적 가치라면 낭만과 추억이 서려 있는 결혼반지의 sentimental value, 생명의 존엄성, 자유, 평등, 평화 등 인류가 받드는 보편적 가치는 눈으로 볼 수도 손으로 만질 수도 없는 추상적 가치이다. 이를 바탕으로

貨의 구상적 가치와 추상적 가치의 역사성을 논해 보자.『단군세기』에 부루단군 3년(B.C. 2238) 제(帝)께서 조서를 내려 자(尺)와 쌀되와 저울 등(원문에는 斗衡諸器) 도량형(度量衡)을 통일하고 정전법(井田法)을 만들어 구획을 정하니 1구(區)는 16정(井), 1정(井)은 900무(畝), 1보(步)는 6자(尺), 100보(步)를 1무(畝)로 제도화했다고 기록되어 있다.

부루단군이 정한 무(畝)는 역대 지나왕조 내내 전답의 넓이와 크기를 측정하는 기준으로 통용되어 왔다. 진시황의 진나라는 통일된 도량형 제도가 없어 각 지역마다 되(升)가 틀리고 저울의 눈금이 달랐으며 특히 조정에서 받는 세금(現物稅)은 일부러 큰 도량형을 쓰고 반대로 나라에서 파는 양곡 소금 약재 등의 재화는 작은 도량형을 써 기준치에 미달하는 함량으로 백성들을 속인 결과 진나라는 비록 부국강병책을 내세웠음에도 불구하고 백성들로부터 신망을 잃어 멸망하고 말았다. 이상이 대략 살펴본 화(貨)의 구상적 가치다. 그렇다면 貨의 추상적 가치는 무엇인가?

한검단군의 사종신기(四種神器)가 貨의 추상적 가치를 말해주는 증거물이다. 단군의 사종신기란 자(尺) 거울(鏡, 鑑) 칼(劍) 저울(秤)을 말한다.

① 자(尺): 자는 길이를 재는 도구다. 하지만 사람의 신장은 자로 잴 수 있으되 사람의 인품을 자로 재어 이사람의 인품은 2m이고 저 사람의 인품은 3m이다라고 말할 수는 없다. 그럼에도 불구하고 사람의 인품이나 능력을 평가할 때마다 추상명사인 잣대라는 용어를 들이대 잣대의 공정성 운운한다. 그러므로 이 경우의 자는 품격의 표준이 되는 척도를 말하는 것이므로 자의 추상적 가치는 누구나 용인할 수 있는 객관적 공정성이다.

② 거울(鏡, 鑑): 한검단군은 즉위 원년(B.C. 2333) 마한산에 올라 천제를 지내고 조서를 내려 말씀하셨다.

人視鏡則 姸醜自形 民視君則 治亂見政 視鏡須先 視形視君 須先視政

사람이 거울을 보면 고운 모습과 추한 모습이 저절로 나타난다.(이와 마찬가지로, 만백성의 거울이 되는) 임금을 보면 그나라 정치가 잘 다스려지는지 혼란한지를 볼 수 있다. 거울을 보는 찰나에 자신의 형상이 나타나고(만백성의 거울인)임금을 보는 한순간에 그 나라 정치의 치란(治亂)이 드러난다.

거울은 밝고 맑아야 한다. 먼지로 뒤덮혀 더러워진 거울에는 자신의 모습이 투영되지 않는다. 자신의 모습이 투영되지 않는 거울은 거울로서의 가치를 잃어버렸다. 백두산 천지나 삼지연(三池淵) 금강산시중호(侍中湖)같이 깊고 맑고 잔잔한 명경지수(明鏡止水)라야 물속에 비쳐지는 자신의 모습을 볼 수 있다. 그러므로 임금된 자 항상 몸가짐을 바르게 하고 마음을 깨끗이 하여 항준천심(恒遵天心)해야 백성들도 임금을 본보기의 거울로 삼아 각진기직 훈면치산(各盡其職勳勉致産)하고 계지발능 주성덕기(啓智發能鑄成德器)하야 무위(無爲)의 치화(治化)가 이루어진다. 또한 만인의 귀감(龜鑑)할 때의 귀감은 거북龜 거울鑑으로 직역하면 거북의 거울이란 말이 된다.

거북의 거울이라고 하면 도대체 무슨 뜻인지 알 수 없다. 과학적으로 증명된 바는 아니지만 옛부터 전해 내려오는 말에 학은 천 년을 살고 거북은 만 년을 산다고 한다. 사람은 기껏 살아 봐야 백 년을 못 채우는데 만년을 산다니 참으로 놀라운 일이다. 따라서 귀감(龜鑑)은 만 년을 사는 거북을 닮아 장구한 세월 동안 그 밝음이 사라지지 않는 거울이라는 뜻이다. 예를 들어 과학지망생에게 있어 아인슈타인은 하나의 훌륭한 본보기로서의 귀감이고 음악지망생에게 있어 베토벤은 닮아가야 할 훌륭한 모범으로서의 귀감이고 축구지망생에게 있어 펠레는 높이 우러러 흠모하면서 도달해야 목표로서의 귀감이다. 과학과 예술과 체육이 있는 한 아인슈타인, 베토벤, 펠레의 이름은 만 년이 지나도 사라지지 않을 것이며 어떠한 분야에 있어서도 타인의 모범이되는 귀감은 반드시 존재한다. 그러므로 거울이 가지는 상징적 의미 즉 거울의 추상적 가치는 후학들이 본받고 따라야 할 만세의 사표를 제공하는 일이다.

③칼(劍): 칼은 정의를 실현하기 위한 수단이지 칼 자체가 결코 정의는 아니다. 칼을 올바른 목적에 사용하면 그 칼은 정의의 칼이 되고 불의에 사용된다면 그 칼은 불의의 칼이 되고 만다.

예컨대 의사가 급성맹장염에 걸린 사람의 환부를 수술하여 환자를 살려내면 의사의 수술칼은 이기(利器)가 되지만 강도가 칼로 사람을 찌르고 금품을 강탈한다면 그 칼은 흉기(凶器)가 된다. 의사가 수술칼을 사용하여 환자에게 혜택을 주거나 강도가 흉기를 휘둘러 피해자에게 손해를 끼치는 행위는 그 혜택과 피해의 범위가 어디까지나 개인적 차원에 국한되어 있다. 그렇다면 많은 사람을 상대로 칼을 휘둘러 많은 사람에게 혜택을 주거나 피해를 주는 경우를 상정해보지 않을 수 없다. 왜냐하면 동서고금을 통하여 칼은 정치권력에 비유되고 권력을 잡은 집권자는 칼자루를 쥐고 있는 사람으로 비유되기 때문이다. 도(刀)와 검(劍)은 다같이 칼로 번역되지만 분명한 차이점은 刀는 한쪽날만 서 있는 칼이고(예, 부엌칼), 劍은 양쪽 날이 다 시퍼렇게 서 있는 칼이다. 따라서 劍의 양날이 시사하는 바는 검을 잘 사용하면 백성들에게 혜택을 주되 잘못 사용하면 오히려 피해를 주고 지혜롭게 사용하면 약이 되고 그렇지 못하면 독이 되는 불상용(不相容)의 이중성을 가지고 있다는 점이다.

인류 역사는 성공한 권력자는 소수이고 실패한 권력자가 다수임을 소리 높혀 증언하고 있다. 이 모두 칼을 잘못 사용했기 때문에 패배자가 된 것이며 무엇이 진정한 의미의 정의인가를 분간하지 못해 칼로 흥하여 칼로 망하고 말았다.

플라톤의 『국가』에 소크라테스와 트라쉬마쿠스가 정의에 대해 논쟁하는 내용이 기록되어 있다.

트라쉬마쿠스: 어떠한 형태의 국가에서도 그 통치자가 명령하는 일을 행하는 것이 정의이다. 통치자는 자신의 이익을 위해 명령을 내리기 때문에 강자의 이익이 곧 정의이다.

소크라테스: 어떠한 형태의 국가에 있어서도 통치자는 절대 오류를 범하지 않는 것인가?

트라쉬마쿠스: 통치자도 어떤 점에서는 오류를 범할 수도 있다.

소크라테스: 그렇다면 통치자가 피치자에게 어떤 일을 행하라고 명령한다면 때로는 자신의 최대이익에 대해 오류를 범할 수도 있다. 통치자가 자기에게 불리한 것을 알지못하고 피치자에게 명령하는 경우 그대는 통치자의 명령을 행하는 것이 정의라고 말했기 때문에 통치자, 즉 강자에게 불이익 되는 것이 정의라는 사실을 인정하지 않을수 없게 되었다. 이 경우 현명한 사람들은 그대가 말하는 것과 반대의 일을 행하는 것이 정의라는 결론을 내릴 수밖에 없다.

정의에 관한 소크라테스와 트라쉬마쿠스의 논쟁을 진시황에게 적용시켜 보자. 무소불위의 권력자였던 진시황의 3대 토목공사는 만리장성과 아방궁과 자신이 사후 안장될 능침의 조성이었다. 이 3대공사를 진시황은 정의의 실현이라 생각했고 진시황의 명령을 받아 현장에서 백성들을 채찍질하여 공사를 지휘한 관리들도 이를 믿어 의심치 않았다. 하지만 진시황은 오류를 범했다. 3대 공사는 결과적으로 강자인 진시황의 최대이익을 반영한 것이 아니라 오히려 최대 재앙의 부메랑으로 되돌아와 진 제국의 멸망을 재촉하는 요인이 되었다. 백성들에게 부과된 과다한 세금과 과중한 부역은 결국 민심의 이반을 불러와 진제국의 수명을 단축시킨 것이다. 트라쉬마쿠스의 말대로 통치자의 명령을 집행하는 것이 곧 정의

이고 강자의 최대이익이 곧 정의라면 진시황의 최대이익은 진제국이 오랫동안 존속되어 자손 대대로 번영을 누리는 일이었다. 하지만 진시황은 만리장성의 구축이 정의의 실현이라고 오판하여 비록 장성의 구축으로 외부의 침입은 막았으나 내부적으로 민심이 이반되어 진시황 사후 27개월 만에 진나라는 멸망하고 말았다.

그렇다면 진정한 의미의 정의란 무엇인가? 진정한 의미의 정의는 군주의 일방적 이익 옹호가 아니라 백성의 마음을 기쁘고 즐겁게 해주어 백성의 대동단결을 도모하고 나라의 기초를 튼튼히 만드는 일이다. 26세 추로(鄒魯)단군 4년(B.C. 1058) 임금께서 이사금(泥師今)에게 묻기를 "음악에 흥망(興亡)의 곡조가 있는가?" 하시니 대답하기를 "옛날의 성군(聖君)과 명왕(明王)들은 음악으로 사람을 교화하기도 했습니다. 음악은 능히 사람을 감동시키므로 기쁘고 즐거운 사람이 들으면 기쁘고 걱정과 슬픔이 있는 사람이 들으면 서러워집니다. 그러나 슬픔과 즐거움은 사람의 마음에 있는 것이지 음악에 있는 것은 아닙니다. 그러므로 장차 나라가 흥하려면 백성들의 마음이 기뻐 음악을 들으면 즐거워지고 나라가 망하려면 백성들의 마음이 우울하여 음악을 들어도 슬퍼할 것입니다. 세상 사람들이 시대의 현상을 보아 흥하고 망할 곡조임을 이를 따름이니, 사실은 그것이 음악에 있지 않고 사람의 마음에 있는 것입니다. 그러기 때문에 태평 시대에는 비록 슬픈 곡을 연주한다 해도 기쁘고 즐거운 흥(興)이 솟아나게 되는 것입니다" 하였다.

또한 29세 마휴(摩休)단군 2년(B.C. 941) 주태원〈周太元〉이 아뢰기를 "신이 옛 글을 봤더니 옛부터 지금까지 백성의 원한이 쌓여 도적이 되면 망하지 않는 나라가 없습니다. 제왕된 자가 현재의 어질지 못함으로 전의 어질지 못함을 비웃고 오늘의 덕없음으로 이전의 덕없음을 비웃으니 인덕(仁德)은 옛날과 지금이 같지 않은 듯합니다. 옛날 한검단군 시절 9

년 홍수가 있었어도 오히려 쌓아둔 것들이 많았고 백성들의 원성이 별로 없더니 오늘날에는 해마다 풍년이 들어도 창고에 곡식이 없고 백성들의 원성이 높은 것은 폐하께서 급하지 않은 토목공사를 많이 벌려놓았기 때문입니다. 나라의 홍망이 흉년과 풍년에 있지 않고 오직 백성들의 마음이 괴로우냐 즐거우냐에 달렸습니다. 그러므로 백성들의 괴로운 마음을 먼저 보살펴 그들의 마음을 기쁘고 즐겁게 북돋아주는 일에 힘써야 할 것입니다."

백성들의 마음을 기쁘고 즐겁게 만들어 그들의 자발적인 애국심을 유도해 내는 것이야 말로 정치권력(劍)이 추구해야 할 최종목표로서의 정의이기 때문에 역설적으로 말해 검(劍)의 사용은 될 수 있는 한 자제하는 것이 옳다. 인류 역사상 칼을 함부로 휘두르다 망한 권력자는 그야말로 부지기수다. 그러므로 검의 사용은 가능한 한 자제하되 단 백성의 마음을 괴롭히는 장애물 제거에만 국한시킨다는 논지! 이점이 바로 검(劍)의 상징적 가치를 표명하여 無爲의 治化를 이룩한 한검단군 특유의 정치철학인 것이다.

④ 저울(秤): 칭(秤)은 저울이다. 요즈음은 전자 저울을 사용하여 옛날 저울을 보기 힘들지만 60년대까지만 하더라도 한약방이나 금은방에서는 옛날 저울(그림 참조)을 사용했었다.

6세 달문(達門)단군 35년(B.C. 2049) 모든 한(諸汗)들을 상춘(賞春)에 모이게 하여 구월산에서 삼신에게 천제를 올리게 하고 신지(神誌: 신의 말씀과 글을 전달하는 관직명) 발리(發理)로 하여금 서효사(誓效詞: 천제를 올릴때 읽는 祭文)를 짓게 하였다.

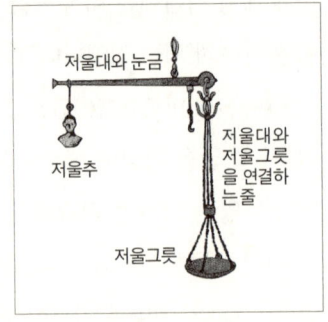

그 사(詞)에 이르기를

朝光先受地 三桓赫世臨 桓因出象先 樹德宏且深 諸神議遣雄 承詔始開天
조광선수지 삼신혁세림 한인출상선 수덕굉차심 제신의견웅 승조시개천
蚩尤起靑邱 萬古振武聲 淮垈皆歸王 天下莫能侵 王儉受大命 歡聲動九桓
치우기청구 만고진무성 희대개귀왕 천하막능침 왕검수대명 환성동구한
漁水民其蘇 草風德化新 怨者先解怨 病者先去病 一心存仁孝 四海盡光明
어수민기소 초풍덕화신 원자선해원 병자선거병 일심존인효 사해진광명
眞韓鎭國中 治道咸維新 慕韓保基左 番韓控基南 嶱岩圍四壁 聖主幸新京
진한진국중 치도함유신 모한보기좌 번한공기남 참암위사벽 성주행신경
如秤錘極器 極器白牙岡 秤竿蘇密郞 錘者安德鄕 首尾均平位 賴德護神精
여칭추극기 극기백아강 칭간소밀랑 추자안덕향 수미균평위 뢰덕호신정
興邦保太平 朝降七十國 永保三韓義 王業有興隆 興廢莫爲說 誠在事天禋
흥방보태평 조강칠십국 영보삼한의 왕업유흥륭 흥패막위설 성재사천신

아침 햇살을 가장 먼저 받는 이 땅에 한인 한웅 한검의 삼신께서는 밝게 세상에 임하셨네. 한인하나님께서 먼저 모습을 드러내시어 덕을 심어 넓고 깊게 미치게 하셨네. 하늘에 계신 諸神들이 한웅을 지상에 내려보내고자 의논하여 하나님으로부터 詔書를 받으사 처음으로 禋市開天하셨네.
치우는 청구에서 우뚝 일어나 만고에 무력으로 명성을 떨치니 희대(淮垈: 안휘성에 있는 희수와 산동성 태산 사이의 지역으로 치우의 청구국이 있었던 곳) 지역이 모두 치우천황에게 돌아와 이에 천하가 능히 침노할 수 없었네. 한검이 大命을 받아 아사달조선을 개국하니 이에 백성들의 환호성이 구한(九桓: 9갈래의 동이족이 살던 지역 즉, 오늘의 지나대륙 중원을 말함)에 진동하였네. 물고기가 물을 만난 듯 백성들은 이에 되살아나 미풍에 풀잎이 나부끼듯 한검 治世의 德化는 날로 새롭기만 하여라. 원한 있는 자 먼저 원한을 풀고 병 있는 자 먼저 병을 낫게 하여 一心으로 오직 仁과 孝를 간직케 하니 四海에 광명이 가득하였네.

진한[眞韓: 진한, 마한, 변한은 나라 이름이 아닌 임금을 뜻하는 직위 이름이다. 진한은 신한(宸桓)으로 천제를 주관하는 제일 높은 왕이고 변한은 불한, 마한은 막한 또는 말한으로 좌우보좌왕이다. 같은 알타이문화권의 흉노는 천제를 주관하는 신한을 대선우(大單于)로 좌우보좌왕을 左賢王 右賢王으로 불렀다. 신라는 한(桓)을 간(干)이라 불렀고 한, 간의 몽골 티베트발음이 칸(kahn)이대은 나라 안을 진정시키고 진리로 다스리니 모든 것이 새롭기만 하여라. 모한(慕韓, 마한을 말함)은 그 왼쪽을 보필하고 번한(番韓, 불한을 말함)은 그 남쪽에 대비하여 높고 험한 바윗돌이 네 벽을 에워쌈과 같으니라. 거룩하신 한검께서 신경(新京: 宸京의 잘못된 표기인 것 같다. 新京은 새서울이란 뜻인데 음이 같은 宸京이 되어야만 하나님이 그의 아들 한웅을 지상으로 내려보내 신시개천한 역사적 사실과 부합된다)에 행차하심은 마치 저울추가 저울 그릇을 찾아가는 것과 같으니라. 저울 그릇은 백아강(白牙岡)이요 저울대는 소밀랑(蘇密郎)이며 저울추는 안덕향(安德鄕)이니 저울추와 저울대와 저울그릇이 평형(平衡)을 이루어 어우러지도다.

하나님이 주신 정기를 잘 간직한 덕택으로 나라를 흥하게 하고 태평성세를 유지하도다. 70개 나라가 조선으로 투항해와 길이 삼한의 대의를 보존하도다. 오늘의 왕업에는 흥기와 융창이 있으되 미래에도 왕업이 계속 흥할지 폐할지를 말하지말라. 오직 하나님 섬기는 일에 정성을 바칠지어다.

위의 서효사는 단군철학에 관계된 문장중 가장 난해한 부분이다. "거룩한 한검께서 신경에 행차하심은 마치 저울추가 저울그릇을 찾는것과 같다. 저울그릇은 백아강이요 저울대는 소밀랑이며 저울추는 안덕향이니 이 3가지가 어울려 형평을 이루도다"를 자세히 살펴보자.

『한단고기』의 해설자 임승국교수는 위 문장을 공간적 지역으로 해석하고 있다. 백아강은 하르빈 남쪽에 있는 완달산의 아사달로 추정하고 소밀랑은 만주 길림성에 있는 어느 지명으로, 안덕향은 산동성에 있는 지명으로 추정하며 구월산은 황해도 구월산이 아닌 송화강유역이나 하북성일대에서 다시 찾아 봐야할 잃어버린 산명(山名)으로 추정하고 있다. 그러나 임교수의 추정을 100% 받아들이더라도 이를 지명으로 보기는 곤란할 것 같다. 왜냐하면 저울추와 저울그릇은 같은 저울에 속한 저울의 한 부분들인데 임교수의 말대로라면 산동성 안덕향의 저울추가 하르빈 남쪽 백아강의 저울그릇에 행차한다는 것은 거리가 너무 멀어 앞뒤가 맞지 않기 때문이다. 해결의 실머리는 마지막 구절 "오직 하나님 섬기는 일에 정성을 바칠찌어다"에 숨어 있다.

천제(天祭)를 올리는 서효사(誓效詞)에 이러한 용어들이 포함된 것으로 보아 이는 결국 저울추, 저울대, 저울그릇을 의탁해 형이상학적 진리를 표명한 것으로 볼 수밖에 없다.

백아강(白牙岡)은 어금니를 닮아 평평하게 생긴 흰 화강암이라는 뜻으로 흰 화강암으로 덮혀 있는 진산(鎭山)을 가진 단군조선의 수도인 백악 아사달을 말한다. "백아강은 저울그릇이다"에 있어 저울그릇을 원문에는 極器로 표현했는데 극기란 극히 귀중한 그릇 지극한 그릇이란 뜻이다. 뭇 생물들이 살고 있는 지구 자체가 하나님이 내려주신 禃器이며 極器로서 하나님으로부터 천부인 3개를 받아 지상세계로 강림하여 세운 한웅의 신시와 이를 계승한 치우의 靑邱, 한검의 아사달 조선이 이에 해당된다. 저울그릇에서 저울대로 연결된 끈은 極器에 몸담아 살고 있는 중생의 보이지 않는 영혼줄, 즉 命줄이 하나님의 o (田)과 연결되어 있음을 나타낸다.

저울대는 하늘이며 우주다. 소밀랑(蘇密郎)은 소도(蘇塗)의 제천단에서 소머리를 바쳐 천제를 올릴때 의식을 거행하는 국자랑(國子郎: 신라 국선화랑의 전신)의 제관을 말한다. 소밀랑은 선(襌)을 통해 하나님과 하나가 된 존재, 천지만물과 일체를 이룬 존재, 人中天地一의 진리를 터득한 존재이기 때문에 소밀랑을 저울대(秤竿)라 한 것이다. 저울추는 하나님의 o이다. 우주만물의 본질은 한결같이 하나님의 o으로부터 분유된 신령의 현현이므로 하나의 우주를 하나의 저울에 비유하자면 저울추가 있어 중심을 잡아주어야만 저울의 형평이 유지된다.

사람으로서 중심을 잃으면 사람 노릇을 할 수 없다. 사람의 중심이 무엇인가? 바로 唯一天心으로부터 받은 一心이며 忠이다. 저울추인 하나님의 o은 어디에 있나? 천당에 있다. 본문에서 "저울추가 안덕향이다" 함이 이를 말해 준다. 평안한 마음의 고향이라는 의미의 安德鄕은 나고 죽는 육신의 세계가 아닌 唯一天心이 항존하는 천당 세계를 말하는 것이다.

그렇다면 "거룩하신 한검께서 신경에 행차하신 것은 저울추가 저울그릇을 찾은 것과 같다"는 뜻은 무엇인가? 신시개천의 주인공 한웅과 아사달조선의 건국자 한검은 한인하나님과 더불어 삼신을 이루는 지고(至高)의 존재이며 대중을 교화(敎化)하고 치화(治化)하기 위해 인간의 육신으로 지상세계에 홀연히 현신한 하나님이 대행자(代行者)이다. 때문에 천상 세계에서 저울추의 역할은 당연히 하나님의 몫이지만 지상세계에서 저울추의 역할은 하나님의 대행자인 교화의 신 한웅과 치화의 신 한검이 감당해야 할 몫이다. 사람이 중심을 잃으면 사람 구실을 할 수 없듯이 물건도 균형을 잃으면 옆으로 기울어져 쓰러지거나 뒤짚히고 만다.

하나님이 주신 지구라는 이름의 저울그릇도 저울추의 역할을 해주는 균형자(balancer)가 없으면 중심을 잃고 쓰러지거나 암흑속으로 추락되어 홍익인간이세광명의 안덕향에 차질을 가져올수도 있다. 균형, 형평, 평형할 때의 衡자는 저울형자로서 저울은 저울추가 있어야 균형이 유지되며 물건이나 사람이나 국가 사회를 막론하고 균형을 상실하면 멸망하고 만다. 많은 자녀를 둔 부모, 다수의 학생을 가르치는 선생, 국민의 마음을 기쁘고 즐겁게 하기 위해 정치하는 위정자들은 항상 형평을 염두에 둔 저울추와 같은 칭심(秤心)을 가져야 한다.

청심이란 어느 한쪽에 치우치거나 기울어지지 않는 불편부당하고 공평무사한 저울추 같은 마음을 말한다. 그러므로 한검단군의 4종 신기의 하나로서 저울이 가지는 상징성은 항상 균형감각을 잃지 않는 홍익인간적 청심을 가짐에 있다. 같은 알타이문화권의 일본도 단군의 4종신기를 본받아 일본 천황은 구리거울, 칼, 곡옥(曲玉)의 3종신기(三種神器)를 대대로 물려받아 보존하고 있다.

3) 사(祀) = 팔정의 3번째는 祀다. 祀는 제사祀로서 조상에 드리는 제사행위를 말한다.

한검단군은 "제사는 만가지 가르침의 근원이다"(祭者萬敎之根源)라고 하였으니 새삼스럽게 제사의 중요성을 강조할 필요는 없다. 이미 제4장에서 효(孝)와 추효(追孝) 상례(喪禮) 제례(祭禮) 및 사당(祠堂)제도를 논하는 과정에서 충분히 설명하였다.

4) 사공(司空) = 팔정의 4번째는 사공(司空)인데 司空만큼 그 의미가 잘못 해석된 것도 없다. 『서경』 순전(舜典)에 모든 사람이 아뢰었다. "백우(伯禹)를 司空의 직책에 임명하소서." 순임금은 말씀하셨다. "좋소. 우(禹)여! 그대는 물과 땅을 다스리되 힘을 다 해주시오."

또한 『서경』 홍범편에서 기자는 司空을 토목과 건축을 주관하는 직책으로 해석하고 있다. 이러한 오역(誤譯)은 司空을 음이 같은 司工과 혼동한 것이다. 왕궁이나 관공서를 건축하고 길을 내고 강의 제방을 쌓고 강 주변에 나무를 심는 토목공사나 치산치수는 司工이 할 일이지 司空의 직책이 아니다.

『단기고사』 단군왕검편에 단군께서 해월(海月)에 명하시기를 "자네는 사공관(司工官)이 되어 모든 공인 (工人)들에게 각기능에 따라 기구를 제조하게 하여 날마다 생활에 쓰이는 물건을 공급하게 하라" 하였고 또 팽오(彭吳)에게 명하시기를 "자네는 개척관(開拓官)이 되어 치산치수

(治山治水)에 전력을 다하여 침수와 도로가 막히는 일이 없도록 하여 백성이 살아가는데 안전하도록 하라" 하시였다. 『단기고사』의 기록에서 보듯 단군조선은 부엌칼, 호미, 낫 등 생활농기구를 만드는 사공관(司工官)과 치산치수 및 도로관리에만 전념하는 개척관(開拓官)을 따로 두었음을 알 수 있다. 그럼 司空의 진정한 의미는 무엇인가? 司空은 맡을司(主也)자와 빌空자이니 직역하면 "텅빈 것을 맡은 사람"이 되어 텅빈 것이 무엇인지 도대체 이해할 수 없게 된다.

불교의 空사상 및 석가를 空王으로 부르는 까닭을 앞에서 설명한 바와 같이 空은 눈으로 볼도 없고 손에 잡히지도 않는 실체없는 O이며 空王은 영혼의 왕이라는 뜻으로서 空은 노자의 無와 같은 말이다. 따라서 司空은 사람들의 영혼을 교화하는 신정일치시대의 관직이다. 한검단군께서 원보(元輔) 팽우(彭虞)에게 명하시기를 "자네는 신(禔)을 섬기는 일을 맡아서 백성을 가르치되 하늘은 형체도 없고 위아래 사방도 없고 아무 것도 없이 비어 있지만 어디에나 계시지 않는데가 없으신 으뜸가는 신인 하나님께서 큰 덕과 큰 지혜와 큰 능력이 있어 수 없이 많은 세계를 주관하시며 만물을 창조하신 진리를 가르쳐라" 하셨다. 팽우가 맡은 관직이 司空官으로서 司空벼슬이 오늘의 총리직에 해당하는 원보(元輔)이고 신라와 백제 초창기의 대보(大輔)이며 한대(漢代) 삼공직(三公職)의 으뜸가는 벼슬 이름이었다.

5) 사도(司徒) = 무리들을 가르치는 오늘의 교육부장관에 해당하는 벼슬이다. 司空이 주로 천경신고(天經禔誥)를 통해 백성들에게 형이상학적 진리를 가르쳐 종교심을 고취시키는 정신적 큰 스승이라면 司徒는 주로 택견, 수박(手搏), 궁술, 기마술 등 신체단련 기술과 지감(止感) 조식(調息) 금촉(禁觸)의 수신법(修身法)을 가르치던 교관(教官)으로 볼 수 있다. 『삼신오제본기』(三禔五帝本紀)에 다음과 같은 기사가 있다.

"소도(蘇徒)의 곁에는 반드시 경당을 세우고 미혼 자제로 하여금 여러 가지 사물을 익히고 독서하여 활을 쏘고 말을 타며 예절을 익히고 노래를 배우며 권법과 수박(手搏) 검술 등 육예(六藝)를 연마하게 하였다."

소도를 관장하여 천제(天祭)를 올리는 업무는 司空의 몫이고 경당에서 미혼자제들에게 궁술, 기마술, 수박, 검술 등 육예(六藝)의 기(技)와 여러 가지 인생공부를 가르치는 업무는 司徒의 몫이다. 특히 司徒가 미혼자제들에게 노래를 가르친다는 점에 주목하길 바란다.

앞에서 잠깐 언급한 바와 같이 집권자가 추구해야 할 최고의 가치는 백성들의 마음을 기쁘고 즐겁게 만들어 줌으로써 백성들로 하여금 칭심적 평형(秤心的平衡)을 유지할 수있게 만들어 주는 일이다.

『단기고사』(檀奇古事) 제1세 단군왕검편에는 음악과 관련된 2개의 중요한 기사가 실려 있다.

(1) 즉위 원년(B.C. 2333) 한검께서 신지(神誌)에게 명하시기를 "자네는 사악(司樂)이 되어 백성들에게 음악을 가르쳐서 백성들의 마음과 정신을 화창(和暢)하게 하라."

(2) "임금께서 천하를 다스리신 지 120년에 나라는 태평하고 인민은 안락(安樂)하며 우순풍조(雨順風調)하고 무병장수(無病長壽)하여 산에는 도적이 없고 집집마다 남는 곡식이 많으니 밤에도 문을 닫지 아니하고 길에 떨어진 물건을 줍지 아니하며 노인은 영가(詠歌)하고 아이들은 수무족도(手舞足蹈)하며 연화춘풍(煙花春風)이더라."

영가(詠歌)는 火 水 木 金 土 오행에 기초한 심장 폐장 간장 비장 신장의 오장(五腸)에서 나오는 기(氣)로 궁 상 각 치 우(宮商角徵羽), 우리말로 으, 아, 우, 이, 오의 오음(五音)을 길게 뽑아내어 읊조리는 노래를 말한다.

악서(樂書)에 이르기를 "비장에서 나와 입을 다물고 통하는 소리를 宮 = 으~으~으~, 폐장에서 나와 입을 벌리고 토하는 소리는 商 = 아~아~아

~, 간장에서 나와 잇몸을 벌려 입술을 솟아오르게 하는 소리는 角 =우~우~우~, 심장에서 나와 이(齒)를 붙이고 입술을 열어 지르는 소리는 徵 =이~이~이~, 신장에서 나와 잇몸을 약간 벌리고 입술을 모아 내는 소리를 羽 =오~오~오~"라 하였다. 서도민요, 남도민요, 판소리, 육자배기, 당(唐)의 오언율시가(五言律詩歌), 국선화랑이 신을 소청(召請)하면서 부르는 신가, 무당들이 부르는 무가, 모내기하면서 부르는 농부들의 농가, 시조(時調)의 형식을 빌려 노래하는 사설시절가(辭說時節歌) 등 모든 종류의 창가(唱歌)가 모두 "궁상각치우의 오음(五音)이 절묘하게 조화된 영가이다. 영가를 부르면 저절로 흥이나 두 팔을 들어 손으로 춤추고 발로 뛰며 노래 가락에 장단을 맞추는 것, 이것이 이른바 한검단군으로부터 유래된 영가무용(詠歌舞踊)이다.

영가무용을 하면 가슴이 후련해져 스트레스를 풀게 되고 조식(調息)에 도움이 되며 무엇보다 호연지기(浩然之氣)를 길러 심신을 건강하게 만든다. 인성교육의 핵심은 아름답고 순화된 정서를 함양하여 안정된 평상심(平常心)을 유지하는데 있다.

이러한 의미에서 노인이 부르는 영가에 맞추어 아이들이 무용하는 영가 무용법으로 국민들의 마음과 정신을 화창하게 만들어 연화춘풍(煙花春風)의 치세(治世)를 이룩한 한검단군의 혜안(慧眼)은 참으로 놀랍다 아니할 수 없다.

6) 사구(司寇) = 팔정의 여섯 번째는 司寇다. 『서경』 홍범편에서 기자는 司寇를 치안을 담당하는 관직으로 풀이하고 있다. 그러나 이 해석은 어딘지 석연치 않다. 寇는 떼도둑구, 겁탈할구, 해칠구자이다. 떼도둑을 말하자면 왜구(倭寇)를 떠올리지 않을 수 없다. 일본열도는 지진이 많고 태풍이 잦아 그로 인해 흉년이 들면 멀쩡한 양민이 떼도둑으로 변해 가깝게는 한반도 멀리는 양자강 하류지역에까지 출몰하여 노략질을 일삼

아 왔다. 양민이 떼도둑으로 변하는 것은 흉년에 그 원인이 있기 때문에 아무리 우수한 치안관이라 하더라도 떼도둑을 일망타진할 수는 없다. 고로 司寇는 오늘의 경찰청장에 해당하는 관직이 아니다. 이 사실은 52세에 노(魯)나라의 大司寇벼슬을 지낸 공자의 사례에서 극명하게 드러난다. 공자가 언제 수많은 경찰관을 거느리고 나라도 구제하지 못한다는 떼도둑을 토벌하기 위해 출정한 적이 있었던가? 寇자 해석의 초점을 겁탈할구 해칠구에 맞춰 보자. 겁탈은 남의 재물을 강탈한다는 뜻도 되지만 폭력으로 겁박(劫迫)하여 부녀자의 정조를 유린하는 성폭행을 말하며 해친다는 것은 사람의 신체에 상해를 가한다는 뜻보다 오히려 미풍양속을 해치는 풍속사범을 뜻한다.

풍속을 해치는 범죄 중 가장 큰 범죄는 불효다. 부자, 군신, 부부, 장유, 붕우 간의 인륜을 중요시하고 예치(禮治)의 근본을 孝에 두는 공자에 있어 不孝야 말로 미풍양속의 근간을 뒤흔드는 대역(大逆)이 아닐 수 없다. 그러므로 司寇職은 실정법에 의거해 죄인에게 형벌을 주는 형정관(刑政官)이 아니라 미풍양속을 수호하는 차원에서 이를 어기는 풍속사범을 죄질에 따라 징치하고 교도하는 관직이다. 신과 영혼의 형이상학적 진리를 가르치는 사공직은 10세 노을(魯乙)단군 때 태사(太師), 태부(太傅), 태보(太保)의 삼사(三師)로 갈라져 변경되었다.

『단기고사』에 노을단군 첫 해(B.C. 1950) 혁보(赫保)를 태자태부(太子太傅)로 임명, 11세 도해(道奚)단군 첫 해(B.C. 1891) 유위자(有爲子)를 태자태부로 임명, 12세 아한(阿漢)단군 30년(B.C. 1804) 유위자를 국태사(國太師)로 임명, 태학관(太學館)을 세워 선비를 양성했다는 기록이 있다. 국태사는 온나라의 으뜸가는 스승이고 태부(太傅)는 태자를 가르치는 스승이며 태보(太保)는 임금이 덕치(德治)를 펼 수 있도록 보좌하는 오늘의 대통령특별보좌역 같은 직책이다. 太師, 太傅, 太保는 주대(周

代)에 삼사(三師)가 아닌 삼공(三公)으로 명칭을 바꾸어 문관의 최상위가 태사, 태사 다음 자리가 태부, 태부 다음이 태보로 서열이 정해졌다. 존주모화(尊周慕華) 사상에 중독된 자들은 태사, 태부, 태보의 삼공직이 주대에 처음으로 창설된 관직으로 알고 있으나 이는 전혀 사실이 아니다. 周는 B.C. 1122~256년까지 존속된 왕조이고 유위자가 국태사로 임명된 해는 B.C. 1804년이니 누가 누구를 본받은지는 너무나 자명하다. 한편 司馬 司徒와 더불어 한대(漢代) 3공직의 하나인 司空은 토지와 민사(民事)를 담당하는 직책으로 그 의미가 완전 변질되었다. 빌空자가 형상 없는 영혼임을 알지 못하고 이를 빈 땅, 즉 空地로 오해하여 빚어진 일이다. 고려는 태사, 태부, 태보가 司空에서 나온 연원을 알지 못하여 삼사와 삼공직을 병용했다. 삼사, 삼공이 모두 정일품 관직으로서 삼사는 太師 太傅 太保, 삼공은 太衛 司徒 司空이였다.

7) 빈(賓) = 팔정의 7번째는 빈이다. 賓은 손빈으로『서경』홍범편에서 기자는 賓을 손님 즉 외교사절을 보내고 맞이하는 외교로 풀이하나 이 해석은 미흡하다.『삼신오제본기』에 나오는 다음과 같은 기사를 보자.

모든 부락에서는 스스로 삼로(三老)를 모셨다. 삼로는 삼사(三師)라고도 한다. 지혜와 어진 덕을 갖춘 스승과 재화를 베푸는 스승과 지식을 갖춘 스승이니 누구나 삼사에게 배움이 이와 같다.

諸邑落自設三老亦曰三師有賢德者 有財施者 有識事者 皆師事之是也

여기서 말하는 삼사는 司空 司徒 司寇다. 본문에 나오는 유현덕자(有賢德者)가 司空이고 유식사자(有識事者)가 司徒이며 유재시자(有財施者)가 司寇다. 영혼의 다른 말은 천생지(天生智)이고, 智는 지혜고, 지혜를 갖추어야 현명한 덕인(德人)이 되므로 유현덕자(有賢德者)는 司空

이며 활쏘기 말타기 택견 수박 검술등 신체단련법과 아름다운 정서를 함양하는 음악교육은 그 방면에 특별한 지식이 있어야 하므로 유식사자(有識事者)는 司徒이다. 그렇다면 재화를 베푸는 유재시자(有財施者)가 어떻게 미풍양속을 지키는 司寇가 될 수 있는가 의문이 들것이다. 하지만 이러한 의문은 司寇가 재인(宰人)임을 알게되면 간단히 해소된다. 宰는 주관할재(主也) 다스릴재(治也) 재상(宰相)재이다. 고대 사회에 있어 기쁜 일인 경사와 나쁜 일인 흉사는 당사자 개인의 일만이 아닌 온마을이 공동책임을 지는 마을의 공동사였다. 예컨대 마을의 어떤 총각이 어떤 처녀와 결혼을 하는 경사나 마을의 최연장자인 노인이 죽어 장례를 치르는 흉사를 맞이하게 되면 온마을 사람들이 공동으로 책임져 떡해올 집은 떡해오고 고기해올 집은 고기해오고 술해올 집은 술을 담가 가져오는 등 집집마다 그 책임이 분담된다.

  이때 재(宰)는 결혼식의 주인(主人)을 서고 장례식을 주관하며 식이 끝난 후 칼을 들어 떡과 고기를 자르고 술을 나누어 온마을 사람들이 함께 기쁨을 나누고 온마을 사람들이 함께 슬픔을 나누는 아름다운 풍속을 지켜나간다. 따라서 재물을 베푼다는 유재시자(有財施者)는 경조사에 떡과 고기와 술을 분배하며 참석자들에게 노자돈에 보태어 쓰라고 결혼축하금과 부의금의 일부를 떼어 베풀어주는 宰의 역할을 말한 것임으로 宰인 司寇가 곧 有財施者인 것이다. 사공 사도 사구의 삼사제도는 중앙정부에만 국한되지 않고 도회지로부터 멀리 떨어진 읍과 산촌부락에도 있었다. 사람 사는 곳이면 어디라도 정신적 불안감이 있고 배움에 불타는 어린 학도들이 있으며 또한 길흉사가 있게 마련이다. 때문에 정신적 지주인 사공과 구체적 지식으로 어린 학도들을 가르치는 사도와 길흉사를 주관하여 미풍양속을 이어가는 사구는 마을의 안녕을 위해 반드시 필요한 존재이다.

만약 마을 출신으로 사공 사도 사구의 자격을 갖춘 인사가 없다면 타 지역으로부터 적격자를 초빙하여 모셔와야 한다. 그러므로 賓은 외교사절이 아니라 타 지역에서 모셔오는 사공 사도 사구 등 삼사(三師)의 사빈(師賓) 및 약초전문가 침구전문의사 대장간장인 목수 등 마을의 원활한 운영과 안녕을 위해 반드시 필요한 손님인 귀빈(貴賓)을 의미한다. 만약 賓을 기자의 말대로 외교사절로 해석한다면 외교사절의 파견이나 영접은 중앙정부의 소관이지 산골 마을에서 관여할 문제는 아니다. 하지만 왕도(王道)가 쇠퇴하고 패도(覇道)사상이 활개치는 전국시대(B.C. 481~221)를 맞게 되자 賓의 개념은 패권(覇權)을 추구하는 칠패 (七覇: 秦 楚 燕 齊 韓 魏 趙)의 권도(權道)로 전락하고 만다.

패도정치는 무력이나 권모(權謀)로 나라를 다스리고 집단 안보를 명분으로 열국(列國)과 회맹(會盟)을 맺어 공동대처하는 체하면서 실제로는 강국이 약소국을 병합하여 영토를 늘려나가는 말하자면 극도의 공리(功利)만을 탐하는 정치행태를 말한다. 조선인으로서 주문왕, 무왕의 군사(軍師)를 지낸 여상(呂常, 강태공)은 『육도(六韜)』에서 문벌(文伐)의 중요성을 강조했다. 문벌은 적국의 고관대작을 뇌물로 매수하거나, 미인계를 써 적국 왕을 심리적으로 교란시키거나, 세객(說客)을 파견하여 적국의 투항을 권유하거나, 간첩을 보내 적의 내부를 와해시키는 등 무력이 아닌 권모술수로 적국을 정벌하는 궤도(詭道: 사람을 속이는 수단)일체를 말한다. 문벌(文伐)이건 무벌(武伐)이건 패도정치에는 특수한 재능을 가진 많은 빈객(賓客)이 필요하며 빈객(賓客, 食客)은 그 재능과 능력에 따라 상빈(上賓) 중빈(中賓) 하빈(下賓)의 3부류로 나누어진다.

上賓은 가만히 앉아 실에 구슬을 꿰듯 천하정세를 꿰고 싸우면 반드시 이기고 공격하면 반드시 취하는 상지(上智)를 가진 인물이다. 주(周)의 개국공신 여상(呂常), 패도정치를 처음으로 시행한 제(齊)의 관중(管仲),

오왕 합려의 군사(軍師)였던 오자서(伍子胥)와 손무(孫武) 등이 상빈에 속한다. 中賓은 세치 혀 끝을 놀려 상대국을 설득하거나 이해득실을 따져 상대국의 투항을 받아내는 유세객(遊說客)을 말하며 합종책(合從策)의 소진(蘇秦)과 연형책(連衡策)의 장의(張儀)가 대표적이다.

下賓은 큰 계책은 없고 용맹만 있는 장수나 자객(刺客), 한 가지 능기(能技)만 있는 식객을 말한다. 『사기』자객열전(刺客列傳)에 나오는 노(魯)의 조말(曹沫), 오(吳)의 전제(專諸), 진(晉)의 예양(豫讓), 한(韓)의 섭정(攝政), 연(燕)의 형가(荊軻)와 제(齊)의 맹상군(孟嘗君)의 3천명 식객 가운데 한명으로 장기(長技)인 닭울음소리를 내어 함곡관의 성문을 일찍 열게 만듦으로써 맹상군을 탈출시킨 인물 등이 하빈에 속한다.

이들 전국시대 빈객들의 특징은 도덕적 기준이나 애국심 따위는 아예 없고(오자서는 본래 초국인이었으나 平王에 대한 사감 때문에 吳로 망명하여 초국을 정벌한 후 평왕의 시체에 300번 매질함으로써 분풀이를 했고, 명장 오기(吳起)는 자신의 출세를 위해 조강지처를 죽이고 국적을 여러번 변경한 위인으로 악명이 높다), 돈 많이 주는 편을 들어 대신 싸워주는 현대판 외인부대의 용병(傭兵)과 그 행태(行態)가 흡사하다. 이리하여 모든 인간을 홍익인간으로 발전시키기 위해 대중들의 심신과 풍속을 교화하던 단군조선의 可空 可徒 可寇의 사빈(師賓)제도와 실생활에 필요한 기술을 가르치던 귀빈(貴賓)제도는 전국시대에 이르러 상대방을 모함하고 분열시키고 파괴하는 궤도사술(詭道詐術)로 타락하고 말았다.

8) 사(師) = 팔정의 8번째는 師이다. 師는 스승사이나 여기서는 군대를 동원하여 어리석고 고집스러운 자를 가르치는 병사(兵事)를 말한다. 폭력을 쓰거나 군대를 동원하여 상대방에게 교훈을 주는 행위는 그야말로 왕도정치가 추구하는 최후, 최악의 수단으로서 가능한 한 기피하는것이 좋다. 병기(兵器)를 불상지기(不祥之器: 상서롭지 못한 물건), 병사를 염

사(厭事: 싫어하는 일)로 보는 노자는 어떠한 경우에 있어서도 군사행동과 그에 따르는 전쟁을 무조건 배척한다. 하지만 나무는 가만히 있고자 하나 바람이 그치지 않아 나뭇잎이 흔들리지 않을 수 없는 수욕정이풍부지(樹欲靜而風不止)의 상황, 다시 말해 나와 내 나라 백성은 조용히 편안하게 살고자 하나 적군이 침략하여 더 이상 조용하게 살 수 없는 지경에 이르렀음에도 불구하고 끝끝내 전쟁을 반대하면서 병장기(兵仗器) 잡기를 거부할 수 있는가? 이런 경우 병장기를 잡고 싸우는 것이 정답임은 두말할 필요가 없다. 군사 행동으로 전쟁에 돌입하는 것이 최선의 선택은 아니지만 다음 3가지 경우에는 정당화될 수 있다.

첫째, 상제로부터 천명(天命)을 받아 정의의 전쟁을 수행할 경우다.

『서경』태서상(泰誓上)에 나오는 문장을 보자. 은나라의 폭군 수(受)는 조금도 개전할 마음이 없어 안일한 삶을 누리며 상제와 천지의 신들을 모시지 않고 선조의 종묘를 버려둔 채 제사를 지내지도 않았다. 제물로 쓸 소, 돼지, 양 등의 동물과 제사에 쓰는 그릇 및 곡식을 모두 흉악한 무리들에게 도둑맞았는데도 여전히 "나에게는 거느린 백성이 있고 천명이 있다"고 말하며 교만한 태도를 그치지 않았다. 상제께서는 백성을 도우려고 임금을 세우고 그로 하여금 하늘의 뜻을 가르치게 하였으니 이는 오로지 상제를 섬겨 천하를 거느리고 백성을 편안케 하기 위함이라" 또한 태서중(泰誓中)에 "상제께서 백성에게 은혜를 베푸시니 임금된 자 마땅히 상제를 받들어야한다. 하(夏)나라 폭군 걸(桀)은 상제를 따르지 못하고 나라에 해독을 뿌리니 이에 상제께서는 은(殷)의 탕왕(湯王)에게 천명을 내리시고 돌보시어 하의 걸왕을 내치도록 명하셨다."

둘째, 쳐들어온 적군을 막는 방위전쟁의 경우다. 을지문덕이나 이순신은 남의 나라를 먼저 침략하여 무고한 인명을 살상한 것이 아니라 쳐들어온 적군을 방어할 목적으로 천지신명께 빌고 또 빌어 묘산(廟算)을 얻을 수 있었기에 백전백승할 수 있었다. 임진왜란 당시 목탁대신 칼을 들고 구국전선에 뛰어 들었던 서산대사와 사명대사의 의거(義擧)는 우리를 숙연케 한다. 불교계율의 으뜸인 불살생계(不殺生戒)를 실천하는 승려의 입장에서 아무리 적군이라지만 인명을 살상하는 살육전에 참전하는 결정이 쉽지만은 않았을 것이다. 사명이 서산의 제자로 입문할 때 이런 질문을 했다.

"스승님, 불심(佛心)이 도대체 무엇입니까?" 서산대사 왈 "강심(江心)에 살고 있는 눈먼 자라를 생각하라." 그렇다, 강심에 살고 있는 눈먼 자라를 생각하는 마음이 동체대비(同體大悲)의 불심이라면 전란의 참화(慘禍) 속에서 고통 받는 중생을 구제하는 일 또한 부처님의 가르침이기에 두 분 성인(聖人)은 바릿대 대신 활을 메고 목탁 대신 창칼을 잡고 아비규환의 생지옥으로 뛰어든 것이다.

셋째, 추살(秋殺)의 위엄을 선양해야 할 경우 무력을 사용할 수 있다. 천지의 공업(功業)도 춘생(春生)의 은혜와 추살(秋殺)의 위엄으로 이루어진다. 만물의 싹을 틔워 생명을 소생시키는 춘생(春生)의 은혜와 알곡은 거두어 들이고 열매를 맺지 못한 빈쭉정이는 불에 태워버리는 추살(秋殺)의 추상같은 심판으로 일년 농사가 완결된다. 사람 농사도 마찬가지 이치다. 본성에 통달하여 공업(功業)을 완수한 홍익인간의 목표가 당대에 불가능하더라도 최소한 진리의 열매를 맺기 위해 끊임없이 노력하는 자는 귀히 쓰임을 받지만 아주 못된 인간이나 막나니, 정상적 기준에 거꾸로 가는 청개구리형 인간은 빈쭉정이처럼 뽑혀 거세될 수밖에 없다.

상장(上將) 소나벌(蘇奈伐)이 오사구(烏斯丘) 4세 단군에게 올린 진언(進言)을 만나보자.

"옛날 성제명왕(聖帝明王)께서 천하를 태평하게 하는 길은 은혜와 위엄을 함께 베푸는데 있다 하셨으니, 사람을 죽여 사람들을 평안하게 할 수 있다면 죽일 수도 있고 나라를 쳐서 나라를 평안하게 할 수 있다면 칠 수도 있습니다. 다만 문(文)만으로 다스려 은혜만 베풀면 이것은 냄새나는 고기에 파리가 모여드는 것과 같아서 끝내는 정치가 부패하게 되고 무(武)의 위엄만으로 다스리면 찬 서리가 땅을 덮는 것과 같아서 정치 기능에 활력이 없어지게 됩니다.

폐하께서는 봄에 나고(春生) 가을에 죽는(秋殺) 계절의 변화 과정을 보지 못하셨습니까? 문무를 함께 써 은혜와 위엄을 동시에 펼치시는 일은 나라를 장구하게 보전하는 방법입니다. 바라옵기는 폐하께서 구정(舊政)을 혁신하시어 군기를 바로 잡으며 백성의 뜻을 독려하시어 임금과 신하가 하나가 되어 만대를 이어 쇠약하지 않는 신성국(神聖國)을 만드시기 바랍니다."

사람들의 마음을 감복시켜 백성의 마음을 한마음으로 통일하는 무위의 치화가 최선책이고 무력을 사용하는 유위의 치화는 차선책이다. 그러므로 한검단군이 팔정에서 말씀하신 師, 즉 무력사용은 천명을 받아 수행하는 정의의 전쟁, 이미 침략한 적군을 막는 방어전쟁, 추살의 위엄을 선양 하기위한 목적에 한해서만 사용할 수 있음을 밝힌 것이다.

4. 오기(五紀)

『서경』홍범편 기자 해설에 五紀는 一曰 歲 첫째가 해(年)요, 二曰 月 둘째는 달(月), 三曰 日 셋째가 날(日), 四曰 星辰 넷째는 하늘의 성신을 관찰하는 일, 五曰 曆數 다섯째 역법(曆法)과 산수(算數)의 추산이라 풀이해 놓았을 뿐 더 이상의 구체적 설명이 없다.

紀는 법기(法也) 벼리기(綱也) 12해(12년)기다. 癸 甲 乙 丙 丁 戊 己 庚 辛 壬의 天干 10진법과 亥 子 丑 寅 卯 辰 巳 午 未 申 酉 戌 의 12진법 즉,

10간과 12지를 사용하면 60진법이 된다. 60진법이란 60을 주기로 같은 해 같은 달 같은 날이 반복된다는 뜻이다. 12개의 다른 해(年) 12개의 다른 달(月) 12개의 다른 날(日)이 60을 주기로 제자리를 찾아가는 법칙은 변하지 않는 진리이기 때문에 이를 紀로 명명한 것이다.

태양의 생일도 아니고 달의 생일도 아닌 양력 1월 1일은 아무런 의미도 없는 날이다. 따라서 새해의 시작 즉 원단(元旦)은 태양과 달이 만나는 날, 즉 태양의 생일과 달의 생일이 겹치는 날이어야 한다. 달의 생일은 어느 달이던 음력 1일이다 음력 1월 1일 9월 1일 12월 1일이 모두 달의 생일이다. 1일의 달은 신월(新月, 초생달)이고 보름달은 만월(滿月)이고 29일이나 30일의 달(한 달의 길이는 $29\frac{1}{2}$일 이므로 29일 되는 달도 있고 30일 되는 달도 있다)은 죽기 직전의 그믐달로서 그믐날 죽었다가 1일에 다시 살아난다. 태양의 생일은 밤이 제일 길고 태양의 그림자가 가장 긴 동지(冬至)날이다.

태양은 양기(陽氣)가 태동하는 동지 날에 나서 하지에 절정을 이루다가 차차 기력이 쇠잔해져 동지 전날 죽었다가 동지 날 새벽 새 생명으로 부활한다. 양력으로 동지 날은 대개 음력으로 10월 말쯤이 된다. 따라서 동지가 들어간 달을 일 년의 첫째달인 上달로 잡아 천제(天祭)를 올리는 풍속은 신시 때부터 계속되어 온 가장 중요한 연중행사였다. 신시 청구 단군조선의 천제, 고구려의 동맹(東盟), 부여의 무천(舞天), 예맥의 영고(迎鼓), 신라의 숭천제(崇天祭), 백제의 효천제(效天祭)는 10월 上달에 거행되었다. 『사기』에 의하면

진(秦)나라 한(漢)나라도 단군조선의 풍속을 계승하여 진은 10월을 정월로, 한은 10월을 세수(歲首)로 삼았다

秦漢朝 以十月

고 기록하고 있다. 만국이 공통으로 사용하는 서기(西紀)는 실제 다음해 1월 9일에서 14일 사이에 태어난 예수의 탄생일을 그 전해 동짓날인 양력 12월 25일로 고쳐 태양의 생일과 예수의 생일을 의도적으로 같게 만든 것이다. 예수가 태어난 해의 율리우스 역(曆) 양력 12월 25일이 연대를 세우는 기초가 되는 해인 서력 기원(紀元) 1년 1월 1일이 된다.

이론상으로는 태양의 생일인 동짓날이 새해의 1월 1일로 되는 것이 맞다. 자기 나이만큼의 새알을 넣은 동지팥죽을 먹고 나이 한살 더 먹는 고래의 풍속으로 미루어 보아 동지설날이 이론적으로 맞지만 한국과 지나에서 지내는 설날은 예전의 동지설날이 아닌 입춘설날이다. 태양의 생일과 달의 생일이 겹치는 날을 1월 1일로 정하는 것이 옳지만 그런 경우는 많아야 19년에 한번 일어날까 말까 한 확률이기 때문에 언제부터인지 정확히 모르지만 약 2천년 전에 설날이 동지에서 입춘으로 바뀐 것이 아닌가 추측된다.

성신(星辰)의 星은 1년에 하늘을 한 바퀴 도는 별들의 운행도수이고 辰(여기서는 진이 아닌 신으로 읽는다)은 해와 달이 만나는 곳을 말하니 亥 子 丑 寅 卯 辰 巳 午 未 申 酉 戌 등이 그것이다. 역수(曆數)는 24절기의 순환을 말하며 또한 자연히 정해진 피할 수 없는 운명을 뜻하기로 한다. 24절기는 태양이 15° 돌 때마다 자연히 15일이 경과되는 한절기식을 지나 24절기를 다 채우게 되면 일년에 해당하는 360° 원점으로 돌아온다 (1년 360일 음력 날자와 일치함).

24절기는 비단 농사에만 유용할 뿐 아니라 군대를 일으키는 거병(擧兵)과 제사에도 활용된다. 백전백승의 명장인 광개토대왕은 봄, 여름의 농사철을 피해 주로 추분 이후 거병하여 겨울철에 전투를 치루었고 양식 있는 집안에서는 봄, 여름 제사를 생략하고 가을 제사인 추향(秋享)에 치중하였으며 개인의 행사나 국가의 중대사는 모두 세시기(歲時記)의 풍속에 따라 치루어졌다. 세시기의 기본은 천문지(天文誌)와 율력지(律曆誌)이다. 천문지는 신시 때 만들어져 삼국시대를 거쳐 한양 조선에까지 전해진 자미원(紫微垣) 태미원(太微垣) 천시원(天市垣)의 삼원(三垣)과 28수(宿)로 대별되는 천상분야열차지도(天象分野列次之圖)를 말하고, 율력지는 24절기와 1 3 5 7 9 11월의 육율(六律)과 2 4 6 8 10 12월의 육여(六呂)에 기초한 일월(日月)운행의 순서를 말한다.

국가의 연중행사는 전적으로 천체학(天體學)에 의존한다. 만약 천체운행에 이상이 생기면 왕은 대사면령을 내려 죄수를 방면하고 환과고독(鰥寡孤獨: 늙은 홀아비, 과부, 고아, 자식이 없는 늙은이)에게 양곡과 의복을 나누어주고 스스로 근신하며 반성한다. 태백성이 달을 범하고 혜성이 오거성(五車星)에 나타나고 유성(流星)이 저녁부터 새벽까지 종횡(縱橫)하자, 신라 신문왕(神文王)은 내을신궁(柰乙神宮)을 찾아 제사드리며 치제사(致祭辭)에서 다음과 같이 말했다.

"요즈음 도(道)가 상실되고 의(義)가 어긋남에 성상(星象)이 괴이하게 나타나고 태양은 빛을 감추니 두렵고 떨리는 마음 마치 연못이나 깊은 골짜기로 추락한 듯하옵니다. 삼가 모관(某官) 모(某)로 하여금 변변치 않는 제물을 받들어 상제의 o게 드리오니 엎드려 바라옵건데 미미한 정성을 통찰하시고 못난 이몸을 불쌍히 여기시어 사시(四時)의 절후가 순하고 오사(五事)의 징조가 어김없고 곡식이 풍성하고 질병이 없어지고 의식이 족하고 예의가 갖추어지고 내외가 편안하고 도둑이 소탕되게 해주시며 후손에게 넉넉함을 내려 길이 많은 복을 누리게 해주시기를 삼가 말씀드립니다."

위의 치제사에서 보듯 신문왕은 천체에 이상이 생겨 성상이 괴이하게 나타나는 이유를 자신의 실정(失政) 탓으로 돌리고 있다. 천체의 운행이 잘못되어 성상(星霜: 별은 하늘을 1년 주기로 돌고, 서리는 일 년에 딱 한번 상강(霜降)때 내리므로 1성상은 1년을 의미)이 고르지 못하면 우순풍조(雨順風調)의 천혜(天惠)가 없어져 흉년이 들고 흉년이 들면 양민이 도둑이 되어 예의염치가 사라지고 인간사회의 기본 질서가 무너져 나라가 망하게 된다. 그러므로 歲, 月, 日, 星辰, 曆數의 五紀는 하늘의 질서와 땅의 질서에 인간사회의 질서를 가지런히 맞추어 天地人 三才合一의 대조화를 성취하는 한검단군의 위대한 과학사상이며 철학사상으로서 결코 사주팔자나 보는 점술의 미신이 아님을 알아야한다.

5. 건용황극(建用皇極)

『서경』홍범편에서 기자는 임금이 법칙을 세워 사용하는 일을 건용황극으로 풀이하고 있다. 건용황극에 대한 기자의 장광설(長廣舌)이 얼마나 잘못되었는지는 제3장 中, 中庸, 中觀論의 설명에서 이미 밝혔다. 형이상학적 의미의 中은 가륵단군 즉위조서에 나오는 우주본체로서의 中一(하나님의 ㅇ)을 말하고 형이하학적 의미의 中은 황극의 中으로 극단적 의견을 배격하고 다양한 의견을 수렴하는 中和者의 中인바 이것이 바로 建用皇極이다.

6. 삼덕(三德)

三德은 첫째가 正直, 둘째가 剛克, 셋째가 柔克이다(三德 一曰正直 二曰剛克 三曰柔克).

『서경』홍범편에서 기자는 삼덕을 "평안함에는 정직으로서 하고 강하여 순종하지 않음에는 굳셈으로서 하며 화(和)하고 순종함에는 부드러움으로써 하고 깊이 가라앉음에는 굳셈으로써 하며 높고 밝음에는 부드러움으로써 오직 인군만이 복을 내릴 수 있고 오직 인군만이 벌할 수 있으며 오직 인군만이 미식(美食)을 누릴 수 있는 것이니 신하는 복을 내릴 수도 벌할 수도 미식을 누릴 수도 없습니다. 신하의 신분으로 복을 내리고 벌을 주고 미식을 누림은 나라를 해치게 되고 나라에 재난을 가져오게 될 것입니다. 관리들이 이와 같이 하면 기울어지고 비뚤어지고 사악해지며 백성들이 이와 같이 하면 분수를 지키지 않고 악을 저지르게 될 것입니다"로 해설하고 있다. 위의 해설에서 보듯 기자와 『서경』을 편찬한 공자는 삼덕을 신하와 백성을 다스리는 제왕의 인통술(人統術)로 잘못 해석하고 있는데 과거 2천 500년 동안 잘못 알고 있는 三德의 내용을 바로 잡아보자.

　삼덕은 천덕(天德), 지덕(地德), 인덕(人德)을 말한다. 구체적으로 말해 천덕의 으뜸은 정직(正直)이고 지덕의 으뜸은 강극(剛克)이며 인덕의 으뜸은 유극(柔克)이라는 뜻이다. 먼저 천덕을 논하자면 heaven적 의미의 천은 하나님, 한문으로 上帝이고 sky적 의미의 天인 자연天의 주인공은 태양이다. 상제는 우주의 모든 존재에게 자기 o 의 일부를 이전시킴으로써 존재의 불멸성을 부여하고 존재자들의 phsyical body가 소멸되면 자기 o이 다시 자기 o 으로 복귀하게 만든다. 이러한 윤회와 열반의 법칙은 시초도 없고 끝남도 없는 영원 속에 부단히 진행되는 진리로 터럭만큼의 착오도 없기 때문에 상제의 o적 활동은 사람의 눈에 보이지 않는 정직의 영원한 표상이다.

　또한 자연天의 주인인 태양은 과거 45억년 동안 게으름을 피우거나 잔꾀를 부림이 없이 하루도 빠지지 않고 지구와 지구에 사는 생물들에게 빛과 열을 주었고 앞으로도 그러할 것이기 때문에 태양이야말로 사람의 눈으로 확인할 수 있는 정직의 영원한 표상이다. 때문에 정직은 천덕의 으뜸가는 덕목이 된다. 다음 강극(剛克)이 지덕이 되는 이치를 살펴보자.

剛克은 굳셈(剛)으로 이겨낸다. 굳셈을 능사(能事)로 삼는다는 뜻이다. 대지는 온갖 생물 심지어 독초 잡초 독충 해충 등 사람들이 혐오하는 생물들까지도 다함께 포용하고 양육한다. 이뿐만이 아니다. 대지는 강과 시내, 높고 낮은 산들과 암석 무거운 건축물 등 모든 존재를 그 넉넉한 품으로 감싸 안아 보존하는 말없는 큰 그릇이다.

옛날 왕양명의 어떤 제자가 고향집에 갔다가 돌아와 선생에게 아뢰었다. "선생님의 명성은 태산처럼 높아 저희 고향에서도 선생님의 존함을 모르는 사람이 없었습니다. 선생님의 제자인 저를 모두가 부러운 눈으로 쳐다봐 기분이 아주 좋았습니다." 이 말을 들은 왕양명은 한숨을 내쉬며 한참 만에 대구 하기를 "그렇다면 나는 아직 멀었구나 사람들이 태산의 높음은 눈으로 보아 알되 높고 낮은 산들을 감싸 안고 있는 대지는 눈 아래 있어 보려고 하질 않네. 태산이 아무리 높다한들 낮은 위치에서 태산을 감싸고 있는 평야가 없다면 태산이 어찌 존재할 수 있겠는가? 사람들은 태산의 높음만 알 뿐 만물을 거두어 먹여주고 입혀주시는 대지의 은혜는 모르고 있다네. 말하자면 천재나 기인 영웅호걸이나 절세가인은 눈에 띄기 쉬운 태산과 같고 성인은 눈에 띄지 않는 말 없는 대지와 같네. 聖人을 목표로 정진하는 나에게 태산이라니 나는 아직도 멀었구나 하는 생각에 자괴지심을 금할 수 없네"

잘난 사람, 못난 사람, 생물, 무생물 할 것 없이 모든 존재를 다함께 포용하여 눈이오나 비가 오나 오로지 강건(剛健)과 강단(剛斷)과 강기(剛氣)로 의연한 말없는 대지의 은혜, 이것이 바로 강극(剛克)이 지덕(地德)이 되는 소치다. 사람은 혼자서 살아갈 수 없다. 사람이란 타인에게 도움을 받기도 하고 도움을 주기도 하면서 살아가는 협화공생의 사회적 동물이다. 딱딱하게 굳은 태도나 뻣뻣한 자세로는 사람들과 친교를 맺을 수 없기에 사회생활에 있어 인간의 가장 큰 미덕은 천안삼거리의 수양버들처럼 시의적절하게 휘어질 줄 아는 유연함이다. 만면에 미소를 띤 부드러운 표정, 신체유연성의 유지 및 외곬수 생각에 경색되지 않는 사고의 유연성은 개인의 건강을 위해서나 사회적 안녕을 위해서나 반드시 필요한 인간의 덕목이므로 바로 이점에 있어 부드러움을 능사로 하여 어려움을 부드러움으로 이겨내는 유극(柔克)이 인덕(人德)이 되는 소치다. 그러나 유극(柔克)이 인간의 가장 큰 덕목이기는 하나 유극만으로는 홍익인간이 될 수 없다. 인덕인 유극이외 지덕인 강극과 천덕인 정직을 부지런히 배우고 본받아 삼덕을 구비함으로써 사람 가운데 하늘과 땅이 하나가 되는 人中天地一의 진리에 활연관통할 수 있다.

　三德이 天德의 正直, 地德의 剛克, 人德의 柔克임을 알지 못하는 주문왕과 공자는 『주역』에서 剛과 柔를 반대되는 성질로 대비시켜 하늘(乾, 괘), 임금, 아버지, 인체의 머리(頭) 부분, 말(馬)을 剛으로 땅(坤, 괘), 신하, 어머니, 인채의 배(腹) 부분, 소(牛)를 柔로 분류하고 天德인 정직은 아예 제외시켜버렸다.

剛	柔
하늘(乾, ☰)	땅(坤, ☷)
아버지(內剛外剛의 嚴親)	어머니(內柔外柔의 慈親)
임금	신하
머리(頭)	배(腹)
말(馬)	소(牛)

　인체를 위에서 아래로 중앙선을 그으면 좌뇌와, 우뇌, 왼쪽 눈, 오른쪽 눈, 왼쪽 귀, 오른쪽 귀, 왼쪽 폐, 오른쪽 폐, 왼손, 오른손, 왼발, 오른발로 양분될 수 있는데 이를 시메트리(symmetry, 기하학적 대칭)라 한다. 대칭은 크기(size)와 형상(form)이 같아 배열의 규칙성이 있거나 혹은 공간

이 차지하는 몫이 같아 양자간 일정한 평균치를 매김할 수 있어야 성립한다. 그런데 하늘과 땅은 크기나 형상이 같지 않고 하늘의 크기를 측정할 수도 없으며 무엇보다 지구는 하늘의 한 조각 작은 부분에 불과함으로 하늘과 땅은 시메트리(symmetry, 대칭) 이론이 적용되지 않는 아시메트리(asymmetry, 무대칭)다.

수학의 아버지인 피타고라스는 수(數)로 규정 할 수 있어 설명이 가능한 규정(規定, peras)의 유한과 수로 규정할 수도 없고 설명할 수도 없는 무규정(無規定, apeiron)의 무한을 대비시켜 우주는 무한과 유한의 하모니아(harmonia, 調和)로 이루어진 코스모스(kosmos, 秩序)로 표현했다.

무한	유한
신	인간
영혼	육체
다(多)	일(一)
질료적인 것	형상적인 것
formless한 것	form을 가진 것

하늘은 공간적으로 무한대이고 시간적으로도 처음과 끝이 없는 영원 그 자체여서 수식(數式)으로 규명될 수 없다. 그런데 하물며 몇 천년 전에 주문왕이나 공자가 하늘과 땅을 서로 반대의 성질을 가진 것으로 『주역』에 규정한 것은 큰 오류이다. 왜냐하면 하늘과 땅은 인간의 창조물이 아니며 피타고라스의 말처럼 수학공식으로 규정할 수 없는 아페이론(apeiron, 무규정)의 무한이기 때문이다. 하늘과 땅이 무규정의 무한이 듯 신성에서 유출된 인간의 본성도 수식으로 규정할 수 없는 무한이기 때문에 아버지의 본성을 굳셈(剛), 어머니의 본성을 부드러움(柔)으로 규정한 것은 어불성설이다.

여자는 약하지만 어머니는 강(剛)하다. 남편을 일찍 잃은 어머니가 한 아이는 업고 한 아이는 왼손으로 안고 삶은 달걀과 강냉이를 넣은 광주리를 오른손으로 받쳐 머리에 이고 팔러 다니면서 세파(世波)를 헤쳐나가는 억척스럽고 굳센 모습은 6·25전쟁 후 50~60년대 이 땅에서 흔히 볼 수 있었던 광경이었다. 암탉은 유순(柔順)하지만 어미 닭은 새끼 병아리를 채어가려는 솔개에 대항하며 목숨을 걸고 싸운다. 이렇게 볼 때 아버지가 굳센 것이 아니라 굳센 쪽은 오히려 사람이나 동물을 막론하고 모성애로 단단히 정신무장된 어머니 쪽이다.

남성의 가장 큰 미덕이 무엇인지 여성의 가장 큰 미덕이 무엇인지 한 마디로 규정할 수 없지만 만약 남성의 미덕은 대범(大凡)함에 있고 여성의 미덕은 섬세함에 있다고 억지로 규정한다면 이 세상 모든 사람들의 인간성에는 대범함과 섬세함이 함께 잠재되어 있다.

특별히 이런 성격은 여성다운 성격이고 저런 성격은 남성적이다 할 만한 것이 하나도 없다. 따라서 남녀를 막론하고 인간의 본성이 같은 이상 사회생활의 기본 미덕인 유극(柔克)을 넘어 모든 인간은 모름지기 강극(剛克)의 地德을 본받고 배워야 한다. 모든 인간이 본받아 배워야 할 地德이란 첫째, 마음을 굳게먹고 일단목표를 세웠으면 실패를 두려워하지 않는 강단(剛斷)과 강기(剛氣)로 끝까지 밀어부쳐야 한다. 비가 오나 눈이 오나 변하지 않는 초발심의 굳셈으로 모든 난관을 버텨내고 이겨내야 한다. 둘째, 독초 잡초 독충 해충 금강산 백두산 할 것 없이 모든 존재를 감싸안고 떠받치면서도 아무런 말이 없는 대지의 흘흘연(屹屹然)하고도 의연(毅然)한 포용력을 본받아 고운 님, 미운 놈 가릴 것 없이 모든 사람을 포용할 수 있는 관대한 아량을 키워야 한다.

인덕인 유극(柔克)의 바탕 위에서 지덕인 강극(剛克)을 키운 다음 최종적으로 배우고 체득해야 할 목표는 천덕(天德)의 정직이다. 사람에게 정직성이 없다면 사회생활에 필요한 유극의 인덕이나 만물을 통섭(統攝)하는 지덕의 강극도 다 무용지물이 된다. 정직하지 못하여 거짓말만 늘어놓는 자가 어떻게 원만한 사회생활을 할 수 있으며 정직하지 못하여 사람들의 믿음을 상실한 자가 어떻게 다른 사람을 감싸안을 수 있는가.

정직의 극치요 우직의 대명사인 바보온달의 고사를 상기해보자.

온달은 어느 날 산에 나무하러 올라갔다가 자신의 덩치만큼 큰 연분과 철분이 섞여있는 연철(鉛鐵)의 바위덩어리를 얻어 이를 집 앞 언덕위의 거대한 화강암에 갈고 있었다. 동네 사람이나 지나가던 장꾼들이 뭐하느냐고 물어볼 때마다 온달의 대답은 한결 같았다.

"아, 글쎄 눈먼 울 오마니 바느질할 때마다 바늘귀를 못 찾아 애를 먹지 안슴메, 돌 성분과 납성분이 다 닳아 없어질 때까지 연철(鉛鐵)의 바위덩어리를 갈아 그중에 철성분만을 빼내어 호박처럼 둥글고 큰 바늘귀를 가진 바늘을 맹글어 울 오마니에게 바치려합네."

이 말을 들은 사람들은 온달의 깊은 효심에 감복하면서도 백 년이 걸릴지 천 년이 걸릴지 아무도 모르는 온달의 무모한 계획과 어리석음을 비웃어 이름 앞에 바보를 붙여 그를 바보온달로 부르게 되었다. 눈이 오나 비가 오나 바위에 바위를 갈아 바늘을 만들고 있는 바보온달의 소문은 고구려 전국으로 퍼져나갔다.

이때 평원왕에게 평강공주라는 딸이 있었는데 태어나면서부터 울기를 잘하는 울래미공주였다. 공주가 울 때마다 평원왕은 울음을 그치게 할 량으로 "네가 울음을 그치지 않으면 바보온달에게 시집보내버리겠다" 며 농담조로 위협하곤 하였는데 왕의 말은 결과적으로 농가성진(弄假成眞)이 되고 말았다. 평원왕이 적령기에 이른 공주를 귀족의 자제와 결혼시키려 하자 공주는 정색(正色)을 하며 "남아일언중천금(男兒一言 重千金)이라 하여 산골의 초부(樵夫)도 일구이언(一口二言)하지 않거늘 하물며 임금님의 신분으로 식언(食言)을 한데서야 어느 백성이 부왕을 믿고 따르겠나이까? 소녀는 바보온달을 낭군으로 모시고자 하옵니다." 이렇게 해서 온달의 아내가 된 평강공주는 새로운 전답과 가재도구와 귀가 큰 황금바늘까지 구입하여 온달의 10년 적공(積功)을 그치게 한 후 마당 명석 위에 콩 한 알을 올려놓고 이렇게 말하였다.

"여보! 바위에 바위를 갈아 바늘을 만드는 성력(誠力)으로 검을 받쳐 들고 명석위에 놓여있는 이 콩알을 상대로 선(禮)에 몰입하시오." 공주에 말에 따라 진심갈력 선에 몰입한 지 3년째 되는 어느 날 작은 콩알이 갑자기 보름달처럼 크게 보이는 찰나, 온달이 칼로 콩을 내리치자 콩알은 정확히 양분되었다. 이러한 과정을 거쳐 바보온달은 검의 명인이 되었고 고구려 역사상 가장 위대한 조의선사 중의 한 사람이 되었다. 온달이 바보로 불리게 된 이유는 바위에 바위를 갈아 바늘을 만들고 콩 한 알을 앞에 놓고 참선하는 그의 무모한 우직성때문이었다. 무모한 우직성은 하나님의 신성(禋性)이며 태양의 본성으로서 온달이야말로 유극, 강극, 정직의 삼덕을 두루 갖춘 하나님과 가장 닮은 성인임에 틀림없다.

정직하면 나만 손해라는 생각이 팽배해 있는 요즈음의 세태에 비추어 정직이 무슨 소용인가? 반문하는 사람도 있을 것이다. 하지만 정직이야말로 인간의 본성에 함유되어 있는 가장 큰 자산이며 정직해야 믿음(信)이 생긴다. 약속을 지키지 않는 사람, 한 입으로 두 말하는 사람, 자신의 이해에 따라 항상 말 바꾸기하는 사람은 정직하지 못한 사람으로서 일시적 이(利)는 얻을지 모르나 믿음을 상실하여 결국 망하고 만다. 사랑과 소망과 믿음 중 믿음이 으뜸이며, 인의예지(仁義禮智)의 사단(四端)도 믿음(信)에 바탕을 두지 않으면 아무런 쓸모가 없다.

여기『경학대장』에 나와 있는 최치원의 信자 해석을 참고로 기록하면서 믿음은 오직 정직으로부터 발생한다는 진리를 강조해 둔다.

어짐(仁)이 있더라도 믿음에 근본하지 않으면 자애롭고 효성스러운 정이 형식적이고 거짓되어 실제적 仁이 아니요, 義롭더라도 믿음에 바탕을 두지 않으면 지조를 절제하지 못하고 마음을 굽혀 명예를 구하게 되나니 그것이 진정한 義가 아니며 禮를 알지라도 믿음에 근본하지 않으면 자연의 이치를 체험치 않고 다만 경궤곡권(擎跪曲拳: 두 손을 공손히 받들고 무릎을 꿇고 몸을 굽혀 행하는 마음에서 우러나지 않는 형식적인 禮)만 일삼는 허황한 예문(禮文)일 따름이요. 지혜로워도 믿음에 근본하지 않으면 자연의 이치로 말미암지 않고 반드시 시세에 따르는 패합종횡(捭闔縱橫: 이리 날뛰고 저리 날뛰는 말의 변덕스러움)의 곡학(曲學)인 것이다.

그렇다면 인의(仁義) 주재(主宰)와 예지(禮智)의 근본이 되는 것은 이 믿음이다. 믿음을 가진 자는 덕으로 나아갈 수 있고 사람에게 믿음이 없다면 仁義禮智의 쓰임을 알지 못하며 따라서 인의예지는 바로 믿음에 바탕을 두나니 믿음으로 일어서지 못함은 곧 패망이니라.

仁而不本於信 則慈孝之情矯僞而非其實 義而不本於信 則裁制之操沽激而非其眞 禮而不本於信 則不體乎 自然之理而徒事乎 擎跪曲拳之虛文 智而不本於信則不由乎 自然之理而必流於捭闔縱橫之曲學然則 爲仁義之主宰禮智之根柢者 非是信之爲乎 有是信者所以進德人而无信不知其可用 有諸己者是之謂信無信不立 所以敗也

결론적으로 말해 인덕인 유극(柔克)과 지덕인 강극(剛克)과 천덕인 정직을 구비해야만 비로서 人中天地一의 大道를 체득한 홍익인간으로 거듭날 수 있는 것이다.

7. 명용계의(明用稽疑)

홍범구주의 7번째는 의심나는 점이 있으면 의문을 풀어 밝게 활용하라는 뜻의 명용계의(明用稽疑)다. 그러나 기자는 명용계의를 점(占)을 쳐 의문을 풀어 밝히는 것으로 잘못 해석하고 있다.

『서경』홍범편에 나오는 기자의 해설을 먼저 검토해보자.

"일곱번째 의문을 점쳐 묻는다 함은 거북점과 시초(蓍草: 점치는데 쓰는 톱풀)점을 칠 관리를 잘 뽑아 점치는 일을 맡기는 것입니다. 거북점에는 귀갑(龜甲)에 비가 오는 모양, 비는 그쳤는데 구름이 떠 있는 모양, 안개 낀 모양, 보일 듯 말 듯한 뜬 구름의 모양, 서로 으르렁거리며 집어 삼킬 듯한 흉변(凶變)의 모양이 있으며 또 시초점에는 내괘와 외괘가 있습니다. 이와 같이 거북점의 조짐과 점괘의 괘상에는 모두 7가지가 있는데 거북점에 속하는 것이 5가지 시초점을 칠 때의 2가지로서 이들 조짐과 괘상을 추리하고 변화시켜 판단하는 것입니다.

점치는 관리들을 세워 점을 치되 세 사람으로 하여금 판단하도록 하여 두 사람의 말이 같고 한 사람의 말이 다를 때는 두 사람의 말을 따르도록 하십시오. 만약 당신께서 커다란 의문이 있을 때는 먼저 당신의 一心과 상의한 후 신하들과 상의하고 백성들의 의견을 묻도록 하십시오. 그런 연후에 거북점과 시초점을 쳐 가부를 정하십시오. 당신께서 찬성하시고 거북점이 찬성하고 시초점이 찬성하고 신하들이 찬성하고 백성들이 찬성하면 이를 대동(大同)이라 하였으니 이렇게 되면 당신께서는 편안하시고 건강하실 것이며 당신의 자손은 흥성할 것이니 곧 길(吉)한 것입니다.

당신께서 찬성하시고 거북점과 시초점이 모두 찬성의 뜻을 나타낸데 반해 신하들과 백성들이 반대하여도 이는 길한 것입니다. 신하들이 찬성을 표하고 점의 결과가 모두 찬의를 나타내는데 반해 당신께서 반대하고 백성들이 반대하여도 이는 길한 일입니다. 백성들이 찬성하고 거북점, 시초점이 찬성하면 당신께서 반대하고 신하들이 반대하여도 길한 것입니다. 당신께서 찬성하시고 거북점이 찬성하나 시초점이 따르지 않고 신하들과 백성들이 반대 할 때는 당신의 집안 일은 길하나 나라의 일이면 흉합니다. 거북점과 시초점이 모두 사람들의 의견과 다를 때는 가만히 아무일도 하지 않는 것이 좋고, 어떤 일을 하게 되면 좋지 않은 결과를 보게 됩니다."

위의 문장에서 보듯 기자는 명용계의(明用稽疑)의 뜻을 귀갑(龜甲)에 모형(牡荊: 약초의 일종)을 태우면서 거북의 등을 긁는 복술(卜術)과 시초(蓍草)를 손가락 사이에 끼고 괘(卦)를 만드는 서술(筮術)의 복서점(卜筮占)으로 미래의 길흉을 묻는 일에 국한하고 있으나 이는 전혀 진실이 아니다. 명용계의에는 형이하학적 뜻과 형이상학적 뜻이 다 내포되어 있다. 인간이 전지전능한 신이 아닌 이상 모든 것을 다 알 수는 없으며 특히 윤회생사의 회수가 짧은 사람일수록 더욱 그러하다 그러므로 어떠한 경우에 있어서도 자신이 잘 모르는 일은 공연히 아는 체 하지 말고 남에게 물어 보는 것이 좋다. 배움에는 왕도가 따로 없다. 불치하문(不恥下問) 즉, 아랫사람에게 물어보는 것을 부끄럽게 생각하지 말아야 개인의 발전이 있다. 특히 나라살림을 운영하는 위정자에게는 아는 길도 물어서 가는 겸손한 자세가 필요하다.

26세 추로단군 2년(B.C. 1060) 새 궁전 건립을 반대하여 올린 상소문에서 강주문(姜周文)은 "어진 임금은 사람을 이롭게 하고 자기를 이롭게 하지 않으며 어두운 임금은 자기를 이롭게 하고 사람을 이롭게 하지 않습니다. 사람을 이롭게 하면 듣는 것이 많아지고 듣는 것을 겸하면 듣지 못하는 소문이 없게 되고, 자기를 이롭게 하면 한쪽 말만 듣게 되고, 한쪽 말만 들으면 담장을 바라보고 서 있는 것과 같아서 가까운 소리도 듣지 못하는데 먼 곳의 소리는 어떻게 듣겠습니까? 그러므로 명철한 임금은 묻기를 좋아하며, 사람들을 이롭게 하고 자기를 이롭게 하지 않으므로 모든 간신이 자신을 숨기지 못합니다. 한편 어두운 임금은 한쪽 말만 믿고 모든 신하와 백성들에게 널리 묻지 않기 때문에 그 소견이 죽통(竹筒: 대통)속으로 하늘을 엿보는 것과 같아서 비록 현명한 신하와 어진 보좌관이 옆에 있어도 버려둔 채 쓰지 않으니 도리어 사람이 없는 것만 같지 못합니다. 그러니 누구와 더불어 천하를 논하겠습니까?' 라고 말하였다.

복서(卜筮)의 근본 취지는 내가 뜻을 세워 실행하고자 하는 일이 전지전능한 상제의 뜻에 부합되는지 아닌지를 알아봄에 있다. 다시 말해 모사재인 성사재천(謀事在人 成事在天) 즉, 상제의 뜻에 근본을 두지 않는 인간의 모사(謀事)는 성공할 수 없기 때문에 복서(卜筮)는 진인사대천명(盡人事待天命) – 인간으로서 마땅히 해야 할 일을 다 하고 난 다음 상제의 윤허(允許)를 기다리고 확인하는 절차이며 수단인 것이다. 상제의 뜻인 천의(天意)는 곧 상제의 마음인 유일천심을 말한다.

따라서 내가 하고자 하는 일이 상제의 天心으로부터 허락을 받는다. 또는 상제의 천령(天囧)으로부터 승낙의 천명(天命)을 받는다 함은 허공을 향하여 상제에게 간청(懇請)하거나 점을 쳐 얻어지는게 아니라 내 육신속에 이미 강림해 있는 상제의 유일천심에 스스로 물어보면 되는것이다. 착한 마음을 먹고 나의 양심이 찬성하고 다른 사람들의 양심도 찬성하는 일을 하면 길하고 악한 마음을 먹고 나의 양심도 꺼리고 다른 사람들의 양심도 반대하는 나쁜 일을 하면 흉한 것을 인간이라면 모두 알고 있을 텐데 무엇 때문에 구태여 점을 쳐 길흉을 미리 알아볼 필요가 있는가? 기자가 명용계의(明用稽疑)의 뜻을 점을 쳐 의문을 풀어 밝히는 것으로 오역한 것은 명용의 '明' 이 대광명의 본체인 상제의 ○임을 알지 못하고 형용사의 '밝게' 로 해석하였기 때문에 빚어진 오류이다.

『대학』수장에 나오는 大學之道在明明德을 해석함에 있어 주희와 왕양명 공히 "大學의 道는 明德을 밝히는 데 있다"로 풀이할 뿐 명덕이 무엇인지는 전혀 언급하지 않고 있다. 明明德에 있어 앞의 明은 '밝게' '밝힌

다'는 뜻이고 뒤의 明德은 대광명의 본체인 상제의 ○(田) 으로부터 분유되어 사람들의 육신 속에 거주하고 있는 인간의 영혼을 말한다. 따라서 明明德을 '명덕을 밝힘', '밝고 밝은 덕', '밝은 덕을 밝힘' 등은 잘못된 해석이다.

또한 『대반열반경』에 나오는 光明遍照 高貴德王菩薩에 있어 光明遍照는 우주 온누리를 비치고 있는 광명의 본체인 비로자나불의 ○ 이란 뜻이고 高貴德王菩薩은 비로자나불의 ○으로부터 이전된 인간의 ○ 은 고귀한 덕왕보살이란 뜻이며 광명변조고귀덕왕보살(光明遍照 高貴德王菩薩) 10자 전부를 해석하면 시방세계를 두루 비치고 있는 법신불(法身佛: 육체는 없고 영혼만 있는 부처)인 비로자나의 ○ 을 받은 응화신불(應化身佛)로서의 인간 영혼을 말한다. 그러므로 明用稽疑에 있어 明은 光明의 光자가 생략된 명사로서 나의 육신속에 친히 강림해있는 상제의 ○ 을 말하므로 명용계의의 형이상학적 의미는 마음에 꺼림직한 점이 있거나 의문이 있으면 내 속에 있는 하나님에게 정성껏 물어보고 간구하라. 지성이면 감천하는 법이니 이를 적극 활용하라는 뜻이다. 나와 상제는 같은 ○ 을 공유하고 있는 동일 존재이므로 내 생각 속에 일어나는 의문의 암운(暗雲)을 나에게 강림해 있는 상제의 ○ 의 대광명으로 밝게 비춰 걷어내는 것 이것이 바로 선(禪)을 통한 명용계의고 광명이세의 진리인 것이다.

복서(卜筮)는 상제의 유일천심과 합일되기 위한 신통(神通)의 절차요 수단이기 때문에 항상 내 속에 강림해 있는 상제의 天心을 지켜 天心에 어긋나지 않는 행동을 한다면 구태어 점을 쳐 길흉을 알아 볼 필요가 없다. 유일천심에 죄를 지으면 빌곳은 어디에도 없고 피할 데도 없으니 항준천심자(恒遵天心者)는 점을 가까이 하지 않아도 항상 길하고, 항범천심자(恒犯天心者)는 점을 항상 가까이 해도 흉하다. 항범천심자의 대표적 인물로 기자가 모셨던 은(殷)의 말왕(末王) 주(紂)가 있다.

폭군 주의 죄상은 ① 천제(天祭)에 바칠 순색(純色)의 제물을 술안주용으로 다 잡아먹고 천제를 올리지도 않으면서 항상 천명(天命)이 자신에게 내렸다고 주장, ② 제사는 무익하다고 말하면서 조상제사를 돌보지 않은 점, ③ 방사(方士: 불로장생의 신선술을 터득했다고 주장하는사람)의 말을 듣고 달기(妲己)라는 여인과 방중술(房中術: 젊은 여인과 동침하여 회춘을 도모하는 도가 수련의 한 방법)에 빠져 달기의 말만 듣고 백성의 고통을 외면하고 정사를 돌보지 않은 죄, ④ 주가 패륜아적 행동으로 일관하자 조정의 관리들도 백성을 수탈하는 일에만 열을 올리고 주색잡기에 몰입하여 국가 기강을 무너뜨리게 한 죄,⑤ 상궤(常軌)를 벗어난 주의 역천적(逆天的)행위를 충간(忠諫)하던 비간(比干), 미자(徵子), 기자(箕子) 등을 잔인한 방법으로 죽이거나 하옥시킨 죄 등이다.
　온갖 못된 일만 골라 하는 주는 그럼에도 불구하고 점치는 일을 유달리 좋아 하여 B.C. 1111년 2월 4일 갑자일 대길의 점패만 믿고 출정했다가 주무왕 발(發)에게 대패하여 그만 목숨을 잃고 말았다. 발에게는 갑자일이 대길일이었지만 거꾸로 주에게는 대흉일이었던 것이다. 하(夏)의 폭군 걸(桀)이 죽은 날이 을묘일(乙卯日)이고 은의 폭군 주가 죽은 날이 갑자일인 관계로 유교의 장례 풍속에 갑자일, 을묘일은 재수 없는 날짜라 하여 자묘일(子卯日: 子와 卯의 간지가 들어가는 날짜)에는 아예 장례를 치르지 않는다. 항상 착한 마음을 먹고 좋은 일을 하는 항준천심자에게는 1년 365일이 모두 다 길일이고 경사스러운 날이지만 악한 마음을 먹고 나쁜 일만 골라 하는 항범천심자에게는 매일매일이 흉일이고 재수 없는 날로서 점을 쳐 얻은 길일, 흉일은 한 갓 부질없는 미신일 뿐 하등 믿을 바가 되지 못한다. 명용계의를 점을 쳐 의혹을 밝히는 것으로 해석하여 이를 주무왕에게 설명한 기자의 영향으로 주대(周代)에도 은대(殷代) 못지않게 점치는 일을 전문으로 하는 관직이 많았다.

『주례』(周禮)에 나오는 태복(太卜), 귀인(龜人), 복사(卜師), 점인(占人), 점몽(占夢) 등이 그것이다. 무엇보다 명용계의의 의미를 변질시킨 기자가 동양의 정치 사회 문화 풍속 전반에 걸쳐 남긴 가장 큰 해악은 위로는 국가의 중요한 시책에서부터 아래로 민가에서 행하는 관혼상제의 사례(四禮)에 이르기까지 풍수, 복서, 점술, 사주추명술(四柱推命術), 관상 등에 능통한 술객들의 전횡과 농단을 합리화시켜 준 점에 있다.

왕릉과 민가 무덤의 택지(擇地)로부터 장례식 결혼식의 택일(擇日), 신생아의 택명(擇名), 삼재[三災: 수재, 화재, 풍재 혹은 병란(兵亂), 역질(疫疾), 기근(飢饉)의 3가지 재해]의 액(厄)을 모면하기 위한 피흉취길(避凶就吉)의 개운법(開運法), 혼삼재법(婚三災法: 서로 맞지 않는 띠끼리 만나면 생이별, 사이별하거나 가산을 탕진하거나 몹쓸 병에 걸리는 삼재를 만난다 함. 호랑이, 말, 개띠가 쥐, 소, 호랑이띠를 만나 결혼하면 삼재가 든다는 미신), 불혼월별법(不婚月別法: 남녀가 어느 달에 태어났나를 비교하여 꺼리는 生月끼리 결혼을 피하는 법. 예컨대 1월생 남자는 6월생 여자와 2월생 남자는 3월생 여자와 결혼해선 안된다는 미신), 고과살(孤寡煞: 생이별이 고살, 사이별해서 홀아비나 과부로 되는 것이 과살이다. 돼지띠, 쥐띠, 소띠가 호랑이띠를 만나면 고살을 맞고 개띠와 결혼하면 과살을 맞는다는 미신), 천과살(天寡煞: 하늘이 만든 과부 팔자. 여자의 태어난 날이 卯日이면 천과살을 맞는다는 미신), 예비 신랑신부의 사주궁합(四柱宮合)을 보는 일에 이르기까지 이 모두 거북점, 시초점, 산통점(算筒占), 주역점(周易占), 오행점(五行占), 사주점(四柱占)을 혹세무민(惑世誣民)의 도구로 사용하여 사람들을 기만하는 점쟁이 술객들의 농간에 불과하다.

태양과 달과 3원(垣) 28수(宿)의 천체운동을 종합하고 십간십이지를 원용하여 우주의 운행도수에 맞추어 만든 한웅천황의 태음태양력과 한검단군이 창제한 火, 水, 木, 金, 土의 오행은 진정한 철학이며 과학이지 결코 점쟁이술사들이 호구지책의 수단으로 사람들을 기만하는 사술이 아니다. 번한의 임나(任那)왕 4년(B.C. 1134) 태자(太子) 태부(太傅) 선우명(鮮于明)이 주역을 비판하면서 임금께 진언하기를

"지성이면 감천하는 선(禪)의 진리를 외면하고 아무런 정성도 없이 다만 운주작괘(運籌作卦: 손가락사이에 낀 시초의 수자를 계산하여 괘를 만듬)에 의하여 길하고 흉한 것을 알고자 한다면 이것은 마치 파도를 헤치고 달을 찾는 것과 같아서 진리를 파악하지 못하고 도리어 혹세무민의 기구가 될 것이며 나아가 후세 사람들을 미신에 사로잡히게 하여 많은 해악을 끼치게 될 것입니다" 하였다.

8. 서징(庶徵)

『서경』홍범편에 나와 있는 기자의 해설을 보자.

"여덟 번째의 뭇 징조란 비오는 것, 맑은 것, 더운 것, 추운 것, 바람이 부는 것 및 절후의 일치입니다. 이 다섯 징조가 고루 갖추어지고 각기 절후에 맞도록 차례로 찾아들면 초목이 무성해집니다. 이 가운데 한 가지만 지나쳐도 흉하고 한 가지만 지나치게 부족하여도 흉합니다. 좋은 징조를 말씀드린다면, 임금이 엄숙하면 때맞추어 비가 내리고 임금이 나라를 잘 다스리면 때맞추어 날이 청명하고 임금이 밝고 어질면 때맞추어 더위가 찾아들고 계획을 잘 세우면 적시에 추위가 오고 임금이 사리에 통달하면 적시에 바람이 부는 것입니다.

나쁜 징조를 말씀드리자면, 임금이 오만하면 오랫동안 비가 그치지 않고 무질서하면 오랜 가뭄이 들고 임금이 놀이와 안일만을 삼으면 더위만 계속되고 임금이 조급하게 서두르면 추위만 계속되고 임금이 우매하면

항상 바람만 부는 것입니다. 임금의 옳고 그름은 1년의 상태를 관찰하면 나타나고 중신들의 옳고 그름은 한 달의 상태를 관찰하면 나타나며 낮은 관리들의 옳고 그름은 하루의 상태를 관찰하면 나타납니다.

한 해와 한 달과 하루와 4계절의 운행이 상궤(常軌)에서 벗어나지 않으면 백곡이 풍성히 영글고 이에 따라 나라가 잘 다스려지고 뛰어난 백성들은 뚜렷이 부각되어 나라에 이바지하게 되어 나라는 태평성대를 누리게 됩니다. 날과 달과 해와 사철의 운행이 어긋난다면 백곡은 여물지 못하고 정치도 혼미하여 밝지 못할 것이고 뛰어난 사람도 드러나지 않을 것이며 나라는 이 때문에 편안하지 못할 것입니다. 백성의 상징은 별인데 별에는 바람을 좋아하는 것도 있고 비를 부르는 별도 있습니다. 해와 달의 운행은 겨울을 있게 하고 여름을 있게 하며 달이 별을 따름으로써 바람이 불고 비가 내립니다."

서징(庶徵)에 관한 위의 문장은 기자가 직접 말한 건지 아니면 『서경』을 편찬한 공자가 자신의 생각을 제멋대로 삽입한 건지 검증할 길이 없지만 한 마디로 말도 안되는 소리다. 기자의 해설대로 서징을 뭇 징조라 한다면 어떻게 왈우(曰雨: 비오는 날씨) 왈양(曰暘: 맑은 날씨) 왈욱(曰燠: 무더운 날씨) 왈한(曰寒: 추운 날씨) 왈풍(曰風: 바람부는 날씨) 왈시(曰時: 4계절의 변화)가 풀들이 무성히 자라나는 뭇 징조가 될 수 있는가? 태양 빛과 우순풍조(雨順風調)와 4계절의 변화는 만물의 성장과 생명활동의 절대적 조건이지 징조가 될 수 없다. 더욱이 임금이 엄숙하면 때맞추어 비가 오고 임금이 나라를 잘 다스리면 때맞추어 날이 개고 임금이 오만하면 오랫 동안 비가 그치지 않아 장마가 들고 임금이 무질서하면 오랫 동안 가뭄이 계속되고 운운하는 대목이다.

비 오고 바람 불고 더위와 추위가 반복되는 4계절의 변화는 인간의 능력으로 어찌 할 수 없는 엄정한 자연의 법칙인데 임금의 태도와 마음가

짐 여하에 따라 적시에 비도 오고 홍수와 가뭄이 온다는 대목은 임금을 마치 괴기상상소설의 주인공인 손오공같은 호풍환우(呼風喚雨)의 술사로 묘사하고 있어 실소를 금할 수 없다. 홍수가 나거나 가뭄이 들면 이를 모두 자신의 부덕한 소치로 돌려 제천을 행하여 상제에게 정죄(定罪)해줄 것을 요청한 임금은 왕왕 있었으나 초능력자도 신도 아닌 임금이 비바람과 더위 추위를 마음 먹은 대로 조절한다는 이야기는 견강부회(牽强附會)의 극치가 아니고 무엇이겠는가? 지나인들도 서징에 관한 기자의 해설을 이상하게 생각했던지 송대의 소동파(蘇東坡)는 『서전』(書傳)에서 왈왕성유세(曰王省惟歲)로부터 시작하여 마지막 즉이풍우(則以風雨)로 끝나는 87자는 서징의 제목과 부합되지 않으므로 이는 마땅히 오기(五紀)를 논하는 오왈역수(五曰曆數) 밑에 이어져야 한다고 말하였다.

서징의 진정한 뜻이 무엇인지를 진지하게 논해 보자. 庶는 무리서 여럿서(衆也)로서 전부란 말이고 徵은 부를징(召也) 효험징 징험징(驗也)이다. 따라서 庶徵은 만물은 완성되기 전 반드시 나타나는 전조(前兆)가 있고 세상 만사에는 반드시 미리 보이는 징조(徵兆)가 있다는 뜻이다. 하늘에 먹구름이 잔뜩 끼어 있는 것은 곧 비가 내릴 조짐이고 하늘에 무지개가 나타난 것은 더 이상 비가 오지 않을 징조다. 흰 머리카락이 점점 많아지는 것은 늙어가는 징조며 새벽 까치가 우는 것은 기쁜 소식이 있을 조짐이다. 초생달은 보름달의 전조이고 편두선이 부어오르는 것은 감기 몸살이 올 징후이다. 이순신은 동네 아이들과 어울려 병정놀음을 하던 일곱 살 때부터 장차 큰 인물이 될 기미가 있었고 세종은 왕자 시절부터 장래 성군이 될 낌새가 엿보였고 될성부른 나무는 떡잎부터 그 징조가 예사롭지 않다.

이 세상 모든 일에는 일이 되기 이전 반드시 미리 나타나는 전조가 있기 때문에 현명한 사람이란 나타난 낌새를 눈치채고 재빨리 서둘러 닥아

올 사태를 미리 준비하는 사람이다. 먹구름과 무지개, 초생달의 전조는 아무리 바보같은 인간이라도 눈으로 보아 금방 알 수 있는 징조이지만 서류상에 나타나지도 않고 눈에 보이지 않는 훌륭한 인물의 징조를 미리 파악하여 그러한 인물을 발탁해내기란 어려운 일이다.

33세 감물(甘勿)단군 16년(B.C. 803) "나라가 잘 되려면 현인(賢人)을 많이 뽑아 국정에 참여시켜야 하는데 누가 현인인지 그 기미를 분간하기 어렵다. 현인의 징조가 무엇인가" 하고 감물단군께서 물으시니, 고삼도(高三道)가 대답하기를 "① 가까이 하여 그 겸손함을 보고, ②멀리 하여 그 신용을 보며, ③ 갑자기 물어 그 말재주를 보며, ④ 급히 주어 어떻게 처리하는가를 보며, ⑤ 난(難)을 말하여 그 용맹함을 보며, ⑥ 술에 취하게 하며 그 태도를 보며, ⑦색(色)을 시험하여 그 몸가짐을 보며, ⑧ 재물로서 시험하여 그 청렴함을 보며, ⑨ 글을 통하여 그 학문을 보며, ⑩ 말로 물어 그 변론(辯論)을 보며, ⑪ 잡(雜)사람과 같이 있게 하며 그 절개를 관찰해야 합니다. 만약 이 11가지 징조가 구비되어 있는 인물이라면 가히 현자라 할 수 있습니다."

그 후 감물단군은 고삼도의 진언대로 사람들을 시험하며 현인을 발탁했음으로 이를 '고삼도의 11징험(徵驗)' 이라 부른다. 훌륭한 인물이 될 조짐을 미리보아 현인을 등용하는 일도 어렵지만 이보다 더 어려운 일은 나라가 망할 징조를 재빨리 포착하여 위기를 재도약의 기회로 반전시켜 나라를 다시 번영케 하는 일이다.

『삼국사기』 의자왕편에 나와 있는 나라 망할 징조를 간단히 살펴보면, ① 16년(656) 봄 3월에 왕이 궁인과 더불어 황음탐락(荒淫耽樂)하여 술을 마시며 그칠 줄 모르므로 좌평 성충(成忠)이 지성으로 간하니 왕이 노하여 옥중에 가두었다. 이로 말미암아 더 이상 감히 말하는 자가 없었다. ② 19년(659) 봄 2월에 여우무리가 궁중에 들어와 흰 여우한마리가 상좌평(上佐平)의 책상에 앉았고 여름 4월에 태자궁에서 암탉이 작은 참새와 교미하였다. ③ 20년(660) 봄 2월에 왕도의 우물물이 핏빛 같았고 사비하의 물도 붉어 역시 핏빛 같았고 여름 4월에 개구리 수만 마리가 나무 위에 모여들었다. ④ 9월에 궁중의 홰나무가 사람의 곡성같이 울고 밤에 궁의 남쪽 길에서 귀신이 울었다. ⑤ 귀신 하나가 궁중에 들어와 크게 외쳐 "백제가 망한다 백제가 망한다" 하고 땅으로 들어갔다. 왕이 괴이히 여겨 땅을 파게 하니 깊이 3자쯤 되는 곳에 거북이 한 마리가 있었는데 등에 글이 쎄어 있기를 "백제는 월륜(月輪)과 같고 신라는 월신(月新)과 같다" 하였다. 왕이 무당에게 물으니 말하기를 "월륜과 같다 함은 가득 찼다는 뜻이니 가득차면 기우는 것이요, 월신과 같다 함은 가득차지 않았다는 뜻이니 가득차지 않으면 점차 차게 된다는 것입니다" 하니 왕이 노하여 죽여버렸다.

누군가 말하기를 "월륜은 성(盛)하다는 뜻이요 월신은 미약하다는 뜻이니 생각건대 백제는 번성하고 신라는 차차 미약해질것입니다" 하니 왕이 크게 기뻐하였다. 백제가 망하는 과정은 동족의 은(殷)나라가 망하는 과정과 비슷하고 백제 멸망의 주역인 의자왕은 은의 말왕 주와같다. 모든 신민들이 이대로 가면 나라 멸망은 시간 문제라고 생각했음에도 불구하고 정작 당사자인 의자왕은 멸망의 순간까지 제 정신 못차리고 홀로 몽중안락가(夢中安樂歌)를 부르고 있다는 점도 주(紂)와 흡사하다.

허준은 『동의보감』에서 표증(表症)의 감기는 치료하기 쉬워도 이증(裏症)의 감기는 치료하기 어렵다고 말한다. 표증의 감기는 콧물을 많이 흘리고 기침을 자주 하며 목소리가 변하는 등 감기 기운이 확연히 겉으로 드러난 증상인데 이러한 감기는 약 한첩 지어먹고 꿀물 한그릇마시고 아랫목에 누워 땀을 쭉 흘리고나면 낫는다고 한다. 한편 이증(裏症)의 감기는 겉으로 감기 증세가 나타나지 않는 속으로 숨은 증세를 말하는데 이

증의 감기가 장기화되면 폐렴으로 연결되어 목숨을 잃고만다. 허준의 이론을 나라의 흥망에 적용하자면 백제는 멸망의 조짐이 확연히 드러난 표증의 감기요, 이성계가 개국한 조선은 멸망의 조짐이 겉으로 드러나지 않는 이증의 감기라 말할수 있다.

대한제국의 광무황제(고종)나 융희황제(순종)는 의자왕처럼 황음무도(荒淫無道)하여 주색잡기에 몰두한 임금도 아니며 또한 수도 서울의 우물물과 한강물이 붉은 핏빛을 보인 적도 없고, 전염병이 창궐하거나 흉년이 들어 떼죽음을 당한 백성들도 없고 요사스러운 여우나 귀신이 경복궁에 나타나 "조선은 망한다 조선은 망한다"며 저주한 적도 없는데 왜 멸망했는가? 그리고 같은 시기에 비슷한 역사적 조건과 사회적 구조를 가지고 있었던 일본은 왜 멸망하지 않고 명치유신(明治維新)을 기점으로 선진 강대국으로 다시 태어났는가? 따지고 보면 다 이유가 있다.

일본은 나라가 망할 수도 있는 나쁜 징조를 재빨리 알아차려 명치유신의 대개혁을 통해 나쁜 징조를 좋은 결과로 반전(反轉)시키는 일에 성공할 수 있었기에 강력한 신생 일본으로 재탄생했고 조선은 망국(亡國)의 나쁜 징조가 여러번 나타났음에도 불구하고 집권자와 정치지도층이 이를 눈치채지 못하고 개혁을 미루다가 같은 알타이 문화권의 일본에게 멸망하고 말았다. 명치유신을 단행하게 된 직접 적동기는 페리 제독의 흑선(黑船)사건이었다. 19세기 구미열강의 제국주의는 거포를 장착한 거함을 앞세워 통상외교를 전개 상대국의 개항(開港)을 강요하여 자원을 수탈하고 약소국을 식민지로 집어삼키는 이른바 거함거포 외교시대였다. 서양의 문물과 종교를 금지하여 쇄국정책을 지켜오던 도꾸가와막부 정권은 동경만에서 대포를 쏘아대며 개항을 요구하는 페리제독에 굴복, 드디어 문호를 개방한다(1854년).

이 사건이 계기가 되어 일본은 그동안 허수아비에 불과했던 왕실을 전면에 내세워 265년간 지탱해오던 막부정권을 무너뜨리고 명치유신을 단행하였다(1868년). 명치유신의 주역인 사까모도 료마(坂本龍馬)나 이또오 히로부미(伊藤博文) 등 사쓰마(薩摩) 출신의 지사들은 만약 명치유신을 단행치 않고 막부정권으로 계속 갈 경우 문호개방으로 서양의 새로운 문물과 우수한 무기시스템과 정치제도 및 경제운용방식을 접하고 자극을 받은 일본 국민들이 토착정권에 불만을 품고 대대적인 개혁을 요구하는 폭동을 일으켜 혁명으로 확대될 경우 자중지란으로 일본은 스스로 무너지고만다고 생각하였다.

이럴 바엔 최악의 경우에 대한 대비책으로 대대적인 개혁을 미리 단행해 혁명이 일어날 수 있는 가능성을 사전에 차단하는 것이 현명한 방책인데 이를 정치학용어로 방위혁명(protective revolution)이라 부른다. 방위혁명은 문자 그대로 혁명이 일어날 수 있는 여건을 미리 정리하여 혁명을 예방한다는 뜻이다. 혁명은 기존의 틀(framework)를 완전히 파괴한다. 기존 틀의 완전한 파괴는 완벽한 무질서를 야기시킨다. 하지만 혁명을 통해 권력을 장악한 새로운 지도자는 새로운 질서를 수립하기 위해 통치의 틀을 다시 만들어야 한다. 이과정에서 부자들의 재산이 몰수되고 혁명정권이 임의로 규정한 수많은 반혁명분자를 체포 처형하는 숙청과 유혈이 뒤따르고 정책노선을 둘러싼 혁명세력간의 주도권 싸움이 끝난 후에야 겨우 새로운 질서를 정착시킬 수 있다.

프랑스혁명, 볼세비키혁명, 모택등의 문화대혁명등을 통해 증명된 바와 같이 신질서에서 발생되는 신악(新惡)은 구체제의 구악(舊惡)을 능가할 정도로 더 나쁜 경우가 많았고 혁명의 후유증 또한 만만치않으므로 결국 혁명과 반혁명의 악순환은 아프리카대륙에서나 일어날 수 있는 후진국적인 증상(症狀)일 뿐 결코 선진국으로 도약하는 디딤돌이 되지못한다.

혁명(革命)이 기존 틀을 파괴하는 것이라면 유신(維新)은 기존의 틀은 유지하면서 묵은 제도를 새롭게 고치는 것이며 유신에 해당하는 영어의 restoration도 기존의 큰 틀은 유지하되 기존질서의 단점은 고치고 장점은 더욱 보충하여 좋은 방향으로 보전(保全)하는 개혁을 의미한다.

이에 따라 방위혁명으로서 명치유신이 제시한 국가적 목표는 ① 탈(脫) 아세아선언(청국과 조선에게는 더 이상 배울 것이 없으며 일본의 새로운 스승은 구미열강이다), ② 영국식 입헌군주제 도입, ③ 서구식의 시민사회로 가기 위해 봉건제의 유산인 신분제도를 철폐하고 서구식 의회민주주의제도를 도입, ④ 구미식 의무교육제와 대학교육제도를 도입, ⑤ 구미식 은행제도 도입, ⑥ 구미식 통신제도를 본딴 중앙우체국제도 도입, ⑦ 구미식 교통제도를 본딴 철도건설, ⑧ 구미식 군사제도를 본따 무기의 현대화 및 군사편제의 개혁, ⑨ 제철기술 및 기타 선진기술을 배우기 위해 대규모 유학생을 구미 각국에 파견한 것 등이다.

명치 밑에서 9번이나 총리를 지낸 이등박문은 베르린대학에서 바이마르헌법을 배우고 옥스포드대학에서 식민지경영학을 전공하는 등 나라 전체가 구미열강의 제도와 기술과 문물을 학습하는데 열중했다. 한편 그때 당시 조선의 사정은 어떠하였는가?

1863년 고종이 12살의 나이로 임금이 되었고 고종의 생부인 흥선대원군이 섭정(攝政)의 대권을 위임받아 국사를 처결했다. 대원군의 주요 치적은 ① 안동김씨의 세도정치를 척결하고 몰락한 왕권을 강화, ② 당쟁의 근원지인 서원을 철폐, ③ 양반에게도 세금을 부과, ④ 1864년 3월 10일 사도난정(邪道亂正)의 죄목으로 동학교주 최재우를 대구감영에서 처형, ⑤ 1866~1872의 6년 동안 8천 명의 천주교 신자를 학살 병인박해로 프랑스 신부 9명이 죽자 이에 항의하여 강화도에 침입한 프랑스 군함을 물리친 이른바 병인양요(丙寅洋擾)와 1871년 신미양요(辛未洋擾)를 빌미로 서양 오랑캐와 화의(和議)를 배척하는 척화비(斥和碑)를 세우고 쇄국정책을 더욱 강화한 것이다.

대원군의 치적 중 가장 잘못된 점은 동학교주 최재우의 처형 및 이에 따른 동학교도의 탄압, 그리고 천주교도를 박해 학살하고 미국 프랑스등 구미열강을 서양오랑캐(洋夷)로 규정하여 그들과의 통상을 거부하고 쇄국정책을 고수한 점이다. 최재우는 모든 사람이 한울님을 모시고 있으므로(侍天主), 사람은 태어날 때부터 본래 평등하며 따라서 만민평등의 진리를 철저히 부정하는 조선왕조의 반상(班常) 차별정책과 적서(嫡庶) 차별정책은 마땅히 폐기되어야 한다고 주장하였다. 최재우의 이러한 주장은 영조, 정조 당시 조야(朝野)에 커다란 영향력을 가졌던 남인과 북학파와 실학파에 의해 이미 제기된 바 있다. 반상의 차별과 적서의 차별은 손등과 손바닥의 관계로 서로 연계되어 있다. 班은 文班 武班의 양반(兩班)을 말하고, 常은 과거 응시 자격이 없는 농공상에 종사하는 일반 백성과 내시(內侍)노비(궁중에서 일하는 사내종과 계집종), 공(公)노비(관청에 일하는 관노비), 사(私)노비(양반집에 딸린 노비)의 무리들과 중 기생 무당 남사당 백정 등 법으로 규정한 8대 천민(賤民)을 말한다.

양반은 대개 자기집의 여종을 여러명식 첩으로 삼는 경우가 많아 얼자(孼子, 婢妾에서 태어난 자식)의 수가 서자(庶子, 첩에서 태어난 자식)보다 많았으며 서자 얼자 공히 벼슬할 수 없었고 영조 48년 (1772년) 서얼통청(庶孼通淸)의 상소를 윤허함으로써 최하위 말단직에 서얼자가 기용되기는 했으나 생색내기에 불과하였으며 1772년이 지나서야 비로소 서얼자들은 자신의 아버지와 아버지의 본부인에게서 태어난 이복형을 아버지와 형으로 부를 수 있게 되었다. 서얼자의 수는 숙종대에 이미 전체 인구의 절반에 육박하였고 영조대에는 인구의 절반을 넘어섰다. 여기에다 농공상에 종사하는 일반 백성의 수와 천민의 숫자를 합하면 양반계급이 아닌 상민과 천민의 수는 전체 인구의 99%에 이른다. 따라서 반상(班常)의 기형적 구조와 적서얼(嫡庶孼)의 파행적구조는 조선왕국을 멸망시킬수 있는 제도 속에 도사리고 있는 암운(暗雲)의 흉조(凶兆)로서 그 위험한 시한 폭탄은 1894년 동학혁명으로 폭발되었고 신분제철폐와 단발령으로 집약되는 일본주도의 갑오경장(甲午更張)으로 폭발의 여음(餘音)이 이어져 조선의 멸망을 재촉하고 말았다.

물론 조선멸망의 책임을 대원군 혼자에게만 떠넘길수는 없다 하지만 책임이 누구에게 있던간에 동학혁명의 발발은 미리 예방했어야 했다. 명치유신의 예에서 볼 수 있듯이 방위혁명을 목표로 한 정치 경제 사회 전반에 걸친 대대적인 개혁, 예컨대 영조때 이미 파탄의 조짐을 보인 삼정(三政)의 폐해를 혁파하고 토지개혁을 통해 농민들에게 토지를 골고루 분배해주며 동학과 서학의 만민평등론을 받아들여 신분제를 철폐하고 여성을 부엌으로부터 해방시켜 사회적 노동생산력의 증가에 활용하고 대의제도와 영국식 입헌군주제를 도입하여 고종을 최초의 입헌군주에 앉히고 번거로운 『주자가례』를 폐지하여 국민들의 자유로운 사회활동과 참정권을 보장하는 등의 개혁을 만약 대원군이 단행했더라면 동학혁명도 조선의멸망도 없었을 것이며 대원군은 만고의 영웅으로 칭송되었을 것이다. 하지만 이는 어디까지나 만약을 전제로 한 가상적인 역사 이야기에 불과하며 실제 대원군과 그때 당시 정치지도층 인사들에게 제일 중요한 화두는 국내 개혁이 아닌 척사위정(斥邪衛正)이었다.

척사위정은 삿된 학문을 배척하고 바른 학문을 지킨다는 뜻이다. 이말을 최초로 사용한 사람은 화서(華西) 이항로(李恒老, 1792~1868)였다. 이항로가 존경하였던 인물은 주자와 송시열이며 실제 이항로는 노론의 영수였던 송시열의 6대손 제자가 된다. 송시열(宋時烈)→이단상(李端相)→김창흡(金昌翕)→김신겸(金信謙)→김양행(金亮行)→이우신(李友

信)→이항로(李恒老)→최익현(崔益鉉)으로 이어지는 학맥이 척사위정파의 계보이다. 일부 국사책에는 척사위정파가 수구파로 기록되어 있다. 노론파와 벽파(僻派) 그리고 대원군같은 왕권수호자들의 이론적 지주였던 이항로는 당시 나라가 외침(外侵)의 위기에 처해있다고 보고 강력한 척사위정론(斥邪衛正論)을 주장하였는데 이항로의 척사위정론은 공자의 춘추대의(春秋大義)와 맹자의 벽이단(闢異端)과 주자의 노불변척(老佛辨斥)을 통한 존화양이(尊華攘夷)의 대의(大義)를 의리정신(義理精神)의 배경으로 삼는다.

춘추대의란 정명(正名)에 기초한 공자의 사상이다. 신하의 이름이 붙은 자는 어떠한 경우에 있어서도 군주에 반역하면 아니되고 자식의 이름이 붙은 자는 어떠한 경우에도 아버지의 말씀에 절대 복종해야 하며 농공상에 종사하는 자들은 어떤 경우에도 다른 직업으로 전업(轉業)할 생각을 말아야 하며 사대부 지배계급의 통치에 절대 순종해야 한다. 이것이야 말로 천추(千秋)가 지나도 변하지 않는 인간 세계의 유일한 정의라는 사상이다. 공자의 정명사상은 한(漢)대 동중서의 삼강(三綱)과 송(宋)대 주희의 명분론(名分論)의 밑거름이 되었다.

벽이단(闢異端)은 이단을 배척한다는 뜻이다. 양주(楊朱)의 위아주의(爲我主義)와 무차별적 평등을 주장하는 묵자의 겸애주의(兼愛主義)를 맹자가 이단으로 규정 배척한데서 유래된 말이다.

노불변척(老佛辨斥)은 젊은 시절 불교신자였던 주희가 노자사상과 불교철학을 현실을 무시한 허무적멸주의(虛無寂滅主義)로 싸잡아 비난한데서 나온 말이다.

존화양이(尊華攘夷)는 중화를 받들어 존숭(尊崇)하고 오랑캐를 물리친다는 뜻이다. 화(華)는 지나족이 주도하여 세운 역대왕조를 말하는 것으로 희씨(姬氏)의 주(周), 유씨(劉氏)의 전후한, 사마씨(司馬氏)의 동진

(東晋), 조씨(趙氏)의 북송 남송, 주씨(朱氏)의 명(明)이 이에 해당한다. 대야씨(大野氏)의 선비족이 이씨(李氏)로 성을 바꾸어 세운 당(唐)과 몽고족의 원(元), 만주족의 청(淸)과 금(金), 척발씨(拓跋氏)의 북위(北魏), 거란족의 요(遼)와 가라키타이(西夏) 등은 화(華)가 아닌 이(夷)족, 즉 오랑캐이므로 이를 배척한다. 이러한 존화양이(尊華攘夷)의 해괴한 논리에 의거해 이항로는 세계각국의 인종을 4가지로 분류해 말하기를 명(明)이 망하고 없는 지금 공자 맹자 주자 등 성인들의 가르침을 힘써 배우고 인의예지의 사단지심(四端之心)을 가진 인류는 조선밖에 없다.

  조선과 조선의 사대부계급만이 성인이 될 수 있는 유일한 현존 인류이다. 만주족이 세운 청국은 근본이 오랑캐이므로 그 정치적 실체는 어쩔 수 없이 인정한다 하더라도 야만으로부터 배울 것이 무엇이냐고 반문한다. 고로 만주족과 청국은 야만이다. 미국, 영국, 프랑스, 아라사, 독일, 네덜란드 등 양이(洋夷)는 조상제사도 지내지 않고 부모에게 효도할 줄도 모르는 야만보다 못한 금수(禽獸)에 불과하다. 왜국과 왜인은 눈물도 없고 피도 없고 아무런 감정도 없는 금수보다 못한 목석(木石)에 불과하다. 따라서 이항로의 척사위정론은 『시경』, 『서경』, 『역경』, 『예기』, 『악기』, 『춘추』의 6경(六經)에 기초한 공맹(孔孟)의 가르침과 주자의 『사서집주』(四書集註)만이 진정한 학문이고 주례와 예기와 주자가례만을 진정한 예문학(禮文學)으로 인정할 뿐, 불교 노장사상 법가사상 양명학 양주와 묵자의 양묵학(揚墨學)과 동학과 서학의 천주교는 모두 그릇된 가르침으로 백성들의 마음을 혼란케 하여 백성들을 악의 구렁텅이로 몰아넣는 악마의 사술에 불과할 따름이라고 매도한다.

  위에 말한 척사위정론의 내용을 바탕에 깔고 대원군의 마음을 읽어보시라. 그러면 왜? 그가 서양 나라들과 통상수교를 맺고 서양 문물을 받아들이는 일에 그토록 인색하였는지 이해가 갈 것이다. 1866년 병인양요 당시 정족산성싸움에서 프랑스군을 격퇴한 양헌수(梁憲洙)는 이항로의 제자로서 노론벽파(老論僻派) 인물이며 신유박해(1801년)를 주도하여 남인시파(南人時派)의 지도급 인물이며 천주교 지도급 인물들인 권철신(權哲身) 이가환(李家煥) 이승훈(李承薰) 정약용(丁若鏞) 정약종(丁若鐘) 정약전(丁若銓) 등을 참수하거나 유배시킨 대왕대비 정순왕후(貞純王后)도 노론벽파의 골수분자였으며 인조반정이래로 조정의 요직은 모두 반청파(反淸派)인 노론벽파의 독점물이었다.

정약용처럼 천주교 교리에 관심을 두기보다는 오히려 천주교 신부를 통해 얻을 수 있는 천문학 지리측량기술, 수학, 서양의학들에 학문적 호기심을 가져 볼만도 했을 텐데 이들 고집불통의 노론벽파들에게는 만주족의 청국은 오랑캐고 오랑캐의 나라를 통해 이땅에 착륙한 천주교는 조상제사도 지내지 않는 금수들의 종교로서 아예 관심 밖이었다. 이들 노론벽파들과 같은 세계관을 공유했던 흥선대원군 이하응은 바깥 세상을 전혀 몰랐고 알려는 노력조차 하지 않았으며 조선을 멸망의 길로 안내하는 대적(大敵)이 내부에 있는 줄은 모르고 서양오랑캐만 물리쳐 척화비만 세우면 다 되는 줄 알고 외통수 장기만 뜨다가 마침내 대패(大敗)하고 말았다.

진(秦)나라 녹도서(鹿圖書)에 망진자호야(亡秦者胡也: 진나라를 망하게 하는 자는 오랑캐)라고 적혀 있었다. 이를 본 진시황은 胡라면 북쪽 오랑캐인 흉노임에 틀림없다고 판단하고 장군 몽염(蒙恬)을 시켜 만리장성을 쌓게 하여 흉노의 침략에 대비하였다. 시황 36년 어느날 심기가 불편한 시황이 점을 쳐보니 순유(巡遊)하면 길하다는 점괘가 나왔다. 시황은 즉시 승상 이사(李斯)와 환관 조고(趙高)와 막내 아들 호해(胡亥)만을 데리고 순행길에 올랐다. 일행이 평원진(平原津)에 도착할 무렵 시황은 병을 얻었고 죽음이 가까이 왔음을 직감한 시황은 조고에게 지시하여 만리장성에 감독관으로 나가 있는 맏아들 부소(扶蘇)에게 다음과 같은 편지를 쓰게 했다. "군사를 몽념에게 맡기고 함양에서 나의 관(棺)을 맞아 장사하도록 하라." 편지를 써서 이미 봉함까지 하였으나 미처 사자를 보내기도 전에 시황이 승하했다. 시황의 돌연한 죽음을 알고 있는 사람은 호해와 이사와 조고 뿐이었다. 시황의 유서대로라면 맏아들 부소가 함양에 돌아와 장례식을 치루고 난 다음 2세 황제로 등극하는 일은 기정사실인 것처럼 보였지만 결말은 전혀 엉뚱한 방향으로 흘러갔다.

황제의 옥쇄를 맡고 있는 환관 조고가 온갖 감언이설로 호해와 이사를 유혹하여 시황의 유서를 조작하게 된다. 시황의 가짜 유서는 분서갱유(焚書坑儒)를 반대한 부소의 죄과를 묻고 뚜렷한 전공(戰功)이 없는 몽념의 무능을 치죄(治罪)하여 칼 두자루를 보내면서 두사람에게 자결할 것을 명령한다. 이렇게 하여 2세 황제가 된 호해(胡亥)는 25개월 만에 조고에게 죽고 조고는 46일간 황제노릇을 한 3세 황제 자영(子嬰)에게 죽고 자영은 유방(劉邦)에게 항복하여 진제국은 멸망했다.

삼황오제(三皇五帝)에서 皇자와 帝자를 취하여 자신을 황제로 부르게 한 최초의 인물도 진시황이고 스스로 칭하기를 짐(朕)이라 한사람도 역시 진시황이다. 짐은 모든 일의 조짐(兆朕)을 안다, 미래에 일어날 모든 징조(徵兆)를 미리 예측한다. 만가지 기미(機微)를 통찰한다는 뜻이다. 하지만 망진자(亡秦者)를 외호(外胡)의 흉노로 판단하고 만리장성을 쌓아 허축방호(虛築防胡)할 줄만 알았지 등잔 밑이 어둡다는 말대로 진짜 망진자가 내호(內胡)의 호해(胡亥)임을 전혀 낌새채지 못했던 진시황이 과연 스스로를 짐이라 부를 자격이 있는지 심히 의심스럽다.

개인과 집단을 막론하고 사람에게는 반드시 겪어야 할 길사와 흉사가 있으며 길사와 흉사로 매듭지어지기 전 반드시 미리 나타나는 길조와 흉조가 있다. 길조가 나타났다 해서 "하늘이 나를 돕는구나" 자만해서도 아니되며 흉조가 나타났다고 해서 "하늘이 나를 버리는구나" 실망해서도 아니된다. 길조가 나타나면 그럴수록 더욱 마음을 가다듬고 정성을 다하여 길조가 길사로 완결되도록 노력해야 하며 흉조가 나타나면 그럴수록 좌절하지 말고 지혜와 인내심을 발휘하여 흉조를 길사로 반전시킬 수 있는 계기를 창조해야 한다. 길조를 길사로 완결하는 일은 보통 사람이면 누구나 할 수 있지만 흉조를 길사로 반전시키는 일은 지혜와 인내심과 결단력을 두루 갖춘 진정한 능력인 만이 해낼 수있다.

1960년대 삼성그룹은 제일모직 제일제당 제일제분 등 주로 먹거리와 입을거리를 주력 산업으로 삼던 기업이었다. 그러던 와중 삼분(三粉) 폭리사건이 터지면서 삼성그룹은 벼랑 끝에 몰리게 되었다. 삼분폭리사건은 삼성을 망하게도 할 수 있는 대단한 악재며 흉조였다. 삼성의 미래가 어떻게 되나? 모두 관심을 갖고 지켜보는 가운데 이병철회장은 먹을 것, 입을 것과는 전혀 관계가없는 삼성전자의 창립을 전격적으로 발표했다. 첨단기술의 기반이 아주 빈약했던 그때 당시 한국 실정으로 보아 전자산업은 무리라는 의견이 중론이었고 외국전자회사들도 회의적인 시각으로 냉소적인 반응을 보여왔다.

그로부터 30년이 흐른 오늘의 삼성전자를 보라! KOREA라는 국가 브랜드이미지의 35%를 차지할 정도로 삼성전자는 초일류 글로벌기업으로 고속성장을 거듭하면서 오대양 육대주에 우뚝 서 있다. 삼성전자의 성공은 화를 바꾸어 복으로 되돌리는 전화위복의 모델이며 흉조를 반전시켜 길사로 매듭짓는 전흉조위길사(轉凶兆爲吉事)의 대표적 사례가 아니고 그 무엇이겠는가? 결론적으로 말해 길조는 자신과 같은 영혼을 보유한 인간의 분발심을 촉구하기 위해 상제께서 내리시는 말없는 멧세지며 흉조는 인간의 참된 능력을 시험하기 위해 상제께서 내리시는 문서없는 경고장이다.

한검단군께서 모든인간을 홍익인간으로 만들기 위해 교과과목의 하나로 채택한 서징(庶徵)의 깊고 오묘한 뜻을 잘 헤아리기 바란다.

9. 오복(五福)과 육극(六極)

홍범구주의 마지막은 오복과 육극이다.

다섯가지 복이란 그 첫째가 장수(長壽)이고 둘째는 부귀(富貴)이며 셋째는 몸 튼튼하고 마음 편한 강녕(康寧)이며 넷째는 덕을 닦는 일이며 다섯째는 늙어 명(命)이 다하는 것이다. 여섯 가지 곤경은 첫째가 횡사(橫死)와 요절(夭折)이며 둘째는 질병이고 셋째는 근심 걱정이며 넷째는 빈곤이고 다섯째는 죄를 짓는 것이며 여섯째는 몸이 쇠약해지는 것이다 (五福 一曰壽 二曰富 三曰康寧 四曰攸好德 五曰考終命, 六極 一曰凶短折 二曰疾 三曰憂 四曰貧 五曰惡 六曰弱).

앞에서 잠깐 언급한 바 있지만 오복(五福)과 육극(六極), 복과 화는 상제께서 내리시는 상과 벌이 아니다. 상제의 유일천심이 인간의 육신 속에 친히 강림해 있으므로 恒遵天心者는 스스로 복을 받고 恒犯天心者는 스스로 화를 자초한다는 사실에 유념해야 한다. 오복의 첫째인 壽와 다섯째인 考終命과 육극의 첫째인 凶短折은 떼려야 뗄 수 없는 상호연관성에 묶여 있다. 무병장수는 모든 사람들의 공통된 소망이다. 육신이 영원히 살 수 없는 이상 천수를 다 누리고 살만큼 산 후에 늙고 병들어 考終命(오래 살고, 마칠종, 목숨명이니 고종명은 영혼이 육신을 떠날 때까지 오래 살다 죽는다는 뜻)한다면 이는 생자필멸(生者必滅)의 법칙에 부합되는 자연스러운 죽음이라 할 수 있다.

하지만 오래살고 싶어도 횡사하거나 젊은 나이에 요절한다면 천수를 다한 연후 이불 위에 반듯이 누워 생을 마치는 고종명은 할 수 없게 된다.

橫은 거스릴횡, 어긋날횡으로 순리가 아닌 불순리를 의미하기 때문에 횡사는 자연의 순리에 역행하는 비정상적 죽음이다. 그렇다면 오래 살고 싶어 하는 사람들의 소망을 배반하고 횡사와 요절을 가능케 하는 요인은 무엇인가? 본문에 凶短折이라 했으므로 壽를 단축시키는 短과 젊은 나이의 生을 꺾고 자르는 凶이 무엇인지를 알면 해답은 저절로 나오게 된다. 집단적 횡사와 집단적 요절을 부추기는 凶은 전쟁, 전염병, 대흉작(大凶作)이다.

전쟁이 일어나면 많은 사람이 횡사하고 수많은 젊은이들이 전쟁터에서 요절하게 되며 흑사병같은 무서운 전염병은 수십만의 목숨을 단숨에 앗아가고 대흉작이 들면 수많은 사람들이 집단 아사하게 된다. 전쟁, 역질, 대흉작의 삼흉(三凶)은 대개의 경우 한꺼번에 몰려올 수도 있는데 임진왜란이 그 대표적 사례이다. 여하튼 전쟁과 전염병과 대흉작은 상제가 내리는 천벌이 아니라 인간들의 잘못으로 만들어진 인재로서 인간의 집단적 노력 여하에 따라 얼마든지 예방가능한 일이다. 3凶 중 元凶은 전쟁이다. 일단 전쟁이 일어나면 농민들이 현역병에 강제 징발되어 농사를 돌보지 못해 흉작이 들어 대기근이 오고 굶어죽는 사람과 전사자의 수가 많아져 주변 환경이 불결해지면 전염병이 자연 발생하게 된다.

『한서』(漢書) 지리지에 재미있는 기록이 있다. 서기 2년 전한 평제(平帝) 시 한나라 인구는 5천959만 명이었으나 서기 57년 후한 초기에 2천100만으로 줄었고 서기 146년 후한 중기에 4천656만 명으로 증가되었다가 사마염이 오(吳) 촉(蜀) 위(魏) 3국을 통일하여 진(晉)을 세운 서기 280년에 800만으로 줄어들었다. 서기 2년에서 280년까지 278년간 인구가 늘기는커녕 반대로 5천959만 명에서 800만으로 줄어들었다. 왜 이렇게 되었는가? 『삼국지』를 읽어본 사람이면 누구나 알 수 있듯이 후한 말 황건적의 난, 동탁의 난, 조조와 원소의 관도대전, 오·촉 연합군과 조조의 적벽대전, 관우의 죽음에 따른 유비와 육손의 형주전쟁, 제갈량과 사마의 호로곡전투 등…, 수백 회에 이르는 크고 작은 전투와 전쟁을 통해 횡사하고 요절한 인명이 무릇 얼마이던가? 집단적 횡사와 요절을 막고 천수대로 오래 살아 고종명하려면 무엇보다 전쟁을 하지 말아야 한다. 다음, 오복의 두 번째인 富와 육극의 4번째인 貧은 서로 반대되는 개념으로 동전의 앞뒤와 같은 표리관계에 있다. 화폐경제도 없고 국제무역도 없고 서로 멀리 떨어진 지역과 지역 사이에 물물교환도 활발치 못했을 것으로 추측되는 4천년 전의 고대사회를 오늘날 富의 척도로 매김할 수는 없다. 무엇을 먹든 끼니를 거르지 않고 하루 3끼를 배불리 맛있게 먹고 추위에 얼어 죽지 않을 정도의 의복을 갖추고 움막집이든 초가집이든 평안하게 잠잘 수 있는 집만 있다면 고대사회의 기준에 맞는 부자라 말할 수 있다.

인간생활에 절대적으로 필요한 의식주는 얼어 죽고 굶어 죽는 비명횡사의 불행을 방지하여 한마디로 무엇이라 규정할 수 없는 행복에 이르는 전제조건이며 수단일 뿐, 맛있는 음식과 화려한 의상과 호화스러운 주택이 행복 그 자체는 아니다. 예수의 말씀처럼 재산과 영혼을 동시에 섬길 수는 없다. 이 세상에는 물질은 부자로되 마음이 가난한 사람도 많고 물질은 별것 없으되 마음이 부자인 사람도 많다.

스토리치나야(Stolichnaya, 러시아 보드카)에 카스피해에서 나오는 최고급 캐비아를 곁들여 먹고 한적한 외딴섬에 화려한 별장과 개인 요트와 자가용 비행기를 소유한 구미풍(歐美風)의 부호가 남루한 승복을 걸치고 맹물 한 잔에 옥수수 가루를 먹으면서도 무여열반(無餘涅槃)의 미소를 잃지 않는 다라이 라마보다 마음이 풍족한 부자이던가?

17세 여을(余乙)단군이 52년(B.C. 1500) 봄 백산(白山)에서 천제를 행할 때 백산 봉인(封人: 천제단을 지키는 벼슬 이름)이 아뢰기를 "성인에게 비오니 부디 오래 사시고 부하시고 아들을 많이 두소서" 하니, 임금께서 "사양하노라 오래 살면 이웃에 욕이 되고 부하면 많은 사람의 원한을 사게 되고 아들이 많으면 사람의 허물을 받게 된다. 천하에 도(道)가 살아 있으면 백성과 함께 즐거워 하고 천하에 도가 없으면 도를 닦고 덕을 기르다가 늙어 세상을 뜨면 천궁(天宮)에 가는 것이 인생의 행복이라" 하셨다. 여을단군은 많은 사람의 원한을 사는 물질적 부보다는 도를 닦고 덕을 키우는 정신적 부가 상위의 가치임을 천명하고 있다. 죽어 무덤에 가져갈 수도 없는 물질에 너무 열광하다보면 마음이 가난해져 이성이 마비되고 급기야 신성으로부터 전래된 인간 본성을 상실하여 금수보다 못한 존재로 추락하게 된다.

  한검단군이 가르치신 오복의 부와 육극의 빈은 인간의 물욕은 그 끝이 없기 때문에 물질적 성취는 어느 정도 선에서 스스로 만족하여 그치고 물질적 부보다 훨씬 중요한 영혼의 개오(開悟)에 힘써 가난한 마음을 떨쳐버리고 우주만물을 나와 동일한 존재로 받아들이는 넉넉하고 풍성하고 관대한 마음을 기르라는 뜻이다. 이 사실은 부 다음에 오는 오복의 강녕(康寧)에서 자명해진다. 강녕의 康은 마음 편안할강 寧은 몸성할영이다. 오복의 강녕(康寧)과 육극의 두 번째인 질병(疾病) 세 번째인 우(憂) 여섯 번째인 약(弱)과의 관계는 서로 분리될 수 없는 상관관계이다. 마음이 평안하려면 근심걱정이 없어야 하고 몸이 성하려면 질병이 없어야 하고, 질병 영양실조 불의의 사고 기타 다른 원인으로 인해 몸이 쇠약해지는 것을 막아야 한다. 몸은 성한데 마음이 불편하다거나 마음은 평안한데 몸이 자꾸만 아픈 사람은 완전한 건강인이라 말할 수 없다. 몸과 마음이 같이 놀지 몸 따로 마음 따로 노는 사람은 과거, 현재, 미래의 삼세에 걸쳐 이 세상 어디에도 없다.

  혹자는 이렇게 물으리라. 고해 속에서 허우적거리는 초로같은 인생살이에 근심걱정 떠날 날이 없는데 인간이 목석이 아닌 바에야 어떻게 근심걱정 없이 평안한 마음을 항상 유지할 수 있겠느냐고? 그렇다면 이렇게 되묻고 싶다.

건강한 사람도 언젠가는 죽고 사랑하는 자식도 언젠가는 반드시 죽는데 生의 매 순간을 근심걱정으로 일관한다고 해서 죽음의 필연성을 막을 수 있는가? 근심걱정의 객진번뇌(客塵煩惱)를 완전 소멸시켜 부처를 이룰 때까지 윤회생사의 바다를 넘나드는 것이 인간의 피치 못할 운명이라면 윤회를 빨리 끝내기 위해서라도 무익한 근심걱정은 자신의 의지로 이를 극복해야만 한다. 일심일신(一心一身)의 강녕은 한웅천황이 『삼일신고』에서 제시한 조식(調息) 지감(止感) 금촉(禁觸)의 수련법을 통해서 유지할 수도 있고 한검단군의 『홍범구주』에서 제시한 정모(正貌) 정언(正言) 정청(正聽) 정시(正視) 정사(正思)의 오사(五事)를 충실히 따르고 실천함으로써 이룩될 수도 있다.

그러나 무엇보다 가슴 뿌듯한 보람찬 일, 덕을 쌓고 선을 행하는 적덕선행(積德善行)에 몰입하는 유호덕(攸好德)을 통해 일심일신의 강녕을 유지할 수 있다. 5복의 넷째인 유호덕(攸好德)과 6극의 다섯째인 악(惡)은 상관관계에 놓여있다. 풀어 말하자면 덕을 쌓는 유호덕은 악행을 피하는 것이며 악행을 저질러 죄를 지으면 유호덕을 이룰 수 없다. 덕이란 홍범구주에 있어 여섯 번째 가르침인 삼덕(三德) 즉, 유극(柔克)의 인덕(人德)과 강극(剛克)의 지덕(地德)과 정직(正直)의 천덕(天德)을 말한다.

온화한 태도와 겸손한 말씨의 유극은 투쟁과 상호반목이 아닌 화의와 협화를 초대하여 인간 세계에 평화를 가져온다. 그러나 화의와 협화를 통해 얻게 되는 지상 세계의 평화는 악한 사람과 원수까지도 사랑으로 받아들이는 지덕의 인내심과 넓은 포용력 그리고 상대방을 속이지 않고 상호 신뢰할 수 있는 천덕의 정직성을 요구한다.

『참전계경』(參佺戒經)에 나와 있는 인덕과 지덕과 천덕에 관련된 조목을 한가지식만 옮겨보자.

제233조 : 이치에 밝고 식견이 높은 사람이 남을 사랑함에는 착한 사람도 사랑하고 악한 사람도 사랑하나니 악한 사람에게는 그 악함을 버리고 착하도록 권하고 남이 성내는 것을 가라앉게 하여 원한을 맺지 못하게 하며 의심을 풀어주어 타락하지 않게 하며 다른 사람의 미혹(迷惑)을 이끌어주어 자기 스스로 깨우치게 하느니라.

제234조 : 무릇 하늘과 땅 사이에 사람이 진실로 사람답게 되고 사물이 진실로 사물답게 되면 반드시 사람의 차별도 없고 사물의 구분도 없느니라. 이치에 밝고 식견이 높은 사람은 만물을 포용하여 홀로 마음에 간직하나니 남이 가지고 있는 바를 내가 가지고 있는 바와 같이 하며 남이 잃은 것을 내가 잃은 것과 같이 하느니라.

제183조 : 사람의 허물은 속임에서 비롯되지 않음이 없으니 속임이란 성품을 불태우는 화로이며 몸을 자르는 도끼니라.

제186조 : 사람들이 혼자 스스로 속임수를 조작하여 이를 아는 사람이 아무도 없다고 생각하나 이미 얼은 일심에게 고하고 일심은 하나님에게 고하였으니 하나님께서 굽어보시고 해와 달이 위에서 비추고 있나니라. 속임이 없는 천덕(天德)의 정직성과 만물을 포용하는 지덕(地德)의 관용성과 천덕과 지덕의 정신을 본받고 배워 착한 사람 악한 사람 차별하지 않고 두루 사랑하며 악인의 허물마저 나의 허물로 받아들일 줄 아는 이런 사람이야말로 진정한 유호덕의 홍익인간이 아니던가. 유호덕의 홍익인간은 사랑의 대상이 사람에만 국한되지 않는다. 한검단군께서 즉위조서에 밝힌 바와 같이 효친(孝親)하고 사인여천(事人如天)해도 만물을 널리 사랑하는 극애물(克愛物)의 실천이 없으면 가히 홍익인간이라 말할 수 없기 때문이다. 따라서 악행 중 최악의 악행은 살생이고 호덕(好德)중

가장 고귀한 호덕은 생명 살리기를 좋아하는 호생(好生)의 덕이다.

246조 : 착함이란 만물이 생존하는 것을 기뻐하며 만물이 망하는 것을 싫어하나니 그물로 사로잡은 것은 이를 놓아주고 사냥하여 잡은 것은 이를 슬퍼하느니라 이를 놓아준다는 것은 날짐승이 하늘에 날개를 떨치는 것을 보는 것이며 이를 슬퍼한다는 것은 뭇 짐승이 언덕에서 다리 펴는 것을 보지 못하는 것이니라.

佺은 人+全의 합성어로서 상제의 유일천심이 친강해 있는 사람과 우주의 全一者인 하나님이 같은 존재의 同一者임을 밝힌 글자이다. 따라서 參佺은 사람과 하나님은 둘이 아닌 하나의 진리라는 뜻이다. 『참전계경』은 『천부경』, 『삼일신고』와 더불어 신시개천 당시 한웅천황께서 가지고 온 알타이민족 3대 경전의 하나로서 하나님의 대행자인 홍익인간이 지켜야 할 계율을 일년 365일에 맞추어 365조목으로 규정 명문화한 것이다. 오복은 홍익인간이 추구해야 할 목표고 6극은 홍익인간으로서 마땅히 하지 말아야 할 금기사항이며 넓게 보면 홍범구주 전체 내용이 『참전계경』의 내용을 압축한 것으로 볼 수 있다.

『서경』에 나오는 홍범구주는 고문상서(古文尙書)와 위고문상서(僞古文尙書) 양쪽에 다 수록되어 있는데 위고문상서는 글자 그대로 후세의 누군가가 조작한 가짜 글이라는 뜻이다. 기자가 조작했는지 상서(尙書: 서경의 다른 책명)를 편찬한 공자와 그의 제자들이 조작했는지 전혀 알 길이 없으나 한가지 확실한 점은 홍범구주가 지나인의 창작이 아니라 천제국(天帝國)인 단군조선에서 순(舜)임금의 홍수퇴치관이었던 우(禹)에게 전해졌다는 사실이다. 이 사실은 지나인들도 인정하고있다. 기자는 홍범구주를 대홍수 뒤에 인류를 다시 세우기 위해 상제께서 내리신 아홉가지 대법(大法)이라 했고 『오월춘추』(吳越春秋)는 현이(玄夷: 玄은 하늘을 뜻하므로 현이는 하늘나라 백성인 조선인을 말함)의 창수사자(蒼

水使者)로부터 금간옥첩(金簡玉牒)을 받아 황하의 홍수를 물리쳤다고 기록하고 있다. 기자는 홍범구주를 상제가 우에게 준 아홉 가지 인륜의 도리로 해석하였는데 이것부터가 큰 잘못이다. 홍범구주의 洪은 넓을홍 範은 본보기범이기 때문에 홍범구주는 임금과 일반 백성, 남녀노소 가릴 것 없이 모든 사람에게 해당되고 모든 사람이 본보기 삼아 배워야 할 아홉 가지 법을 의미한다.

홍범구주 어느 항에 인륜의 도리가 포함되어 있는가? 더욱이 홍범구주가 모든 인간을 홍익인간화하기 위해 한검단군이 설정한 교과 과목임을 알지 못하고 이를 백성을 다스리는 임금의 통치기법으로 본 뜻을 훼손하는등『서경』의 홍범구주 해설은 처음부터 끝까지 오류로 가득차 있다. 홍범구주의 두 번째인 五事가 모든사람이 배우고 수련해야 할 神市五事임을 알지 못하고 이를 현명한 군주가 가져야 할 공손한 태도 옳은말 밝은 관찰 분명한 청문(聽聞) 치밀한 생각으로 규정한 점, 八政의 貨를 화폐경제로 오역한 점, 팔정의 司空을 물과 빈 땅을 관장하는 직책으로 오역한 점, 建用皇極을 천자가 세우는 법칙으로 잘못 해석하여 한검단군의 본의(本意)를 훼손시키고 왜곡하였다. 또한 三德이 천덕의 정직, 지덕의 강극, 인덕의 유극임을 알지 못하고 이를 신하와 백성을 다스리는 임금만이 갖추어야 할 德으로 규정한 점, 明用稽疑를 거북점과 시초점(蓍草占)을 쳐 길흉을 밝히는 점술로 왜곡한 점, 庶徵을 임금이 엄숙하면 적시에 비가 오고 임금이 나라를 잘 다스리면 적시에 날이 개고 임금이 명철하면 적시에 따뜻해지고 임금이 계획을 잘세우면 적시에 추위가 오고 임금이 환히 통찰하면 적시에 바람이 부는 것으로 규정······. 임금의 주술(呪術)에 따라 날씨와 계절의 변화가 좌우된다는 해석은 그야말로 실성한 인간의 망발로서 허탈한 폭소를 자아내게 한다.

한웅의『천부경』『삼일신고』『참전계경』과 한검의『홍범구주』그리고

『탈무드 임마누엘』을 통해 진실이 드러난 예수의 참된 가르침은 모두 우주의 창조자며 주재자인 하나님의 O과 하나님의 O이 친히 강림하여 작용하는 인간 영혼과의 상관성을 밝힌 진리이기 때문에 시간과 공간에 구애됨이 없이 인간이 있는 어느 곳 어느 때 나를 막론하고 통용될 수 있는 영원한 보법(普法)이다.

하지만 기자와 공자가 해석하고 편찬한 『서경』의 홍범구주는 봉건질서를 완강히 옹호하여 지배층의 계급적 이익에 봉사하는 봉건사회 특유의 사고를 반영한 일시 유행법으로 현대인에게 배울 가치도 설득력도 전혀 없는 쓰레기 문서에 불과할 따름이다. 이에 어설픈 한문 실력과 얕은 지식으로 제멋대로 문구를 삽입하고 가감하여 한검단군의 본의를 왜곡 훼손시킨 『서경』의 홍범구주를 보법(普法)의 이름에 걸맞게 필자가 이 책에서 이를 재구성하고 올바로 다시 해석한 것이다.

제 6장

여호와와 예수

1. 그리스도교와 로마제국

인류역사의 과거와 현재를 통해 본인의 의사와는 관계없이 가장 큰 영향력을 끼쳤고 또한 현재진행형으로 행사하고 있는 인물 한사람을 꼽으라면 단연코 예수를 지목하지 않을 수 없다.

남북아메리카대륙의 모든 국가, 유럽의 모든 국가와 호주, 뉴질랜드 등 기독교 국가는 물론, 아세아 아프리카의 비기독교 지역에 걸쳐 예수를 신으로 받들어 예배하고 찬양하는 그리스도 교인이 23억 명에 이르고 그가 탄생한 해를 기원 후 1년으로 잡는 Anno Domini(주님이 탄생한 해), 즉 A.D.의 서력(西曆)이 세계의 공동력(共同曆)으로 통용되고 있는 현실을 놓고 보더라도 그의 영향력이 과연 어떠한지를 가늠해 볼 수 있다.

네로와 디오클레디아누스 황제시절 온갖 박해를 받아오던 그리스도교는 A.D. 313년 콘스탄티누스 황제의 밀라노칙령으로 인하여 정식종교로 공인되고 A.D. 392년 테오도우시우스 황제에 의해 드디어 로마제국의 국교가 되었다.

　기원전 3세기 전반 남부이탈리아를 통일하고 기원전 168년 알렉산더 대왕의 사후 후계자 전쟁으로 분렬되었던 마케토니아와 카르타고를 정복하고 기원전 146년 그리스 본토까지 정복하여 성립된 로마제국은 여러 인종과 잡다한 종교와 관습이 뒤썩인 다민족 다문화 국가였다. 그리스도교가 국교로 되기 이전의 로마는 페르시아의 미트라신 이집트의 이지스신(Isis: 다산의 여신), 오시리스신(Osiris: 이지스의 오빠이며 남편), 마그나마텔신(大母神), 별숭배 등 갖가지의 신과 종교가 공존하는 이른바 혼합종교(Syncretism)의 나라였다.

　로마의 판테온(Pantheon)은 모든 종교의 모든 신을 모시는 만신전(萬神殿)이였고 로마법(Jus Romanum)은 다양한 여러 민족의 관습이 되고 있었던 만민법(Jus gentium)이 발전한 것이었다.

　다양한 관습과 종교가 혼재되어 있는 로마제국에서 그리스도교가 여타 종교를 제압하고 유일국교로 발돋움할 수 있었던 가장 중요한 원인은 로마 스토아파(Roman Stoics)의 철학을 그리스도교 전파의 사상적 디딤돌로 활용할 수 있었기 때문이었다. 알렉산더의 죽음으로부터 스파르타쿠스의 노예봉기(B.C. 73~71년)를 제압하고 팍스로마나(Pax Romana: 로마 중심의 세계 평화)를 달성한 아우구스투스 황제에 이르기까지 3세기에 걸친 시기가 역사에서 말하는 이른바 헬레니즘(Hellenism)시대이다.

　헬레니즘 시대의 가장 큰 특징은 알렉산더 대왕의 등장으로 인해 그리스적 개념의 폴리스(Polis, 도시국가)가 몰락하고 이에 대신하여 여러민족과 여러종교를 결합한 코스모폴리스(Cosmopolis, 세계 국가)의 출현에 있다. 로마제국과 로마시민은 알렉산더제국을 계승한 명실상부한 세계국가이고 세계시민으로서 자부심을 가졌기 때문에 폴리스의 폴리테(Polite, 시민)를 초월한 코스모 폴리스의 코스모 폴리테(Cosmopolite,

세계시민)를 주창한 소토아 철학에 경도되지 않을 수 없었다. 스토아 철학의 대표적인 인물로는 로마공화제의 마지막 정치가이며 웅변가였던 키케로(B.C. 106~43), 폭군 네로의 스승이었던 세네카(4~65) 로마 오현제(五賢帝)중 한사람으로서 20년간 황제의 지위에 있었던 마르쿠스 아우렐리우스(120~180) 그리고 노예출신 철학자 에피쿠데투스(60~138) 등이다.

스토아 철학자들은 로마가 세계국가고 로마시민이 이성을 가진 세계시민인 이상 로마인과 야만인, 주인과 노예, 귀족과 평민간의 차별은 있을 수 없으며 나아가 로마제국이 통치하는 각 지역에 다양한 관습적인 법습(法習: Nomos)이 있지만 이와는 별도로 세계국가의 법. 즉 이성의 법이 있어야 한다고 주장했다. 노모스(Nomos)는 다양하지만 그레꼬로망(Greco-Roman)세계의 주신인 제우스와 쥬피터(제우스와 쥬피터는 이름만 다를 뿐 동일신이다)의 영원한 신화(神火)인 로고스(Logos)로 부터 분출된 인간의 이성은 하나이고 자연도 하나 우주도 하나이므로 스토아 철학은 인간. 자연. 우주를 일괄적 하나로 포괄하고 통일하는 이성의 법이 곧 자연법이라고 주장한다.

따라서 모든 민족 모든 계급을 결합한 세계국가인 로마제국에 "신 앞에 만인이 평등하다"는 그리스도교의 메시지가 가공할만한 폭발력을 가지게 된것은 지극히 당연한 일이다.

로마제국의 경제체제는 주로 노예 노동에 의존하고 있었다. 아우구스투스 황제의 팍스 로마나(Pax Romana) 시대에도 로마제국은 소아시아나 북아프리카 등 국경의 변두리 지역에서 항상 전투를 치루었는데 이는 전쟁포로들을 노예 노동에 사역시키기 위한 정책으로서 제국이 번영하면 할수록 노예의 수도 기하급수적으로 증가되었다. 그리하여 그리스도교를 공인한 콘스탄티누스황제 때에 이르러 노예의 수는 급격히 증가하였고 빈농, 도시빈민, 노예의 연합세력은 로마제국을 단번에 전복시킬 수 있는 위험한 반체제 세력으로 성장하게 되었다. 현실의 비참한 생활에 절망한 노예, 빈농, 도시빈민들에게 "천국이 가까워졌다", "무거운 짐 진자 다 내게로 오라"는 그리스도교의 메시지가 얼마만큼의 폭발력을 지녔는지 능히 짐작할 수 있다.

이리하여 콘스탄티누스황제는 하층민과 노예들의 반란과 폭동을 막기 위한 방위혁명의 목적으로 밀라노칙령을 통해 그리스도교를 공인하게 되었다. 물론 사해 동포주의와 만민평등을 강조하는 그리스도교를 받아들인다고 해서 당장 노예의 신분이 폐지되거나 빈민층의 생활이 유족해지는 것은 아니다. 하지만 노예들이 느끼는 사상과 표현의 부자유는 그들 그리스도신자들만의 집회를 통해 정신적 해방감을 만끽할 수 있고 비참한 현실 생활의 고통은 죽어 천당에 갈 수 있다는 희망을 가짐으로써 참아낼 수 있다.

그러나 노예, 빈농, 도시빈민등 피억압자의 종교로 시작한 그리스도교는 서로마제국이 멸망한 476년부터 동로마제국이 멸망한 1459년까지의 1000년간 유럽 중세 봉건사회에 있어 대규모 토지를 소유한 교회와 봉건 영주들이 농노(農奴, serf)들을 핍박하고 착취하는 억압자의 종교로 변질되어 초기 그리스도교의 만민평등 개념은 완전히 퇴색되어 버렸다. 왜 그렇게 되었는가?

신약에 나오는 다음 구절을 보자.

바리새인들이 예수에게 묻기를 "가이사에게 세(稅)를 바치는 것이 가하나이까 불가하나이까? 그런 즉 가이사의 것은 가이사에게 신의 것은 신에게 바치라 하시니 저희가 이 말씀을 듣고 기이히 여겨 예수를 떠나가니라"(『마태복음』 22장 17~22). "각사람은 위에 있는 권세들에게 굴복하라. 권세는 신에게로부터 나지 않음이 없나니 모든 권세는 다 신께서

정하신 바라 그러므로 권세를 거스리는 자는 신의 명령을 거스림이니 거스리는 자는 심판을 자취(自取)하리라. 관원들은 신의 사자가 되어 네게 선을 이루는 자니라 그러나 네가 악을 행하거던 두려워하라. 그가 공연히 칼을 가지지 아니하였으니 곧 신의 사자가 되어 악을 행하는 자에게 진노하심을 위하여 보응(報應)하는 자라 모든 자에게 줄 것을 주되 공세(貢稅)를 받을 자에게 공세를 바치고 국세(國稅)를 받을 자에게 국세를 바치고 두려워할 자를 두려워 하며 존경할 자를 존경하라"(『로마서』 13장 1~7절).

위에 인용한 말씀들이 만민평등의 간판을 내걸면서도 신의 이름으로 실질적 불평등을 조장, 합리화시키는 그리스도교의 성서적 근거다. 하지만 위의 말씀들은 예수께서 전혀 말씀한 적도 없는 내용을 사도 바울이 임의로 조작하여 신약성서에 삽입한 것이다. 『마태복음』 22장에 해당하는 내용이 『탈무드 임마누엘』 23장에 정확히 이렇게 기록되어 있다.

바리사이파(Pharisee)사람들은 임마누엘이 사두가이파(Sadducee) 사람들의 말문을 막으셨다는 말을 듣고 회의를 열어 숙의를 하였습니다. 그들 가운데 하나인 율법학자가 임마누엘을 시험하기 위해 물었습니다. "임마누엘 법칙 중에서 첫 번째 가는 계명(戒銘)이 무엇이오?" 임마누엘이 말씀하셨습니다. "그대는 누구의 법칙에 대해 말하는 것이오? 황제의 법칙이요? 신의 법칙이오? 아니면 창조주의 법칙에 대한것이오?" 율법학자가 말했습니다. "나는 그 세법칙 전체에 관해 말하고 있소." 임마누엘이 말씀하셨습니다. "창조주의 법칙 가운데 가장 중요한 계명은 이것이오 영혼의 지혜를 성취하라. 그럼으로써 그대들은 지혜롭게 창조주의 법칙을 따를 수 있으리라.

신의 법칙 가운데 가장 높은 명령은 신을 3인종의 지배자로서 영접하고 그의 법칙을 준수하라. 이는 신께서 지혜의 왕이시며 선하고 올바른 조언자이기 때문이니라" 하는 것입니다. "황제의 법칙 가운데 가장 우선되는 법칙은 이것입니다. 너희들은 황제에게 순종하고 그의 법칙을 준수하며 십일조를 바치라. 이는 황제가 백성의 지배자이며 백성들을 보호하고 수호하는 존재이기 때문이니라. 이것들이 이 세가지의 범주에서 가장 고귀하고 중요한 법칙들입니다.

그러나 그 첫 번째의 법칙과 동등한 법칙이 달리 또 있으니 바로 이것입니다. 그대들은 오직 창조주만이 전지전능함을 인식하라. 이는 창조주만이 우주의 모든 만물 가운데에서 불멸하며 따라서 영원하기 때문이니라. 이 두가지의 법칙에 다른 모든 법칙과 예언자들이 근거하고 있는 것입니다. 신과 황제가 만든 법칙들은 인간이 만든 법이며 사람들 사이에서 법과 질서를 유지하기 위한 것입니다. 그러나 창조주의 법칙은 생명과 영혼을 위한 법입니다. 따라서 이는 영원하고 불변하는 것입니다. 이와 마찬가지로 인간의 영혼은 창조주 영혼의 작은 한 부분들이기 때문에 영원 불멸합니다. 창조주께서 영원 불멸하시는데 그 불멸하는 존재의 한 부분들이 어떻게 존재하기를 멈출 수 있겠습니까?"

이 다음 계속되는 문장은 앞에서 말한 윤회와 열반에 관한 예수의 언급이다. 위의 문장 중 기독교 신자들은 신과 황제가 만든 법칙들은 인간의 법이라는 구절에 의아해할 것이다.

신은 영원불멸의 존재인데 어찌하여 예수는 신을 인간이라고 말하고 있는지 - 이 부분은 기독교 뿐만 아니라 불교 이슬람교 등 다른 종교에 있어서도 대단히 중요한 문제이기 때문에 『탈무드 임마누엘』에 나와있는 예수 자신의 설명을 소개하고자 한다.

『마태복음』 4장에는 예수가 성령에 이끌리어 마귀에게 시험받으러 광야로 가사 사십일을 밤낮으로 금식하신 후 마귀의 시험을 물리친 것으로 기록되어 있다. 그러나 『탈무드 임마누엘』 4장에는 세례자 요한으로부터 세례를 받고 요르단강에서 나오자 마자 하늘로 들어올려져 신을 만난 것으로 기록되어 있다.

임마누엘이 세례를 받고 요단강에서 나오자 곧 한 금속성의 빛이 하늘에서부터 떨어지더니 급경사를 그리며 요단강 위로 내려왔습니다. 그리고 그 금속성의 빛으로부터 한목소리가 있어 말하기를 "이 사람은 내 사랑하는 아들이며 내가 그에 대해 매우 기꺼워하고 있느니라. 그는 이 인류를 지식으로 끌어올릴 진리의 왕이 되리라" 이 말이 끝난 뒤에 임마누엘이 그 금속성의 빛으로 들어가시자 그것이 불과 연기에 쌓여 하늘로 올라가더니 사해를 넘어가버렸고 금속성의 빛이 내는 소리도 곧 사라졌습니다. 이날부터 임마누엘은 지구상의 인간들 가운데에 살지 않으셨습니다. 이리하여 그는 북쪽과 서쪽의 바람들 사이에서 사십주야를 살면서 지식의 비밀을 전수받았습니다.

그 동안에 그는 신의 지혜로운 성자들과 수호천사들 그리고 하늘의 아들들과 나날을 보냈습니다. 그들은 그에게 영혼의 지혜를 가르쳤으며 그에게 이 인류와 하늘의 아들들에 대한 신의 지배를 가르쳤고 모든 우주들을 창조하신 창조주의 전능에 대해 설명하였고 또한 환생을 통한 영혼의 불멸성에 대하여 그에게 가르쳤습니다. 그곳에서 그는 위대하고 경이로운 불가사의를 보았습니다. 그곳에서 그는 신의 궁전을 보았습니다. 신은 불멸의 존재이고 나이가 굉장히 많으셨으며 하늘의 아들들처럼 체격이 매우 컸습니다. - 중략 -

신도 모든 하늘의 아들들이나 지구상의 인간과 마찬가지로 사람에 불과합니다. 단지 그들보다 의식면에서 대단히 더 위대할 뿐입니다. 그러나 그에 비해 창조주는 하늘의 아들들과 인류의 주인인 신보다도 헤아릴 수조차 없을만큼 높은 곳에 계시니 창조주는 헤아릴 수 없는 비밀 그 자체입니다. - 이하 생략 -

가장 중요한 점은 위의 인용문에서 보듯 예수는 창조주와 신을 별개의 존재로 구분하고 있다.

　창조주는 육신의 형상없이 순수 o으로만 존재하면서 우주를 창조한 궁극적 실제이고 신은 창조주의 피조물로서 우리와 마찬가지로 육신의 형상을 가진 인간이다. 창조주의 피조물인 신이 육신을 가진 인간이라는 사실은 몇가지 중요한 진리를 우리에게 시사해주고 있다. 첫째 여호와가 7일만에 천지와 인간과 만물을 창조했다는 창세기의 기록은 완전한 허구임이 증명되었고 둘째 예수가 세째번 하늘문이 열리면서 신의 궁전에서 친견한 신은 여호와가 아니라는 사실이다.

　신이나 예수 그리고 65억 인류의 모든 영혼이 창조주 영혼의 한부분이라는 예수의 말씀은 결국 육신의 형상없이 o으로만 존재하는 창조주 이외 우주의 그 어떠한 존재도 영혼을 창조하여 만물에 분유 시킬 수 없다는 진리를 말해준다. 그러므로 여호와의 형상을 본따 여호와의 형상대로 사람을 창조하였다는 유태교와 그리스도교의 수육(受肉, 엔카르나시온) 교리는 진리가 아닌 거짓이다. 형체있는 육신은 부모로부터 받고 형상없는 영혼(一心)은 창조주로부터 받았다는 한검단군과 가륵단군과 예수의 가르침이 진리다.

　성서는 구약 39권, 신약 27권 총 66권의 내용을 모은 것으로 구약(舊約)은 Old Covenant를 번역한 것이고 신약(新約)은 New Testament를 번역한 말이다. Covenant나 Testament는 약속이란 말로서 구약은 시나이산에서 여호와와 모세간에 맺은 계약인 십계명을 말한다.

　하지만 예수는 시온의 아들딸로 자처하는 이스라엘 사람들을 모세로부터 취한 그릇된 믿음과 가르침에 자기를 스스로 저당잡힌 사람들로 규정하고 나아가 모세오경과 십계명마저도 이 그릇된 믿음과 가르침 또한 이집트인들에게서 도용한 문서로 매도한다. 이는 예수께서 여호와의 이름을 직접 거명하지는 않았지만 계약당사자인 여호와와 모세 그리고 유태교 자체를 결과적으로 부정한 셈이다.

신약을 뜻하는 New Testament도 새로운 약속이란 말인데 도대체 누가 누구와 약속을 했다는 말인가? 기존의 신약성서는 물론『탈무드임마누엘』에도 예수 자신이 여호와의 이름을 거명한 적이 없고 또한 여호와를 유일신으로 받드는 유태교를 그릇된 신앙으로 규정하고 있는데 이러한 사실을 은폐하고 신약을 여호와와 예수간에 맺어진 언약으로 조작한 장본인은 사울(바울로 개명)이다. 바울은 본래 여호와를 숭상하고 모세의 율법을 고수하는 바리새파유태인으로 예수의 십자가 사건 이후에도 전국 회당에 편지를 보내 예수의 제자들을 체포하여 예루살렘으로 압송하는 일에 앞장선 반예수적 인물이다.

그리스도교로 개종한 유태인들을 체포하기 위해 다마스쿠스(다메섹)로 가던 사울은 무덤에서 탈출한 예수가 터뜨린 폭죽에 눈이 멀어 "사울아 사울아 너는 왜 내 제자들을 박해하느냐"며 자기 앞에 나타난 예수를 죽은 예수의 유령으로 착각하여 두려움 속에서 그리스도교로 개종한 인물이며 이때 사울 대신 바울이라는 이름을 예수로부터 받았다. (『사도행전』 9장에는 하늘로부터 빛이 내려와 빛 속에 소리 있어 사울아 사울아 네가 어찌하여 나를 핍박하느냐로 기록되어 있다)

여하튼 바울이 쓴『고린도후서』 13장 마지막 구절 "주 예수그리스도의 은혜와 신의 사랑과 성령의 교통(交通)하심이 너희 무리와 함께 있을 지어다"는 325년 니케아총회에서 예수의 가르침과 아무런 관련이 없는 아버지신인 여호와와 여호와의 독생자인 아들신 예수와 성령의 신을 합한 삼위일체설(Trinitarian creed)의 채택에 성서적 근거를 제공하였다.

『사도행전』 17장 18절에는 바울이 아테네(아덴)에서 에피큐로스파와 스토아파 철학자들을 만나 쟁론하는 기사가 실려 있다. 바울이 예수의 부활을 말하자 "이 말장이가 무슨 말을 하고자 하느뇨하고 혹은 이르되 이방신들을 전하는 사람인가 보다 하니"라고 말하며 냉소적인 반응을 보일 뿐 그들 양 계파의 로마철학자들과 어떤 주제를 가지고 논쟁하였는지 알 길이 없다. 하지만 바울이 쓴 로마서, 고린도전후서, 갈라디아서, 예배소서, 빌립보서, 골로새서, 빌레몬서들의 내용에 비추어 볼때 바울과 로마 철학자들간에 벌어졌던 논쟁의 줄거리를 대략 유추해 볼 수 있다. 바울은 현실적 감각을 갖춘 매우 영리한 인간이다. 그리스도교를 로마제국에 파는 종교 세일스맨 내지 이데오르기 장사꾼으로서 바울의 역할은 예수의 오리지널한 가르침을 변조 개작하여 로마제국의 황제와 지배계층의 입맛에 딱 들어맞는 메뉴를 제공하는 일이다.

사람의 영혼은 창조주 영혼의 한 부분이므로 창조주와 사람은 둘이 아닌 하나라는 예수의 가르침은 노예노동의 생산력에 의존하고 있는 로마제국과 그 지배계급에게 도저히 팔수 없는 상품임을 바울은 알아차렸다. 따라서 예수의 가르침을 변조한 바울 주도의 신약성서는 다음과 같은 몇 가지 중대한 사항에 그 포커스가 맞추어져 있다.

첫째, 노예제도로 대표되는 인간의 불평등 문제는 인간이 정한 것이 아닌 신의 섭리(Providence of God)다. 또한 이집트에서 이스라엘 민족이 겪어야 했던 노예생활과 느부갓네살에 의한 유태인들의 바빌론유수(幽囚)는 죄에 대한 신의 징벌이다.

둘째, 노예와 농노 그리고 도시빈민의 3자연합을 통한 혁명과 반란의 위험성을 미리 차단하기 위해서는 이들 잠재적 반체제세력이 겪고있는 현실적 고통을 심리적으로 완화시켜 줄 수 잇는 감각적해방의 탈출구가 필요하다. 이러한 의미에서 "신앞에 만인이 평등하다"는 그리스도교의 평등사상은 어디까지나 현실적 불평등을 인정하는 바탕위에서 천명된 선언적 평등이자 형식적 평등에 불과한 것이다.

"너희는 유태인이나 헬라인이나 종이나 자주자나 남자 여자 할것 없이 모두다 예수그리스도 안에서 하나이니라"(『갈라디어서』 3:28) 천명했지만 유태인과 비유태인 노예와 자유인 남자와 여자간의 불평등한 차별 대우가 없어진 것은 아니다. 바울이 "남자가 여자에게서 난 것이 아니요 여자가 남자에게서 났으며"(『고린도전서』 11:8) "각 남자의 머리는 그리스도요 여자의 머리는 남자요 그리스도의 머리는 신이라"(『고린도전서』 11:3) 말하면서 남자에 종속된 여자가 교회에서 지도적 역할을 맡아서는 안된다고 강조한 점은 그리스도교의 만민평등주의가 선언적 수준의 형식적 평등임을 스스로 증명해보이고 있다.

형식적평등과 더불어 바울은 구원(salvation)의 개념을 교리화하였다. 노예던 자유인이던 무거운 죄를 지은자이던 누구던지 회개하고 예수의 십자가 수난과 부활을 죄 사면의 확실한 증거로 믿는 사람은 죽어 천당에 갈수 있다고 말하였다. "내가 의인을 부르러 온것이 아니요 죄인을 부르러 왔노라"(『마태복음』 9:13)는 구절은 예수께서 결코 말씀한 적이 없는 내용이다.

셋째, "신과 황제가 만든 법칙들은 인간이 만든 법으로 창조주의 영원한 법이 아닌 일시법에 불과하다"라는 예수의 가르침을 바울은 "가이사(황제)의 것은 가이사에게 신의 것은 신에게 바치라"로(『마태복음』 22: 17~22) "이 세상 모든 권세는 신에게로부터 나지 않음이 없나니 황제와 그 수하 관원들의 권세를 거스리는자는 신의 명령을 거스리는자"(『로마서』 13: 1~7)로 내용을 완전히 변조하여 로마제국의 억압적인 절대권력이 신성불가침(神聖不可侵)임을 선언하였다.

넷째, 가나안 지역에서 숭상되던 풍요의 신인 바알(Baal)신의 라이벌 신으로서 유태민족만을 위하는 배타적 여호와 신을 로마세계의 쥬피터 신을 대신하는 세계적 신으로 만들기 위해 신약성서를 여호와와 예수간

에 맺어진 언약으로 조작하였다.(『사도행전』 17: 24~31)

이는 여호와와 모세간에 맺어진 계약 및 유태교 자체를 부정하는 예수를 여호와의 모노게네(Monogene, 독생자)로 억지조작함으로써 가능했다. 기존의 신약성서와 『탈무드 임마누엘』에서 80번 이상이나 반복하여 예수는 자신을 신도 아니고 신의 아들도 아닌 사람의 아들인 인자(人子, Son of man)로 표현하고 있다. 그럼에도 불구하고 "여호와가 세상을 이처럼 사랑하사 독생자를 주셨으니 이는 저를 믿는자마다 멸망치 않고 영생을 얻게 하려하심이라"(『요한복음』 3: 16)는 구절은 사람의 아들인 예수를 여호와의 독생자로 억지조작한 확실한 증거이다.

"신도 피조물인 인간이며 신위에 우주와 만물을 창조한 창조주가 계신다"는 세례자 요한과 예수의 설교를 듣고 "저자가 우리의 신인 여호와를 모독하고 있소이다" 라며 분개한 바리새 유태인들과 열심당원들(Zealots)의 고발에 의해 예수께서 십자가 수난을 겪은 것을 상기해보면 여호와의 독생자로 예수를 묘사한 바울의 성서 변조가 얼마나 황당스러운 거짓말인지를 금방 알 수 있다.

2. 예수교가 아닌 바울교

아마도 대부분의 기독교신자들은 신약성서 중 바울의 저작은 고린도전후서, 로마서, 갈라디아서, 예배소서, 빌립보서, 골로새서, 빌레몬서에 한정되어있고 이른바 마태복음, 마가복음, 누가복음, 요한복음,의 4대복음서는 명백히 바울의 저작이 아닌데 어떻게 바울이 예수의 가르침을 변조할수 있느냐 반문할 것이다. 하지만 바울과 마가 누가와의 관계 그리고 사도 마태와 사도요한과 베드로와의 관계를 알고나면 이러한 의문은 해소될 수 있다.

사대복음서 중 가장 먼저 쓰여진 복음서는 마가에 의한 『마가복음』이다. 마가는 물론 예수의 제자도 유대인도 아니다. 『사도행전』에는 바울이 첫전도 여행을 떠날 때 여행동료였던 바나바의 4촌으로 소개되어있으나 무슨 이유인지 바울의 비위를 거슬려 바울의 2번째 전도 여행에는 제외되었다가 바울이 로마에 투옥되어 있을 당시 다시 접촉해 바울의 신임을 얻은 것으로 기록되어 있다.(『빌레몬서』 24장, 『골로새서』 4: 10).

마가는 바울 뿐 아니라 베드로와도 친하게 지내 베드로는 마가를 내 아들로 불렀으며,(『베드로전서』 5: 13) 마가복음은 전적으로 예수에 대한 베드로의 기억을 바탕으로 마가가 대필한 복음서이다. 『마가복음』은 예수의 말씀과 비유들을 기록하지 않고 문둥병자를 낫게 하고 죽은자를 살려내는 등 기적을 일으키는 예수의 활동을 중심으로 하여 엮어진 복음서이다. 그렇다면 예수에 대한 베드로의 기억은 정확한 것인가?

『마태복음』 10장 4절에는 예수의 12제자 이름들이 기록되어 있지만 정작 제일 중요한 한가지를 베제해 버렸다. 그것은 예수의 12제자 중 임마누엘을 제외하고 당시 유태인의 공용어이던 아람어를 쓰고 읽을 줄 아는 유일한 제자는 유다이스카리옷(가룟유다) 뿐이어서 그가 예수의 말씀과 행적을 기록하는 서기 역할을 맡았는데 신약은 그를 은전 30냥에 예수를 판 배신자로 기록하고 있다.

『탈무드 임마누엘』 14장 유다이스카리옷의 잘못에는 진상이 이렇게 기록되어 있다.

"그러나 바로 그때 그는 자신이 임마누엘의 가르침에 대해 줄곧 기록해왔던 두루마리를 도난당하고 말았습니다. 그러하여 그는 임마누엘에게 그일을 보고하였습니다. 그러자 임마누엘은 말씀하셨습니다. "진실로 진실로 내가 유다이스카리옷 그대에게 말합니다. 그대는 다만 내 가르침과 삶에 대한 기록을 분실당한 것 뿐만아니라 그보다 훨씬 더 사악한 일들로 인해 고통을 당해야만 할 것입니다. 왜냐하면 앞으로 이천년 동안 그대는 나를 배반하였다는 그릇된 비난을 받게 될것이기 때문입니다. 이는 바리사이파사람 시몬이 그렇게 되기를 바라고 있기 때문입니다. 그러나 실제로는 시몬의 아들인 유다이하리옷이 범인입니다. 그 역시 아비인 시몬이하리옷과 마찬가지로 내 생명을 노리는 바리사이파 사람 가운데 하나입니다. 그대에게서 그 기록들을 훔쳐서 율법학자들과 바리사이파 사람들에게 가져다준 자도 바로 유다이하리옷이니 이는 그들이 그 기록을 근거로 나를 재판하고 죽일 수 있도록 하기 위해서입니다.

그는 그대가 기록한 두루마리의 대가로 은 일흔 냥을 받았고 또 장차 나를 박해자들에게 넘기는데 성공하면 은 서른 냥을 더 받게 될 것입니다. 그러니 내 가르침과 생애를 한번 더 기록하시오. 왜냐하면 이천 년내로 그대의 기록들이 드러날 때가 올 것이기 때문입니다. 그때까지 나의 가르침은 변조되어 한 사악한 종파가 될 것이니 그로 말미암아 많은 피가 흐르게 될 것입니다. 왜냐하면 사람들에게는 내 가르침을 이해하고 진리를 깨달을 준비가 아직 되어 있지 않기 때문입니다. 내 가르침이 진리임을 인정하고 커다란 용기를 내어 이를 전파할 사람, 사람들에게 별로 대단하지도 않게 보일 그 사람은 이천년이 지나서야 나타날 것입니다. 그는 나에게 관한 그릇된 가르침에서 비롯된 종파들과 그 종파의 지지자들에 의해 중상모략을 당하고 거짓말을 하는자로 여겨질 것입니다. 그대 유다이스카리옷 또한 그 사람이 나타날 때까지는 사제들의 사기행위와 사람들의 무지로 인해서 나를 배신했다는 누명을 쓰고 무고하게 헐뜯기고 계속 비난당하게 될것 입니다. 그러나 그런것에 신경쓰지 마시오 진리를 가르치려면 반드시 희생할 것이 요구되기 때문입니다."

신약성서의 복음서들은 그리스어로 쓰여졌다. 당시 로마제국의 공용어가 그리스어였기 때문이다. 따라서 유대인의 공용어였던 아람어조차도 모르는 문맹의 베드로가 그리스어를 알 리는 없으므로 베드로의 예수에 대한 기억을 마가가 받아 적어 그리스어의 『마가복음』을 만들고 2차 전도여행시 바울의 동반자였던 실라의 도움으로(『사도행전』 15:36~41) 『베드로전·후서』가 꾸며진 것은 지극히 당연한 결과였다.

그렇다면 베드로와 똑같은 문맹자 제자였던 사도 마태에 의해 『마태복음』이 저술되고 사도 요한에 의해 『요한복음』, 『요한 1·2·3서』, 『요한계시록』이 쓰여졌다는 기독교계의 주장은 타당성과 설득력이 결여된 것으로 보아야 할것이다. 이러한 이유에서 필자는 로마서, 고린도전후서, 갈라디아서, 예배소서, 빌립보서, 골로새서, 빌레몬서, 히브리서 뿐만아니라 마태, 마가, 누가, 요한의 4대복음서조차도 직접 썼거나 뒤에서 조종하여 신약성서를 완성한 장본인으로서 바울을 지목하지 않을 수 없다.

첫째. 바울과 마가, 바울과 누가의 인간적 관계가 이를 증명한다. 마가는 1차 전도여행시 바울의 동반자였던 바나바의 사촌이고 『누가복음』과 『사도행전』의 저자로 알려진 비유대인 누가는 직업이 화가이며 의사였떤 인물로 바울의 3차 전도여행 당시 동료였으며 바울이 그를 사랑하는 의사 누가(『골로새서』 4: 14)로 언급할 만큼 바울과 가까운 사이였다.

둘째. 독실한 유대교신자로서 바리새 유대인이었던 바울은 어릴적부터 예루살렘의 랍비들로부터 교육을 받아 아람어, 그리스어, 라틴어를 자유자재로 구사할 줄 아는 당대 최고 지식인중의 한사람이었다.

당시 로마의 상류계급은 그리스어를 사용하고 하층계급은 주로 라틴어를 사용하였는데 아람어, 그리스어, 라틴어에 능통하고 더구나 로마시민권까지 가진 바울이 비유대인들을 위한 사도로 자처하면서 로마제국 곳곳에 그리스도교를 전파한 최고의 전도사였음은 의심의 여지가 없다.

물론 상류층을 만나서는 그리스어로 설교하고 하류층을 만나서는 라틴어로 구원의 복음을 전파한 바울의 그리스도교 교리는 예수의 가르침을 자신의 비위에 맞게 변조한 신약성서에 그 기초를 둔다. 그러나 무엇보다 놀라운 진실은 베드로와 바울이 예수의 가르침을 변조하여 그릇된 교리를 전파하리라는 일을 예수께서는 미리 예측하고 계셨다. 예수께서 베드로를 질책해 가로되 "사탄아 내뒤로 물러가라 너는 나를 넘어지게 하는 자로다"(『마태복음』 16: 23) 이후에 기존 성경에서 생략된 말씀을 『탈무드 임마누엘』에서는 이렇게 기록하고 있다.

진실로 내가 그대에게 말합니다. "그대의 무지로 인해 세상은 많은 피를 흘리게 될것이니 그대 때문에 많은 사람이 죽게 될것이오." (『탈무드 임마누엘』유월절에 있을 고난에 대해 언급하심 중에서)

또한 4대복음서에서 완전히 배제된 바울의 성서변조에 관한 부문은 『탈무드 임마누엘』 26장 사울의 그릇된 교리편에 이렇게 기록되어 있다.

임마누엘이 그의 말씀을 마치셨을 때 사울이라 하는 자가 그에게로 와서 말했습니다. "당신은 새로운 가르침을 전파하는데 내게는 그 가르침이란 것이 처음부터 이상하고 어리석은 소리같으며 당신의 마음은 혼란된 것같이 보이는군요" 그러자 임마누엘이 말씀하셨습니다 "마음이 혼란된 자는 바로 그대인데 어찌하여 나에게 내마음이 혼란되어 있다고 말하고 있는가? 진실로 내가 그대에게 말하노라 그대는 사울이라 하는 자이며 내 가르침 때문에 나와 제자들을 박해할 것이나 나중에는 마음을 바꿀 것이니라 이제부터 그대는 바울(Paul)이라 불리게 될 것이니 내 가르침을 그릇되었다 하고 내 영혼이 혼란되었다고 한 것으로 인해 고난을 겪어야만 할 것이니라. 그대는 양어깨에 큰 죄를 쌓아올릴 것이니 그대가 나의 가르침을 잘못 이해하고 내 가르침을 그릇되게 전파할 것이기 때문이니라. 그대의 말은 혼란될 것이니 따라서 온 세상 사람들은 그릇된 교리를 경배케됨으로써 노예로 전락할 것이니라. 그대가 그릇된 그대의 가르침을 가지고 악한 종파의 노예가 되어 그리이스땅에 들어갈 때

나를 그들의 말로 '기름부음을 받은 자'인 '그리스도'로 부를 것이니라. 그리이스사람들은 나를 '예수 그리스도', 기름부음 받은 자로 부를 것이니 이는 모두 그대의 무지함에 기인하는 것이로다. 이 이름으로 인해 수많은 사람들의 피가 이 세상에 있는 모든 통을 가지고도 담지 못할 정도로 흐르게 될 것이니 이는 그대가 무지한 탓이니라. 그대는 아직도 내 가르침으로 인해 나와 내 제자들을 핍박하고 있으나 그대가 마음을 바꾸게 될 때가 올 것이니라. 나를 다시 대하게 될 때에는 그대는 나를 유령이라 생각할 것이니라. 진실로 내가 그대에게 이르노라. 다른 많은 사람들과 마찬가지로 그대는 앞으로 내 가르침을 왜곡하고 사람들에게 그릇된 종파들을 만들 기초를 제공한데에 대해 크게 비난을 받아 마땅할 것이니라. 임마누엘은 진노하셔서 지팡이로 사울을 멀리 쫓아버리셨습니다. 사울은 복수심에 가득차 바리사이파사람 시몬의 아들인 유다이하리옷과 합세하였습니다. 그리고 어떻게 하면 임마누엘을 체포하여 당국자들에게 넘길 것인가를 의논하였습니다."

『마태복음』 16장 13~17절에 예수께서 제자들에게 "사람들이 인자(Son of man)를 누구라 하느냐?" 묻자, 시몬 베드로가 대답하여 가로되 "주는 그리스도시오 살아계신 신의 아들이시니이다." 예수께서 대답하여 가라사대 "바요나시몬아 네가 복이 있도다 이를 네게 알게한 이는 혈육이 아니요 하늘에 계신 네아버지시니라."

그러나 『탈무드 임마누엘』 베드로의 믿음편에는 이렇게 기록되어 있다.

"그대들은 나를 누구라고 생각합니까?" 시몬 베드로가 대답했습니다. "당신은 예언된 메시야이며 세인종의 영적지배자이신 살아 있는 신의 아들이십니다." 임마누엘은 크게 노하여 말씀하셨습니다. "오! 이 불행한자여, 나는 그대들에게 진실만을 가르쳤으니 그대들에게 그런것을 드러낸 적이 없습니다. 나는 세인종의 영적지배자의 아들이 아니니 신의 아들이 아닙니다. 오직 창조주만이 영혼을 다스릴 뿐 결코 인간이 다스리지 못합니다. 그러므로 그대 베드로는 이 틀린 가르침으로부터 스스로 벗어나서 진리를 배우도록 하시오.

　나의 어머니는 마리아이고 그녀는 외계에서 온 우리 조상들의 자손인 수호천사로 말미암아 나를 가졌으며 또한 내 지상의 아버지는 요셉이니 그는 오직 나의 양아버지로서 행동합니다.『임마누엘』은 제자들에게 결코 베드로와 같은 말을 하거나 그릇된 생각을 하지말라 하시고 베드로의 헛된 말을 퍼뜨리지 못하도록 엄명하셨습니다."

　위의 기사를 보면 예수께서 왜 베드로를 질책하여 예언한 부분 즉 "그대는 최초로 나를 그릇된 이름으로 부르는 자가 될 것이며 나를 신의 아들이라 칭하고 또한 신은 바로 창조주 자체라고 말하여 사악한 모욕을 가하는 원천이 될 것입니다"라고 한 예수의 말씀에 이해가 갈 것이다. 또한『마태복음』16장 16절에 나오는 베드로의 말 중 그리스도란 말은 그리스어를 아는 바울의 말이지 아람어도 모르는 베드로가 한 말은 아니다. 예수는 자신을 메시야라 말한 적도 없고 신의 아들이라 말한 적 없으며 오직 사람의 아들인 인자(Son of man)라 말했을 뿐이다. 그럼에도 불구하고 유다이하리옷(12제자 중 가나안인 시몬을 말함)과 공모하여 예수를 팔아 넘기고 예수를 따르던 신도들을 탄압하던 바울이 예수를 그리스도라 부르고 메시야로 부른 이유는 예수를 신으로 격상시켜 예수교의 외피(外皮) 속에 바울교의 그릇된 교리를 교묘히 포장하여 이를 로마 제국에 팔기 위해서였다.

　그렇다면 예수교의 외피를 입은 바울교의 그릇된 교리가 구체적으로 무엇이며 나아가 그것들이 어떻게 신약성서에 교묘히 나타나 기쁜 소식인 복음(Gospel)으로 위장되었는지 살펴보자. 예수의 가르침을 변조한 바울의 그릇된 교리를 자자구구마다 지적 비판하자면 끝이 없으므로 중요한 교리 몇가지만 추려 해명해 보자.

집중적으로 다룰 일곱가지 주제는 첫째, 윤회(Metempsychosis or Transmigration)와 환생(Reincarnation)과 부활(Resurrection)의 문제, 둘째, 성령(Holy spirit or holy ghost)의 문제, 셋째, 원죄와 구원과 교회의 문제, 넷째, 신앙의 문제, 다섯째, 노예도덕의 문제, 여섯째, 변형(transfiguration)과 기적의 문제, 일곱째 여호와는 신인가? 악마인가? 하는 문제이다.

3. 윤회(輪廻), 환생(還生), 부활(復活)

윤회와 환생과 부활은 모두 같은 뜻을 가진 동의어이다. 윤회, 환생, 부활은 예수의 가르침 중 가장 중요한 부분임에도 불구하고 기존의 신약성서는 이를 완전히 배제해버리고 다만 부활만을 짤막하게 언급하고 있다. 먼저 개념 정리부터 해보자.

윤회는 사람이나 동물의 육신이 죽고난 후 죽은 육신에 거주하던 영혼이 다른 사람이나 동물의 육신으로 이전하는 것(The transmigration of the soul especially the passage of the soul after the death from a human or animal to some other human or animal body)이고,

환생은 죽은 육신에 거주하던 영혼이 다른 형상의 새 육신을 받아 지구에 재탄생하는 것(The soul upon death of the body come back in earth in another body or form, rebirth of the soul in a new body)이다.

부활의 신학적 사전적 의미는 아래와 같다. 1) 죽어 장사지낸 후 무덤에서 다시 살아난 예수(The rising again of Christ after his death and burial), 2) 죽은 자의 시신이 다시 몸을 일으키는 행위(The act of rising again from the dead), 3) 심판의 날에 죽은 자가 다시 살아남(The rising again of men on the judgement day)이다.

  석가의 육신이든 예수의 육신이든 육신은 임시적으로 존재하는 가유(假有)에 불과하여 영원히 존속할 수가 없으므로 한번 죽은 육신은 어떠한 경우에도 다시 살아날 수 없다.

  따라서 몇천년 전에 이미 죽어 흙으로 돌아간 사자(死者)의 육신이 예수가 재림하는 심판의 날에 원상태 그대로 부활한다는 고린도전서 15장 1~58절은 바울이 예수의 가르침을 완전 변조하여 자기 멋대로 써넣은 내용이다. 부활의 진정한 의미는 죽은 자의 육신이 살아나는 것이 아닌 죽은 육신에 친림해 있던 창조주의 이(理)가 죽은자의 육신을 떠나 창조주의 이(理)에 자기복귀하였다가 다음 생에 다른 형상의 육신을 받아 욕계에 재탄생하는 것을 뜻하므로 부활이 곧 윤회며 환생이다. 고로 부활은 예수에게만 해당되는 것이 아닌 인간을 포함한 모든 동식물의 생명법칙에 어김없이 적용되는 만고불변의 진리다.

  영혼의 환생을 죽은 육체가 다시 살아나는 부활로 변조한『마태복음』22장 23~33절의 기록을 보자

  23절: 부활이 없다 하는 사두개인들이 그날에 예수께 와서 물어가로되, 24절: 선생님이여; 모세가 일렀으되 사람이 만일 자식이 없어 죽으면 그 동생이 형수에 장가들어 형을 위하여 후사를 세울지니라 하였나이다. 25절: 우리 중에 7형제가 있었는데 맏이 장가들었다가 죽어 후사(後嗣)가 없으므로 그의 아내를 그 동생에게 끼쳐두고, 26절: 그 둘째와 셋째로 일곱째까지 그렇게 하다가, 27절: 최후에 그 여자도 죽었나이다. 28절: 그런 즉 저희가 다 그를 취하였으니 부활때에 일곱중에 뉘 아내가 되리이까, 29절: 예수께서 대답하여 가라사되 너희가 성경도 신의 능력도 알지 못하는고로 오해하였도다.

  30절: 부활 때는 장가도 아니 가고 시집도 아니 가고 하늘에 있는 천사

들과 같으니라. 31절: 죽은 자의 부활을 의논할진대 여호와가 너희에게 말씀하신 바, 32절: 나는 아브라함의 여호와요 이삭의 여호와요 야곱의 여호와라 하신 것을 읽어보지 못하였느냐. 33절: 무리가 듣고 그의 가르치심에 놀라더라. 30절의 말씀과 32절의 말씀은 완전히 배치된다.

바울의 자의적 해석대로 부활이 죽은 자의 육체가 다시 살아나는 것이라면 살아난 자의 육체는 배고프면 밥먹고 목마르면 물마시고 남녀간의 결합으로 자손도 번식해야 한다. 더구나 '신은 죽은 자의 신이 아니요 산 자의 신'이며 신의 권능으로 죽은자의 육신이 부활한다면 식욕, 수면욕, 성욕의 3욕(三欲)에 체포되어 있는 육체는 마땅히 그 본능에 따라 행위의 궤적을 그리기 마련이다. 더구나 예수의 지적과 같이 신도 인간인데 하물며 신을 보좌하는 인간의 신체 구조를 가진 천사는 식욕도 없는 무생물이란 말인가?

환생을 죽은 자의 육체가 다시 살아나는 부활로 변조한 『마태복음』 22장 23~32절의 내용은 『탈무드 임마누엘』 23장에 이렇게 기록되어 있는 바 요점을 추려 소개하면, 23장 18절: 임마누엘이 대답하셨습니다. "그대들은 잘못 알고 있으며 장로들이 가지고 있는 왜곡되지 않은 성서들에 대해 모르고 있을 뿐 아니라 창조주의 법칙들에 대해서도 알지 못하고 있소이다. 21절: 다음 생에서는 그들이 서로 알아보지 못하기 때문에 그들은 모두 남남이 될 것입니다. 그러므로 그 아내가 이사람이나 저사람에게 속해야 한다는 법이 없습니다. 23절: 창조주의 생명 법칙을 확고하게 믿으시오 창조주의 법칙은 새로운 생에 있어서 사람들은 자기들의 전생을 기억하지 못한다고 가르치고 있습니다. 그러므로 그대들의 질문은 불필요한 것입니다.

범죄에 완전 범죄가 없듯이 문서조작의 범죄도 완전할 수 없는 법 - 바울이 아무리 윤회에 관한 예수의 가르침을 삭제하려 해도 신약성서 몇 군데에서 윤회를 뜻하는 내용의 단서가 포착된다.

먼저 『마태복음』 22장 41~46절의 기록을 보자. 41절: 바리새인들이 모였을 때에 예수께서 그들에게 물으시되, 42절: 너희는 그리스도에 대하여 어떻게 생각하느냐 뉘 자손이냐 대답하되 다윗의 자손이니이다. 43절: 가라사대 그러면 다윗이 성령에 감동하여 어찌 그리스도를 주(主)라 칭하여 말하되, 44절: 주께서 내주께 이르시되 내가 네 원수를 네발 아래 둘 때까지 내 우편에 앉았으라 하셨도다 하였느냐? 45절: 다윗이 그리스도를 내 주(My Lord)라 칭하였은 즉 어찌 그의 자손이 되겠느냐 하시니, 46절: 한말도 능히 대답하는 자가 없고 그날부터 감히 그에게 묻는 자도 없더라. 한편 같은 내용을 수록한 『탈무드 임마누엘』 23장에는 이렇게 기록되어 있다.

23장 50절: 바리사이파 사람들이 모였을 때 임마누엘은 그들에게 물으셨습니다. "그대들의 생각은 어떻습니까? 내가 누구의 아들입니까?" 51절: 그들이 대답하였습니다. "다윗의 아들이요." 52절: 그는 그들에게 말씀하셨습니다. "그는 이미 오래전에 죽었고 나는 수호천사인 가브리엘로부터 태어났으니 내가 어떻게 그의 아들이 될 수 있습니까?" 53절: 그대들은 다윗이 다음과 같이 말하면서 나를 주라고 부른 것을 읽어보지 않았습니까? 54절: 인류의 주께서 내 주에게 말씀하셨으니 "나의 오른쪽에 앉으시오 그리하여 내가 그대의 적들을 그대 발밑에 놓을 수 있도록 하시오 그대는 나의 양아들이며 나를 계승할 존재이기 때문이요." 하셨도다.

55절: 다윗이 나를 주라고 부르는데 내가 어찌 그의 아들이 될 수 있겠습니까? 56절: 그에 대해 아무도 대답을 할 수가 없었습니다. 그들은 다만 자기네들끼리 은밀히 말했습니다. "이자가 신과 예언자를 모독하고 있소이다. 이자를 사로 잡아서 죽이도록 합시다. 왜냐하면 이자가 우리로 하여금 더 이상 백성들에게서 존경을 받지 못하도록 우리의 지위를 위태롭게 하기 때문입니다." 예수의 가계가 기록되어 있는 마태복음에 의하면 예수는 아브라함의 42대손이며, 다윗의 28대손이다 "그런 즉 모든 대(代)수가 아브라함부터 다윗까지 14대요, 다윗부터 바빌론으로 이거할 때까지 14대요, 바벨론으로 이거한 후부터 그리스도까지 14대이더라."(『마태복음』 1: 17).

하지만 예수는 자신의 28대 조상인 다윗이 예수를 나의 주라 부르고 또한 예수 자신은 가브리엘의 아들이고 요셉의 아들이 아니기 때문에 다윗의 자손임을 부정한다 물론 예수는 아브라함이나 다윗보다 늦게 태어난 후배임에 틀림없지만 윤회사상을 대입시키면 오히려 예수가 아브라함이나 다윗의 대선배가 된다. 다시말해 다윗이 인간의 몸으로 10만번을 윤회했다면 예수는 100만 번을 윤회하여 임마누엘이 된 존재로 윤회를 그칠 단계에 와 있다.

『요한복음』 8장 58절에 나오는 예수께서 가라사되 "진실로 진실로 너희에게 이르노니 아브라함이 나기 전부터 내가 있느니라 하시니(Jesus said unto them, verily verily, I said unto you, befor Abraham was, I am)의 말씀이 무엇을 의미하는가?" 아브라함의 42대손인 예수가 스스로 아브라함이 나기 전부터 존재하였다고 공언한 것은 어느별에서 생을 살았건 무수히 많은 변역생사(變易生死)의 윤회를 거듭했다는 이야기가 된다.

예수의 이러한 발언은 『마태복음』 1장 1절에 나오는 '아브라함과 다윗의 자손 예수 그리스도의 세계라'의 기록을 완전히 부정한다. 예수와 모세의 관계도 마찬가지다. 인간의 역사에서보면 모세가 예수의 선배지만 영혼의 윤회사에서 보자면 예수는 모세보다 압도적으로 많은 윤회생사의 사이클을 경험하였기 때문에 그 영적 지혜의 깊이와 넓이가 가히 윤회를 그친 신의 경지에 이르러 모세가 이집트인들부터 도용한 모세 5경의 잘못된 가르침을 정확히 지적할 수 있는 것이다.

진정한 의미의 부활 혹은 환생, 재림은 죽은자의 육신에 거주하던 영혼(一心)이 다른 육신의 새옷을 갈아 입고 다시 오는 것을 말하기 때문에 예수만 부활하고 재림하는 것이 아니라 모든 인간이 윤회의 사이클을 거쳐 부활 재림한다. 예컨대 "이순신은 을지문덕의 재림이다"라는 말은 을지문덕의 육신 속에 거주했던 불멸의 영혼이 이순신의 새로운 육신으로 옮겨왔음을 뜻한다. 따라서 말세에 다시 올 재림 예수(Second-coming Jesus)는 2천년 전의 그 육신이 아닌 그때와는 모습이 전혀 다른 새로운 육신의 예수임을 알아야 한다. 예수의 가르침 중 가장 중요한 내용인 윤회를 배제해버린 기존 기독교(바울교)는 신을 우주의 정점에 두고 그 밑으로 천사, 사제, 인간, 하등생물을 차례로 배열한 수직적 하이라키(hierarchy)를 우주의 근본질서로 도식화한다. 수직적 하이라키를 합리화시키기 위해 기존 기독교는 아래와 같은 사항을 특별히 강조한다.

첫째, 인간의 육신은 부모로부터 받은 것이 아니라 여호와로부터 받은 것임으로 인간의 생명은 단회로 끝난다(엔카르나시온설). 영혼의 불멸성을 인정하기는 하나 신의 영혼과 인간의 영혼을 구별함으로써 영생은 신에게만 있고 사람에게는 일생일사(一生一死)만 있을 뿐이다.

둘째, 원죄를 지은 인간에게는 비빔밥을 먹을까 냉면을 먹을까 식의 선택적 자유는 있으나 도덕적 자유는 이미 상실했다. 인간은 기본적으로 자유인이 아닌 죄인이며 오직 신의 은총과 섭리에 의해 움직이는 수동적 존재일 따름이다. 따라서 인간이 살아가는 목적은 신에 봉사하기 위해서이고 봉사와 헌신의 대가로 원죄를 사면받은 일부 선택된 자만이 구원을 받아 영생을 누릴 수 있다.

셋째, 예수의 중심적 가르침인 윤회전생의 부단한 사이클을 배제해 버렸기 때문에 부활 환생 재림은 신의 독생자인 예수에게만 해당된다.

넷째, 구원자인 신과 신의 독생자인 예수 그리고 구원받을 대상으로서의 인간 존재 사이에 넘을 수 없는 장벽을 구축함으로써 인간은 아무리 기도하고 회개하고 노력해도 결코 예수나 신이 될 수 없다. 혈액순환과 신진대사로 대변되는 육체의 운동은 기계적 반복 운동에 불과하지만 창조주 영혼의 일부로서의 인간의 영혼은 부단히 엔텔레케이아(Entelecheia, 完成態)를 향해 나아가는 목적론적 상승운동이다. 때문에 윤회의 최종목표인 영혼의 완성은 불교적으로 말하면 궁극적 깨달음을 얻어 성불(成佛)하는 것이고 예수의 진정한 가르침대로라면 인간 영혼이 반드시 도달하고 성취해야 할 운명으로서 임마누엘이 되는 것이다.

『탈무드 임마누엘』 20장 어린이에 대한 축복 16절: 그때 어린이들이 앞으로 이끌려져 왔습니다. 임마누엘께서 그들 위에 축복을 내려주시기를 부모들이 원했기 때문이었으나 제자들은 어린이들을 꾸짖었습니다. 17절: 그러자 임마누엘이 말씀하셨습니다. "어린이들이 내게 오는 것을 막지마시오, 그들은 내말을 가장 주의깊게 듣는 청중들이며 또한 지혜의 왕국은 그런 청중들의 것이기 때문입니다." 18절: 그리고 그들의 머리위에 손을 얹으시고 말씀하셨습니다. "지식과 지혜를 배워라 그러면 너희들도 영적으로 완전하게 될것이며 창조주의 법칙들을 진실하게 따르는 사람이 될것이니라." 19절: 진실로 내가 너희에게 이르노니 "나는 임마누엘이라, 곧 신과 같은 지식을 가진 사람이라고 불리고 있느니라 너희들도 나와 마찬가지로 영혼에 내포되어있는 지혜를 깨달아서 나와 똑같은 이름을 갖도록 해야 하느니라."

20절: 그는 제자들에게 말씀하셨습니다. "진실로 진실로 나는 그대들에게 이릅니다. "그대들이 지혜로워질 수 있도록 지식을 구하고 진리를 깨우치시오." 25절: "저 어린이들을 보시오. 그들은 그대들 같지 않습니다. 그들은 내말의 지혜와 진리를 신뢰합니다. 그러므로 지혜가 그들이 것이 될 것입니다. 그런데 그대들이 어째서 그들을 밀어냅니까?" 26절: 그리고 그는 어린이들의 머리위에 손을 얹어주시고는 떠나셨습니다. 27절: 그들이 걸어가는 동안 베드로가 그에게 말했습니다. "스승님 우리는 모든 것을 버리고 당신을 따랐습니다. 그러니 우리는 그 보답으로 무엇을 얻게 되겠습니까?"

28절: 임마누엘이 대답했습니다. "진실로 내가 그대들에게 말합니다. 나를 따르고 있는 그대들 가운데 몇 사람은 나의 가르침의 지혜와 진리를 받아들일 것입니다. 그러므로 그들은 앞으로 윤회 환생하면서 영적으로 위대하게 될 것입니다. 그러나 나머지 몇사람은 나의 가르침의 지혜를 잘못 이해하여 나에 대한 그릇된 가르침을 퍼뜨리게 될 것이며 이로 인해 내생(來生)들에서도 진리를 발견하기가 대단히 어려울 것입니다."

4. 성령(聖靈)

성령은 거룩한 정신(Holy spirit), 거룩한 혼(Holy ghost), 신의 정신(Spirit of God)을 한문으로 번역한 말이다. 성령으로 번역되는 히브리어는 루아흐(Ruach)이고 그리스어로는 프네우마(pneuma)인데 본래 숨결 혹은 바람(風)이라는 뜻이다.

구약에 성령이 처음으로 등장하는 구절은 『창세기』 1장 2절의 "신의 정신은 수면위에 운행하시느라"이고 신약에는 마태복음, 사도행전, 고린도전서, 요한복음에 등장한다.

"나는 너희로 회개케 하기 위하여 물로 세례를 주거니와 내 뒤에 오시는 이는 나보다 능력이 많으시니 나는 그의 신을 들기도 감당치 못하겠노라 그는 성령과 불로 너희에게 세례를 주실것이오"(『마태복음』 3: 11),

"예수께서 세례를 받으시고 곧 물에 올라오실새 하늘이 열리고 신의 성령이 비둘기 같이 내려 자기 위에 임하심을 보시더니"(『마태복음』 3:16), 사도행전에서 예수는 제자들 모두가 성령의 힘으로 방언의 능력을 가져 각지에 복음을 전파하게 될 것이라 예언하며 『고린도전서』와 『요한복음』에서는 모든 그리스도교가 자기안에 성령을 가지고 있다고 말한다. "그의 택하신 사도들에게 성령으로 명하시고"(『사도행전』 1: 2), "오순절날 이미 이르매 저희가 다 한곳에 모였더니 홀연히 하늘로부터 급하고 강한 바람소리가 있어 저희 앉은 온집에 가득하며 불의 혀같이 갈라지는 것이 저희에게 보여 각사람 위에 임하여 있더니 저희가 다 성령의 충만함을 받고 성령이 말하게 하심을 따라 다른 방언으로 말하기를 시작하니라"(『사도행전』 2:1~4), "각사람에게 성령의 나타남을 주심은 유익하게 하려 하심이라 어떤이에게는 성령으로 말미암아 지혜의 말씀을, 어떤이에게는 같은 성령을 따라 지식의 말씀을, 다른이에게는 같은 성령으로 믿음을, 어떤이에게는 한성령으로 병고치는 은사를, 어떤이에게는 능력 행함을, 어떤이에게는 예언함을, 어떤이에게는 영들 분별함을, 다른이에게는 각종 방언 말함을, 어떤이에게는 방언 통역함을 주시나니 이 모든 일은 같은 한 성령이 행하사 그 뜻대로 각 사람에게 나눠주시느니라"(『고린도전서』 12:7~11절), "저가 또한 우리에게 인(印)치시고 그 보증으로 성령을 우리 마음에 주셨느니라"(『고린도후서』 1:22), "내가 아버지께 구하겠으니 그가 또다른 보혜사(保惠師)를 너희에게 주사 영원토록 너희와 함께 있게 하시니리 저는 진리의 영이라 세상은 능히 저를 받지 못하나니 이는 저를 보지도 못하고 알지도 못함이라 그러나 너희는 저를 아나니 저는 너희와 함께 거하심이요 또 너희 속에 계시겠음이라"(『요한복음』 14:16~17).

이상이 대략 성경에 나타난 성령에 관한 기사인 바 이 책을 지금까지 읽어온 독자라면 무엇이 잘못되었는지 당장에 알아채릴 수 있으리라. 창조주와 신은 다르다. 우주의 중(中)이며 우주만물의 본체 도체(道諦)로서의 창조주는 육신의 형상이 없는 순수 o(無)이고 神은 궁극적 깨달음을 얻어 윤회를 그친자로서 창조주로부터 어떤 특정한 세계를 위탁받아 무주처열반(無住處涅槃)의 정신으로 대리통치하는 육신의 형상을 가진 인간이다. 어떠한 신도 영혼을 창조할 수 없으며 o(無)은 오직 창조주만이 창조 관장할 수 있으며 신의 영혼 역시 창조주 o(無)의 한 부분이다.

그러므로 성령은 신의 영혼도 여호와의 영혼도 아닌 육신의 형상이 없이 순수 o(無)으로 우주에 편만해 있는 창조주의 o(無)이다. 창조주의 o이 내 육신 속에 친히 강림하여 성령이 된 것이다.

성령이 내 육신 속에 친히 강림해 있는 진리를 깨닫고 있는자와 (천국이 임하옵시고가 아닌 천국이 이미 임한 진리를 아는 사람) 깨닫지 못하는자(천국이 내게 임한 줄 알지 못하면서 허공을 향해 혹은 회중(會衆) 앞에서 큰소리로 기도하는 바리새인, 사두개아인)의 구별은 있을지 모르나 성령은 모든 사람에게 이미 강림해 있다. 따라서 성령과 인간 영혼을 따로 분리하여 별개의 존재로 인식하는 것은 예수의 가르침에 전적으로 위배된다. 예수는 신의 피조물이 아닌 신의 독생자로 태어났기 때문에 아버지신인 성부(聖父, Holy Father)와 아들신인 성자(聖子, Holy Son)와 성령의 신(Holy Ghost)의 3위격(三位格: Threefold personality)을 동일한 하나의 신(One divine being)으로 해석하는 삼위일체설(三位一體說: Trinitarian creed)은 325년 니케아 총회(Council of Nicaea)에서 채택된 교리이며 인간의 신체구조를 가지고 온 육화(肉化)된 예수는 "완전한 신성(神性)이며 완전한 인격이기도 하다"는 신인합일설(神人合一說)은 451년 카르케돈총회(Council of Charcedon)에서 공인된 교리다.

삼위일체설은 성령은 과연 누구인가?하는 의문점을 남긴다. 아버지 신의 영혼과 아들 신의 영혼이 같은 영혼임을 해명한 것은 이해되지만 성령이 도대체 누구의 영혼인지에 관해서는 아무런 설명이 없다. 성령은 전술한 바와 같이 원래 바람(風)을 뜻하는 말이다. 따라서 성령이 사도행전 2장 1~4절의 구절에서 보듯 바람이라면 어찌하여 자연현상에 불과한 바람이 성부, 성자와 더불어 동격인 삼위일체의 한 축(軸)을 이룰 수 있는가?

카르케돈회의에서 채택된 신인합일설도 예수의 가르침과는 정반대다. 인간의 본성이 창조주의 신성(禮性)에서 유래되었고 창조주의 본심이 곧 수많은 육신들을 윤회하여 현재 내 몸속에 거주하고 있는 본심인 이상. 성품으로 보나 본심으로 보나 모든 인간이 곧 창조주다.

王자 해설에서 설명했듯이 하나님과 지신님과 지구에 살고 있는 인간을 위시한 모든 생명의 命(영혼)이 곧 하나님의 영혼이기 때문에 하늘, 땅, 사람이 곧 삼위일체며 모든 인간이 현상계에 나타난 일신의 현현(現顯)이기 때문에 신인합일(神人合一)이다.

창조주와 인간은 같은 영혼을 공유(共有)하고 있는 동일자(同一者)이므로 모든 사람의 영혼이 곧 성령이며 성령은 바람이 아니다.

5. 원죄와 구원과 교회의 문제

『로마서』 5장 12~21절의 기록은 아담이 여호와의 명령을 어기고 선악과를 따먹음으로 말미암아 죄가 세상에 들어오고 십자가에서 처형당한 예수의 속죄와 은혜로 말미암아 인류가 구원받았다고 말한다. "한사람의 불순종으로 인하여 많은 사람이 죄인이 된 것같이 한사람의 순종으로 인하여 많은 사람이 의인이 되리라."

초대 로마교황을 지낸 베드로는 『사도행전』 2장 38절에서 "너희가 회개하여 각각 예수 그리스도의 이름으로 세례를 받고 죄사함을 얻으라 그리하면 성령을 선물로 받으리라"고 말하고 있다. 이렇게하여 예수께서 결코 말씀한 적이 없는 원죄설은 바울과 베드로가 조작해내고 교부철학자 아우구스티누스가 이론적 보완을 하여 기독교의 가장 중요한 교리로 자리잡게 되었다. 교부철학의 완성자 아우구스티누스(354~430)는 북아프리카 타가스테 출신으로 29세까지 마니교를 믿었고 29세에서 35세까지 신플라톤주의를 신봉하다가 36세 때 카토릭으로 개종하여 만년의 34년간을 카토릭 교회의 사제로 활동하였던 인물이다. 아우구스티누스 철학의 핵심은 조명설(照明說), 원죄론에 의거한 구제예정설, 신의 국가로 나눌 수 있다.

조명설(Illumination theory): "인간의 영혼이야말로 진리의 서식처다. 신은 가장 본원적 광명이고 인간의 영혼은 신의 영혼에서 나온 광명에 의해 점화(點火)된다. 신의 영혼은 인간의 육신 안에 거주하는 스승이며 지도자로서 인간을 조명한다. 인간은 이 불변의 진리에 절대 복종하지 않으면 안된다."

아우구스티누스의 조명설은 신플라톤주의의 일자(一者)로부터의 광명유출설(Emanation theory)을 모방하여 조명설로 말만 바꾸었을 뿐 이런식의 표현은 신구약 66권 어느 곳에도 없다. 다시 말해 최초의 인간 아담과 이브는 여호와의 형상 즉, 여호와적 육신의 원형으로부터 살과 피의 수육(受肉)을 통해 신인동형(神人同形)으로 창조되었다는 관점이 가톨릭, 프로테스탄트, 동방교회에 공통되는 독트린이며 성경 어느 구석에도 여호와의 영혼이 사람의 영혼으로 유출, 이전, 분유되었다는 기록이 없다.

원죄론에 의거한 구제예정설: 아담이 선악과를 따먹고 죄를 짓게 된 후 인류는 악에 대한 자유를 선택했다. 인류는 태어날 때부터 죄인으로 저주받았다. 원죄의 멍에를 짊어지고 사는 인간에게는 악에 대한 자유는 있어도 선에 대한 자유는 없다. 그러므로 신앙도 구제도 단지 신의 은총(Gratia gratis date)에 의해서만 가능하며 누가 구원받고 구원받지 못할지는 오직 신의 영원한 예정일 뿐이다. 원죄를 지은 인간은 일상생활에 있어 선택적 심리적 자유는 가질 수 있지만 원죄 때문에 도덕적 자유와 의지의 자유를 상실했다. 아우구스티누스의 조명설은 신플라톤주의의 입장에서 본 관점이고 원죄론에 의거한 구제예정설은 원죄설을 조작한 바울과 베드로의 관점을 반영한 논리다.

신플라톤주의자인 쿠자누스의 말을 빌리자면 "일자는 극대인 우주에도 극소자인 미생물에도 존재하는 절대적 극대자임과 동시에 절대적 극소자며 극대와 극소라는 일체의 대립을 초월하여 일체의 반대를 통일하는 반대의 일치(coincidentia oppositorium)며 반대의 총괄자(總括者)이다." 따라서 극대자에도 극소자에도 현현하는 일자(一者)의 영혼이 대자유 자체인 것과 마찬가지로 일자의 영혼과 합일하여 엑스타시스(ecstasy, 脫我의 황홀경)를 만끽하는 인간의 영혼 또한 대자유이며 자유의지(free will) 자체다.

예수의 진정한 가르침에 의거해 원죄론의 허구성을 논리적으로 혁파(革罷)하자면 모든 악의 근원은 육신이다 위장이 배고프다 호소하기에 밥을 훔쳐 먹고 발이 있기에 남의 집 담장을 넘고 손이 있기에 도둑질하고 살인한다. 죽은 육신은 배고픔도, 아픔도, 생전에 느꼈던 고통도 없으므로 악을 행할 이유도 의지도 능력도 없다. 따라서 절도 강도 강간 살인 등 육신이 저지르는 빗나간 행위를 악으로 규정하고 악에 상응한 죄값을 매기는 곳은 인간 세계의 법정이지 창조주의 법정은 아니다. 창조주가 계시는 천당은 육신의 세계가 아닌 영혼의 세계이므로 육체가 저지른 잘못을 심판하는 법정이 아예 없다.

인간세계에서 악인으로 규정된 자, 선인으로 칭송 받았던자, 특정종교를 신앙하는 자, 어떤 종교도 믿지 않는 무신론자 할것없이 모든 인간의 영혼은 창조주로부터 본래되었음으로 육신이 죽고난 후 다시 창조주의 o으로 원대 복귀한다. 이를 기독교에서는 천당간다 불교에서는 열반한다 극락왕생한다고 말한다. 악인은 지옥가고 착한사람은 천당간다는 모든 종교의 교리와 선전은 허구일 뿐이다. 석가모니는 악행을 경계하고 선행을 장려하는 의미에서 교육용 천당과 교육용 지옥을 말씀하셨지만 『탈무드 임마누엘』에서 예수는 천당, 지옥이라는 단어를 구사한 적이 없다. 예수의 진정한 가르침에는 구원(salvation)이란 개념이 없으며 구세주(savior)도 구원받는 자(the saved)도 없다. 예수는 자신을 진리를 전달하러 온 예언자로 자처했으며 신이라든가 신의 아들이라든가 세상을 구제하기 위해 온 구세주라 말씀한 적이 없다.

어떤 종류의 삶을 살아가고 어떻게 사는가는 전적으로 개인의 자유의지에 달려있으며 구원자나 스승이 있다면 창조주의 영혼으로부터 분유된 자신의 영혼일 뿐이다. 때문에 아우구스터누스의 원죄론과 구제예정설(predestination)은 모든 사람을 교회의 속박과 사제들의 명령에 구속시켜 비굴한 정신적 노예로 만들려는 사이비 논리에 불과하다. 밥먹고 잠자는 행위는 누가 가르쳐주지 않아도 저절로 알게 되듯이 육신이 죽고난 후 영혼이 자동적으로 천당에 자기 복귀하는 것은 지극히 자연스러운 결과이다.

원효는 말했다. "열반을 가르치는 능도(能度)와 열반을 배우는 소도(所度)가 따로 없다. 자신의 영혼이 곧 능도이며 소도인 것이다"라고.

원죄론을 교리로 정한 현행기독교(바울교)는 스스로 이론적 자기모순에 빠져 있다. 식욕이 있기 때문에 아담과 이브는 선악과를 따먹었고 성욕이 있기 때문에 아담과 이브는 동침하여 카인과 아벨을 낳았다 그런데 선악과를 따먹음으로 인해 이미 원죄를 지은 아담과 이브가 어째서 회개할 생각은 하지 않고 또다시 카인과 아벨이라는 원죄를 재생산하고 말았는가? 인간이 태어날 때부터 원죄의 멍에를 메고 나왔다면 카인과 아벨도 원죄로부터 자유로울 수는 없다. 태어날 때부터 이미 죄인이기 때문에 원죄를 짓지 않는 최선의 방법은 카인과 아벨을 생산하지 말았어야 했고 더 거슬러 올라가 아담과 이브는 애초부터 선악과를 먹지 말았어야 했다. 하지만 육신을 가진 존재로서 리비도(Libido)의 본능도 없고 먹지도 않고 마시지도 않는 인간이란 하나도 없다. 죽은 육신에게만 식욕과 성욕이 없을 뿐이다. 식욕과 성욕은 생명의 표상(表象)이며 살아 있다는 증거다. 따라서 원죄를 짓지 않으려면 태어나지 않는 것이 최상책이며 설사 부모의 실수(?)로 태어나더라도 먹지도 말고 자손번식도 하지 말아야 하므로 결국 원죄설은 식욕과 성욕으로 특징지워지는 욕계의 인간세계를 부정하는 논리가 된다. 문명을 발전시키고 운영하는 주체는 신이 아닌 인간이므로 원죄설을 받아들이면 65억 인류 전체가 죄악의 씨앗이 되고 나아가 앞으로도 자손을 계속 번식하여 원죄를 재생산하기 때문에 원죄설은 인간과 문명을 부정하는 반인간적 반문명적 허위논리에 불과하다.

아담과 이브의 육신은 어디로부터 왔나? 여호와적 육신의 형상을 모방하여 여호와의 피와 살을 수육한 결과로 생겨난 육신이다. 고로 원죄설을 인정하게 되면 최초로 원죄를 지은자는 아담과 이브가 아닌 여호와 자신이 되고 말아 유대교 및 기독교의 교리 전체가 무너져버리는 자기모순에 빠지게 된다. 아담의 잘못으로 인하여 인류가 원죄의 멍에를 출생시로부터 메고 나왔다면 신부나 목사도 똑같은 죄인이다. 그들 역시 정기적으로 식사하고 배설하고 잠을 자야하는 육신을 가진 존재들이기 때문에 원죄의 속박으로부터 자유로울 수 없다. 그렇다면 그들은 무슨 근거로 자기들 이외의 다른 사람들을 죄인으로 규정하며 어떤 도덕에 기초해 원죄를 사면할 수 있는 특권을 가지고 있나?

결백한 사람만이 죄지은 사람에게 도덕적 우위를 가질 수 있고 죄짓지 아니한 판사가 죄인들을 심판하여 벌을 줄 수 있다. 그런데 똑같이 원죄를 지은 신부나 목사가 죄인을 심판하고 사면하는 행위는 마치 강도가 공범자인 다른 강도에게 기분에 따라 유죄판결도 내리고 무죄판결도 내려 사면하는 것과 무엇이 다른가? 원죄론을 인정할 경우 맞이하는 또 다른 함정이다. 하지만 신으로부터 고해성사권(告解聖事權)을 위임받은 카토릭 사제가 죄인을 사면하여 면죄부(免罪符)를 발행할 수 있는 권리는 아우구스티누스의 '신의 국가' (Civitas Dei)에서 구체화된다.

아우구스티누스에 의하면 세계사는 지상의 국가(Civitas Terrana)와 신의 국가(Civitas Dei)간에 벌어지는 연속적인 투쟁이다. 지상의 국가는 신의 명령을 두려워하지 않고 육체적 쾌락을 쫓으며 이기적 자기애(自己愛)에 얽매이어 남을 사랑할 줄 모르는 자와 사리사욕에 사로잡혀 끊없는 나락의 구렁텅이로 추락하는 타락된 군상(群像)들의 사회이며 영원한 원죄에 무방비적으로 노출되어 있는 잠재적 범죄자들의 집단이다. 한편 신의 국가는 거룩한 사람(Holy man)과 정의를 사랑하는 의인(義人)들의 국가이며 신을 공경하고 예배드려 신에서 유출된 은총의 광명(lumen Gratia)으로부터 구원을 약속받아 영원한 축복으로 예정되어있는 집단이다.

이 양자간의 투쟁은 연속적으로 6단계의 시기를 경과하여 최후의 심판에 의해 절대선인 신의 국가가 절대악인 지상 국가에 승리하여 신에 의해 축복받은 사람들만이 영원한 복락을 누리게 된다는 내용이 신의 국가에 나타난 핵심 사상이다. 광명과 절대선을 상징하는 신의 국가와 암흑과 절대악을 상징하는 지상국가간에 벌어지는 투쟁으로서의 세계사 인식은 한

때 마니교의 신자였던 아우구스티누스가 마니교의 교리로부터 차용한 것이다. 마니교에 있어 광명과 선은 영혼이고 암흑과 악은 육체다. 따라서 마니교가 말하는 광명세계는 육식도 하지 않고 음주도 하지 않으며 남녀 성관계도 없는 한마디로 영혼이라는 이름의 광명과 선이 육체라는 이름의 암흑과 악을 완전히 정복하고 지배하는 성자들의 세계다.

마니교에 있어 개인적 차원에 머물러 있던 영육투쟁설을 아우구스터누스는 국가간의 집단적 영육투쟁설로 확대하여 영혼을 신의 국가로 설정하고 육체를 악마의 국가인 지상국가로 대치시켰다. 신의 국가의 중심은 교회다. 교회는 신자들이 모여 신에게 예배드리는 단순한 집회장소가 아니라 신을 대신하여 지상의 국가에 속해있는 타락한 인류를 구원해야 할 신권을 위임받은 신성한 종교국가이다. 이교도의 국가는 제멋대로 죄악을 저지르는 악마의 국가며 비록 기독교를 믿는다 할찌라도 세속적 군왕에 의해 지배되는 지상의 국가는 항상 죄악에 무방비적으로 노출되어 있는 예비범죄국가다. 신의 영혼에 해당되는 교회의 중심은 신권의 대행자인 로마교황과 그를 보좌하는 사제들이다.

결과적으로 신의국가는 로마 카토릭교회로 대표되는 신권(sacred power)과 세속적 군주의 속권(secular power)을 별개의 권력으로 인정하는 두 개의 칼 이른바 two sword론의 이론적 기초가 되었다. 인류의 영혼을 훈육하고 정화할 권리는 로마교회에 속하고 인류의 육체를 길들이고 지도할 권리는 해당국의 세속적 군주에 속한다는 권력 양립론이 two sword론이다. 신의 국가인 교회와 왕권의 지배하에 있는 지상의 국가는 명목상 두 개의 국가이나 모든 지상의 국가는 교회의 영적 지도를 받아야 한다는 점에 있어 신의 국가는 사실상 교회중심의 유일국가이다.

이리하여 신의 국가는 카토릭교회의 신권을 수호하는 아폴로지스트 (Apologists, 護敎주의자)에 있어 로마교회의 정통성을 반대하는 그노시스주의자(Gnosticism)와 도나트스파(Donatists), 원죄설을 반대하는 펠라기우스파와 교회의 위계질서를 반대하고 초기 기독교의 평등사상과 청빈(淸貧)주의로의 복귀를 요구하는 왈도파(Waldeness)와 카타리파(Cathari)를 종교재판에서 이단(異端, Heresy)으로 몰아부쳐 처형하고 학살하는 강력한 이론적 무기가 되었다. 그렇다면 로마 교회의 명령을 거역하는 군주를 파문(破門, Excommunication)하고 정통파 교리에 반대하는 자를 이단으로 규정, 처형하며 죄인을 사면할 수 있는 카토릭교회의 막강한 권력은 성경 어느 구절에 근거하여 성립하는가?

대답은 『마태복음』 16장 13~23절에 있다. 13절: 예수께서 가이샤라 빌립보지방에 이르러 제자들에게 물어 가라사대 "사람들이 인자(Son of man)를 누구라 하느냐." 14절: 가로되 "더러는 세례요한, 더러는 엘리야, 어떤이는 예레미야나 선지자 중의 하나라 하나이다." 15절: 가라사대 "너희는 나를 누구라 하느냐." 16절: 시몬 베드로가 대답하여 가로되 "주는 그리스도요 살아계신 신의 아들이시니이다." 17절: 예수께서 대답하여 가라사대 "바요나시몬아 네가 복이 있도다. 이를 네게 알게한 이는 혈육이 아니요 하늘에 계신 내아버지시니라." 18절: 또 내가 네게 이르노니 "너는 베드로라 내가 이반석 위에 내 교회를 세우리니 음부의 권세가 이기지 못하리라." 19절: "내가 천국의 열쇠를 네게 주리니 네가 땅에서 무엇이든지 묶으면 하늘에서도 묶일 것이요. 네가 땅에서 풀면 하늘에서도 풀 것이니라" 하시니라.

20절: 그 후에 제자들에게 당부하시기를 "자기가 그리스도 예수인 것을 아무에게도 말하지 말라 하시더라." 21절: 그때로부터 예수께서 자기가 예루살렘에 가야될 것과 장로들과 선임 제사장들과 서기관들로부터 많은 고난을 받아야 될 것과 죽임을 당할 것과 셋째 날에 다시 일으켜질 것을 제자들에게 알려주기 시작하시더라. 22절: 그때에 베드로가 주를 붙들고 말리기 시작하면서 말하기를 "주여 그럴 수 없나이다 이런일이 결코 주께 있어서는 아니되옵니다"라고 하니 23절: 주께서 돌아서서 베드로에게 말씀하시기를 "사탄아! 내 뒤로 물러가라. 너는 나를 넘어지게 하는 자로다. 네가 신의 일을 생각지 아니하고 도리어 사람의 일을 생각하는도다."

그러나 『탈무드 임마누엘』 18장에는 이렇게 기록되어 있다.

18장 17절: 임마누엘이 필립보의 가이사리아 지방에 이르렀을 때 제자들에게 물으셨습니다. "사람들은 나를 누구라고 합니까?" 18절: 그들은 대답하였습니다. "어떤 사람들은 스승님을 세례자 요한이라 하고, 어떤 사람들은 엘리야라 하고, 또 어떤자들은 예레미야 또는 다른 옛예언자 가운데 한분이라 합니다." 19절: 그가 그들에게 물으셨습니다. "그대들은 나를 누구라고 생각합니까?" 20절: 시몬 베드로가 대답했습니다. "당신은 예언된 메시야이며 세인종의 영적지배자이신 살아있는 신의 아들이십니다."

21절: 임마누엘이 크게 노하여 말씀하셨습니다. "오, 이 불행한 자여! 나는 그대들에게 진실만을 가르쳐 왔으며 그대들에게 그런 것을 드러낸 적이 없습니다." 22절: 나는 또한 그대에게 말합니다. "그대가 분명 나의 충실한 제자이기는 하나 그대의 이해는 아직 어린 아이의 수준에 불과합니다." 23절: "그대 베드로여! 나는 그대의 반석 위에 나의 가르침을 펼 수가 없습니다. 그대는 무지의 문을 열 것이니 그로 인해 나의 가르침을 그대가 잘못 해석한 것에 사람들이 압도되어 그릇된 해석과 변조된 가르침에 살아가게 될 것입니다." 24절: "나는 영혼의 왕국 열쇠를 그대에게 줄 수 없습니다. 그대가 그것으로 그릇된 자물쇠를 사용하여 잘못된 문을 열고자 할 것이기 때문입니다."

25절: "나는 세 인종의 영적지배자의 아들이 아니므로 따라서 신의 아들이 아닙니다. 또 오직 창조주만이 영혼을 다스릴 뿐 결코 인간이 다스리지 못합니다. 그러므로 그대는 이틀린 가르침으로부터 스스로 벗어나서 진리를 배우도록 하시오." 26절: "나의 어머니는 마리아이고 그녀는 외계로부터 온 우리 조상들의 자손인 수호천사 가브리엘로 말미암아 나를 가졌으며 또한 내 지상의 아버지는 요셉이니 그는 오직 나의 양아버지로서 행동합니다." 27절: 임마누엘은 제자들에게 결코 베드로와 같은 말을 하거나 그릇된 생각을 하지 말라하시고 베드로의 헛된 말을 퍼뜨리지 못하도록 엄명하셨습니다.

28절: 그때부터 임마누엘은 그의 제자들에게 자신이 예루살렘에 올라가서 율법학자들과 대사제들 및 장로들로부터 고난을 당해야만 할것이라는 말씀을 하시기 시작하셨습니다. 이는 그가 그로 인해 그들에게 가르치는 것을 중단하지 않을 수 없기 때문이었습니다. 29절: 베드로가 그에게로 가서 성을 내며 말했습니다. "부디 신이나 창조주께서 그것을 중단시키기를 원합니다." 30절: "당신에게 이 일이 일어나지 않았으면 좋겠습니다 그들이 당신을 체포하여 고문하고 죽일 것이기 때문입니다." 31절: 임마누엘이 베드로에게 크게 노하여 말씀하셨습니다. "사탄아, 썩 물러나거라. 그때는 나를 성가시게 하는 자로다. 이는 그대가 영적으로 생각지 않고 오직 인간의 입장에서 생각하고 있는 까닭이로다."

『마태복음』 16장 18~19절의 내용과 『탈무드 임마누엘』에 기록되어 있는 내용을 대조하여 보면 베드로의 거짓말이 금방 탄로난다. 『마태복음』 16장 18~19절에 나오는 "내가 네게 이르노니, 너는 베드로라 내가 이 반석 위에 내 교회를 세우리니 음부의 권세가 이기지 못하리라. 내가 천국 열쇠를 네게주리니 네가 땅에서 무엇이든지 묶으면 하늘에서도 묶일 것이요 네가 땅에서 무엇이든지 풀면 하늘에서도 풀리리라" 는 내용은 초대 로마교황을 지낸 베드로가 자신의 권위를 높이기 위해 허위로 삽입한 구절임을 여러 종교 사학가들은 지적하고 있다.

"땅에서 묶는다"는 것은 체포, 구속, 속박의 뜻이고, "땅에서 푼다"는 말은 해방과 자유의 뜻이다. 죄인들을 사면하고 방면할 수 있는 해방의 권력과 이교도 및 로마교황청의 명령을 거역하는 무리들을 이단으로 몰아 구속하고 감금하여 마음대로 처형할 수 있는 무소불위의 교황적 권력이 마치 예수로부터 위임받은 신권임을 위장하기 위해 베드로가 허위 기재한 『마태복음』 16장 18~19절은 지난 2천년 동안 신과 예수의 이름으로 인류 역사를 피로 물들인 온갖 죄악과 학살극의 성서적 근거를 제공해 왔다. 희교도와 유대교를 교황 우르바누스 2세가 악마로 규정하여 벌린 9차례의 십자군전쟁, 독일 보헤미야 지역에서 발생하였던 정통 가토릭과 이단 프로테스탄트 간의 30년 전쟁. 이단심문소(Inquisition)에 의한 종교재판과, 마녀사냥, 북중남미 대륙에서 신구 교도에 의해 자행되었던 아메리카 원주민의 대학살, 기독교 국가들끼리 벌린 1, 2차 세계대전. 보스니아의 인종 청소전쟁 등 – 이루 말할 수 없는 피의 역사가 선교와 구원의 미명하에 저질러진 기독교 2천 년의 죄악사이다.

더구나 베드로는 새벽닭이 울기전 예수를 3번 부정한 배신자다.『마태복음』 26장 72절에는 예수를 3번째 부정한 베드로가 "내가 그 사람을 알지 못하노라"고 기록되어 있지만 『탈무드 임마누엘』 28장 73절에는 "진실로 나는 그 미친 자를 알지 못하노라. 여호와 신을 모독하는 그의 가르침을 알지 못하노라"고 기재되어 있다.

예수는 베드로에게 "그대가 분명히 나의 충실한 제자이기는 하나, 그대의 이해는 아직 어린아이의 수준에 불과합니다. 그대 베드로여, 나는 그대의 반석위에 나의 가르침을 펼 수 없습니다. 나는 영혼의 왕국의 열쇠를 그대에게 줄 수 없습니다. 그대가 그것으로 그릇된 자물쇠를 사용하여 잘못된 문을 열고자 할 것이기 때문입니다. 오직 창조주만이 영혼을 다스리실 뿐 결코 인간이 다스리지 못합니다"라고 분명히 말씀했다. 그럼에도 불구하고 예수를 미친 자로 매도하는 베드로에게 천국의 열쇠를 맡겨 그의 반석 위에 교회를 세우고 베드로가 땅에서 누구든지 속박하고 구속하고 치죄하면 하늘에서도 용인할 것이요 베드로가 죄인을 사면하여 해방시키면 하늘에서도 찬동할 것이라는 『마태복음』 16장 18~19절의 기록은 진실을 은폐한 완벽한 사기극이라 아니할 수 없다.

죄를 지은 것도 없는데 무슨 죄를 사면하며 창조주만이 인간의 육신 속에 분유되어 거주하고 있는 자신의 영혼을 다스리실 뿐 결코 인간인 신도 다스리지 못하는데 어떻게 교황이나 신부, 목사가 영혼을 다스리는가?

1920년대 북경대학 교환교수를 지낸 버트란트 러셀은 기독교가 차이나에서 실패한 원인을 두가지로 진단했다. 첫째, 인간은 태어날 때부터 원죄의 멍에를 메고 나온 죄인이라는 교리를 지나인들은 도저히 납득할 수 없었고 둘째, 공자의 영향으로 조상 섬기는 경조(擎祖)사상이 투철한 지나인들이 조상의 신위(神位)에 절하고 제사드리는 행위를 선교사들이 우상숭배로 매도한데 있다 하였다.

원죄 이외에도 성경에는 유달리 죄이야기가 많다. 예수 당시의 유대인들은 모세 율법에 따라 살지 않는 모든 사람을 죄인으로 규정하고 있으며 유대인 열심당원들(zealots)은 로마제국을 위해 세금을 징수하는 마태와 같은 세리도 용서할 수 없는 죄인으로 간주하였고 세리와 죄인과 더불어 식사하는 예수도 비난의 대상이 되었다.

성경에서 말하는 죄의 규정은 매우 넓어 우상숭배 살인 간음 등 행위의 죄뿐만 아니라 생각과 상상의 자유마저도 엄연히 죄로 규정하고 있다. 『마태복음』 5장 27절: 너희는 옛사람들에게서 "너는 간음하지 말지니라"고 한 말씀을 들었으나, 28절: 내가 너희에게 말하노니 "음욕을 품고 여자를 바라보는 자는 누구나 그의 마음에 그녀와 더불어 이미 간음하였느니라."

　아름다운 여자를 보고 연정을 느껴 "저런 여자와 하룻밤이나마 만리장성을 쌓았으면 좋겠다"고 혼자 마음속으로 생각하는 것은 건강한 남자라면 누구나 가져볼 수 있는 상상의 자유에 속한다. 만약 상상의 자유마저도 죄라면 가난한 자가 맛 있고 비싼 미식(美食)을 보고 군침 흘리는 것도 죄가 되고 뺑돌이가 춘향을 바라보며 짝사랑의 한숨짓는것도 죄이고 공부 잘하는 학생을 부러워 하여 마음속으로 질투하는 학생도 죄인이 되고 만다. 이러한 의미에서 상상의 자유를 죄로 규정한『마태복음』5장 27~28절은 말도 안되는 소리로서 결코 예수께서 말씀한 적이 없는 내용이다.

　위의 내용은『탈무드 임마누엘』5장 산상설교편에 이렇게 기록되어 있다. 5장 27절: "그대들은 간음하지 말라는 말을 들었습니다." 28절: 그러나 나는 그대들에게 말합니다. "배우자가 아닌 다른 사람과 동침하는 사람은 누구든지 법정으로 끌려가야만 합니다. 그것은 인간으로서 할 짓이 못되므로 경멸당해 마땅한 것이며 자연의 법칙을 어기는 행위이기 때문입니다." 물론 강간, 간음, 사통, 청소년 성폭행등 이른바 성범죄는 어느 시대 어느 나라를 막론하고 인간의 법정에서 준엄한 심판을 받고 처벌된다. 인간의 보편적 상식에 어긋나는 이러한 성범죄를 처벌하는 이유는 결혼의 순결과 가정의 신성을 지켜 인간세계의 질서를 유지하기 위해서이며 처벌의 대상은 어디까지나 나쁜 행동을 한 범죄자의 신체에 국한될 뿐 범죄자의 마음이나 영혼을 처벌하는 것이 아니다.

　『탈무드 임마누엘』12장에 예수께서 결혼의 법도 및 그와 관련된 주제를 가지고 설교한 내용이 기록되어 있는데 기존의 마태복음, 마가복음, 누가복음 12장에는『탈무드 임마누엘』13장의 변조된 내용이 수록되어 있을 뿐 결혼과 동거에 관한 예수의 가르침이 완전히 배제되어 있다. 낙태, 인공수정, 복제인간 등이 쟁점으로 부상한 오늘날 성윤리는 인류의 중요한 주제이기 때문에 여기서 예수의 가르침을 간단히 소개코자 한다.

1) 모든 간음과 사통은 안된다. 2) 혼전 섹스는 안된다. 3) 남자와 남자 간의 동성연애(homosexuality)는 안된다. 4) 여자들끼리 동성연애하는 레스비안(lesbian)은 허용된다. 레스비안을 처벌하지는 않지만 레스비안이나 게이(gay)를 막론하고 동성 연애는 창조주의 법칙과 자연의 법칙에 어긋난다고 말씀했다. 12장 9절: 진실로 내가 그대들에게 말합니다. "하늘 아래 어떤 짐승들도 인간들처럼 창조주와 자연의 법칙을 거역하는 경우가 없습니다. 그러나 인간들은 짐승들보다 훨씬 귀중한 존재가 아닙니까?" 10절: "하늘 아래 어떤 짐승들에게서도 수컷이 수컷과 동거하거나 암컷이 암컷과 동거하는 것을 발견할 수 없나니 이는 암수 모두가 자연의 법칙을 따르기 때문입니다."

5) 혼외정사(extra-marital sex)와 매춘(prostitution)은 금지되어야 한다. 6) 어린이 성폭행범은 마땅히 처벌되어야 한다. 7) 근친상간(incest)은 안된다. 8) 축생(畜生)과 성교하는 계간(鷄姦, sodomy)은 안된다. 9) 죄를 짓고 이혼자와의 결혼도 용납되지 않는다. 10) 책임지지 않는 임신으로 미혼모를 만드는 남자도 처벌되어야한다. 11) 강간범은 마땅히 엄벌되어야 한다.

12장 18절: 물리적인 폭력이나 사람의 생각에 대한 정신적인 폭력이나를 막론하고 다른 사람에게 폭력을 휘두르는 사람은 생명과 그 법칙에 합당치 않으므로 마찬가지로 처벌하여야 하나니, 그로써 그가 사는 동안 자유를 박탈당하고 속박과 고립속에서 생을 마치겠끔 만들어야 할 것입니다. 예수께서 이처럼 성도덕을 강조하신 이유는 다음 구절에서 명확하게 드러난다. 19절: 진실로 내가 그대들에게 말합니다. "이 질서의 법칙들은 자연으로부터 주어진 것이며 반드시 준수되어야 합니다. 그렇지 않으면 인간들은 자신들과 인류 전체에게 죽음을 초래할 것입니다." 20절: "지구는 5억 정도까지의 인류를 먹이고 지탱할 수 있습니다. 그러나 이러한 법칙들이 지켜지지 않을 경우에는 2천 년 안으로 10배가 넘는 인간들이 이지구상에 존재하게 될 것이며 그렇게 되면 지구는 더 이상 그들을 지탱할 수 없게 될 것입니다."

위의 문장 중 "지구는 5억 정도까지의 인류를 먹이고 지탱할 수 있다"는 예수의 말씀은 대단히 중요한 사항이므로 제 9장에서 다시 다루기로 한다. 조작된 신약 성경과는 달리 예수의 진정한 가르침에는 죄와 지옥과 구원의 3가지 개념이 없다 그럼에도 불구하고 예수께서 결코 말씀한 적이 없는 원죄(The sin of Adam)와 구원(salvation)을 왜? 바울은 그다지도 강조하는가? 바울이 쓴 로마서, 고린도전후서, 디모데전후서, 빌립보서, 골러새서, 빌레몬서, 갈라디아서, 예배소서, 히브리서는 온통 죄와 구원의 이야기로 도배질 되어 있다.

인간의 뇌리에서 생멸하는 모든 관념은 경험에 바탕을 둔다. 갓 태어난 어린아이의 정신은 본래 아무것도 쓰여져 있지 않는 백지이고 백지위에 살아가면서 체득하는 경험적 관념이라는 문자를 써넣는다. 영국의 경험주의 철학자 존 로크는 토마스 아퀴나스의 용어를 인용해 인간의 원초적 정신상태를 타불라라사(tabularasa) 즉, 아무것도 쓰여져있지 않는 하얀 종이로 표현 하였다.

아무것도 쓰여져 있지 않는 순결한 하얀 종이를 더러움으로 얼룩진 불결한 종이로 만들기 위해서는 죄라는 이름의 시커먼 먹물을 인공적으로 집어 넣어야 한다. 하얀 종이를 검은 종이로 바꾸어 모든 사람을 선악과를 따먹고 원죄를 저지른 아담이 낳은 죄악의 씨앗으로 만들어야만 구원의 의미가 현실적으로 성립될 수 있다. 이러한 의미에서 예수의 이름을 가탁(假託)한 바울교(현 기독교)는 육체적 범죄는 물론 여자를 보고 연정을 품은 사람조차 정신적 범죄를 저지른 죄인으로 만들어 구원이라는 이름의 상품을 고가로 판매하는 구원 장사꾼 내지 천당행 암표 판매 영리단체라 말할 수 있다. 중세 유럽의 1000년간 암흑사가 이를 증거하고 있다.

6. 신앙의 문제

무엇이 신앙이며 신앙의 내용은 무엇인가? 나의 영혼은 창조주 영혼의 불가분적 한 부분이므로 창조주와 나는 두 개의 별다른 존재가 아닌 하나의 동일 존재임을 인식하고 이러한 불변의 진리를 신봉하는 것 - 이것이 예수께서 가르친 신앙의 본질이다. 이점에 있어 바울교의 거짓된 신앙이 아닌 예수교의 참 신앙은 나의 영혼이 창조주의 영혼임을 믿는 한 검단군의 선(禮)과 가륵단군의 윤집궐중(允執厥中) 그리고 불교의 타타가타(如來如去)와 완전 일치한다. 따라서 예수께서 말씀하신 신앙의 대상은 허공 저편에 계시는 무형의 창조주가 아니라 유형의 내 육신 속에 이미 강림해 있는 창조주 영혼 =나의 영혼이다

『탈무드 임마누엘』에 나와 있는 예수의 산상설교 내용과『마태복음』5장에 나와 있는 변조된내용의 산상설교를 괄호안에 삽입하였으니 독자 여러분께서 진짜와 가짜를 대조하시기 바란다.

제5장 산상설교 3절: 영적으로 부유하여 진리를 깨닫는 사람들은 축복받나니 생명이 곧 그들의 것이기 때문입니다(심령이 가난한 자는 복이 있나니 천국이 저희 것임이요). 4절: 애통해 하는 사람들은 축복 받나니 그로 인해 그들이 진리를 깨닫고 위로를 받게 될 것이기 때문입니다(애통해 하는 자는 복이 있나니 저희가 위로를 받을 것임이요). 5절: 영적으로 균형이 잡힌 사람들은 축복받나니 그들이 지식을 소유하게 될것이기 때문입니다(온유한 자들은 복이 있나니 그들이 땅을 유업으로 받을 것임

이요). 6절: 진리와 영혼의 지식에 굶주리고 목말라하는 사람들은 축복받나니 그들이 만족하게 될것이기 때문입니다(의에 굶주리고 목마른 자들은 복이 있나니 저희가 배부를 것임이요).

7절: 자연의 법칙에 따라서 사는 사람들은 축복받나니 그들이 창조주의 계획에 따라 살기 때문입니다(긍휼히 여기는 자는 복이 있나니 저희가 긍휼히 여김을 받을 것임이요). 8절: 깨끗한 양심을 가진 사람들은 축복받나니 그들은 두려워할 필요가 없기 때문입니다(마음이 순결한 자들은 복이 있나니 그들이 신을 볼것임이요). 9절: 창조주를 아는 사람들은 축복받나니 그들이 그릇된 가르침을 따르지 않기 때문입니다(화평케 하는 자들은 복이 있나니 그들이 신의 자녀라 불릴 것임이요).

10절: 의로운 사람들은 축복받나니 자연이 그들에게 순종하기 때문입니다(의를 위하여 박해를 받는 자들은 복이 있나니 천국이 그들의 것임이라). 11절: 사람들이 나와 내 가르침 때문에 그대들을 욕하고 핍박하여 그대들에게 온갖 사악한 말들을 꾸며댄다면 그대들 또한 축복받을 것입니다(나로 인하여 사람들이 너희를 욕하고 박해하고 거짓으로 꾸며 갖은 악한 말로 너희를 거슬러 말할 때에 너희에게 복이 있나니). 12절: 진리를 가볍게 아는 자들이 그대들 이전에 왔던 예언자들도 이같이 핍박하였으니 기뻐하고 즐거워하시오. 이생과 내생에서 그대들은 보답을 받을 것입니다(기뻐하고 크게 즐거워하라. 이는 하늘에서 너희의 상이 큼이라. 너희 앞에 있었던 선지자들도 그들이 이같이 박해하였느니라).

『탈무드 임마누엘』 6장 6절: 인간의 영혼은 많은 말을 필요로 하지 않습니다. 다만 능력있는 영혼이 되기 위해 지식을 필요로 할 뿐입니다. 그리하면 너희 자선행위가 은밀히 되어져서 은밀히 보시는 네 아버지께서 친히 너에게 드러나게 갚아주시리라). 7절: 그러므로 영혼이 위대하며 그 능력이 무한함을 깨달아서 영혼의 전능함을 향해 기도하시오(『마태복음』 6장 5절: 또 네가 기도할 때에 위선자들 같이 되지말라 그들은 사람들에게 보이려고 회당 안에서와 길 모퉁이에서 기도하기를 좋아하느니라 진실로 내가 너희에게 말하노니 그들은 그들의 상을 받은 것이니라).
19절: 그대의 영혼에게 기도하면 영혼은 원하는 바를 줄것입니다 깨닫고 믿으시오 그러면 그대들이 보상을 받게 될것입니다(『마태복음』 6장 14절: 만일 너희가 사람들의 허물을 용서하면 하늘에 계신 너희 아버지께서도 너희를 용서할 것이니라).

20절: 그러나 창조주의 영혼과 그의 전능하신 능력이 그대 안에 깃들어 있지 않다는 그릇된 가르침을 믿는다면 그대들에게는 지식이 없을 것이며 영적인 가난 속에서 살게 될 것입니다(『마태복음』 6장 15절: 그러나 만일 너희가 사람들의 허물을 용서하지 아니하면 너희 아버지께서도 너희의 허물을 용서하지 아니 하실 것이니라).

7장 10절: 진실로 내가 그대들에게 말합니다. 그대들의 영적인 보물을 쓰레기같은 자들에게나 가치없는 자들을 위해 낭비하지마시오. 그들은 고마워 하기는커녕 그대들을 찢어발겨 버릴 것이니 이는 그들의 이해가 부족하고 영혼이 허약하기 때문입니다. 11절: 구하시오, 그러면 그대들이 얻을 것이오. 찾으시오, 그러면 그대들이 발견할 것이오. 두드리시오, 그러면 그대들에게 열릴 것입니다.

12절: 진심으로 스스로의 영혼에게 구하는 사람들은 받을 것이오 그들의 영혼의 능력을 통하여 찾는 사람들은 발견할 것이며 그들의 영혼의 문을 두드리는 사람들에게 그 문은 열릴 것이기 때문입니다(『마태복음』 7장 5~8: 너 위선자여 먼저 네 자신의 눈에서 들보를 뽑아내라, 그러면 네가 밝히 보고 네 형제의 눈에서 티를 빼내리라 거룩한 것을 개들에게 주지 말고 너희의 진주를 돼지들 앞에 던지지 말라. 그들이 그것을 발로 밟고 다시돌아서서 너희를 공격할까 함이라. 구하라, 그러면 너희에게 주실 것이요. 찾으라, 그러면 너희가 찾을 것이오. 두드리라, 그러면 너희에게 열릴 것이라. 이는 구하는 자마다 받을 것이요 찾는 자는 찾을 것이요 또 두드리는 자에게는 열릴 것이기 때문이니라).

7. 노예 도덕의 문제

『마태복음』 5장 38~48절에는 예수가 제자들에게 가르친 기독교 특유의 윤리조항이 기록되어 있다.

5장 38절: 또 '눈은 눈으로 이는 이로' 라고 말한 것을 너희가 들었으나, 39절: 나는 너희에게 말하노니 악한 자에게 저항하지 말라. 누구든지 네 오른 뺨을 때리거든 왼쪽 뺨도 돌려대라. 40절: 또 만일 누가 너를 법에 고소하여 너의 웃옷을 빼앗으려 하거든 외투까지도 갖게 하라. 41절: 또 누구든지 너에게 억지로 1마일을 가자고 하거든 2마일을 동행해주라. 42절: 너에게 구하는 자에게 주며 너에게 빌리고자 하는 자로부터 돌아서지 말라. 43절: 너희는 네 이웃을 사랑하고 네 원수를 미워하라고 말한 것을 들었거니와, 44절: 나는 너희에게 말하노니 너희 원수들을 사랑하고 너희를 저주하는 자들을 축복하며 너희를 미워하는 자들에게 잘해주고 너희를 천대하고 박해하는 자들을 위하여 기도하라.

45절: 그래야 너희가 하늘에 계신 너희 아버지의 자녀가 되리니 이는 신께서 그 분의 태양을 악인과 선인 위에 떠오르게 하시며 의로운 자와 불의한 자 위에 비를 내리심이라. 46절: 만일 너희가 너희를 사랑하는 사람들을 사랑하면 무슨 상을 받으리요? 세리들도 그 같이 아니하느냐? 47절: 또 만일 너희가 너희의 형제들에게만 문안하면 다른 사람들보다 더 나은 것을 무엇이냐? 세리들도 그 같이 아니 하느냐? 48절: 그러므로 하늘에 계신 너희 아버지께서 온전하심같이 너희도 온전하라.

하지만 『마태복음』 5장 38~48절에서 말하는 기독교인의 윤리조항은 문자 그대로 피압박자인 노예의 윤리이며 건전한 상식을 가진 일반사람들이 실천할 수 있는 보편적 윤리가 되지 못할뿐더러 예수께서 결코 가르친 적이 없는 허위적 내용이다. 생각해보라! 건전한 상식을 가진 일반사람으로서 오른 뺨을 맞으면 왼뺨마저 돌려대고 웃옷을 빼앗기면 외투마저 벗어주고 1마일을 가자고 강요하면 2마일을 자발적으로 동행해주고 원수를 내몸처럼 사랑하고 나를 천대하고 박해하는 자를 위해 기도하고 축복해주는 일이 언감생심 무슨수로 가능하겠는가?

그러므로 『마태복음』 5장에 현시된 윤리는 사도 바울이 "천국이 가까워졌다"(Kingdom of heaven is at hand)는 그리스도교의 메시지를 로마제국에 전파하는 과정에서 대량의 노예노동에 의존하는 로마제국의 라티푼디움(Latifundium: 노예노동으로 유지하던 로마의 거대 공동농장) 경제체제를 옹호하려는 목적으로 노예들에게 일방적으로 강요한 왜곡된 노동윤리라 말할 수 있다. 악한 노예 주인이 노예의 오른 뺨을 때리면 왼쪽 뺨마저 맞아주고 노예의 겉옷을 빼앗으면 속옷마저 내어주고 오늘 $100m^2$의 밭을 갈으라하면 $200m^2$의 밭을 자발적으로 갈고 때리고 욕하는 원수같은 주인을 위해 불평 한마디 없이 기도하고 축복해주면 죽어 천당에 갈 수 있다는 달콤한 말로 노예들을 유혹한 것이다.

무릇 인간사회의 윤리도덕은 석가나 예수같은 성인들의 도덕윤리가 아닌 보통사람으로서 쉽게 실행할 수 있는 윤리가 되어야만 보편타당성이 있다. 아무리 수영에 능한 자라 할지라도 그에게 태평양을 헤엄쳐 건너라고 한다면 이는 실천 불가능한 무리한 요구 밖에 되지 못한다. 이러한 의미에서 인간의 본성을 누구보다 잘알고 계시는 예수께서 보통사람이 도저히 실천할 수 없는 무리한 윤리조항을 요구할 리는 만무하다.

『마태복음』 5장 38~48절에 해당되는 내용이 『탈무드 임마누엘』에는 이렇게 기록되어 있다. 5장 산상설교 38절: 그대들의 말은 항상 간단하게 옳으면 옳다하고 아니면 아니라고만 하시오. 무엇이던지 이를 넘어서는 것은 법칙에 어긋납니다. 39절: 그대들은 눈에는 눈 이에는 이라는 말을 들었을 것입니다. 40절: 그러나 나는 그대들에게 말합니다. 창조주의 자연 법칙에 따라 정의를 행하시오. 그리하면 논리적인 판결을 발견하게 될 것입니다. 41절: 사랑을 필요로하는 곳에서는 어디에서든지 사랑을 베푸시오. 그리고 자연의 법칙상 처벌을 해야만 하는 곳에서는 어디에서든지 처벌하시오. 42절: 사람들이 정직하게 도움을 청하거든 도움을 주시오. 그러나 정직하지 않은 방법으로 그들이 당신에게 무언가를 빌리고자 하거던 외면하시오.

43절: 그대들은 네 이웃을 사랑하고 네 원수들을 미워하라는 말을 들었을 것입니다. 44절: 그러나 나는 그대들에게 말합니다. 창조주의 법칙에 따라 사랑과 이해를 실천하시오. 그리하면 논리에 맞는 올바른 행동과 감정을 발견하게 될것입니다.

45절: 정당한 곳에서는 사랑을 베푸시오 또한 자연의 법칙상 필요한 경우에는 혐오하시오. 46절: 그대들은 영혼의 지식을 배울 수 있을 만큼 현명해져야만 합니다 이는 그래야만 그대들을 만든 창조주와 같이 영적으로 완전해질 수 있기 때문입니다. 47절: 그대들은 그대들 스스로가 창조주와 하나가 될 수 있도록 인간으로 태어나는 무수한 과정을 통하여 영혼과 의식을 훈련시켜 완전하게 만들지 않으면 안됩니다.

8. 변형(變形, Transfiguration)과 기적(奇蹟)의 문제

『마태복음』 17장 1~13절, 『마가복음』 9장 1~13절, 『누가복음』 9장 28~36절에 기록되어 있는 예수의 Transfiguration은 한국어로 변형이라 번역되었다. Transfiguration의 어원은 그리이스어 Metamorphosis에서 나왔는데 Metamorphosis는 요술이나 마술로 사람이나 사물의 형체나 구조, 소재나 성분을 완전히 다른 것으로 변화시킨다는 뜻이다 (Complete change of form, structure of substance as transformation by magic or witch craft) .

소설 『서유기』에 손오공이 자신의 머리카락 한올을 뽑아 입으로 후욱 불면 72명의 손오공이 동시에 나타나기도 하고 때로는 아리따운 처녀나, 늙은 마귀할멈, 소, 호랑이, 뱀, 나비, 파리 등 손오공이 마음먹은 대로 자유자재로 변형, 변신하는 장면을 읽을 수 있는데 이것이 바로 Transfiguration = Metamorphosis이다. 예수의 Transfiguration을 묘사한 『누가복음』 9장 28~36절의 기사를 보자.

28절: 이 말씀을 하신 후 약 8일째 되는 날 주께서 베드로와 요한과 야보고를 데리고 기도하러 산으로 올라가시더라. 29절: 예수께서 기도하실 때에 그의 용모가 변하며 그의 옷은 희고 빛이 나더라. 30절: 그런데 보라. 2사람이 주와 대화하는데 그들은 모세와 엘리야라. 31절: 영광 중에 나타난 그들은 이제 예수살렘에서 이루시려고 하는 주의 죽음에 관하여 이야기하고 있더라. 32절: 그러나 베드로와 그와 함께 있던 동료들은 잠에 빠졌다가 깨어나서 주의 영광과 주와 함께 서 있는 두사람을 보더라.

33절: 그리고 그들이 주로부터 떠날 때에 베드로가 예수께 말씀드리기를 "선생님 우리가 여기에 있는 것이 좋사오니 장막 셋을 짓되 하나는 주님을 위하여 하나는 모세를 위하여 또 하나는 엘리야를 위하여 지었으면 하나이다" 하였으니 자기가 무엇을 말하는지도 모르며 말하더라. 34절: 그가 이런 말을 하고 있을 때에 구름이 와서 그들을 덮으니 그들이 구름속으로 들어가자 제자들은 두려워하더라. 35절: 그때 구름속에서 음성이 있어 말하기를 "이는 내 사랑하는 아들이니 그의 말을 들으라"고 하더

라. 36절: 그 음성이 그치자 예수만 보이더라. 그 후 그들은 침묵을 지키고 얼마 동안 자기들이 본 것을 아무에게도 말하지 아니하더라.

『마태복음』17장 3절: 그런데 보라 모세와 엘리야가 그들에게 나타나 예수와 함께 이야기하더라.『마가복음』9장 4절: 거기에 엘리야와 모세가 그들에게 나타나 예수와 함께 이야기하더라. 베드로 사도요한 야고보 앞에 나타나 예수와 이야기를 나누다가 구름 속에서 음성이 들려온 뒤 사라진 모세와 엘리야는 다른 사람이 아닌 모세와 엘리야의 육신으로 변형된 예수 자신이다. 예수도 예수, 모세도 예수, 엘리야도 예수로서, 한사람의 예수가 모습이 서로 다른 세사람의 예수로 변형한 것이다. 이 놀라운 광경을 목도한 사도 요한은 예수를 인간의 몸을 빌려 지구에 나타난 창조주로 확신하고『요한복음』서두에 이렇게 썼다.

"태초에 말씀이 계시니라. 말씀이 신과 함께 계셨으니 그 말씀은 곧 신이시니라. 그가 태초에 신과 함께 계셨고 만물은 그에 의하여 지은 바 되었으며 이미 지음을 받은 것 가운데 그가 없이 지어진 것은 아무것도 없더라." 모세와 엘리야를 만든 창조주가 곧 예수라는 뜻이다. 그러나 예수 스스로가 윤회를 그친 인간으로서의 신과 육신의 형상없이 순수 O으로만 존재하는 창조주를 구별하였고 또한 자신은 신도 아니고 신의 아들도 아니고 메시야도 아닌 사람의 아들이라고 표현한 이상 Transfiguration의 광경을 목격하고 예수를 창조주와 동일시한 사도요한의 논리는 예수의 가르침과 부합되지 않는다.

실제로『탈무드 임마누엘』에는 예수의 Transfiguration사건이 기록되어 있지 않다. 그럼에도 불구하고 필자가 Transfiguration을 중요한 논제로 설정한 이유는 Transfiguration의 정확한 이해 없이는 온갖 종류의 불치병자들을 고치고 죽은 나사로를 살려내고 물을 포도주로 변하게 하고 호수 위를 걷는 등 – 지혜의 왕 임마누엘이 행한 수많은 기적들을 도저히 설명할 수 없기 때문이다.

　Transfiguration의 어원인 그리스어 Metamorphosis는 요술이나 마술을 써 겉모습을 변형시키는 것이기 때문에 이는 구미호가 둔갑(遁甲)하여 아리따운 처녀로 변하는 귀신부리는 술수인 둔갑술과 같은 의미를 가진다. 그렇다면 예수께서는 요술을 부리는 둔갑술사인가? 전혀 아니다 예수의 Transfiguration은 무식한 제자들과 대중들에게 진리를 가르치기 위한 하나의 수단이기 때문에 서양의 철학용어와 기독교 신학용어로는 Transfiguration의 정확한 의미를 온전히 표현할 수 없다. 다행히 동양 언어 중 이에 상응하는 적합한 용어가 있으니 바로 산스크리트어 마야우파마 비목사(maya-upama vimoksa)를 한문으로 번역한 여환해탈(如幻解脫)이라는 말이다.

　석가모니의 전생담을 이야기하는 『화엄경』 입법계품(入法界品) 무염족왕(無厭足王)편에 나와 있는 기사를 보자.

　"석가모니가 성불하기 전 선재동자(善財童子)로 있을 당시 진리를 구하기 위해 열 여덟 번째로 찾아간 부처가 다라당국(多羅幢國)의 주인인 무염족왕이다. 선재동자는 사람들의 말을 듣고 왕을 찾아갔다. 왕은 나라연금강좌에 앉아 있었는데 그에게는 막강한 권력이 있어 대항할 자가 아무도 없었고, 수많은 대신들이 앞뒤로 모시고 나라일을 함께 처리하였다. 그의 앞에는 또 10만 명의 군졸들이 있었는데 용모가 험악하고 의복이 누추하여 무장을 하고 눈을 부릅뜨고 있어 보는 사람들이 모두 무서워하였다. 무수한 중생들이 왕의 법을 범하여 온갖 형벌을 받았다.

　도둑질을 하고 살인을 하며 남의 아내를 범하고 혹은 그릇된 소견을 내며 원한을 품었거나 탐욕과 질투로 인해 악행을 저지르면 그 몸을 포박하고 왕 앞에 끌어내어 죄에 따라 형벌을 주었다. 손과 발을 자르기도 하고 귀와 코를 베기도 하며 눈알을 뽑고 목을 치며 혹은 살갗을 벗기고

살을 도려내기도 하며 끓는 물에 삶고 타는 불에 지지기도 하며 높은 산에 끌고 올라가 밀어 떨어뜨리는 등의 끔찍한 고통이 한량없어 울부짖는 소리가 마치 중합지옥(衆合地獄, 죄인을 모아 두 철위산(鐵圍山) 사이에 가두고 두산이 합쳐져서 고통을 받게 하거나 혹은 큰 쇠구유속에 넣고 눌러짜는 등의 고통을 받게하는 지옥)과 같았다.

이런 광경을 목격하고 선재동자는 생각하였다. '나는 모든 중생을 이롭게 하기 위해 보살행을 구하고 보살도를 닦는데 이 왕은 선법(善法)은 하나도 없이 큰 죄업만을 짓고 있다. 중생을 핍박하여 생명을 빼앗으면서도 미래에 받을 악도(惡道)를 두려워하지 않으니 어떻게 이런데서 법을 구하고 대비심(大悲心)을 내어 중생을 구호할 수 있겠는가.' 이와같이 생각하는데 공중에서 어떤 천신(天神)의 말이 들려왔다. '선남자여, 그대는 선지식(善知識)의 말을 잊지 말라. 선지식은 그대를 인도하여 험난하지 않고 편안한 곳에 이르게 할 것이다. 보살의 교묘한 방편의 지혜는 헤아릴 수 없고 중생을 거두어주는 지혜는 헤아릴 수 없고 중생을 해탈하게 하는 지혜는 헤아릴 수 없고 중생을 조복(調伏)하는 지혜는 헤아릴 수 없느니라.'

선재는 이 말을 듣고 왕의 처소에 나아가 그의 발에 예배드리고 말하였다. '성자시여, 저는 이미 위없는 보리심을 말했으나 보살이 어떻게 보살행을 배우며 어떻게 보살도를 닦는지 알지 못합니다. 성자께서는 잘 가르쳐주신다 하오니 말씀해주소서.' 무염족왕은 다스리는 일을 마치고는 선재동자의 손을 잡고서 궁중으로 들어가 마주앉아 말하였다. '선남자여, 그대는 우선 내가 거처하는 궁전을 보라.' 선재동자는 왕의 말을 듣고 두루 살펴보았다. 그 궁전은 넓고 크기가 그 무엇과도 비교할 수 없고, 모두 미묘한 보배로 이루어져 있었다. 또한 칠보의 단장으로 둘러싸고 온갖 보배로 누각이 되어 눈부셨다. 그리고 수많은 시녀들이 공손히

시중을 들고 있었다. 왕이 선재에게 말하였다.

'선남자여, 어떻게 생각하는가. 내가 만약 참으로 악업을 짓는다면 이런 과보(果報)와 이런 몸매와 이런 권속(眷屬)과 이런 부귀와 자재(自在)함을 누리겠는가. 나는 보살의 여환해탈(如幻解脫)을 얻었노라. 내 국토에 있는 중생들 가운데는 살생과 도둑질 혹은 그릇된 소견을 가진 자가 많아서 다른 방편으로는 그들의 악업을 버리게 할 수가 없다. 그러므로 나는 그들을 조복(調伏, dama, danta, damma: 몸의 자세를 올바른 상태로 조절하고 심신을 제어하여 악한 감정이나 원한, 질투심 등을 없애는 수양)하기 위해 악인으로 변신하여, 온갖 죄악을 지어 갖가지 고통을 받는 장면들을 보여준 것이다. 이는 중생들이 보고 두려운 마음을 품고 싫어하며 악업을 끊고 보리심을 발하게 하기 위해서이다.

나는 이와 같이 교묘한 방편으로서 중생들로 하여금 열 가지 악업을 버리고 열 가지 선도에 머물러 항상 즐겁고 편안하게 하여 마침내 일체지(一切智, Sarva-Jna: 모든 것을 알고 있는 사람, 완전한 지혜를 갖춘 사람)의 자리에 머물게 하려는 것이다. 선남자여, 내 몸과 말과 뜻으로 짓는 일로서 아직까지 한 중생도 해친 적이 없다. 내가 차라리 무간지옥에 들어가 고통을 받을지언정, 한순간이라도 모기 한마리, 개미 한마리일지라도 괴롭히려는 생각을 한적이 없는데 하물며 사람이겠는가? 사람은 복전(福田)이다. 왜냐하면 모든 선법(善法)을 내기 때문이다.'"

도둑질, 살인, 남의 아내를 범하여 형벌을 받는 범죄자들은 모두 다른 사람이 아닌 악인으로 변신한 무염족왕 자신이었던 것이다.

없을無 싫어할厭 다리足 임금王의 이름이 말해주 듯 無厭足王은 다라당국의 완악(頑惡)한 백성들을 조복하기 위해 자신이 도둑이나 살인자 강간자로 변신하여 자신의 발로 직접 걸어다니면서 악행 저지르기를 싫어하지 않는 왕이라는 뜻이다. 如幻은 같을如 거짓幻이다. 한시적으로 존재하는 육신은 거짓이고 영혼이 참이기 때문에 여환해탈은 무염족왕이 도둑이나 살인자의 육신으로 자유자재 변신할 수 있는 신통력을 지녔다는 뜻이다.

보통사람에게 있어 영혼과 육신의 분리는 죽음을 의미하지만 임마누엘이나 부처, 그리고 비록 성불하였으나 적정열반(寂靜涅槃)에 머무는데 만족하지 않고 무주처열반의 정신으로 중생교화에 여념이 없는 관세음보살이나 문수보살같은 큰 보살들은 여의통(如意通, rddhi-vi-dhi-Jnana)을 얻어 어디든지 누구의 신체든지 자유롭게 영혼이 왕래할 수 있는 초자연적 능력을 가고 있다. 여의통은 신여의통(身如意通)의 준말로서 영혼이 자기의 생각대로 날아다니는 통력(通力)이며 시기에 응하여 크고 작은 몸을 나타내기도 하고 타인의 신체를 변형시키거나 경계등을 변화시킬 수 있는 능력도 가지고 있다.

당나라 선성사의 법당이 무너져내릴 것을 천안통으로 내다 본 원효는 신라 땅에서 소반을 던져 천명 대중의 생명을 구해주었다 법당에서 예배를 드리고 있던 대중들이 빙글빙글 돌며 공중에서 날아오는 소반을 신기하게 여겨 이를 보기 위해 너도나도 앞다투어 법당을 나온 찰라 법당이 무너져 내려 집단압사를 모면할 수 있었다. 땅바닥에 내려온 소반에 '海東沙彌 元曉'라는 글자가 쓰여져 있어 원효덕에 천 명이 살아났다 하여 이를 원효의 척반구중(擲槃救衆)이라 부른다. 그런데 원효가 소반을 던진 척반암(擲槃岩)이 두 군데 있다. 하나는 부산시 기장면 불광산에 있는 3층 높이의 집채 만한 바위이고 또 하나는 평안도 묘향산 상원사 뒤에 있는 바위이다.

성철 큰스님은 그의 법문에서 6개의 절에서 6명의 원효가 동시 열반한 사건을 말씀했지만 설씨 집성촌에 사는 경주의 촌로들은 신라 전국의 절에서 1000명의 원효가 동시 열반했다는 구전설화(口傳說話)를 전해주고 있다. 경기도 동두천에 있는 소요산 자재암(自在庵)에는 원효가 남긴 다음과 같은 글귀가 있다.

心生卽種種法生 心滅卽種種法滅

마음이 생기니 온갖 종류의 법이 생겨나고 마음이 멸하니 온갖 종류의 법이 멸하노라

원효가 바위에 앉아 좌선(坐禪)하고 있는데 눈부시게 아름다운 아가씨가 바구니에 온갖 약초를 가득담아 들고 원효 앞에 나타나 말하였다 "그대와 내가 오늘 하룻밤 운우(雲雨)의 정을 서로 나눔이 어떠하겠는가" 이말을 들은 원효가 위의 글귀를 읊으며 "眞如를 향한 나의 一心은 흔들림이 없노라"고 말하자, 관세음보살의 본모습으로 돌아온 처녀는 "그대의 道心이 얼마나 굳건한가를 살펴보기 위해 그대를 잠깐 시험했을 뿐이다" 라는 말을 남기고 총총히 사라졌다.

천개의 강에 비추이는 달이 천개의 서로 다른 달이 아닌 하나의 똑같은 달이듯이 다른 장소에서 소반을 던진 2명의 다른 원효, 1000개의 절에서 동시 열반한 1000명의 서로 다른 원효, 그리고 바위에 앉아 좌선하는 원효와 약초 캐는 아가씨와 관세음보살은 모두 여환해탈(如幻解脫)의 여의통(如意通)을 얻어 자유자재로 변신한 달륜기보살(達輪機菩薩: 불교사전에도 없는 원효 특유의 문자로서 진리의 수레바퀴를 자유자재로 굴리는 一切種智의 보살이라는 뜻)인 원효 한사람이다.

여환해탈과 여의통에 관한 지금까지의 설명을 바탕으로 예수의 불가사의한 행적을 해석해보자.

무엇보다 예수는 스스로 말씀하셨듯이 신과 같은 지혜를 가진 임마누엘이다. 그러므로 신이 할 수 있는 일은 궁극적 깨달음을 얻어 영혼의 완

성을 이룬 임마누엘도 할 수 있고 신이 할 수 없는 일은 임마누엘도 할 수 없다. 『탈무드 임마누엘』 3장 14절: 내가 너희에게 이르노니 신께서 하고자만 하신다면 자신의 지식과 능력으로 이 돌들로부터도 아브라함에게 자식을 만들어 주실 수 있느니라. 그는 창조주의 비밀을 아시기 때문이다(『마태복음』 3장 9절: 아브라함이 우리의 조상이라고 너희 속으로 말하려 생각지 말라. 내가 너희에게 말하노니 신께서 이 돌들로도 아브라함의 자손이 되게 하실 수 있느니라).

지구를 다스리는 신과 임마누엘은 돌들로부터도 인간의 육체를 만들어 낼 수 있으나 모든 인간에 내재하고 있는 창조주의 형상 없는 영혼은 오직 창조주만이 만들 수 있을 뿐 신과 임마누엘 2자 공히 만들어내지 못한다. 따라서 돌들로부터도 인간의 육체를 만들 수 있는 예수께서 모세와 엘리야의 육체를 만들어 그의 영혼을 모세와 엘리야의 육신속에 분유시켜 모세와 엘리야의 모습으로 나타나는 현상은 보통 사람의 눈에 불가사의한 기적으로 비춰질지 몰라도 여환해탈(如幻解脫)을 얻어 신여영통(身如嬰通)의 힘을 자유자재로 구사하는 예수로서는 손바닥을 뒤집듯 쉬운 일이다

불치병자를 고치신 신의(神醫)로서의 예수의 치유행적(治癒行跡)은 『탈무드 임마누엘』에 8번, 『마태복음』에도 8번 나온다. 그 내역을 살펴보면, 1) 문둥병자 치유, 2) 백부장의 종 치유, 3) 베드로의 장모 치유, 4) 귀신들린 두사람 치유, 5) 중풍환자 치유, 6) 야이로의 딸을 살려내고 혈우병을 가진 여인을 치유, 7) 한 소경과 두 벙어리를 치유, 8) 두 소경의 눈을 뜨게하심 등이다.

병을 고칠 때마다 예수는 환자를 고치는 힘은 예수의 초능력에서 나오는 것이 아니라 창조주의 영혼과 환자의 영혼이 동일한 영혼임을 믿는 환자 자신의 굳건한 믿음으로 인해 병이 치유되었다고 말씀하셨다.

『탈무드 임마누엘』 8장 4~5절: 문둥병자를 고치신 임마누엘은 그에게 말하셨습니다. 아무에게도 말하지 마시오. 그 대신에 사제에게 가서 당신 자신을 보이시오. 그대는 영혼의 능력과 지식 그리고 영혼의 지혜로 말미암아 나은 것입니다.

『탈무드 임마누엘』 9장 2절: 중풍환자를 고치신 임마누엘이 그의 믿음을 보시고 중풍환자에게 말씀하셨습니다. 안심하시오. 내 영혼이 가진 능력과 내 지혜의 가르침은 곧 자연과 창조주의 가르침이니 이에 대한 그대의 믿음이 이미 그대를 도와 낫게 하였습니다. 3절: 그러자 율법학자 몇 명이 사람들 사이에서 그를 비난하였습니다. 이자는 신과 우리의 신성한 가르침을 모독하고 있소. 4절: 그러나 임마누엘은 그들의 생각을 다 알고 계셨으므로 말씀하셨습니다. 어찌하여 그대들은 그보다 낫게 생각할 수 있음에도 불구하고 그처럼 사악한 생각을 하시오. 6절: 나도 그대들과 같은 사람이지만 단지 영혼의 지식으로 영혼의 능력을 사용할 줄 안다는 것을 깨달을 수 있도록 하기 위해 내가 저 중풍환자에게 명령하리라. 일어나시오 당신의 침상을 들고 집으로 가시오. 7절: 그러자 그 사람은 일어나 침상을 들고 집으로 돌아갔습니다. 8절: 사람들은 그것을 보자 사람들에게 그러한 능력을 부여하는 임마누엘의 놀라운 새 가르침을 두려워하고 칭송하였습니다.

『탈무드 임마누엘』 21장 1절: 그들이 제리코에 갔더니 많은 사람들이 그 뒤를 따랐습니다. 2절: 이때 눈먼 사람 둘이 길가에 앉았다가 임마누엘이 지나가는 소리를 듣고 큰소리로 외쳤습니다. 오! 주여, 하늘의 아들이시여 저희에게 자비를 베푸소서. 3절: 사람들은 조용히 하라고 윽박 질렀으나 소경들은 오히려 더 크게 울부짖었습니다. 오! 주여, 하늘의 아들이시여 우리에게 자비를 베푸소서. 4절: 임마누엘은 걸음을 멈추어 그들을 불러 물으셨습니다. 그대들은 나에게 무엇을 원하시오. 5절: 그들이 말했습니다. 주여, 우리의 눈을 뜨게 하셔서 우리로 하여금 세상의 아름다움을 볼 수 있도록 해주십시오.

6절: 그러자 그는 그들을 불쌍하게 여기셨습니다. 그대들의 생각에 그대들이 볼 수 있도록 하는 것은 누구의 힘입니까? 7절: 그들이 대답했습니다. 그것은 창조주의 힘이며 그것은 창조주의 법칙 속에 있습니다. 8절: 임마누엘은 크게 놀라셨습니다. 진실로 내가 여태까지 이같은 믿음과 지식을 이 백성들 가운데서 본 적이 없노라. 그대들이 믿는 대로 그대들에게 이루어질지어다. 9절: 그러면서 그들의 눈을 만지시니 그들은 그 자리에서 눈을 떠 임마누엘을 따랐습니다. 10절: 다시 제리코로 향해 걸어가면서 임마누엘은 쉬운 말로 사람들을 가르치셨습니다.

11절: 진실로 나는 그대들에게 말합니다. 만일 그대들이 영적으로 깨달을 수 있고 이해함으로써 지혜를 포용하며 또한 진실로 사랑을 실천하고 의심하지 않는다면 그대들 또한 소경을 치유할 수 있을 뿐만 아니라 무화과 나무를 보고 '마르라' 하면 마를 것이요 산을 향해 '네 자신을 들어 바다속으로 던져라' 하여도 그대로 될 것입니다. 12절: 진리와 영혼의 지혜를 깨달을 수 있도록 하시오. 그러면 그대들의 영혼과 인식이 능력을 가지게 될 것입니다. 13절: 그대들이 깨달을 수 있어서 지혜의 진리속에서 살게되면 그대들의 영혼은 무한한 능력으로 가득 찰 것입니다.

25절: 모든 사람들의 영혼은 스스로를 완전하게 하여 지혜에 도달해야 하는 사명을 가지고 하나씩 하나씩 창조주에 의해 창조된 것입니다. 26절: 그럼으로써 창조주의 법칙들이 만든 운명에 의하여 사람들마다의 영혼이 창조주의 영혼과 하나가 될 수 있도록 창조된 것입니다. 27절: 한 사람이 가진 영혼이 하나 뿐이듯 창조주 또한 그 스스로 하나이며 다른 어떤 것도 가지고 있지 않습니다. 28절: 창조주는 그 자체가 순수한 영혼이며 따라서 그 자체가 무한한 힘입니다. 그것은 그 자체로서 한 개체이며 그 밖에는 아무것도 존재하지 않기 때문입니다. 29절: 그러므로 미래에 나타날 그릇되고 날조된 가르침들을 경계하시오. 그것들은 나를 창조주의 아들 그리고 신의 아들이라고 부름으로써 나를 욕되게 할 것입니다.

30절: 이런 가르침들은 결국에는 다 거짓이니 그것들로 인해 세상은 많은 궁핍과 비탄을 겪게 될것입니다. 31절: 미래의 이러한 그릇된 가르침들에 귀를 기울이지 마시오. 그것들은 영혼과 창조주와 나를 삼위일체라고 말할 것이며 이 3개가 구분되는 동시에 하나라고 말할 것입니다.

32절: 미래의 이러한 그릇되고 왜곡된 가르침들을 경계하시오. 왜냐하면 창조주의 논리적 법칙에 따르면 삼위일체라고 하는 것은 불가능하기 때문입니다. 33절: 진실로 나는 그대들에게 말합니다. 왕자들은 백성들을 통제 아래 두려고하며 또한 군주들은 백성들을 괴롭힐 것입니다. 그러나 새롭게 생길 종파 역시 온 힘을 다 기울여 나의 가르침들을 왜곡시켜 퍼뜨림으로써 사람들을 억압하려고 할 것입니다.

34절: 그러니 그들을 경계하여 그릇된 가르침들이라는 멍에를 메고 가도록 강요당하지 않도록 하십시오. 35절: 그러한 일들이 그대들에게 일어나서는 안될 것이니 그대들은 성장하여 진리를 배우고 그것들을 가르쳐야만 하기 때문입니다. 36절: 내가 사람들에게 진리와 영혼의 지식을 가르치기 위해 이 세상에 온 것과 마찬가지로 그대들은 이 진리가 온 세상에 퍼질 수 있도록 계속해서 가르쳐야만 하는 것입니다.

문둥병자와 중풍환자와 두 소경을 고치면서 하신 예수의 말씀과 『마태복음』에 기록된 왜곡되고 변조된 예수의 말씀을 대조해 보면,

나병환자에게 "그대는 영혼의 능력과 지식 그리고 영혼의 지혜로 말미암아 나은 것입니다"를 "모세가 명한 예물을 드려 그들에게 증거를 삼으라 하시더라"로 전혀 엉뚱한 발언으로 변조되었다(『마태복음』 8: 4). 중풍 환자에게 "안심하시오. 내 영혼이 가진 능력과 내 지혜의 가르침은 곧

자연과 창조주의 가르침이니 이에 대한 그대의 믿음이 이미 그대를 도와 병을 낫게 하였다"는 "아들아, 기운을 내라 네 죄들이 용서 받았느니라"로 변조되었다(『마태복음』 9: 2~8).

중풍환자를 고쳐주는 예수의 치료행위를 비난하는 율법학자들에게 한 말씀인 "나도 그대와 같은 사람이지만 단지 영혼의 지식으로 영혼의 능력을 사용할 줄 안다는 것을 깨달을 수 있도록 하기 위해 내가 저 중풍환자에게 명령하리라. 일어나시오, 당신의 침상을 들고 집으로 가시요"는 "그러나 인자가 땅 위에서 죄들을 용서하는 권세를 가진 것을 너희로 알게 하려 함이라. 중풍병자에게 말씀하기를, 일어나 네 침상을 들고 네 집으로 가라"로 변조되었다(『마태복음』 9: 2~8). 중풍환자가 죄를 지어 중풍에 걸렸고 예수가 중풍환자의 죄를 용서하자 중풍환자의 병이 곧 치유되었다는 『마태복음』 9장의 기사는 전혀 설득력이 없다. 이는 죄의 대가는 사망이라고 선언한 바울의 억지 주장을 합리화시키기 위한 계획적이고 악의에 찬 성서 변조라고 생각할 수밖에 없다.

두 소경과 임마누엘간의 대화와 치료를 기록한 21장 즉 "그대들의 생각에 그대들이 볼 수 있도록 하는 것은 누구의 힘입니까?' 그들이 대답했습니다. "그것은 창조주의 힘이며 그것은 창조주의 법칙 속에 있습니다"는 또 "눈먼자들과 절름발이들이 성전에서 주께 나아오니 주께서 그들을 고쳐주시더라"로 변조되어 간략하게 기록되어 있고, 『탈무드 임마누엘』 21장 1~36절의 말씀은 『마태복음』 21장 12~22절에 부분적으로 왜곡된 채 기록되어있으나 창조주의 영혼과 인간의 영혼이 동일한 영혼이라는 예수의 가장 중요한 가르침이 통째 생략되어 있다.

여름철에 뜨거운 보신탕이나 삼계탕을 먹어 이열치열(以熱治熱)하고 겨울철에 차가운 냉면을 먹어 이냉치냉(以冷治冷)하는 지혜를 터득하고 있는 한국인들에게는 동종요법(同種療法)의 개념이 생소하지 않을 것이다. '같은 것이 같은 것을 치료함'(Like cures like)이 동종요법의 개념이기 때문에 '같은 영혼으로서 같은 영혼을 낫게 하는'(Same soul cures same soul) 예수의 불치병자 치료행위는 일종의 동종요법이다. 예수로부터 치료를 받아 완쾌된 문둥병자, 중풍환자, 소경 및 귀신들린 자들은 처음부터 자신들의 영혼이 창조주 영혼의 불가결한 한부분임을 알고 있지는 못하였다.

　인간의 영혼이 창조주의 영혼과 같다는 예수의 설교를 듣고 무지의 불각(不覺)에서 깨어나 비로서 진리를 깨닫기 시작한 환자들의 영혼이 창조주 영혼의 가장 수승(殊勝)한 부분인 예수의 o(靈)과 접신(接神)하자 말자 만체(萬體)에 분활되어 있던 一靈이 신명(神明)의 교감으로 공명 작용을 일으켜 一靈의 위대한 능력으로 환자들의 병이 완치된 것이다

　모든 인간에 내재되어 있는 창조주의 o(靈)인 一靈의 무한한 능력은 과학으로 설명할 수도 없고 설명되지도 않는다. 一靈의 무한한 능력이 과학으로 설명할 수 없다 하여 신비주의의 딱지를 붙여 알 수 없는 불가지(不可知)의 영역으로 축출하는 것 또한 옳지 못하다. 과학은 물질의 구성 요소나 운동법칙을 다루는 학문이지 창조주와 신과 영혼과 영혼의 계시에 의한 신앙을 다루는 학문이 아니기 때문이다. 예수께서 이 세상에 오신 목적이 무엇이었던가?

　"나는 평화를 가지고 온 것이 아니라 진실로 인간 안에 깃들어 있는 영혼의 무한한 능력을 열기 위한 지식이라는 칼을 가지고 왔습니다"(『탈무드 임마누엘』10장 44절)고 예수 스스로가 밝힌 바와 같이 예수께서는 몽몽진진지습관천(濛濛塵塵之習慣天)의 두터운 먼지에 뒤덮혀 一靈이 가진 무한한 잠재력을 알지 못하여 능력을 발휘하지 못하고 있는 어리석은 인간들을 일깨워 자신과 같은 임마누엘이 되는 길로 인도함으로써 창조주와 인간이 공동 발전하는 신인합발(神人合發)의 영원한 진리를 가르치

기 위해 이 세상에 오신 것이다.

"하늘들과 지구는 때가 되면 없어질 것이며 이 우주 역시 사라질 것입니다. 그러나 내 말씀들은 사라지지 않을 것이니 이는 내 말씀들이 창조주의 법칙 안에 있는 진리의 말씀들이기 때문입니다."(『탈무드 임마누엘』 25: 54) 一昍의 위대한 능력에 힘입어 여환해탈(如幻解脫)의 신통력을 얻은 예수는 자신의 뜻에 따라 모세나 엘리야로 자유자재 그 겉모습을 변형시킬 수 있었다.

그렇다면 예수가 치료하여 완쾌시킨 문둥병자, 중풍환자, 소경, 앉은뱅이들은 과연 예수와 아무런 관계없는 객관적 제3자들인지? 아니면 그들 자체가 변형된 예수의 다른 모습들인지? 판단할 길이 막막하다 다만 한가지 헤아려볼 수 있는 일은 여환해탈을 얻은 무염족왕이 다라당국의 완악한 백성들을 교화하기 위한 방편으로 도둑이나, 살인자, 강간자로 변신하여 범죄를 저지르고 스스로 무서운 형벌을 받았듯이 인간 안에 깃들어 있는 영혼의 무한한 능력을 열기 위해 지식이라는 칼을 가지고 이 세상에 오신 예수께서 만체일령(萬體一昍)의 위대한 능력을 입증하기 위해 때로는 스스로 문둥병자나 중풍환자나 앞못보는 소경으로 변형하시어 예수 자신이 변형된 예수를 고치는 경우도 있었을 것이라 추측해볼 수 있다.

9. 여호와는 과연 신인가? 악마인가?

앞서 말한 바와 같이 한국어판 성경은 킹제임스 영역본이 청나라에서 한문으로 번역된 한역본을 다시 한글로 옮긴 것이다.

킹제임스 영역본이 한역본과 한글로 번역되는 과정에서 여호와(Jehovah)의 신칭(神稱)에 중대한 변화가 일어났다. 킹제임스 판 『창세기』 1장 1절에 나와있는 구절 "태초에 신께서 하늘과 땅을 창조하셨느니라"(In the beginning God created the heaven and earth)는 구절이 원문대로 번역되지 않고 신대신 상제(上帝, 한역본)와 하나님(한글본)을 삽입하여 "태초에 하나님(上帝)께서 하늘과 땅을 창조하였느니라"로 번역되어 있다.

God를 상제 또는 하나님으로 번역한 것은 다분히 의도적인 개작(改作)으로서 이는 한역과 한글역에 참여하였던 가톨릭과 장로교의 선교사들이 지나와 조선 주민들이 옛부터 사용해왔던 역사적 신칭을 도용(盜用)하여 여호와의 신칭으로 삼은 것이다. 다시 말하지만 禘과 神은 다르다. 禘은 우주에 한분 밖에 없는 창조주 하나님(禘자 해설 참조)을 말하고 神은 단수가 아닌 복수의 개념으로서 제우스신, 쥬피터신, 상업의 신 헤르메스, 주신 박카스 등 여러 명이 있으며 여호와도 수많은 신들 가운데 하나일 뿐 우주만물을 창조하고 주관하는 一 禘은 결코 아니다.

더욱이 『탈무드 임마누엘』에서 예수는 창조주와 인간인 신을 구분하였고 베드로와 바울이 자신의 가르침을 왜곡하여 신을 창조주와 동일시하고 예수를 신의 아들로 조작하는 그릇된 믿음의 그릇된 종파를 세워 사람들을 기만할 것을 예언하였기 때문에 여호와를 하나님이나 상제(上帝)로 부르는 자체가 예수의 가르침에 배반되는 행위이다. 올해 서기 2009년은 유대력으로 5770년이다 유대력은 5770년 전 어느날 여호와가 천지만물을 창조하였다는 창세기의 기록에 그 믿음의 근거를 두고 있다. 하지만 천문학자들에 의해 태양의 나이가 50억년으로 계산되고 지구물리학자들에 의해 지구의 나이가 45억년으로 계산된 과학의 시대에 그 어느 누가 5770년 전에 단행된 여호와의 천지창조설을 믿겠는가?

설상가상으로 지동설을 주장하던 갈릴레오의 종교재판을 과학자들에게 가해진 씻을 수 없는 상처로 받아들였던 찰스 다윈이 기독교계의 눈치를 살펴보다 뒤늦게 발표한 진화론은 여호와의 천지창조설을 근본적으로 부정하는 결정타가 되고 말았다. 그러나 아직까지도 여호와의 천지창조설을 맹목적으로 믿고 있는 보수적인 기독교계 인사들의 그릇된 신앙에 대해 한 말씀드리자면 구약에 나와 있는 기록만으로도 충분히 여호와의 천지창조설을 부인할 수 있는 논리적 판단이 가능하다는 점이다. 『열왕기상』 3장 16~28절에 유명한 솔로몬의 지혜 이야기가 나온다.

같은 집에서 살던 두 명의 매춘부가 3일 간격으로 낳은 아이들 중 한 아이는 죽었다. 두 명의 어머니 중 한명이 죽은 아이와 살아 있는 아이를 바꿔치고 나서 자신이 살아 있는 아이의 어미라고 우기다가 끝내 솔로몬왕의 재판을 받게 되었다. 두 여인의 말을 다 듣고난 솔로몬은 "칼을 가져오라" 말하고 나서 병사에게 칼로 아이를 둘로 자르라고 명한다. 한 여자는 "오! 주여, 살아 있는 아이를 그녀에게 주고 아무쪼록 죽이지 마소서" 하고 또 한 여자는 "내 것도 되지 않고 네 것도 되지 않도록 그 아이를 둘로 나누자"고 말한다.

그때 솔로몬왕이 대답하기를 "오! 주여, 살아 있는 아이를 그녀에게 주고 아무쪼록 죽이지 마소서"라고 말한 그녀가 바로 아이의 어머니라고 판결했다. 생모의 입장에선 아이가 두동강나 죽는 것보다 차라리 남의 손에 양육되어 모자간의 천륜이 단절되더라도 우선 사랑하는 아이의 생명을 살리는 일이 급선무라고 생각하였을 것이다. 솔로몬의 이야기를 『창세기』 6장 5~7절에 나오는 여호와의 결심과 그 행위에 대입시켜보자 "신께서 사람의 사악함이 세상에 창대(昌大)해짐과 사람의 마음에서 나오는 모든 상상이 계속해서 악할 뿐임을 보시고 땅 위에 사람을 창조하셨음을 후회하셨으니 그 일이 그의 마음을 비통케 하였더라. 가라사대 내가 창조한 사람을 지면에서 멸망시키리니 사람과 짐승과 기는 것(파충류)과 공중의 새들 모두라. 이는 내가 그들을 지었음을 후회함이라 하시더라."

한편 『창세기』 1장 26절과 5장 1절에서 여호와는 각별한 애정과 관심을 가지고 인간을 자신의 형상에 따라 자신과 똑같은 모습으로 창조하였다고 말한다 그렇다면 여호와는 자신의 모습을 그대로 본떠 만든 애정의 산물인 인간을 왜, 얼마되지도 않아 노아의 가족을 제외한 모든 인류를 멸망시키려고 결심하였나. 그 이유는 무엇인가?

질문은 거창하지만 대답은 이외로 간단하다. 여호와는 결코 자신의 손으로 사람을 창조하지 않았기 때문이다. 생각해보라! 일개 창녀도 자신이 낳은 자식이 칼로 두동강나 죽기를 원치 않아 칼로 두동강내어도 좋다는 여인에게 자식을 양도하는데 하물며 인간을 창조했다고 우기는 신이라는 작자가 얼마 되지도 않아 인간 창조를 심히 후회하며 노아의 가족을 제외한 모든 인류와 생물들을 죽이려 작심하고 이를 실행하다니 이는 괴기상상 소설 속에서도 등장할 수 없는 반이성적이고 몰상식적 만행이다. 애지중지 키우던 자식이 말썽만 부린다고 해서 금새 자식 낳은 것을 후회하여 자식을 죽이려드는 부모가 세상 천지 어디에 있는가? 이밖에도 여호와가 과연 신인지? 악마인지? 사람들의 판단을 헷갈리게 하는 사건이 구약에 여러번 등장한다.

첫째 『출애굽기』 7장~12장에 나오는 이야기다. 애굽으로부터 이스라엘인들의 집단 탈출을 모세에게 명하면서 여호와는 개구리재앙, 파리재앙, 메뚜기재앙, 흑암재앙 등 열가지의 끔직한 재앙으로 이집트인들을 저주하고 대량 학살한다,

둘째. 『여호수와』 6장에 나오는 이야기로서 이스라엘 선민들이 여리고 성을 7번 돌았을 때 여호와는 기생 라합을 제외한 여리고성 주민들을 전멸시킨다. 만약 여호와가 자신의 주장대로 인간을 창조하였다면 이스라엘인이나 이집트인이나 가나안인 할 것 없이 모두 자신이 창조한 똑같은

백성들인데 왜 야곱의 자손인 유대인 12지파에게는 한없는 사랑과 은총을 내리면서 반대로 비유대인에게는 폭력을 사용하여 대량 학살하는가? 설사 백보를 양보하여 인간을 창조한 신이 아니라 할지라도 신의 명칭이 붙은 고귀한 존재라면 인간들보다 훨씬 자비심과 관용성과 포용성에 있어 더 뛰어나야 당연하지 않겠는가? 한검단군은 즉위조서에서 열손가락을 깨물어 아프지 않는 손가락은 하나도 없다고 했다. 자식 10명 둔 부모가 어느 자식만 특별히 사랑하고 여타 다른 자식들은 미워하는가?

노자는 하나님과 지신님은 특정한 생물을 편애하지 않는다는 뜻의 天地不仁과 특정한 존재와만 친하지 않고 모든 존재와 고루 고루 친한 天道無親을 이야기했다.

노자가 설정한 도덕적 기준에 맞추어 평가해볼 때 유대인만 편애하고 비유대인들을 증오하고 저주하고 멸망시키려는 여호와는 이미 신의 자격을 상실한 실신(失神) 실성(失聖)의 존재며 성인이 아닌 보통사람도 할 수 있는 사랑의 형평성을 실천할 수 없기 때문에 결국 여호와는 보통사람보다 훨씬 못한 인간 이하의 하등적 존재로 평가하지 않을 수 없다. 모세를 푸대접한 여호와의 행위도 이해하기 곤란하다. 모세는 구약의 중심인물로서 구약(Old covenant)의 뜻 자체가 여호와와 모세간에 맺어진 언약을 말하며 여호와는 모세를 통하여 십계명(Ten commandments)을 내리고 주인과 종(master and servant), 재산에 대한 권리(rights of property), 사람을 해치는 범죄(crimes against humanity), 3번의 민족적 명절인 무교절(無酵節), 추수절, 수확절(The three national feasts: unleavened bread, first fruits, ingathering) 등 여호와의 명령들(judgements)을 모세로 하여금 집행케 한다. 말하자면 모세는 여호와와 맺은 계약 당사자이며 여호와의 가장 충직한 부하며 추종자이다.

하지만 여호와의 명령으로 Exodus를 성공시킨 모세가 가나안 땅에 이르기 전 므리바 카데스(meriba-kadesh) 물가에서 딱 한번 여호와에게 불충한 죄로 노여움을 사 끝내 모세는 가나안 입성을 허락받지 못하고 느보산에서 쓸쓸히 죽고만다(『신명기』 32: 49~52) 예수의 가르침대로라면 신도 인간이고 인간들의 영혼은 창조주의 영혼의 불가결한 부분들이다.

그럼에도 불구하고 인간의 영혼도 육체도 만들 수 없는 피조물에 불과한 여호와는 이 엄연한 진리를 외면하고 마치 자신은 인간들과 전혀 다른 별개의 존재인양 행동하면서 인간 위에 군림하려든다.

예수와 같은 일령감통법(一靈感通法)도 없으면서 모세를 통해 이스라엘인들에게 일방적으로 명령하고 자신의 명령에 불복하거나 자기 외 다른 신을 섬기는 배교자(背敎者)나 이교도들을 가차없이 저주하고 파멸시키며 심지어 자신의 대리인인 모세마저도 처벌하는 여호와는 진정코 폭력과 증오와 질투와 복수의 화신이며 악령이 아니고 그 무엇이겠는가?

다른 신을 믿지 않고 오직 여호와만 숭배할 것이며 모세를 통해 전달된 여호와의 율법을 준수하는한 이스라엘인들은 영원히 보호받을 것이라고 여호와는 약속했다.

『신명기』 33장 27~29절 "영원하신 신은 너의 피난처시니 그 영원하신 팔이 네 아래에 있도다. 그 분께서 네 앞에서 그 원수를 쫓아내시며 말씀하시기를 '그들을 멸하라' 하시리도다. 그때에 이스라엘은 안전한 곳에 홀로 거할 것이요. 야곱의 샘은 곡식과 포도주의 땅에 있을 것이며 그의 하늘들도 이슬을 내리리도다. 오! 이스라엘아, 너는 행복하도다. 오! 주에 의해 구원 받은 백성이여, 누가 너와 같으리요. 그 분은 너를 돕는 방패시며 너희 영광의 칼이시로다. 네 원수들이 네게 거짓말 쟁이로 드러날 것이요. 네가 그들의 높은 곳들을 밟으리로다."

위와 같은 약속대로라면 600만의 유대인들이 학살된 아유츠비츠 수용소에 여호와는 당연히 그리고 반드시 미리 나타나 홀로 코스트(Holocaust)를 방지하고 유대인들을 구출했어야만 했다. 그러나 여호와는 원수같은 살인마 히틀러에게 600만이 학살당할 때 철저히 그의 백성들을 외면하였다.

구원을 애타게 기다리며 목이 터져라 여호와의 이름을 울부짖던 유대인들이 죽기 전에 끝내 나타나지 않고 그들을 배신한 여호와를 인민재판에 걸어 사형선고를 내렸다는 웃지 못할 이야기도 전해져 내려온다. 여호와는 왜, 아유스비츠 홀로코스트 현장에 나타나지 않았는가? 그 이유는 나타날 수 없기 때문이다. 다시 말해 여호와는 실존재가 아닌 인간성의 사악한 한 단면을 반영한 신화적 상상력이 만들어낸 가공(架空)의 신이기 때문이다. 그리이스 신화에 나오는 신들 중에는 도둑질, 살인, 간통, 근친상간 등 온갖 나쁜짓만 하는 악신들이 많다. 그들 악신들은 좋은 일만 하는 선신(善神)들과 마찬가지로 모두 의인화(擬人化)된 신들이다. 예컨대 대지의 여신 가이아는 하늘의 신 우라노스를 낳은 어머니지만 아들인 우라노스와 결혼하여 타이탄 12명과 팔이 100개 머리가 50개나 달린 괴물형제들을 낳았다.

괴물들을 보기 싫어한 우라노스가 그의 자식들을 모조리 묶어 무한지옥 속에 구금하자 괴물신들의 두령인 크로노스는 아버지이자 형님인 우라노스의 생식기를 짜르고 병신으로 만들어 감옥에 가두고 쿠테타를 일으켜 아버지의 자리를 빼앗아 세상의 지배권을 장악했다. 하지만 결국 크로노스 자신도 아버지를 파멸시키고 왕좌에 앉은 것처럼 자신의 아들인 제우스에게 숙청당하여 캄캄한 땅 속으로 쫓겨났다.

가이아, 우라노스, 크라노스, 제우스신들의 신화로부터 우리는 아버지가 아들을 죽이고 아들이 아버지를 죽이는 친자 살인 및 존속 살해. 부자간의 피비린내 나는 권력투쟁, 어머니와 아들간의 패륜적 근친상간 등 온갖 부도덕한 행위를 읽을 수 있다.

신화는 신화일 뿐이라고 간단히 넘길 수는 없다. 물론 신화 속의 상상적 이야기가 인간의 현실 생활에 비디오 복사판처럼 그대로 연출되는 것은 아니지만 신화 속에 나오는 신들의 악행이 폭력과 증오와 권력욕의 유혹에 빠지기 쉬운 인심의 변덕스러움과 사악함을 드러내는 거울인 이상 신화 속의 이야기가 현실세계에서 재현될 소지는 항상 있다.

이성계, 이방원 부자의 사례를 비롯한 부자간의 권력투쟁은 인류역사에 흔히 있는 일이고 그리 흔한 일은 아니지만 여자 때문에 아들이 아버지를 죽이고 아버지가 아들을 죽인 일은 수양제(隋煬帝)와 당현종(唐玄宗)의 고사에서 여실히 현실로 나타났다.

양광(楊廣, 수양제)은 심복 장형(張衡)을 시켜 와병중이던 아버지 양견(楊堅, 수문제)의 등을 꺾어 죽이고 아버지의 애첩인 선화부인(宣華婦人)을 빼앗아 자신의 애첩으로 삼았으며, 이융기(李隆起, 당 현종)는 자신의 18번째 아들인 수왕(壽王) 이모(李瑁)의 비(妃)인 양옥환(楊玉環)을 빼앗아 양귀비(楊貴妃)로 삼은 다음 아들을 원지로 유배보내 암살하였고 여자로서의 어머니를 연모하는 오이디푸스 캄플렉스(Oedipus complex)는 정도의 차이가 있으나 사춘기 시절 대부분의 소년들이 경험한 바와 같다.

개인의 무의식을 규명한 프로이드에 이어 칼 구스타프 융(Carl Gustav Jung)은 집단 무의식의 정신 영역을 발견하였다. 인간의 정신활동에 있어 의식과 무의식은 손등과 손바닥의 관계와 마찬가지로 상호보완적이다. 인간의 집단 무의속에는 전체 인류의 역사적 경험이 용해(溶解) 침전(沈澱)되어 있으며 상징을 통해 표현된다.

융은 이를 원형(Archetype)이라 불렀다. 이에 따라 융의 이론을 구약성서에 적용해보면 모세와 그때 당시 그를 추종했던 유대인들의 집단 무의식 속에 침전되어있던 꿈, 상상, 노예의 상태에서 탈출하여 자유인이 되는 소망, 초자연적 신비적 힘에 대한 환상, 압박자들을 갈갈히 찢어 죽이고 싶은 증오심과 살인 충동, 인간계와 자연계에 대한 완전한 지배욕, 전지전능함에 대한 동경등의 원형이 여호와라는 가상의 상징을 통해 표출된 것이라 말할 수 있다.

십계명을 받을 당시 시나이산에서 모세만이 보았던 불붙은 가시덤불(The burning bush)의 형태로 나타난 여호와는 여환해탈(如幻解脫)을 얻은 예수가 모세나 엘리야의 모습으로 나타나는 것과는 달리 인간의 모습을 띤 구원자로 핍박받는 유대인 집단 앞에 나타날 수 없기 때문에 결국 여호와는 유대인들의 집단 무의식 속에 자리잡고 있는 가상적 존재에 불과한 것이다.

맑스주의의 무신론 철학에 가장 큰 영향을 끼친 헤겔 좌파의 포이에르바하는 그의 『기독교의 본질』(Das wesen des Christentumus)에서 여호와는 인간들의 상상력이 만들어낸 조작된 신이라고 말했다. 모든 종교의 진정한 주제는 인간이고 종교를 통하여 인간의 본질(essence)이 표명되는 것인데 만약 본질이 인간에 속하지 않고 가상의 존재인 신에게 속하는 것이라면 인간은 자신의 본질을 빼앗기는 셈이며 이는 종교적 소외에 다름 아니라고 주장했다.

같은 맥락에서 니체는 여호와에 대한 절대적 복종과 무조건적 헌신을 강요하는 기독교는 노예의 도덕을 사람들에게 중독시킴으로써 문화를 타락시키고 생의 충일(充溢)과 활력(活力)을 부정하기 때문에 "신은 죽고 없다"고 선언했다. 반기독교론(The antichrist)에서 니체가 비판한 대상은 인간의 상상력이 만들어낸 인공신 여호와였지 예수가 아니었다.

니체는 "그리스도는 토스토엡스키의 소설 『백치』(The Idiot)에 나오는 미시킨 왕자(Prince Myshkin)처럼 자신을 괴롭히고 핍박하는 자들에게 일말의 증오심이나 복수심도 전혀 품지않는 한량없이 순수한 존재이지만 제자들이 예수를 오해하였다"고 말하고, "기독교는 처음 시작부터 예수의 정신을 배반하고 겉으로는 신앙을 유달리 강조하고 사랑의 종교를 표방하면서도 비신자나, 이교도, 혹은 교황청이 제멋대로 규정한 이단에 대해 극단적인 증오심을 드러내고 비기독교 세계에 대해 치열한 적개심을 노골적으로 표명한다"고 하였다.

그 근거로 니체는 『마가복음』 6: 11, 9: 42, 9: 47을 들었다. "누구든지 너희를 영접하지 아니하고 너희말을 듣지도 아니하면 거기서 떠날 때 그들에 대한 증거로 너희 발 밑에 먼지를 떨어버리라. 진실로 내가 너희에게 말하노니 심판날에 소돔과 고모라가 그 성읍(城邑)보다 더 견디기 쉬우리라고 하시더라."(『마가복음』 6: 11)

니체는 예리한 통찰력으로 위의 구절이 예수의 말씀이 아닌 제자들이 제멋대로 뜯어고친 변조된 내용임을 알고 있었던 것 같다.

『탈무드 임마누엘』 10장에는 정확히 이렇게 기록되어 있다. 17절: 만일 어떤 사람이 그대를 받아들이지 않거나 그대가 하는 말에 귀를 기울이려 하지 않거든 그 집이나 도시를 떠나 그대들 발에 묻은 그곳의 먼지를 떨어버리시오. 18절: 진실로 내가 그대들에게 말하노니 그런 곳에는 머물지 마시오. 이는 그런곳이 무지와 악의 장소들이며 그곳 사람들은 진리와 지식의 말씀들을 깨닫지 못할 것이기 때문입니다. 19절: 그런곳에는 달아나시오. 왜냐하면 그곳 주민들은 자연의 법칙에 충실치 않아 성물(聖物)들이나 거짓 신들과 우상을 섬겨도 창조주를 경배하거나 창조주의 법칙들을 따르지 않기 때문입니다. 20절: 그런 곳으로부터는 피하시오. 그곳 사람들은 그대들의 목숨을 뺏으려 할것이니 이는 그들이 자기들의 그릇된 가르침들을 버리려고 하지 않을 것이기 때문입니다

21절: 믿지 않는 자들로부터는 피하시오. 진리와 지식 때문에 그대들이 목숨을 잃어서는 안되기 때문입니다. 어떤 법칙도 그대들에게 그런

것을 요구하지 않고 그런 무모한 짓을 인정하지도 않습니다. 22절: 진실로 내가 그대들에게 말합니다. 그럼에도 불구하고 앞으로 많은 사람들이 땅에 피를 뿌리며 죽어갈 것이니 이는 이후에 내가르침이 율법학자들과 사제들의 마음속에서 만들어진, 결코 내가 가르친 적이 없는 그릇된 가르침으로 날조될 것이기 때문입니다. 23절: 그들은 그릇된 가르침을 믿게하여 사람들을 자신의 통제 아래 둠으로써 사람들의 재물과 소유물들을 빼앗기 위해 그렇게 할 것입니다.

24절: 지혜와 지식에 대한 나의 가르침을 그릇되게 변조한 자들의 피가 넘쳐 흐르고 또 그릇된 신앙과 악의적인 속임수로 인해 내가 가르친 것이 아닌 변조된 가르침들을 믿고 퍼뜨리는 모든 사람들의 피가 넘쳐흐를 때면 이세상 모든 곳에는 울부짖음과 이를 가는 소리가 진동할 것입니다. 25절: 그릇된 믿음을 가진 사람들의 대부분이 목숨을 잃을 것이니 여기에는 이스라엘인들이 많이 포함될 것입니다 그들은 이 세상에 종말이 올 때까지 결코 평화를 얻지 못할 것이니 이는 그들이 무지하고 어리석어서 영혼과 사랑과 지식의 위대한 힘을 부정하기 때문입니다.

26절: 내가 진정으로 그대들에게 말합니다. 이스라엘이란 나라는 결코 뛰어난 한 민족이 아니었으며 항상 살인과 강도짓과 방화를 일삼아 왔습니다. 그들은 혐오스럽고 약탈적인 전쟁을 통해 그들과 가장 가까운 친구들을 책략과 살인으로 들짐승처럼 학살해 가면서 이 땅을 차지했습니다. 27절: 나는 이스라엘이란 나라가 이세상의 종말이 올 때까지 저주를 받아 결코 평화를 찾지 못하기를 기원합니다. 28절: 오호라!나는 양을 늑대들 가운데 보내는 심정으로 그대들을 무지한 사람들과 우상 숭배자들 사이에 보냅니다. 그러니 뱀처럼 지혜롭고 비둘기처럼 순수하게 처신하시오.- 중략 - 35절: 이스라엘의 도시들을 위해서는 너무 힘쓰지 말지니 이는 그대들 스스로만 힘들 뿐이기 때문입니다. 내가 그대들에게 이르노

니 이 세상의 끝이 오기까지 이스라엘 백성들에게는 아무런 성과도 거두지 못할 것입니다

예수는 제자들에게 창조주의 법칙과 영혼의 무한한 힘을 믿지 않는 자들, 특히 거짓신 여호와를 경배하고 모세의 율법을 금과옥조(金科玉條)처럼 받드는 그릇된 신앙을 가진 이스라엘인들에게는 아무리 진리를 말해 봐야 쇠귀에 경읽기니 그런 곳에는 머무르지마라, 달아나라, 피하라고 가르쳤지『마가복음』6장 11절의 내용처럼 예수의 말씀을 받아들이지 않는 성읍의 주민들은 소돔과 고모라의 백성들처럼 신의 분노를 사 멸망하리라 저주한 것은 아니다. 비신자와 이교도들을 저주한 자는 예수가 아닌 여호와이다.『출애굽기』20장에 나오는 모세의 십계명 중 첫째 구절을 보자.

"나는 이집트 땅 종의 집에서 너를 데리고 나온 주 너의 신이니라" (I am the Lord thy God, which have brought thee out of the land of Egypt out of the house of boundage). "너는 내앞에 다른 어떤 신들도 있게 하지 말지니라" (Thou shalt have no other Gods before me). "너는 어떤 새긴 형상도 네게 만들지 말고 또한 위로 하늘에 있는 것이나 아래도 땅에 있는 것이나 땅 아래 물에 있는 것의 어떤 모습이든지 만들지 말며 너는 그것들에게 절하지 말고 그것들을 섬기지 말지니라. 이는 나 주 너의 신은 질투하는 신이시니 나를 미워하는 자들의 3, 4대까지 그 조상들의 죄악을 그 자손들에게 미치게 하고 나를 사랑하고 나의 계명을 지키는 자들에게는 수천대에 이르기까지 자비를 배풀 것이니라."

위의 내용이 명확히 밝혀주듯 여호와는 질투와 분노와 증오와 복수의 화신이다. 십자군 전쟁 당시 수많은 이교도들을 성전(聖戰)의 이름으로 살해했던 십자군의 만행, 종교재판과 마녀사냥의 미명하게 죽어간 5천만의 생령, 콜롬버스의 신대륙 상륙 이후 샘(shem)의 자손으로 자처했

던 백인들이 원주민 1억8천만 명을 학살하고 남북아메리카 대륙을 강점한 주객전도사(主客顚倒史), 보스니아에서 최근 일어난 인종청소 등 인류 역사를 피로 물들인 기독교의 천인공노할 죄악은 비신자, 이교도, 이단 및 여호와와 노아의 저주로 노예로 점지된 함(Ham)의 자손인 유색인종은 죽여도 좋다는 증오와 복수심에 불타는 여호와 특유의 광란의 정신이지 예수의 정신은 결코 아니다.

여호와와 예수는 마땅히 분리되어야 한다. 바리새인 바울이 변조한 신약성서의 내용과 니케아총회에서 채택된 아타나시우스의 성부, 성자, 성신의 3자가 일자라는 삼위일체설에 따를 경우 여호와가 곧 예수이고 예수가 곧 여호와이므로 이단(異端)의 처단과 이교도와 아메리카 원주민의 학살 등 기독교의 간판 밑에 저지른 인류사의 엄청난 죄악은 모두 '나 주, 너의 신'(I am the Lord thy God)인 예수가 명령하고 용인하고 축복을 준 범죄가 되기 때문이다.

니체는 『비극의 탄생』(The birth of tragedy)에서 아폴로니안(Apollonian)과 다이오니시안(Dionysian)이 유럽문화에 있어 2개의 서로 다른 사조를 형성하고 있다고 말했다. 여기서 니체의 개념을 빌려 필자가 예수와 여호와를 평가하자면 예수는 아폴로니안이고 여호와는 다이오니시안이다.

그리이스 로마 신화에 나오는 아폴로(Apollo)는 광명의 신, 태양신, 음악, 시, 예언을 담당하는 문명신이며 또한 인간의 질병을 치료하여 낫게 하는 완치의 신이기도 하다. 치료의 신 아스크레피우스(Asclepius)는 그의 아들이며 아스크레피아드(Asclepiads, 아스크레피우스의 아들) 중의 한 명인 의성 히포크라테스(Hippocrates)는 아폴로의 손자이다

항상 말없이 적정평화(寂靜平和)를 즐기고 온갖 아름다움과 덕성으로 균형이 잘잡힌 조화의 신인 아폴로는 어떤 경우에도 흥분하여 이성을 잃

지 않는 자기절제의 신이다. 아폴로에 정반대되는 신이 다이오니소스(Dionysos)이다. 다이오니소스는 일명 바커스[Bacchus, 그리스어로 바코스(Bakchos)]라고도 하는데 바커스는 포도주의 신(God of wine)인 주신(酒神)을 말한다. 로마에서는 바커스를 리베르(Liber)로 불렀다. 리베르는 자유(liberty)란 뜻으로 술을 마시면 온갖 근심걱정에서 해방되어 심신이 함께 자유를 느낀다고 해서 붙여진 이름이다.

주신 다이오니소스는 술을 마시게 되면 근심, 걱정, 불안감, 초조감을 잊을 뿐만 아니라 개인의 자유를 구속하는 기존의 사회적인습이나 가치체계로부터 해방되어 진정한 자유를 향수할 수 있다는 달콤한 말로 사람들을 유혹하여 만나는 사람마다 술을 권하는 한편 음주를 거부하거나 자신의 가르침을 따르지 않는 자들은 가차없이 죽여버렸다. 바커스신의 가르침에 따라 술을 마시고 대취한 바커스교의 여신도들이 황홀경에 빠져 미친듯이 춤추며 야산을 돌아다니는 광란의 무도를 바칸테(Bacchante) 혹은 메나드(Maenad)라 부르며 바칸트(Bacchant: 바커스신을 숭배하는 바커스신의 사제들과 광신도)와 바카날리아(Bacchanalia: 바커스신을 기리는 광란적 음주 축제)의 어원도 모두 주신 바커스와 연관된 언어들이다.

또한 다이오니소스는 연극의 신으로서 그리이스의 비극과 희극이 모두 아테네의 다이오니소스 제전(祭典)으로부터 유래되었다. 아폴로가 이성적이고 합리적이고 균형의 저울추를 잃지 않는 조화의 신이라면 반대로 다이오니소스는 격정적이고 비합리적이며 기존의 가치체계를 부정하고 특정한 경향에 치우치고 몰입하는 반이성적 광란의 신이다. 니체는 아폴로니안(Apollonian)의 대표적 인물로 소크라테스를 다이오니시안(Dionysian)의 대표적 인물로 네로를 꼽았다.

니체에 의하면 인간존재는 물론 살아 있는 모든 존재를 움직이는 원동력은 will to power 독일어로는 wille zur macht이다.

　니체철학의 중심개념인 will to power는 권력의지로 번역되어 있는데 이는 오역이다. will to power는 타자에 대한 증오심, 분노심, 복수심, 원한 등을 자제할 수 있는 자기억제(self-control)의 힘, 불타는 정열을 세련된 이성으로 전환시켜 더 높은 창조정신으로 승화(昇華)시킬 수 있는 도덕적 power를 의미한다.

　법정에서 사형선고를 받는 소크라테스, 감옥에서 죽음을 기다리는 소크라테스는 "육체는 영혼의 무덤이다"라는 말을 남기고 독배를 태연히 마시며 아무런 원한이나 분노없이 죽음을 담담히 받아들이는 소크라데스는 분명 will to power의 극치를 보여준다.

　한편 다이오니시안인 네로는 자기자신을 통제할 줄 모르는 미친 정열의 소유자로서 로마시를 불지르고 궁전의 지붕 위로 올라가 비올라를 타며 시를 짓는다. 아비규환의 생지옥으로 돌변한 화재 현장은 불에 타 죽어가는 시민들에게는 엄청난 비극이지만 포도주를 마시고 비올라를 타며 희희낙락 시를 짓는 네로에게 있어 불길을 피해 실날같은 살길을 찾아 이리 뛰고 저리 뒤뚱거리는 로마시민들의 절망적 광란은 한편의 각본 없는 희극으로 닥아올 뿐이다. 네로는 혼자 울고 혼자 웃었다. 타자의 공명(共鳴)이 없는 혼자만의 모노디(monody)일 뿐이다. 로마시민들이 겪는 집단적 비극은 네로 개인에 있어 쾌락이며 폭소를 자아내는 희극일 뿐이다. 히틀러 역시 네로와 같은 다이오니시안이다. 두사람의 공통점은 실패한 예술가(artist manque)라는 점에 있다. 네로는 실패한 시인이고 히틀러는 실패한 화가이다.

　그들이 저지른 광란적 행위는 실패한 예술가가 종이 대신 사람들을 대상으로 그 노여움을 분출한 절망과 좌절감의 연속극이었다. 실패한 예술가로서 이러한 좌절감은 결국 그들을 will to power의 전형인 소크라테스나 괴테가 아닌 광기의 심연 속에서 허우적 거리는 폭군(tyrant)으로 돌변시켰고 나아가 인류 이성의 진보와 문명의 개화를 파괴하는 악마로 만들었다. 여기서 예수와 여호와가 차지하고 있는 역사적 위치와 그 역할 그리고 그들 존재의 철학적 의미를 다시 한번 고찰해보자.

예수가 아폴로를 닮았는지 아폴로가 예수를 닮았는지? 두 존재의 이체동령(異體同齡)을 증명함에 있어서는 많은 말을 필요로 하지 않는다. 예수는 첫째, 광명의 신(God of light)이다. 앞서 여러차례 말한 바와같이 광명은 영혼, 현상계에 일시적으로 나타났다가 죽으면 캄캄한 흙속으로 들어가 썩어 없어지는 육체는 암흑이다. 따라서 "영혼이 가진 무한한 능력을 열 수 있는 지식이라는 이름의 칼을 가지고 이 세상에 오신" 예수는 분명 인류의 영적 개오(開悟)를 도우려 오신 광명의 신이다.

둘째, 예수는 평등의 신(God of equality)이다. 병든 자에게 의사가 필요하고 힘 없는 사회적 약자에게 보호자가 필요하듯 예수는 가난하고 힘없고 병들고 소외된 자들을 위해 이세상에 왔으나 그렇다고 권력자나 재력가를 미워한 것은 아니다. 부자나, 빈자, 왕이나 거지 할 것없이 창조주 영혼의 한부분을 분유 공유하고 있다는 점에 있어 모든 인간은 평등하다고 가르쳤다.

각 개인이 처한 역사적 조건이나 사회적 환경, 그리고 윤회전생의 회수의 많고 적음에 따라 시간적으로 차별화된 영적개오의 진도를 보일지라도 언젠가는 모든 인간이 궁극적인 깨달음을 얻어 자신과 같은 임마누엘의 지위에 도달할 것이라고 가르쳤다.

셋째, 예수는 조화의 신(God of harmony)이다 창조주의 법칙과 자연의 법칙과 인간본성의 법칙은 하나뿐인 진리의 강으로 흘러드는 3개의 물줄기며 하나의 대들보를 떠받치고 있는 3개의 기둥이다. 3물줄기의 조화로운 흐름, 3기둥의 조화로운 버팀이 곧 우주의 근본질서라고 예수는 가르쳤다. 그러므로 창조주의 신성(神性)을 물려받은 인간본성(human nature)은 격정, 격노, 순간적인 충동심, 파괴본능, 원한, 적개심 등을 죽이고 자제할 수 있는 자기절제와 자기억제의 도덕적 힘을 키우고 유지할 수 있을 때만이 그 빛을 발한다.

 십자가형을 받은 예수는 자신을 핍박하고 조롱하고 고발하고 배반하고 처형한 바리새인들과, 유대교의 사제들, 대제사장 카야파(Caiaphas)와 유다 이하리옷(Juda Ihariot)과 로마총독 빌라도(Pilate)에게 한마디의 불평이나 원망의 말도 없이 묵묵히 고통을 참고 시련을 이겨냄으로서 자신의 머리에 씌워진 가시면류관을 아폴로 신의 머리위에 씌어진 승리자의 빛나는 월계관으로 만들 수 있었다.

 넷째, 예수는 치료의 신(God of healing)이다 만개의 다른 육신에 분산되어 존재하는 영혼들이 우주에 단 하나 밖에 없는 창조주의 영혼임을 깨우쳐주고 합일(合一)시키는 일령감통법(一靈感通法)의 위대한 힘으로 문둥병자, 중풍환자, 앉은뱅이, 소경 등 수많은 불치병 환자를 완치시킨 인류역사상 최고의 신의(神醫)이다.

 여호와는 모든점에 있어 예수와 반대다 폭력, 분노, 증오, 적대감, 자제력을 상실한 미친격정, 균형을 잃은 편벽된 사랑이 곧 여호와의 트레이드마크이다 다이오니소스신과 여호와신은 본질적으로 같은 부류의 존재들이지만 한가지 차이점이 있다면 다이오니소스는 술로 사람을 유혹하여 인간 본성을 타락시키고 여호와는 술보다 훨씬 중독성이 강한 사상적 도그마(dogma)를 강요함으로써 이를 받아들이는 신자들을 맹목적 광신자로 만들고 불신자들을 미워하고 저주하고 복수하려든다.

 "나이외 어떤 신도 섬기지 마라, 안식일을 지켜라. 땅위에 제단을 쌓아서 양과 소로 나에게 번제(燔祭, burnt offering)와 화목제(和睦祭, peace offering)를 지내라. 나의 제단을 계단으로 오르지 마라. 내 말을 잘 들으면 수천대에 이르기까지 축복을 주겠지만 나를 미워하고 내 말을 듣지않으면 그것이 곧 죄악이니 그런자들에게는 3, 4대에 이르기까지 복수하겠노라"고 선언한다(『출애굽기』20장).

예수는 물리적 폭력 뿐만아니라 자신의 생각을 남에게 강요하는 사상적 폭력도 창조주의 법칙과 생명의 법칙에 위배되는 행위라고 가르쳤다.

다이오니소스신은 술을 마시면 모든 근심 걱정에서 해방되어 자유로워진다는 말로 사람들에게 음주를 권장하였으나 술이 잠시나마 근심 걱정을 잊게 해 현실의 고통으로부터 감각적 해방감을 가져다줄지 몰라도 과다한 음주와 이에 따른 몰이성적 광란의 행위는 사람을 오히려 자유인이 아닌 아무 쓸모없는 폐인으로 만든다는 사실을 술마셔 본 사람이라면 누구나 동의하리라.

위와 똑같은 논리적 귀결은 여호와가 인류를 상대로 휘두른 물리적, 정신적 폭력에도 적용될 수 있다. 아담과 이브가 지식의 나무에서 나온 열매를 먹고 지혜의 눈이 밝아져 영적 각성을 시작하자마자 그들을 에덴동산에서 추방하였고 한줌도 안되는 노아와 그의 가족들을 구하기 위해 나머지 인류를 홍수로 전멸시켰고 노예 상태에 있는 이스라엘 백성들을 구하기 위해 그보다 몇배나 많은 수의 이집트인들과 그들의 가축들을 10가지의 재앙으로 몰살하였고 여호와의 계명을 따르지 않는 비교도, 이교도들을, 모든 영광을 여호와에게 돌린다는 성전의 미명하에 유럽과 중동과 남북아메리카 대륙에서 학살하였다.

여호와는 인간에게 자유와 평화를 주는 존재가 아니다. 자신만을 무조건 경배하도록 요구하는 노예도덕의 강요자이며 인간의 영적 깨달음을 방해하여 바보로 만드는 우민화 정책의 집행자이다.

실패한 시인으로서의 네로는 그 끝모를 좌절감에서 로마시를 불질러 수많은 인명을 살해하였고 실패한 화가인 히틀러는 깊이를 가늠하기 어려운 절망감에서 유대인 600만을 학살하였다. 그렇다면 여호와는 과연 어떤 존재인가? 필자는 여호와를 실패한 건축가로 규정하지 않을 수 없다. 자신의 디자인대로 세계를 직조(織造)하고 인간을 인형극 속의 노리개감으로 전락시키려는 의도가 실패로 돌아가자 마침내 다이오니소스적 광기(狂氣)가 폭발하여 유대교와 바울교의 사이비교리를 앞세워 인류사를 피로 물들여왔다.

이상 살펴본 바와 같이 아폴로적 존재인 예수와 다이오니소스적 광란으로 상징되는 여호와가 인류의 정신사에 끼친 영향은 전자가 긍정적이고 창조적이라면 후자는 철저히 부정적이고 파괴적이다.

그러므로 인류이성의 진보와 영적대각성에 기반한 아폴로적 대광명과 대조화의 새 시대를 열기 위해서는 무엇보다 여호와가 인류정신사에 남긴 깊은 내상(內傷)의 상처와 그 죽음의 어두운 그림자를 걷어내고 지워버려야만 한다. 게르만민족의 피의 순수성을 보존하기 위해 유대인 홀로코스트를 정당화하는 나치즘, 압박받는 프로레타리아 계급을 해방시키기 위해 부르죠아 계급을 폭력으로 멸종시켜야한다고 강변하는 레닌주의자와 스탈린주의자, 백인들의 하인으로 노역(勞役)해야 할 천부적 운명을 타고났다는 터무니없는 가정하에 흑인을 노예로 만드는 죄악을 서슴치 않았던 백인우월주의자, 흑인노예들을 해방시키기 위해 백인들을 몰살시켜야한다고 주장하는 흑인 과격주의자들은 결국 이스라엘 노예들을 이집트로부터 탈출시키기 위해 탈출자들보다 더 많은 이집트인들을 죽여야했던 여호와의 광란적 행위와 그 무엇이 다른가?

예수의 정신과 이에 반대되는 여호와의 정신은 유대교와 기독교들에게만 해당되는 정신이 아니다. 자이나 교도인 마하트마 간디가 비폭력과 관용, 자기절제와 조화로 상징되는 예수정신의 진정한 실현자이듯 물리적, 정신적 폭력으로 사람들을 굴복시키고 지배하려드는 여호와적 정신은 인간성의 사악한 한 단면을 나타내주는 인류 모두의 부끄러운 자화상이다.

이점에 있어 사탄(Satan, the chief evil spirit)은 인류의 마음 밖에 있는 객관적 제3자가 아니라 우리들의 잠재 의식 속에 깊숙이 자리잡고 있는 반이성적 여호와 숭배(Jehovah cult) 그 자체인 것이다.

제 7장

석가모니와 원효

1. 불교 철학의 딜레마

　석가모니가 전생에 설산동자로 있던 시절, 옥황상제인 제석천 한인으로부터 '諸行無常 是生滅法 生滅滅已 寂滅爲樂'의 설산 16자를 받아 진리를 깨우친 사실은 이미 서장에서 말했다.
　석가모니 부처뿐만 아니라 삼세제불(三世諸佛)이 모두 우주 창조자인 제석천한인의 ○을 받아 깨달음을 얻은 응화신(應化身)으로서 아뇩다라삼먁삼보리의 진리를 전달하기 위해 사바세계에 그 모습을 드러낸다. 이러한 진실은 『장아함경』(長阿含經) 제일분대본경(第一分大本經)에 기록되어 있다. 석가모니불이 큰 비구 1250명 앞에서 과거 7불(佛) 중 한사람으로 91겁(劫) 전에 계셨던 비바시불(毗婆尸佛)의 출생과 출세에 관해 이렇게 말했다.

> 毗婆尸菩薩 在母胎時 專念不亂 有四方四天子 有名稱威德 天帝釋
> 所遣 善守護菩薩 手執常執戈鋒 侍衛不去離 人非人不擾此諸佛常法
> 天神所擁護 如天女衛天眷屬 懷歡喜悲 諸佛常法

비바시부처가 성불하기 전 일생보처보살(一生補處菩薩)로 모태에 계실 때 오로지 진리를 깨달으려는 일에만 생각을 집중하여 마음의 흐트러짐이 조금도 없었네, 그때 제석한인하나님께서는 명망과 위엄과 덕을 갖춘 사방사천자들을 파견하여 비바시보살을 잘 지켜주었다네. 사방자천자가 항상 손에 창을 들고 모태에 있는 비바시보살을 모시고 지켜 그 곁을 떠나지 않으므로 사람과 사람이 아닌 귀신들조차 시끄럽게 굴지 못하였으니 이것이 바로 모든 부처가 궁극적 진리를 깨달아 부처로 출세하기까지 한인하나님의 지도와 보호를 받는 상법(常法)이니라. 천신 한인이 비바시보살을 옹호하여 사바세계로 내려 보내실 때에 그를 호위하던 하늘나라의 권속들이 비바시보살이 성불하여 지상에 진리를 전달하러 간다는 말을 듣고 기뻐하기도 하고 혹은 석별의 정에 슬퍼하기도 하였으니(『팔상록』에는 석가가 사바세계에 진리를 전하러 간다는 말을 듣고 하늘의 권속들이 이별의 아픔에 눈물을 흘렸다 기록되어 있다). 이것이 바로 모든 부처가 하나님의 명령으로 진리를 전달하기 위해 사바세계에 그 자취를 드러내는 법이니라.

부처도 다른 중생과 마찬가지로 가유(假有)인 육신은 부모로부터 받으나 그 영혼은 우주 만물의 창조자인 한인상제의 ㅇ(囧)의 일부가 이전된 것이다.

다만 부처는 아직 깨닫지 못하거나 깨달음의 과정에 있는 중생과는 달리 "나는 나로부터 와서 나에게로 돌아가는 타타가타(如來如去)"의 진리를 확실히 깨달아 이러한 확신에 그 어떤 미세한 의심이나 번뇌가 일어나지 않는 존재일 뿐이다.

파도나 얼음(氷)은 그 겉모습만 다를 뿐 똑같은 물임에 틀림없다. 파도와 얼음은 물에 상즉(相卽, Phenomenal identity)하고 물이 파도와 얼음에 상입하는 상입상즉(相入相卽) 논리에 따르면 과거, 현재, 미래의 삼세제불(三世諸佛)은 모두 한인하나님이며 육신의 형상없이 ㅇ(囧)으로만 존재하는 한인하나님의 육화(肉化)된 모습이 곧 삼세제불이다.

그러나 석가모니가 전개한 불교철학과 그 교리에 는 상입상즉론에 대한 설명이 거의 전무하고 우주만물은 일신(一神)에 의해 창조된 필연성의 산물이 아닌 우연의 산물이고 부처는 우주가 생기기 전부터 존재해 왔으며 석가에게 아뇩다라삼먁삼보리를 가르쳐준 제석천한인을 오히려 세존의 설법을 경청하는 어리석은 제자로 묘사하고 불교 수호의 신으로 그 위치를 격하시켜 진리전수의 계통을 완전히 뒤집어 놓았다.

『장아함경』제1권에서 "삼세제불은 제석천한인으로부터 출생하고 출세하여 생사의 경계가 뚜렷한 사바세계에 진리를 전하러 내려온다"해 놓고 제10권 석제한인문경(釋帝桓因問經)에서는 완전히 반대되는 말을 하고 있다.

"어느 때 부처님은 마갈타국의 암바라촌 북쪽에 있는 비타산의 인타라바라(因陀羅婆羅)의 굴 속에 계셨다. 때에 석제한인은 미묘한 착한 마음을 내어 부처님을 뵈옵고자 했다. '나는 이제 세존이 계시는 곳에 가리라고', 때에 모든 도리천들은 석제한인이 묘하고 착한 마음을 내어 부처님께 가고자 하는 말을 듣고 곧 제석에게 나아가 말하였다. '착합니다. 제석이여, 미묘하고 착한 마음을 내어 여래께 나아가려고 하십니다. 우리들도 모시고 따라가 세존을 뵙기를 원합니다'. 때에 제석은 음악의 신 반차익(般遮翼)에게 말했다. '나는 이제 세존이 계시는 곳에 가고자 한다. 너도 같이 가자. 저 도리천의 많은 하늘들도 나와 함께 부처님 계신 곳으로 갈 것이다.'" - 중략 -

석제한인은 반차익에게 말했다. "여래 지진(至眞: 비바시부처의 이름)은 매우 뵈옵기 어렵다. 그는 능히 이 한적한 곳에 내려와 잠자코 소리없이 금수와 짝하고 계신다. 여기는 항상 여러 큰 신천(神天)이 있어 세존을 모시고 있다. 너는 앞에 가서 유리거문고를 튕겨 세존을 즐겁게 하라.

나는 모든 하늘과 함께 뒤를 따라 가리라." 반차익은 분부를 받자 거문고를 가지고 먼저 부처님께 나아가 부처님에게서 멀지 않은 곳에서 유리거문고를 타며 계송으로 노래했다. - 중략 -

제석은 부처님께 여쭈었다. "옛날 제가 조그마한 인연으로 모든 도리천과 함께 법당에 모여 있을 때 저 모든 옛 하늘은 이렇게 말했습니다. '만일 여래가 세상에 나오시면 모든 하늘 무리는 증가하게 되고 아수라(阿修羅, Asura: 인드라신인 한인과 싸우거나 혹은 해와 달과 싸우는 악신)의 무리는 감소하게 되리라.' 고. 이제 저는 직접 세존을 뵈옵고 몸소 스스로 진리를 깨쳤습니다. 여래 지진(至眞)은 세상에 나타나 모든 하늘 무리를 붙게하고 아수라의 무리를 줄게 하였습니다."

석제한인이 의심나는 점을 질문하고 지진여래가 대답하는 긴 문답이 끝난 다음 제석은 말했다. "저는 이제 부처님의 제자로서 수다원(須陀洹, Srota apanna: 소승불교에서 말하는 수행단계의 4果 중 初果를 말함. 미혹을 단절하고 처음으로 賢者의 階位에 들어가는 깨달음의 입구를 말함)의 도(道)를 얻어 다른 세계에 떨어지지 않고 7번을 이 세상에 오간 뒤에는 반드시 도과(道果, 궁극적 깨달음 즉 구경열반을 뜻함)를 이룰 것입니다. 원하옵건데 세존께서 저에게 수다원이 될 것이라 기별해주소서."

- 중략 -

그 때에 제석은 곧 자리에서 일어나 세존의 발에 절하고 부처님 앞에 3걸음을 뒷걸음쳐 물러갔다 도리천의 모든 하늘 및 반차익도 또한 부처님 발에 절하고 뒷걸음쳐 물러갔다.

스승이 제자에게 스스로 제자되기를 자청하는 우스꽝스러운 광경과 제자인 석가모니가 스승인 제석천한인을 꾸짖고 가르치는 본말전도의 해괴한 사건은 불경 도처에서 발견할 수 있는데 그 중 대표적인 것으로 『칠현녀경』(七賢女經)에 나오는 다음과 같은 이야기를 들 수 있다.

七賢女遊屍多林할새 一女指屍謂屍在者裡하며 人向甚處去오
中有一妹云作麼作麼하니 諸妹諦觀各各契悟라
感帝釋散花云唯願聖妹여 有何所須오 我當終身供給하리라
女云하되 我家四事七珍悉皆具足하나 唯要三般物이니
一은 要無根樹子一株요 二는 要無陰陽地一片이요
三은 要叫不響山谷一所로다 帝釋云 一切所須는
我悉有之하나 若般三物은 我實無得이로다 女云 汝若無比면
爭解濟人이리오 帝釋이 遂同往向佛 佛言 憍尸迦야
我諸弟子大阿羅漢도 悉皆不解此義하고 唯有諸大菩薩이어야
乃解此義니라.

일곱 현녀들이 시체를 버리는 시다림을 지나다가 한 현녀가 시체를 가르키며 "이 사람이 시체는 여기 남겨두고 도대체 어딜갔나?" 말하자 그 중 한 자매가 "무슨 소리인가?" 하면서도 죽은 자의 영혼이 본래의 자기 고향을 찾아간 것을 알고는 모든 자매들이 타타가타의 진리를 체관(諦觀)하여 큰 깨달음을 얻었다. 도솔천에 계시던 제석한인하나님께서 이 광경에 감동하여 축하의 꽃을 일곱 자매에게 뿌리면서 이르기를, "거룩할 손, 아가씨들이여! 내가 그대들의 깨달음을 축하하는 의미에서 선물을 주고자하니 말하라! 무엇이 필요한지를, 그리하면 내가 아가씨들에게 종신토록 이를 공급할 것이니라." 현녀들이 대답하기를 우리집에는 음식, 의복, 침구, 탕약(의약품)의 사사(四事)와 금, 은, 유리, 산호, 호박, 자거, 마노의 일곱가지 보배가 두루 갖추어져 있으나 오직 3가지 물건만 없나이다. 첫째는 뿌리 없는 나무 한 그루요, 둘째는 응달, 양달이 없는 땅 한 조각이요, 셋째는 소리쳐도 메아리가 울리지 않는 산골짜기 한 곳입니다.
이에 제석한인이 "필요한 온갖 것이 모두 나에게 있으나. 이 3가지 물건만은 나에게 진실로 없노라" 하니 현녀들이 "이런 3가지 물건이 없으면서 어찌 남을 구제한다 하리오" 말하더라. 이에 제석천한인이 현녀들과 함께 부처에게 가 이 사실을 아뢰니 석가모니 부처께서 말씀하시기를 "교시가(憍尸迦, Kausika의 음역: 한인하나님이 인간이었을 때의 이름이라고 불교에서는 주장함)야! 나의 제자들 중 큰 아라한(阿羅漢, arhat의 음역: 소승불교에서 말하는 모든 번뇌를 잊고 열반에 들어간 최고의 단계에 있는 사람, 더 이상 배울 것도 수행할 것도 없기 때문에 無學으로 한역)들도 이치를 알 수 없고 오직 큰 보살(maha-sattva를 음역한 보살마하살(菩薩摩訶薩)로 10地 이상의 보살을 말함)이라야 이 이치를 아느니라" 하더라.

7현녀들이 얻은 진리의 내용은 육신의 허물을 벗어던지고 제석한인의 ㅇ(囬)으로 자기 복귀한 망자의 영혼이 곧 7현녀들의 육신에 거주하고 있는 영혼이며 우주 모든 존재의 만체(萬體)에 분유되어 있는 만체일령(萬體一囬)이 제석한인의 ㅇ(囬)과 동명동질(同名同質)의 같은 ㅇ(囬)임을 깨달은 것을 말한다.

이에 진리의 개오(開悟)를 축하하는 의미에서 한인하나님은 7자매에게 꽃다발을 뿌렸고 7자매가 3가지 없는 물건을 요구하자 난감해진 제석한인이 7자매와 함께 부처에게 자문을 구하러 갔다가 도리어 면박만 당한다.

하지만 7자매가 요구한 3가지 없는 물건의 의미가 무엇인지를 알고나면 위에 인용한 『칠현녀경』의 기사가 얼마나 황당하고 진리에 어긋난 패역적(悖逆的) 내용인지를 알 수 있다.

뿌리없는 나무는 이세상 어느 곳에도 없다. 나뭇잎과 꽃은 여름이 지나고 가을이 되면 낙엽이 되거나 시들해져 죽어버리지만 뿌리는 죽지 않고 겨울의 북풍설한을 이겨내어 닥아오는 새봄에 또다시 잎사귀와 꽃을 피우는 원동력이 된다. 뿌리는 영원히 죽지 않는 영혼을 상징하고 잎사귀와 꽃은 한시적으로 사는 육체를 상징한다.

따라서 뿌리없는 나무 한그루(無根樹子一株)를 달라고 한 것은 영혼없이 육체만으로 존재하는 생명(生命, 生은 육체 命은 영혼이다)을 달라고 요구하는 것과 같다. 영혼 없이 육체로만 존재하는 물건은 곧 썩어 없어질 죽은 시체밖에 없다. 응달양달이 없는 땅 한 조각(無陰陽地一片)도 뿌리 없는 나무 한 그루와 대략 같은 뜻을 지닌다. 응달은 어둡고 캄캄한 그림자, 양달은 밝은 빛이다. 응달은 죽으면 썩어 캄캄한 땅속으로 들어가는 육체를 상징하고 양달은 영원히 죽지 않는 영혼의 광명을 의미하며 땅 한 조각은 사람을 상징한다. '사람=영혼+육체' 이므로 응달양달이 없는 땅 한 조각을 달라고 한 것은 육체도 없고 영혼도 없는 사람을 달라고 요구한 것과 같다. 응달양달이 없는 땅 한 조각이 이 세상 어디에도 없듯이 영혼도 없고 물리적 신체도 없는 존재(Being)는 무한한 공간과 영원한 시간의 시공연속체인 우주 어느 곳에도 없다.

소리쳐도 메아리가 울리지 않는 산골짜기도 이 세상에 없다. 나의 영혼은 하나님 영혼의 한 부분이기 때문에 나의 영혼에서 우러나오는 소리와 기도는 광명의 본원인 하나님의 본령에 전달되고 다시 나에게로 거룩하게 메아리쳐 회광반조(廻光返照)한다. 육신이 죽은 후 나의 ㅇ(畾)은 창조주의 본령(本畾)으로 열반하였다가 다시 새로운 몸을 받아 사바세계로 윤회한다. 소리치면 메아리가 되어 나에게 돌아오듯 나는 나에게로 돌아갔다가 나로부터 나는 다시 온다. 따라서 소리쳐도 메아리가 울리지 않는 산골짜기 한 곳(叫不響山谷一所)을 달라고 하는 것은 열반도 하지 않고 윤회도 하지 않는 인간 존재를 달라고 요구하는 것과 같다.

인간의 모습으로 생사의 구별이 뚜렷한 사바세계에 나타나 영혼의 불멸성을 설교하던 석가모니불과 비바시불. 그리고 시다림에서 진리를 깨달은 7현녀의 영혼은 도대체 어디로부터 왔는가? 그들의 영혼 역시 한인하나님 영혼의 한부분임이 명백한데 더욱이 한인하나님으로부터 설산

16자의 아뇩다라샴막삼보리를 얻어 진리의 요체(要諦)를 알고있는 석가모니가 "교시가야! 너도 모르고 아라한도 모르고 보살마하살이 되어야 이 이치를 아느니라"고 말한 대목은 폭소를 자아내는 한편의 코미다.

이는 마치 말썽만 부리고 사고만 치는 막나니 아들이 부모 면전에서 "내가 어느 때 어떤 연유와 어떤 경로로 이 세상에 태어났는지는 아버지 당신도 모르고 어머니 당신도 모르며 유전 법칙을 발견한 멘델(Mendel)이나 진화론을 주창한 다윈(Darwin) 정도가 되어야 아느니라"고 말하는 것과 무엇이 어떻게 다른가?

『법화경』에 이런 내용이 있다. 보살들이 석가모니에게 "부처님께서는 어찌하여 무슨 연유로 이 사바세계에 오시게 되었습니까?"라고 묻자 석가는 일대사인연(一大事因緣, eka-krtya)으로 오게 되었노라 대답하였다. 하나의 큰 인연을 뜻하는 一大事因緣의 다섯글자를 2자로 줄이면 하나의 큰 인연을 뜻하는 한인(桓因)이 된다. 그렇다. 석가모니는 桓因 때문에 이 세상에 오신 것이다. 한인 o (匪)의 일부를 분유받고 한인의 지도로 도솔천에서 아뇩다라삼먁삼보리를 깨닫고 한인의 명령을 따라 한인연의 진리를 전달하기 위해 이 세상에 오신 것이다.

현상계에 모습을 드러내고 있는 삼라만상 중 독립적인 개체는 하나도 없으며 모든 존재는 한인하나님의 o을 받아 한인연의 인타라망(因陀羅網, Indraj-ala: 일명 제석망)속에 서로 얽히고 설켜 거울이 거울을 비추고 푸른 보배구슬이 또다른 푸른 보배구슬을 비추는 중중무진(重重無盡)의 연기성(緣起性)에 체포되어 있다. 부모와 자식간의 인연, 사제의 인연, 부부의 인연, 12인연 할 것 없이 이 세상에 인연 아닌 것은 하나도 없다.

실달다태자가 17살이 되던 해 태자는 무술 시합에서 일등을 하여 선각왕의 딸 아쇼다라 공주를 얻어 부부의 인연을 맺었는데 아쇼다라 공주는 석가모니가 일생보처보살로 도솔천내원암에서 수도할 당시 연등불에게 바쳤던 연꽃 일곱송이를 시주한 꽃파는 처녀였다. 도솔천에서 석가와 꽃파는 처녀간에 맺어진 전세의 인연은 아쇼다라 공주가 정반왕에게 패백을 드리던 납패 당일에 펴지지 않았던 오른손 다섯 손가락이 저절로 열리면서 손바닥에 쓰여진 다음과 같은 게송(偈頌)으로 그 진실이 증명되었다.

일곱송이 연꽃 연등불에 돌리고 옛날 그 때 발원하여 부부되었네. 원앙의 인연 이별함을 슬프다 한탄하지 말라 마침내 영산회상(靈山會上)에 부처를 이루리.

인연이란 우연성의 산물이 아닌 거역할 수 없는 필연성의 산물로서 달관(達觀)이란 한 인연의 인타라망에 묶여 있는 桓因과 각 개별적 존재간에 교섭되는 연기(緣起)의 필연성을 인식하는 일이다. 하지만 석가모니불교는 12인연법과 법계인기론(法界緣起論)의 필연성을 역설하고 인타라망의 상호의존성을 강조하면서도 우주 최초의 연유이자 최초의 인연이며 석가자신의 ㅇ(㊞)을 전수해 준 인타라망의 주인공인 한인하나님의 우주만물 창조를 집요하게 부정하면서 부처 앞에 제석천한인이 무릎을 꿇고 가르침을 청하는 패륜적 기사를 불경 여러 군데 삽입함으로써 우주창조자보다 부처가 상위의 존재라고 주장한다.

석가모니의 이러한 자기 모순은 그의 탄생게(誕生偈)에 여실히 나타난다. 석가모니는 태어나자마자 동서남북 사방으로 일곱 걸음식을 걷고 오른손을 들어 Aggo ham asmi lokassa(天上天下 唯我獨尊: 하늘 위 하늘 아래 오직 나만이 홀로 높다)를 외쳤다.

석가모니의 탄생게는 많은 사람들의 오해를 불러 일으키기에 충분한 발언이다. 유가사상의 신봉자들은 "갓 태어난 아이는 걸을 수도 없고 말할 수도 없는데 천상천하 유아독존이라니 이는 분명 후세 사람들이 꾸민 위작일 것이며 만약 석가 자신이 진정코 이런 말을 했다면 이는 겸손함이라고는 조금도 없는 석가모니 개인의 오만불손한 자존망대에 불과하다고 평한다.

석가가 이런 오해를 받게 된 것은 오직 나라는 뜻의 唯我에 대한 석가의 해명이 없음으로 말미암아 빚어진 오해다. 이 경우 "인간의 영혼은 창조주 영혼의 한 부분이므로 창조주와 인간은 둘이 아닌 하나"라는 예수의 가르침을 적용하면 唯我의 뜻이 분명해진다. 석가의 영혼이나 예수의 영혼이나 현생인류 65억명의 영혼이 모두 창조주의 영혼이기 때문에 이러한 진리를 깨달은 석가의 입장에서 보자면 석가모니가 곧 창조주고 창조주가 곧 석가모니다. 따라서 창조주가 곧 나(我)요, 내가 곧 창조주인, 福卽我 我卽福인고로 天上天下 唯我獨尊이라고 말했어야 했다. 唯我는 육아적(肉我的) 나가 아닌 신아일체(福我一體)의 신아적(福我的) 나다. 만약 唯我가 석가모니 개인의 육아적 나라면 하늘 밑 지구에서 나홀로 높다는 天下 唯我獨尊이 되어야 하기 때문이다.

산스크리트어 Sattva는 생령(生眾)으로 한역되었는데 아귀(餓鬼)나 축생(畜生)도 생령에 포함되며 Bodhi-Sattva는 진리를 깨달은 생령이라는 뜻으로 보살(菩薩)로 한역되었다.

하늘 아래(天下)는 지구고 하늘 위(天上)는 지구 이외 하늘에 있는 모든 별들을 말함으로 天上天下는 우주를 뜻한다. 우주에 존재하는 모든 생령들의 眾은 창조주의 ○인 고로 창조주가 곧 만물이고 만물이 곧 창조주며 우주에는 오직 나 창조주, 唯我밖에 없다. 이러한 이유로 우주의 본체를 창조주의 一心으로 보는 유식학파의 바수반두는 三界에는 오직 唯心뿐이라고 말한 것이다. 하지만 석가모니는 唯我에 대해 아무런 해명도 하지 않았다. 신의 존재를 부정하고 一福에 의한 우주창조를 부정하기 때문이다. 그렇다고 해서 석가모니불이 우주를 창조했나 하면 그것도 아니다. 불경 어디를 뒤져봐도 석가모니가 우주를 창조했다는 기록이 없으며 힌두교에서 빌려온 神인 비로자나(비슈누, Visnu)법신불이 우주 만물을 창조했다는 기록도 없다. 불교에서 말하는 우주 창조자는 비슈누의 배꼽으로부터 출생한 범천왕(梵天王, 브라흐만)이다.

하지만 범천왕은 명목상 우주창조자일뿐 제석천왕한인과 더불어 석가모니의 중요 행사때마다 나타나 석가를 호위하는 단골호위병에 불과하다. 『현우인과경』(賢愚因果經)에는 석가가 외도육사(外道六師)를 항복받을 당시 석가가 앉은 보좌 왼쪽에 제석천한인이 시립하고 오른쪽에 범천왕이 시립했다고 기록되어 있으며 석가가 입멸(入滅)하자 제일 먼저 하늘에서 내려와 조시(弔詩)를 바친 신은 제석천왕이고 그다음이 범천왕이다.

우파니샤드(Upanisad) 철학에서는 개인의 본질인 인아(人我, Atman)는 우주의 본체인 브라흐만(梵, Brahman)의 일부로서 일시의 망념(妄念)과 업(業, karma)에 가리워져 미경(迷境)을 윤회하지만 아트만이 미혹과 업을 멸하면 절대자인 o (圧)과 합일된다고 말한다. 이른바 범아일녀(梵我一如) 사상이다. 하지만 석가모니는 우파니샤드파의 업과 윤회사상을 받아들여 불교 철학의 근간으로 삼으면서도 개인의 영혼인 실아(實我)는 있는 것도 아니고 없는 것도 아니라는 석가 특유의 논법으로 긍정도 부정도 하지 않으면서 모든 존재는 연기에 의해 생겨난다고 주장한다.

석가의 말대로 모든 존재가 의타기성(依他起性)으로 연기된 것이라면 그리고 또 모든 존재가 필연성의 인연을 따라 생기고 인연따라 없어지는 것이라면 天上天下 唯我獨尊에 나오는 唯我는 반드시 우주 만물을 창조한 창조주가 되지 않으면 안된다. 필자는 여러 스님분들께 唯我가 무슨 뜻인지 물어본 적이 있다. 스님들은 한결같이 유아는 부처님이며 확대해석하면 중생일체실유불성(衆生一切悉有佛性)이니까 부처님+중생일체의 집단적 나로 볼 수 있지만 부처님이 중생을 제도(濟度)하기 위해 이 세상에 오셨고 부처님이 있어야만 중생이 있으니까 선후를 구태어 말하자면 불선중생후(佛先衆生後)라는 대답이었다.

듣기에 그럴듯한 이야기지만 이 논리에는 치명적 결함이 있다. 부처는 궁극적 깨달음을 얻은 사람이다. 따라서 비단 부처의 깨달음뿐만 아니라 어떤 종류의 깨달음에도 깨달음을 유발한 인식의 객관적 대상이 반드시 있게 마련이다.

갓 태어난 아이를 캄캄한 지하실에 가두어 자동기계와 자동파이프를 통해 빵과 우유와 물을 주고 20년 후 아이를 끄집어 내 무엇을 깨달았는지를 물어보라. 사람을 만난 적도 바깥 세상을 본 적도 없어 인식의 대상이 전혀 없었던 아이는 깨달음이라는 말조차 모를 것이다. 때문에 중생이라는 인식의 대상이 있고난 다음에 부처가 있지 부처가 있고난 다음에 중생이 있는 것은 아니다. 석가모니가 태어난 당시의 중생만을 생각하면 안된다.

석가의 전생, 전생을 거슬러 올라가면 석가도 나고 죽고 죽고 나는 수많은 윤회를 거쳐 실달다 태자를 최후의 몸으로 해서 드디어 성불한 것이지 누적된 깨달음의 총화(總和)없이 어느날 갑자기 돈오돈수(頓悟頓修)한 것은 아니다.

그러므로 부처 이전에 중생이 있었고 중생 이전에 중생이 몸담아 사는 욕계(欲界)의 공간이 있었고 욕계 이전에 욕계를 먹여 살리는 태양같은 항성이 있었고 태양계 이전에 은하계가 있었고 은하계 이전에 더 큰 우주가 있었고 더 큰 우주 이전에 아승기겁(阿僧祇劫)동안 생멸을 거듭해 온 무량수(無量數)의 우주가 있었고 무량수의 우주 이전에 처음 우주(우주는 영원 자체이기 때문에 최초 최후가 없지만 설명의 편의상 처음 우주로 표현한 것임)를 창조한 영원불멸의 창조주가 있었다. 그런데 우주 만물을 창조하지도 않은 석가는 마치 자기자신이 창조주인 것처럼 말하고 있다.

『법화경』수량품(壽量品)에 나오는 기사를 보자.

그러나 선남자야 내가 참으로 성불한 지는 실로 오래 되었도다 한량 없는 백천만억나유타겁 이전에 벌써 하였느니라.
然善男子 我實成佛已來無量無邊百千萬億那由他劫

나도 그와 같아서 성불한 지 한량 없고 그지없는 백천만억나유타아승기겁 전이지만 중생을 위한 방편으로 마땅히 열반하리라 말한 것이다.
我亦如是成佛已來無量無邊百千萬億那由他阿僧祇劫爲衆生故以方便力言當滅度

일겁은 우주가 한번 생겼다가 사라지기까지의 기간을 말하므로 천만억나유타아승기겁전이라면 시초가 없는 과거 즉 영원을 말한다. 따라서 천만억나유타아승기겁전에 성불했다고 말한 것은 실달다태자를 최후의 몸으로 3천년 전에 성불한 석가모니가 아닌 창조주다. 우주가 생기기 전 道(영혼)가 먼저 있었다고 말한 노자의 관점에서 보자면 시초가 없는 영원속에 석가모니만 창조주 O(田)의 한 부분으로 존재하였던게 아니라 예수의 O도 노자의 O도 현생 인류 65억 명의 O(田)도 창조주 O의 한 부분으로서 창조주와 함께 존재했다. 다만 현생 인류 65억명은 아직도 윤회를 계속하고 있는 존재들이기 때문에 아득한 과거세를 기억하지 못할 뿐이고 궁극적 깨달음을 얻어 윤회를 그친 석가는 자신의 전생들을 다 기억하여 백천만억나유타아승기겁 이전까지도 상기할 수 있는 것이다.

우주에 있는 모든 존재들의 영혼(一心)과 창조주의 영혼이 동질의 같은 영혼임을 깨달아 내가 변하여 창조주가 되었는지 창조주가 변하여 내가 되었는지 둘 다 잊어버린 신아양망(神我兩忘)의 황홀경에 몰입하는 것이 곧 성불이다.

그러므로 이 경우에 있어서도 석가는 마땅이 신즉아아즉신(神卽我我卽神)이기 때문에 신아일체인 나 석가모니는 백천만나유타아승기겁 전에 이미 성불했노라 말했어야 했다.

그러나 석가모니는 우주창조자의 이름이 프루샤(Pursa)든 브라흐만이든 비로자나든 제석한인이든 절대자인 신을 부정하고 신에 의한 우주창조 자체를 부정하기 때문에 이는 결과적으로 "나는 나로부터 와서 나에게로 돌아간다"는 타타가타(如來如去)와 법계 연기론의 필연성을 스스로 부정하는 자기 모순을 낳았다.

석가모니와 예수의 다른 점을 말하자면 예수는 복잡한 논리를 그 주지(主旨)를 훼손하지 않으면서도 간단명료하게 정리하여 쉬운 말로 표현하는 단순화 능력이 뛰어난 반면 석가모니는 간단하게 전달될 수 있는 말도 복잡한 논리로 전개하여 듣는 자로 하여금 무엇이 무엇인지를 알 수 없게 만든다. 예수는 제자들에게 이렇게 가르쳤다.

"그대들이 사람들 앞에서 기도할 때는 정확한 어휘들을 사용하여 기도하도록 주의하시오. 그리하여 사람들로부터 거짓말을 한다는 비난을 받아 아무 보답도 받지 못하는 일이 없도록 하시오. 복잡하지 않은 논리를 이용한 어휘들을 선택하여 자연의 지식과 행동을 묘사하시오. 왜냐하면 인간의 영혼은 많은 말을 필요로 하지 않기 때문입니다. 다만 능력있는 영혼이 되기 위해 지식을 필요로 할 뿐입니다"(『탈무드 임마누엘』 6장 1~6절).

제자들에게 정확하고 간단한 어휘를 쓰도록 권장하였을 뿐 아니라 예수 자신도 제자들과 대중을 상대로 설교할 때 일평생 영혼이라는 단어만 사용했다. 물론 다른 말로 영혼을 표현할 수도 있었지만 예수께서 끝까지 영혼이란 단어를 고집한 이유는 사람들의 이해에 혼란을 주지 않기 위해서이고 나아가 아무리 위대한 진리라도 듣는 상대방이 알아듣지 못하고 이해할 수 없다면 진리로 공인받지 못한다는 점을 알았기 때문이다.

한편 불교에서 영혼을 의미하는 단어는 서장에 설명한 바와 같이 물경 30개가 넘는다. 우주의 본체를 절대자의 0으로 보느냐 절대자의 一心으로 보느냐에 따라 쏘사상의 중관파(中觀派)와 유식파(唯識派)로 갈라지는데 一心을 뜻하는 용어는 아리야식(alaya vijnana), 해인(海印, sagara-mudra) 그리고 지나불교에서 만들어진 묘유(妙有)정도 밖에 없고 나머지는 모두 영혼을 뜻하는 단어이다.

법(法)은 산스크리트어 달마(dharma)를 한역한 말인데 달마는 영혼 혹은 진리를 뜻한다. 영원히 변치않는 법칙이 곧 진리고 우주에 영원히 변하지도 않고 멸(滅)하지도 않는 것은 영혼 밖에 없음으로 달마는 영원히 변치않고 영존(永存)하는 진리인 영혼이란 뜻이다. 제법실상(諸法實相, dharmata)은 모든 존재의 참모습인 영혼이란 뜻이고 법계(法界, dharma) 법성(法性, dharma) 법신(法身, dharma-Kaya)은 모두 영혼을 의미한다. 일부 불교인들은 법신을 법의 몸, 법성은 법의 성질, 법계는 법의 경계로 번역하고 있는데 이는 불교 용어가 너무 어려운 나머지 저지르는 잘못된 번역들이다.

그밖에 진여(眞如) 여여(如如) 일여(一如) 진리(眞理) 부사의계(不思義界)는 범어 Tathata에서, 진실제(眞實際) 진제(眞諦) 실제(實際) 구경(究竟) 진여실상(眞如實相)은 범어 Satya에서, 근본지(根本智) 무분별지(無分別智) 정지(正智)는 범어 Jnana-Sattva에서, 대혜(大慧) 중도제일의제(中道第一義諦)는 범어 maha-prajna에서, 반야(般若, panna) 대원경지

(大圓鏡智, adarsa-Jnana) 진성(眞性, dharmata) 자성(自性, svabhave) 이(理, yukti) 일미(一味, eka-rasa) 여래장(如來藏, tathagata-garbha) 무상(無相, nimimitta) 평등성(平等性, Samata) 구경각(究竟覺, atyanta) 승의(勝義, paramarthika) 극과(極果) 묘과(妙果) 묘각(妙覺) 본각(本覺)(이상 4개는 지나불교에서 만든 造語) 등이 모두 영혼을 뜻하는 단어들이다.

그렇다면 석가모니불은 왜 예수같이 영혼이라는 한가지 용어만 쓰지 않고 영혼이나 一心을 여러 가지 다른 표현으로 바꾸어 가면서 설법하셨나? 불교인들은 말한다. 부처님께서는 대중의 지적능력과 수행의 근기에 따라 그들의 수준에 맞추어 설법하다보니 교화의 방편으로 다른 용어들을 사용하게 되었노라고. 하지만 이는 어디까지나 구차스러운 변명에 불과하다.

예수의 12제자 중 아람어를 쓰고 읽을 줄 아는 제자는 유다이스카리옷(가롯유다)뿐이었으며 나머지 11명은 일자무식이었다. 제자들의 수준이 이 정도인데 하물며 예수의 설교를 들은 일반 대중들은 거의 문맹자들이었다. 예수는 문맹자와 무식자들을 상대로 설교할 때 항상 우회적 표현이 아닌 직설법을 썼으며 비유를 들더라도 간략하고 알기 쉬운 비유만을 선택했다.

유명한 겨자씨의 비유를 사용하게 된 이유를 예수는 이렇게 설명했다. "내가 비유로 말하는 것은 영혼의 비밀을 그대들에게 이해시키고자 하는 것이다"(『탈무드 임마누엘』15장 11절).

예수 당시도 이러한데 하물며 예수보다 천년이 빠른 석가모니 시대(2009년은 북방불기 3036년임)에 석가의 설법을 듣는 일반 대중들의 지적 능력이 어느 정도인지 상상이 되고도 남는다. 오늘날에도 200가지가 넘는 상이한 언어 때문에 말이 서로 통하지 않아 공공집회에서 애국가도 못 부른다는 인도인데 3천년 전의 인도는 오죽했겠는가. 석가의 제자 한

두명(가섭과 아난)을 제외하면 거의 문맹자들이었다. 이런 대중들을 상대로 직설법을 사용하지 않고 석가 특유의 말투 즉 "있기도 하고 없기도 하다"는 시유시무(是有是無)논법, "있는 것이 없는 것이요 없는 것도 있는 것"이라는 유즉무무즉유(有卽無無卽有)논법, "있는 것도 아니고 없는 것도 아니다" 라는 비유비무(非有非無)논법, "그렇기도 하고 그렇지 않기도 하다"는 기연불연(其然不然)의 논법으로 설법했을 때 석가의 말씀을 제대로 이해할 수 있는 대중이 얼마나 될지 한번 상상해보시라.

『대반열반경』 3권에 나오는 문장을 예로 들어보자.

그때 세존께서 가섭에게 말씀하셨다. "선남자야, 여래의 몸은 항상 머무는 몸이고 부서질 수 없는 몸이며 금강(金剛)의 몸이며 잡식(雜食)하지 않는 몸이니 곧 법신(法身)이다." 가섭보살이 부처님께 말씀드렸다. "세존이시여, 부처님께서 말씀하신 바와 같은 그러한 몸들을 저는 모두 보지 못하였습니다. 다만 무상(無常)하고 부서지고 티끌 같고 잡식하는 몸등만들 보게 되니, 왜냐하면 여래께서 열반에 드시려하기 때문입니다." 부처님께서 가섭에게 말씀하셨다. "너는 지금 여래의 몸이 견고하지 못하고 부서질 수 있는 것이 범부(凡夫)의 몸과 같다 말하지 말라. 선남자야 너는 지금 마땅히 알아야 한다."
여래의 몸은 무량억겁 동안에 매우 견고하여 부수기 어려운 것이오. 인간과 천신(天神)의 몸이 아니며 두려워하는 몸이 아니며 잡식하는 몸이 아니다. 여래의 몸은 몸이 아니니 이몸은 생하지도 않고 멸하지도 않으며 익히지도 않고 닦지도 않은 것이다. 무량하고 끝이 없고 발자취가 없으며 앎도 없고 형상도 없으며 마침내 청정하여 동요함이 없다. 받음도 없고 행함도 없으며 머묾(住)도 없고 지음(作)도 없으며 맛도 없고 섞임도 없다. 유위(有爲)가 아니고 업(業)도 아니며 결과도 아니도 행도 아니며 멸함도 아니고 마음도 아니며 마음에 속한 것도 아니다. 불가사의 하니 항상하여 불가사의하다.

식별이 없으니 떠나기도 하고 마음을 떠나지 않기도 하며 그마음이 평등하여 없으면서 또한 있다. 가고 옴이 없으나 가기도하고 오기도하며 깨뜨려지지도 않고 부숴지지도 않으며 끊어지지도 않고 잘라지지도 않으며 나오지도 않고 멸하지도 않는다. 주인이 아니면서 주인이기도 하고 있음도 아니고 없음도 아니며 사색도 아니고 사려도 아니다. 글자도 아니고 글자 아님도 아니며 결정된 것도 아니고 결정되지 않은 것도 아니며 볼 수 가 없으면서 분명히 보기도 한다. 장소가 없기도 하고 장소가 있기도 하며 집이 없기도 하고 집이 있기도 하며 어둠도 없고 밝음도 없으며 고요함도 없고 고요함이 있기도 하다.

이것은 무소유니 받지도 못하고 베풀지도 못하며 청정하여 때가 없으니 다툼도 없고 다툼을 끊었다. 머물 곳 없는데 머물며 머물며 취하지도 않고 떨어지지도 않으며 법도 아니고 법 아닌 것도 아니며 복전(福田) 도 아니고 복전 아닌것도 아니며 다함도 없고 다하지 않음도 없어 온갖 다함을 여의었으며 공성(空性)이기도 하고 공성이 아니기도하며 비록 항상 머무는 것은 아니나 순간순간 멸하는 것도 아니다. 흐림도 없고 글자가 없고 글자를 여의었으며 소리도 아니고 설(說)하는 것도 아니며 수습하는 것도 아니고 두려움도 아니며 고요함도 없으며 고요하지 않음도 없으며 뜨거운 것도 아니고 뜨겁지 않은 것도 아니며 도무지 볼 수도 없고 모습과 형상도 없다.

여래가 모든 중생을 제도하고 해탈시키면서도 제도하고 해탈시킴이 없으므로 말미암아 중생을 해탈케 하고 해탈함이 없으므로 말미암아 중생을 깨닫게 하고 깨달음이 없으므로 말미암아 중생을 깨닫게 하고 깨달음이 없으므로 여실(如實)하게 법을 설한다. 두 가지가 아니므로 측량할 수 없으며 동등한 것이 없되 동등하며 평화롭기 허공과 같아서 형상과 모습이 없으며 무생(無生)의 성품과 같아서 단절도 아니고 상주(常住)함도 아니다. 항상 일승(一乘)을 행하나 중생은 삼승(三乘)을 보며 물러 서지도 않고 옮아가지도 아니하면서 모든 결박을 끊으며 싸우지도 아니하고 접촉하지도 아니하며 성품이 아니면서 성품에 머문다. 합치는 것도 아니고 흩어지는 것도 아니며 긴 것도 아니고 짧은 것도 아니며 둥근 것도 아니요 모난 것도 아니다. 음(陰), 입(入), 계(界)가 아니면서 음, 입, 계이기도 하며 늘어나는 것도 아니고 줄어드는 것도 아니며 이기는 것도 아니고 지는 것도 아니니 여래의 몸은 이와 같이 무량한 공덕을 성취하였다. 아는 자도 없고 알지 못하는 자도 없으며 보는 자도 없고 보지 못하는 자도 없다.

유위(有爲)도 아니고 무위(無爲)도 아니며 세간도 아니고 세간 아닌 것도 아니다. 짓는 것도 아니고 짓지 않는 것도 아니며 의지도 아니고 의지하지 않는 것도 아니다. 사대(四大)도 아니고 사대 아닌 것도 아니며 원인도 아니고 원인이 아닌 것도 아니며 중생도 아니고 중생 아님도 아니며 사문도 아니고 바라문도 아니다. 사자이고 큰 사자이며 몸도 아니고 몸 아닌 것도 아니어서 결정적으로 말할 수 없으며 일법상(一法相)을 제하고는 셈으로 셀 수 없으며 반열반에 들 때에도 반열반에 들지 아니하니 여래의 법신은 이렇게 무량하고 미묘한 공덕을 모두 빠짐없이 성취하였다.

더 계속되지만 너무 길어 여기서 생략한다.

영혼을 설명하면서 도대체 무슨 말이 이렇게 애매모호하고 긴지 영혼을 아는 사람도 석가의 설법을 듣고나면 도리어 영혼이 무엇인지 모르게 될 지경이다. 석가의 말투를 흉내내어 위의 문장을 평한다면 석가는 영혼을 아는 것도 아니고 모르는 것도 아니며 알기도 하고 모르기도 하며 영혼은 있는 것도 아니고 없는 것도 아니며 영혼을 설명한 것도 아니요 설명하지 않는 것도 아니다. 위의 문장에서 석가모니는 영혼(法身)을 장황하게 설명하면서도 가장 중요한 요점을 의도적으로 배제하고 있으니 그것은 상입상즉(相入相卽)의 충분한 설명을 생략한 채 우주창조주의 영혼을 마치 자신의 영혼인양 공언(公言)하고 있다는 점이다.

비로자나의 영혼을 우주의 본체로 설정해 법계 연기론을 설명할 수 없게 되자 석가는 모든 존재에 상주불변(常住不變)하는 진여(眞如)는 우주

창조자의 영혼이 아닌 비로자나로부터 연유된 불성(佛性, Buddhata)이라고 말을 바꾼다. 불성은 석가의 성품과 똑같은 진리를 깨닫는 성품을 말하는데 불성으로 우주만유의 존재론적 가치를 설명할 수는 없다. 종교를 믿는 사람은 물론 무 종교인 조차도 이해할 수 있는 단어가 영혼 혹은 마음이며 불성은 3억 5천만의 불교인들만이 이해할 수 있는 단어로 세계성이 전혀 없다. 유일신을 믿는 23억명의 기독교 신앙자들과 14억의 이슬람교 신앙자들에게 "너희도 비로자나나 석가모니 같은 불성을 가지고 있으므로 궁극적 깨달음을 얻어 天上天下唯我獨尊 의 존재가 되어라"고 말한다면 과연 이들이 받아들이겠는가? 불성으로는 불교도 이외 이교도들의 신앙도 설명할 수 없을 뿐 아니라 중생이 몸 담아 살고 있는 지구도 도저히 설명할 수 없다.

　기계적 세계관의 신봉자들은 지구를 영혼이 없는 단순 무기물로 생각한다. 그러나 만약 지구가 영혼이 없는 딱딱한 고체물에 불과하다면 중생대 이후 10억년 동안 빙점 이하의 온도를 유지해 생물이 서식할 수 없었을 테지만 도해단군의 대원일(大圓一)에서 보듯 지구는 창조주의 가장 우수한 영혼을 가진 위대한 생명이기에 과거 10억년 동안 뭇 생물이 번식하고 진화할 수 있는 적합한 자연조건을 만들어 준 것이다.

　여하튼 제자들과 대중들에게 진리를 전달하기 위해 석가모니도 많은 비유를 들었으나 비유의 숫자가 너무 많고 또한 대부분의 비유들이 길고 무식한 대중들이 이해하기 매우 어려운 것들이었다.

　『대반열반경』에 나오는 코끼리의 비유를 예로 들자. 앞 못보는 장님 여러 명이 모여 코끼리가 도대체 어떤 존재인지를 알아보기로 했다.

　코끼리의 코와 상아(象牙)를 만져 본 첫째 장님이 "코끼리는 움직이는 수레 위에 있는 날카로운 창(槍)이다"라고 말하자 코끼리 등을 만져 본 두 번째 장님은 "코끼리는 평평한 평야와 같다"며 첫 번째 장님의 말을 반박했다. 코끼리 배를 만져본 세 번째 장님은 "코끼리는 완만하게 솟아오른 언덕이다" 말하였고 코끼리 다리를 만져 본 4번째 장님이 "코끼리는 우리 집을 버티고 있는 단단한 기둥과 같다" 하자 코끼리 꼬리를 만져본 5번째 장님은 "너희들 말이 다 틀렸다. 코끼리는 하나의 단단한 몽둥이에 불과하다"고 말하였다.

서로가 자기 말이 옳다고 우기는 장님 다섯 명은 코끼리의 한 부분만 촉감으로 인지(認知)하였을 뿐 코끼리 전체를 본 것도 아니고 또한 볼 수도 없다. 장님 5명이 모두 코끼리를 불완전하게 설명했지만 그렇다고 코끼리를 설명안한 것은 아니다.

석가는 코끼리의 비유를 불법(佛法)의 전체 숲은 보지 못하면서 숲을 이루는 나무 한 그루에 집착하여 온갖 사견(邪見)과 억견(憶見)을 내는 어리석은 중생에 비유하였지만 필자는 코끼리의 비유야 말로 누구보다 석가 자신에게 해당되는 가장 적합한 비유가 아닌가 생각된다. 우주는 우연히 생겨난 것이 아니고 창조주의 필연적 생명법칙에 힘입은 필연의 산물이다. 따라서 코끼리를 우주로 보고 코, 등, 다리, 배, 꼬리 등 코끼리의 각 부분을 삼계(三界)에 현상된 모든 존재들로 볼 때 석가모니는 코끼리를 구경하러온 유치원생들에게 코끼리가 어떤 존재인지를 이야기해 주는 설명자이다.

석가는 설명을 시작한다.

"애들아! 이것이 그 유명한 코끼리의 상아란다. 이 상아로 말할 것 같으면 보물 중의 보물로서 이것으로 도장도 만들고 파이프도 만들고 문갑도 만들고 이 세상 모든 귀부인들이 탐내는 보물 중의 보물이란다." 하면서 상아에 얽힌 수많은 이야기를 수많은 실화와 비유를 들어가면서 장황하게 늘어놓는다. 장황한 이야기에 아이들이 지루함을 느끼자 석가는 지팡이로 땅을 꽝치며 아이들을 나무란다. "애들아 진리를 탐구하는 학생은 마땅히 진지한 학습태로를 보여야한다. 오늘 배우지 않으면 어느 기회에 코끼리 공부를 할수 있겠는가?" 석가의 꾸지람에 부끄러움을 느낀 아이들은 다시 정성을 모두어 경청한다.

석가는 지팡이로 코끼리의 등을 가르키며 "코끼리의 등은 너희들 집의 안방과 같이 편안하고 넓어서 너희들 모두를 싣고 슬픔과 고통과 죽음이 없는 열반의 저 높은 언덕으로 인도할 수 있다"하면서 열반의 뜻이 무엇인지도 모르는 아이들에게 성정열반(性情涅槃) 방편괴열반(方便壞涅般) 유여열반(有餘涅槃) 무상열반(無相涅槃) 행반열반(行般涅槃) 무행반열반(無行般涅槃) 수신열반(受身涅槃) 상류반열반(上流般涅槃) 구경열반(究竟涅槃) 대반열반(大般涅槃) 무주처열반(無住處涅槃) 등 온갖 종류의 열반을 온갖 미사여구와 비유를 동원하여 설명하면서 열반은 영혼이 자신의 본가(本家)로 돌아가는 것이라 말했다.

계속해서 이런 식으로 코끼리 다리, 배, 꼬리를 장황하게 설명하고 나니 어느듯 해가 뉘엿뉘엿 넘어가는 저녁 때가 되었다.

이 때 한 아이가 물었다. "코끼리에도 영혼이 있읍니까?" "암! 있고말고" "그럼 코끼리의 영혼은 어디에서 왔읍니까?" "엄마 코끼리부터 왔지." "그럼 엄마코끼리의 영혼은요?" "할머니 코끼리로부터 왔지" 이런 식의 지루한 문답이 최초의 코끼리에 이르자 아이는 또다시 질문했다. "그럼 최초의 코끼리 영혼은 어디에서 왔읍니까?" "아, 그건 나 석가모니로부터 왔지." "그럼 석가님의 영혼은 어디로부터 왔읍니까" "멀고 먼 옛날 사람들은 나를 비로자나라 불렀지. 나는 비로자나로부터 왔지." "그럼 비로자나의 영혼은 누구로부터 왔읍니까?" 여기서 그만 말문이 콱 막혀버린 석가는 "그건 나도 모르겠다"고 실토하면서 영혼과 불성은 같은 것이니 나로부터 불성이 유래된 것 만은 사실이라며 말을 얼버무렸다. 그러자 한 학생이 일어나 분명한 어조로 논박했다. "석가 선생님, 당신의 논리에 의하면 모든 존재는 연기(緣起)에 의해 생기며 의타기성(依他起性)으로 생긴 존재는 개체의 자유의지와 주체성이 없기 때문에 모든 존재의 본질은 무아(無我)라 했습니다. 모든 존재의 영혼이 자기 것이 아닌 제법무아(諸法無我)라면 다른 존재와의 연관성이 없는 독립적 존재란 없다는 뜻인데 비로자나의 영혼이 어떤 존재로부터 연기된 것을 모르고 불성으로 얼버무리다니 석가 선생 당신도 알고 보니 불가지론자(不可知論者)이구려"

다시 한번 법계연기론에 의한 존재론의 의미를 구명(究明)해보자.

1이 있어야 2가 있고 2가 있고 난 다음에 3이 있고 3다음에 4, 4 다음 5... 8 다음에 9가 있다. 이를 연기론에 대입시키면 2는 1로 말미암아 생겼고 3은 2로 말미암아 4는 3, 5는 4... 9는 8로 말미암아 생겼다.

그렇다면 1은 어느 수로 말미암아 생겨났는가? 1은 어느 수로 말미암아 생긴 존재가 아니며 또한 수의 시작이 1이고 모든 수가 1로부터 연기되었으므로 1은 불변의 상수(常數)이며 인위(因位)의 수이다. 인위의 수란 모든 수가 생겨나는 원인 제공자로서의 수란 뜻이다.

그렇다면 이 수학적 원리를 형이상학에 적용시켜보자. 1은 한국어로 하나이며 하나에 인격을 부여하면 하나님이므로 형이상학적 의미의 1은 하나님 또는 한님이 된다. 하나님은 인위(因位)이고 어느 누구로 말미암아 생겨난 존재가 아니기 때문에 하나님은 모든 존재를 현상계에 출현시키는 최초의 원인 제공자인 한인(桓因)이다.

또한 1은 다른 수로 말미암아 생긴 수가 아니고 스스로 존재하는 독립적 수이기 때문에 1의 형이상학적 의미인 하나님은 자재일(自在一)이며 독존일(獨存一)이다. 연못에 돌을 던져 일파만파로 번져나가는 인연의 사사무애법계는 그 최초의 원인인 일파의 파문에 의지해 만파로 발전한다. 다시말해 최초의 일파를 파문의 창조자로 인정해야만 의타기성(依他

起性)에 바탕을 둔 인연법의 필연성이 성립한다. 잠시 후 다룰 내용을 미리 말하자면 석가모니에게 수기(授記)를 준 연등불(燃燈佛)은 다름아닌 한웅이었다는 사실이 밝혀졌다.

신시를 연 한웅을 신불(神佛)이라 부르는데 신불은 한인 하나님과 내(한웅)가 하나라는 진리를 깨달아 부처가 되었다는 뜻이다.

신불이 바로 제대로 된 부처이며 하나님과 사람이 하나임을 확인하고 그 진리를 신봉하는 신도(神道)의 선(禪)도 삼위태백(三位太白)으로 강림한 한웅이 단을 쌓고 천제(天祭)를 올림으로써 시작된 것이다.

석가모니는 결코 인위(因位)가 아니다. 창조주가 아닌 피조물에 불과한 석가를 因位의 자리에 올려놓고는 물리적 우주와 영원한 시간적 우주인 우주 본체론을 설명할 수 없다. 석가를 因位의 자리에 올려놓고 우주와 우주본체(眞理體)를 설명하려고 시도한 불교의 의사명제(擬似命題: 진실과 비슷한 명제로 사슴이 말과 모습은 약간 다르나 비슷하게 생겼기 때문에 사슴이 말이라는 명제)는 영혼을 한가지 단어로 표현하지 못하고 30가지가 넘는 다른 단어로 그 의미를 전용함으로서 결국 스스로 만든 무수히 많은 개념의 늪속에 빠져 허우적거리다가 익사하는 결과를 가져온 것이다.

2. 일관도(一貫道)와 궁장조사(弓長祖師)의 증언

『원효결서』를 출간한 얼마 후 L.A에 거주하는 이재건 목사로부터 예수의 진짜 가르침이 기록된 『탈무드 임마누엘』을 우송 받은 사실은 서장에서 이미 설명한 바 있다.

이재건 목사 이외 이 책의 형성에 큰 도움을 주신 또 한분이 있으니 도덕회 홍덕수도원원장으로 계시는 이홍덕(李洪德) 종사(宗師)이다. 1998

년쯤으로 기억되는 어느날 이홍덕님으로부터 장문의 편지를 받았다. 바빠서 답신을 못내자 1주일쯤 후 또 다시 편지가 왔다.

편지의 요점은 꼭 한번 만나자며 필자가 반드시 들어야 할 귀중한 이야기가 있다는 내용이었다. 이러한 연유로 지금은 고인이 된 독실한 불자 박희상(朴喜祥)님과 함께 전북 익산시 오산면 장신리 용곤부락에 있는 이홍덕님을 찾아가게 되었다. 도덕회는 일관도(一貫道)의 한 분파로서 일관도는 지나인 궁장조사(弓長祖師)가 창건한 종교이다.

일관도는 "나의 도는 하나로서 모든 것을 관통하느니라"(吾道 一以貫之)는 공자의 말씀에서 따온 이름이다. 때문에 유, 불, 선의 3교를 하나로 꿴다, 하나로 통합한다는 뜻이 일관도의 종지(宗旨)다. 따라서 신앙의 대상은 공자와 노자, 지나 선종(禪宗)의 개조인 달마이며 유, 불, 선의 장점을 합한 신으로 명명노모(明明老母)를 모시고 있다.

지금부터의 이야기는 일관도와 도덕회가 신도들에게도 비밀에 부쳐 절대 발설하지 않았던 비밀장(秘密藏)으로서 그들의 경전에도 기록되지 않은 내용이며 왜 일관도가 한국으로 오게 되었는지를 밝혀주는 비화다.

궁장(弓長)조사의 속성은 장(張), 이름은 서전(瑞佺)으로서 弓長은 張을 파자한 글자로 도맥(道脈)으로 보면 달마대사의 18대 법손(法孫)이 된다고 한다. 궁장조사가 살았던 시기는 서양 열강들의 대륙침략, 신해혁명, 만주사변, 중일전쟁, 국공내전 등 한마디로 유혈과 폭력이 지배하는 극심한 혼란의 시기였다. 이러한 시대상황을 폭력이아닌 부처의 법력(法力)과 도덕의 힘으로 극복할 길이 없을까 고민하던 궁장은 어느날 중생구제의 큰 서원을 세워 단식기도에 들어갔다.

단식 일주일 째 되던 한밤 중 궁장이 깊은 선정(禪定)에 들어 몰아(沒我)의 상태에 있을 무렵 갑자기 하늘에서 목소리가 들려오더니 석가모니불이 나타났다. "선남자야! 그대는 지금 무엇을 서원하는가?" "전란의 생지옥에서 중생을 구제할 부처님의 법력이 나타나기를 서원하나이다."
"착한 보살이여! 지금은 온갖 마구니들이 날뛰는 말법시대라 사람의 힘으로 어찌할 수 없고 나 또한 어찌할 수 없나니라. 미륵불이 출세해야 중생들의 고통이 해소되느니라. 나의 법은 가고 미륵의 법이 오느니라."
"미륵 부처님이 어느 땅에 하생(下生) 하나이까?" "계두왕소치처(鷄頭王所治處)라 하지 않았느냐."
"계두왕소치처라면 계림(鷄林). 즉 신라를 말하는 것이 아니옵니까?"
"그렇다 도(道)는 본래 한인에서 시작하여 3桓을 거쳐 28세 해모단군때 나에게로 도맥이 넘어왔지. 나의 28대 법손 보리달마가 나의 법통(法統)을 인도에서 지나로 옮겼고 달마의 선법(禪法) 또한 지나땅에서 그 수명을 다했으니 도가 본래 온 곳으로 되돌아 감이 당연하지 않은가"라고 말씀하시며 다음과 같은 33글자를 주셨다.

道本桓因始三桓 青葉紅花運數盡 青葉千五百年 紅花三千年 白陽發運萬八百年

도의 본은 한인에서 시작하여 한인, 한웅, 한검의 삼한을 거쳐 왔다. 푸른 잎사귀와 붉은 꽃은 운수가 다했으니 푸른 잎의 운수는 1500년이요. 붉은 꽃의 운수는 3000년이며 밝은 태양이 광명을 발하니 그 운수 10,800년이니라

비몽사몽간에 석가불을 친견하고 영담천서(㗉談天書)를 받은 궁장조사는 오랜 침묵 끝에 일관도 승려들과 제자들을 불러 놓고 석가불을 친견한 신비스러운 영험을 이야기 하고 33자의 내용을 해설해 주면서 폭탄선언을 했다. "공자, 노자 달마는 이미 영험이 다했고 삼계무안유여화택(三界無安猶如火宅)이라더니 석가여래의 법력으로도 화택중생(火宅衆生)을 구제하지 못한다. 세존께서도 미륵불의 출세를 기다릴 수 밖에 없

다 하셨다. 이제 나는 바다건너 조선땅으로 가 미륵불이 출현하는 청정한 불국토에 다시 태어나고자 발원(發願)한다. 나와 함께 가겠다는 사람은 모두 함께 갈 것이다."

이리하여 궁장조사와 일관도본부는 한국땅으로 건너오게 되었으니, 그때가 1949년 초반 대륙이 공산화되기 직전이었다. 한국땅으로 건너온 일관도는 경주 선도산(仙桃山)에 본부를 두고 포교를 시작한지 1년만에 6·25를 만났고 마산으로 피난간 궁장조사는 기도 중 원효대사로부터 미륵불이 머지않아 한국땅에 출현할 것이라는 천계(天啓)를 받는다. 그리고 1952년 임진년 5월 6일 사시(巳時)에 이리(裡里) 향산단(香山壇)에서 이홍덕종사와 함께 기도하던 중 가림토문자를 창제한 신지혁덕(神誌赫德) 문명神이 강령하여 아래와 같은 천서(天書)를 받았다.

東勝神州 이땅 위에 聖日聖月照臨하니 三桓檀聖 重出世로
沐浴刷新보리로다. 大乘大法傳授하니 天道眞理求得하여
白衣民族 仁人君子 世界萬民育化하여 鳳鳴朝陽 옛말대로
鷄方位에 棲息하니 白陽運을 掌握하신 大明聖人납시리라

여기까지 이야기해 온 이홍덕종사는 비록 오래 전에 고인이 되었으나 화택중생(火宅衆生)을 구제하려던 궁장조사의 숭고한 발원심(發願心)이야말로 미륵불이 출세하는 날 풍성한 열매를 맺을 것이라며 말씀을 마치셨다. 이에 필자는 궁장조사가 석가불로부터 받은 33자의 영담천서가 조금의 거짓도 없는 진리라고 확신하기에 33자의 의미를 바르게 해석하여 전달하고자 한다.

道本桓因은 道의 本은 한인이다. 진리의 본체는 한인이다. 사법계(事法界, 제 존재의 모습이 현상된 공간적 우주)와 이법계(理法界, 영원한 시간적 우주, 즉 영혼의 세계인 본체계)에 존재하는 만유의 시발인(始發因)은 桓因의 O이다라는 뜻이다. 석가모니는 뒤늦게나마 道本桓因이라고 말함으로써 자신이 범한 오류를 인정했다. 이는 그동안 어지럽혀졌던 진리 전달의 계통 즉, 도통연원(道統淵源)이 바로 섰음을 의미한다. 道의 本은 한인이고 한인으로부터 시작된 道가 한인, 한웅, 한검의 3한(三桓)을 거쳐 전승(傳承)되었다는 뜻이 道本桓因 始三桓이다.

한웅이 한인의 허락으로 O□△천부인 3개를 가지고 태백산으로 강림하여 신불(榲市, 신시로 읽지만 신불로도 읽는다) 시대를 열었고 한웅의 뒤를 이은 한검이 조선을 개국한 사실은 한국인이면 누구나 알고 있다.

青葉紅花運數盡은 무슨 뜻인가. 푸른잎(青葉)은 한웅이 태백산 신단수(神檀樹) 아래로 조림하여 신불시대를 연 박달나무의 푸른 잎을 말하고 붉은 꽃(紅花)는 석가모니 불교의 상징화인 붉은 연꽃을 말한다. 푸른 잎의 운수가 1500년을 간다는 뜻의 青葉千五百年은 한웅의 신불역년(榲市曆年) 1500년과 같고 또한 1세 단군 한검으로부터 28세 단군 해모까지의 역년(歷年) 1500년과도 일치한다. 해모단군 때 道의 법통(法統)이 석가모니에게 넘어왔다고 석가 자신이 밝혔으므로 신불시대 1500년과 단군시대 1500년은 각각 青葉運數 1500년에 상응한다.

붉은 연꽃으로 상징되는 석가모니 불교의 운수는 3천년이다라는 뜻의 紅花三千年은 약간의 설명을 필요로 한다.

서기 2009년은 남방불기로 보아 2553년이지만 북방불기로 보면 3036년이다. 1962년 전까지 한국에서도 사용해왔던 북방불기는 B.C.1027년을 석가의 탄생년으로 보아 계산된 佛紀이고, 남방불기는 석가가 열반한 해를 기준으로 계산된 佛紀이다. 동남아세아의 소승불교국가들은 남방불기를 쓰고 한국, 일본, 지나, 대만 등 북방국가에서는 북방불기를 써오다가 1956년 네팔 수도 카트만두에서 열린 제 4차 불교도대회에서 1956

년을 불멸(佛滅) 후 2500년으로 결정하여 북방국가, 남방국가 모두 남방불기를 공동으로 사용하게 된 것이다. 남방불기와 북방불기는 거의 500년의 차이가 난다. 그러나 중요한 것은 석가 자신이 紅花三千年이라 밝혔고 또한 해모단군 원년으로부터 2009년까지 3027년이기 때문에 이는 북방불기 3036년에 거의 근접한 연수다.

道의 법통이 28대 단군에서 석가로 넘어간 시점과 석가의 탄생연도가 비슷하게 일치하기 때문에 붉은 연꽃의 운수는 이미 소진되었다고 보아야 한다. 붉은 연꽃으로 상징되는 석가모니 불교의 운수가 3천년으로 끝났다면 다음에 올 부처는 당연히 미륵불이다. 이는 이미 예정된 일이다. 白陽發運萬八百은 미륵불의 가르침이 앞으로 일만 팔백년간 이 세계에서 빛을 발한다는 뜻이다.

白陽은 가장 수승(殊勝)한 광명으로 태양에 비유하면 中天에 높이 떠 가장 밝은 빛을 방사하는 정오의 태양을 말한다.

靑葉 紅花 白陽이 지구상에 이미 출현하였거나 앞으로 올 부처를 상징하고 또한 신라시절 대웅전의 원래 이름이 한웅전이었던 점으로 미루어 청엽은 석가모니가 일생 보처보살로 도솔천에서 수도할 당시 수기(授記)를 준 연등불(燃燈佛)이고 홍화는 석가모니불 자신이며 백양은 앞으로 올 미륵불(彌勒佛)이다.

3. 미륵불(彌勒佛)의 출세(出世)

불경 여러 곳에는 현겁(賢劫: 현생 우주가 생겼다가 없어지는 기간) 중 1000명의 부처가 출세한다고 기록되어 있다.

첫번째가 구류손불, 2번째가 구나함모니불, 3번째가 카아사파,불 4번째가 석가모니불, 다섯 번째가 미륵불이다. 하지만 이 기록은 믿을 수 없다. 석가모니불 이전에 석가모니에게 수기를 준 청엽운수 1500년의 한웅연등불이 이미 신시개천으로 출세했고 또한 1, 2, 3번째 불(佛)은 성불한 곳이 지구가 아닌 다른 별(星)세계이며 앞으로 미래불(未來佛) 중 미륵불을 제외하면 모두 지구와 아무런 관계가 없는 존재들이기 때문이다.

먼저 미륵이 오는 시기를 알아보자. 『잡심론』(雜心論)에는 57억 6천만년 후에 미륵불이 출현한다 하였고 보살처태경(菩薩處胎經)과 현우경(賢愚經)에는 56억 7천만년이 지나야 미륵불이 출세한다 기록하고 있다.

이를 두고 필자가 잘 아는 어느 스님은 말하기를 "신라 때부터 미륵불이 온다온다 하고서도 아직까지 깜깜무소식이란 말이야. 57억 6천만년에서 신라 초창기 때부터 서기 2000년까지 2천년을 뺀다 해도 아직 57억 5천9백 99만 8천년이나 남았는데 오긴 뭘 오나! 지구 없어지고 나서 올려나" 하며 아주 냉소적인 반응을 보였다.

불경에 나와있는 년수를 곧이곧대로 믿고 하신 말씀인데 미륵이 출세(出世)하는 이치는 이렇다.

현겁경(賢劫經)과 대미륵성불경(大彌勒成佛經)에 사람의 수명은 8만 4천세이고 석가모니와 미륵도 모두 8만 4천세라 했다. 물론 8만 4천세를 사는 인간은 아무도 없다. 8만 4천세는 사람이 한 생에 사는 년수(年數)가 아니라 윤회를 거듭하면서 다른 몸을 받아 살았던 기간의 총합을 말한다.

가령 사람이 한 생애에 84세를 산다 가정할 때 100번을 윤회하면 산 기간의 총 연수는 8만 4천 년이 된다. 그런데 더욱 놀라운 것은 8만 4천 년은 지구의 시간이 아닌 도솔천의 시간이라는 사실이다.

도솔천의 하루는 지구의 400년이다. 따라서 도솔천의 8만 4천년은 지구 시간으로 122억 6천4백만 년이므로 122억 6천4백만 년이 정확한 인간의 수명이다. 인간 수명 122억 6천4백만 년은 100만 번이고 200만 번이고 윤회생사를 거듭하면서 사람 또는 사람이 아닌 존재로 살았던 기간의 총합 년수이다. 부처는 궁극적 깨달음을 얻어 윤회를 그친 존재여서 인간의 몸을 받아 사바세계(생사의 세계)에 태어나지 않기 때문에 인간 수명안에 계산되지 않는다.

예를 들면 『화엄경』에 석가불이 자신의 전생담을 이야기하면서 "나는 허리가 끊어지는 아픔을 참아 내기도 했고 살갗이 송두리째 벗겨지는 고통을 당하기도 하였고 굶주린 호랑이에게 온몸을 보시하기도 하였고 두 눈을 앞 못보는 장님에게 보시하기도 하였고 전륜성왕이 되어보기도 했고……" 운운의 구절이 나온다. 석가불의 말씀 중 첫 구절 즉 "나는 허리가 끊어진 아픔을 견뎌내기도 했고"를 본 순간 필자는 아! 석가모니 부처의 첫 생명이 지렁이였구나 하는 생각이 전광석화처럼 스쳐갔다. 왜냐하면 이 세상에 허리가 두동강으로 끊어져도 살 수 있는 생명체는 지렁이 밖에 없기 때문이다.

전광삼매(電光三昧) 속에서 본 석가모니의 전생들을 글로 표현하자면 대략 이렇다.

어느날 지렁이 한 마리가 늘 하던 대로 땅 속을 누비며 열심히 흙을 파고 있었다. 이때 갑자기 쇠로 된 물체가 몸에 닿으면서 허리가 끊어지고 말았다. 밭을 갈던 농부가 실수로 그만 지렁이를 괭이로 찍어 두동강 내버린 것이다. 엄청난 아픔에 잠시 정신을 잃었으나 곧 원기를 회복한 두 마리의 지렁이는 동체대비(同體大悲)의 정을 서로 나누면서 농부를 조금도 원망하지 않고 평소처럼 열심히 일하다가 천수(天壽)를 마치고 명부(冥府)로 갔다. 생명을 주관하는 신이 말했다. "너희 둘은 본래 한몸이었는데 그만 둘로 헤어지게 되었구나. 이제 너희 둘을 한 마리의 금개구리로 환생시켜 금강산 구룡연으로 보내니 가서 잘 살아라."

이렇게 해서 금강산 구룡연에서 새 삶을 시작한 금개구리는 맑은 물속을 구석구석 헤엄쳐 다니며 자유롭게 살고 있었다. 이때 금강산 북쪽에 놀부라는 큰 부자가 살고 있었는데 하나밖에 없는 아들이 갑자기 병을 얻어 죽을 지경에 이르렀다. 백약이 무효였다. 다급해진 놀부는 나라 안에서 제일 용하다는 점쟁이를 불러 점을 쳤다. 어떻소하고 놀부가 묻자 점쟁이는 한숨을 푹 쉬며 말했다. "도련님을 살리는 약은 딱 한가지. 금강산에 산다고 전설로 전해져 내려오는 금개구리요. 금개구리의 금가죽을 통째로 벗겨 도련님에게 먹인다면 아마 살아날 것이요.." 그날로 놀부는 인부 1000명을 동원하여 금강산을 샅샅이 뒤졌고 3일째 되던날 구룡연 금개구리를 발견하고는 잡아다가 점쟁이가 일러준 대로 금가죽을 벗겨 아이에게 먹였고 아이는 살아났다.

살갗이 통째로 벗겨져 나가는 아픔을 참고 온몸을 보시한 금개구리는 죽어 명부에 갔다. 생명을 주관하는 신이 말하기를 "금개구리야. 수고 많았다. 너를 이번에는 잉어로 환생시켜 백두산 삼지연으로 보낼테니 가서 잘 살아라."

잉어로서 새 삶이 시작되었다. 이때 근처 산골 마을의 한 아낙네가 남편이 멀리 행상나간 사이 쌍둥이를 낳았는데 찢어지게 가난한 집이라 미역국은커녕 일주일째 미음 한 모금도 먹지 못해 젖꼭지가 말라붙어 젖한 모금 먹지 못한 쌍둥이도 산모와 함께 덩달아 죽어가고 있었는데 천우신조(天佑神助)랄까 다행히 착한 동네 사람들이 삼지연에서 잡아온 잉어를 푹 고와 먹고 기적같이 되살아났다.

온몸을 보시하여 3명의 사람 목숨을 살린 잉어의 혼이 명부에 가자 예의 생명을 주관하는 신이 나타나 말했다. "잉어야 수고 많았다. 이번에는 너를 소로 환생시켜 한양 사는 길동이네 집으로 보낼터니 가서 잘 살아라." 길동이네 집에서 새 삶을 시작한 소는 10만 평이나 되는 돌 투성이의 밭을 혼자서 묵묵히 뼈빠지게 갈다가 길동이 장가가던 날 잔치집에 찾아 온 1000명의 하객들에게 온몸을 보시하고 명부로 갔다. 그러자 생명을 주관하는 신이 나타나 "그대는 소를 마지막으로 축생과를 우수한 성적으로 졸업하였기에 이에 졸업장을 수여함"이라고 적힌 증서를 주고 이어 "옥황상제께서 너를 보자 하신다"며 소의 영혼을 상제의 천궁으로 보냈다.

상제께서 말씀하셨다.

"내 그대의 거듭되는 선행을 보면서 깊은 감명을 받았노라. 그대의 진리를 사랑하는 마음(보리심)과 고귀한 희생정신은 능히 인간으로 태어나기에 부족함이 없으리로다. 인간이 아닌 생명이나 인간의 생명이나 그 값어치는 똑같다. 그러나 인간으로 태어난다는 것은 인간으로서 마땅히 해야할 사명과 책임도 동시에 수반함을 뜻하느니라. 육체는 쓰디쓴 열매(苦果)니라. 어떤 고통도 이겨내야 한다. 내 이제 그대에게 인간세계의 시간으로 89억 9천4백만년의 기한을 주노니 이 기간내에 큰 깨달음을 얻으라. 그리하면 나고 죽고 죽고 나는 윤회의 쇠사슬을 벗어나 나와 함께 영생을 얻어 적멸위락(寂滅爲樂)하리라"

수드라 계급의 노예 신분으로 첫 번째 몸을 받았다. 주인의 혹독한 매질에 조금도 주인을 원망하지 않고 아무런 불평 없이 묵묵히 일만 했다.

두 번째는 가난한 농부로 태어났다. 어느 해 큰 지진이 나고 흉년이 들어 비명횡사하는 사람과 굶어죽는 사람이 속출하던 중 굶주린 호랑이가 마을로 내려왔다. 큰 자비심을 내어 기꺼이 온몸을 호랑이에게 보시했다. 다음 생은 장사꾼, 다음 생은 학교선생, 다음 생은 큰 부자, 다음 생은 왕, 다음 생은 전륜성왕(轉輪聖王)……, 이런 식으로 윤회전생을 거듭하면서 53불이 다스리는 53개국에 차례차례로 태어나 진리를 배우고 한량없는 자비심을 내어 보살행을 하다가 옥황상제가 계시는 도솔천으로 돌아와 4000세(지구 시간으로 5억 7천6백만 년)를 살고 마침내 성불했다.

성불하는 순간 지렁이부터 선혜(善慧)보살에 이르는 자신의 전생들이 알알이 마음 거울 속에 현상되기에 지나간 세월들을 손꼽아 헤어보니 곤충류, 물고기류, 축생류 기타 非人의 몸으로 지낸 기간이 30억년이요, 사람으로 처음 몸받아 선혜보살에 이르기까지 27억 6천9백99만 6천9백40년 총 57억 5천9백99만 6천9백40년이 자신의 일생이었다.

"영원이 한순간이요 찰라가 영원이며 다생(多生)이 일생이요 일생이 다생인 윤회생사가 모두 한바탕 큰 꿈임을 깨달아 오도송(悟道頌)을 읊조리고 있는데 상제로부터 윤회, 열반의 진리를 사바세계의 대중들에게 전달하라는 특명이 떨어졌다."(그 다음부터의 이야기는 다 알 수 있으므로 생략)

여기서 석가불의 일생을 미륵보살이 성불하기까지의 년 수 57억 6천만년에 대비시켜보면 해답은 자명해진다.

미륵의 나이 57억 6천만세는 지금 도솔천에서 4000세를 살고 있는 미륵이 인(人)과 비인(非人)의 몸으로 살아왔더 전생(前生)들의 총 연수를 합산한 5184000000 + 576000000 = 5760000000이다.

미륵이 도솔천에서 4000세(지구시간 5억 7천6백만년)를 다 채우고 사바세계에 올지 석가모니처럼 조금 덜 채우고 하생(下生)할지 그 문제는 전적으로 우주창조자인 상제의 결정에 달려있지만 석가불이 현세불로서 퇴위(退位)한 이상 (紅花運數3千年) 미륵이 현세불로 강림해야 할 필연성은 분명히 있다. 인간의 수명이 지구 시간으로 122억 6천4백만 년이라면 왜 석가불과 미륵불은 자신들의 수명을 반도 채우지 못했으며 일천제(一闡提)까지를 포함한 모든 인간이 언젠가 반드시 성불한다면 그들에게 필요한 년수는 57억 6천만 년인가? 아니면 122억 6천4백만 년인가?

이 질문에 대한 대답은 이렇다.

공부 잘하는 어떤 초등학교 4학년 학생이 중학입시검정고사에 합격해

5학년, 6학년 과정을 생략하여 중학교 1학년이 되고 중 1학생이 고등학교 검정고사를 통과하여 중2, 중3 과정을 거치지 않고 단번에 고등학교 1학년생이 되고 고1학년 학생이 대입검정고사에 합격해 고2, 고3 과정을 뛰어넘어 대학교 1학년 학생이 되었다고 가정하자. 정상적이라면 초등학교 6년+중학교 3년+고등학교 3년=12년이 되어야하지만 월반을 3번한 학생의 경우 초등학교 4년+중학교 1년+고등학교 1년=6년만에 12년 과정을 마쳤다.

석가불과 미륵불의 경우도 이와 같다.

창조주로부터 주어진 연한은 122억 6천4백만 년이지만 두 부처가 성불하기 전 자기들에게 주어진 각 생마다 번뇌와 업장을 소멸시키고 최선을 다하여 정진 수도한 결과 성불의 시기를 반으로 단축시킨 것이다.

석가나 미륵이 아닌 보통사람이 성불하는데 소요되는 기간이 57억 6천만년이냐? 122억 6천4백만 년이냐?의 질문에 관하여는 이렇게 설명하겠다. 사람으로 태어났다는 사실 자체는 이미 성불의 언덕이 바라보이는 아리랑 고개를 넘었음을 의미한다. 왜냐? 이미 축생과를 졸업했기 때문이다. 초등학교 6년, 중등 3년, 고등 3년 합이 12년은 의무교육 과정이다. 의무교육이 공부 잘하는 학생, 못하는 학생, 공부하기 좋아하는 학생, 싫어하는 학생을 가리지 않고 학생 전원에게 졸업장을 수여하듯 성불과의 학생인 우리 인간들도 전원 졸업장을 받게 된다.

예수의 말씀처럼 "영혼을 완성하여 창조주와 하나가 되는 것이야말로 인간의 피할 수 없는 운명"이기 때문이다.

미륵불이 출현하는 곳은 어디인가?

석가불이 궁장조사에게 이야기한 鷄頭王所治處는 『증일아함경』(增一阿含經) 49권 비상품에 정확이 이렇게 기록되어 있다.

將來之世 有佛名 彌勒 出現於世 爾時 國界名 鷄頭王 所治處

장래 세상에 미륵이라는 이름을 가진 부처가 오신다. 미륵불이 출현하실 때 그 나라의 이름은 계두왕이 다스렸던 곳이니라.

계두왕이 무슨 뜻인가? 먼저 『삼국유사』에 나와있는 기록부터 보자.

"탈해이사금 4년(서기 60년), 호공(瓠公)이 서리(西里)를 지나다 큰 빛이 시림(始林) 가운데 빛나는 것을 보았다. 자색 구름이 하늘로부터 땅으로 드리워지고 구름 가운데 황금궤가 있어 나뭇가지에 걸려 빛이 궤에서 나오고 있었으며 또 나무 밑에서는 흰 닭이 울고 있었으므로 왕께 보고하였다.

왕이 그 숲으로 가 궤를 열어 보니 사내 아이가 누워 있다가 즉시 일어났다. 마치 혁거세의 고사와 같기 때문에 알지라 이름하였는데 알지란 방언으로 어린아이란 뜻이다. 왕이 수레에 싣고 대궐로 돌아오는데 새와 짐승이 서로 뒤따르면서 즐거워 하였다. 왕이 길일을 가려 태자에 책봉하였으나 후에 파사에게 사양하고 왕위에 오르지 않았다. 금궤에서 나왔다 하여 이에 성을 김씨(金氏)로 하였다. 알지의 6대손 미추가 왕위에 오르니 신라 김씨는 알지로부터 시작되었으며 그 후 흰 닭이 울었던 시림을 계림(鷄林)으로 고쳐 불렀다."

계두(鷄頭)는 직역하면 닭머리 혹은 장닭의 벼슬이다. 이는 두 가지로 해석할 수 있다. 첫째, 신라 13대 미추이사금으로부터 56대 경순왕까지 41명의 왕이 닭 우는 계림에서 나온 김알지의 자손들이다. 특히 불교를 받아들인 23대 법흥왕도 경주 김씨이기 때문에 계두왕은 닭 우는 계림에서 나온 김알지의 자손으로서 불교를 신봉한 역대 신라왕들을 지칭한 것으로 해석할 수 있다.

둘째, "하나님과 지신님과 인간으로 대표되는 중생일체는 하나의 영혼으로 연결되어 있다"는 의미가 함축된 ♯의 상징이 정면에 새겨진 신라왕관은 장닭의 벼슬과 모습이 흡사하므로 계두왕은 왕관을 썼던 신라왕 전체 즉, 신라왕조를 뜻한 것으로 볼 수 있다.

계두(鷄頭)에 관한 기사는 불설관미륵보살하생경(佛說觀彌勒菩薩下生經)에도 나온다.

석가불이 아난에게 이렇게 말했다.

"오랜 세월이 지난 뒤 계두성(鷄頭城)이라는 큰 성곽(城郭)이 생길 것이다. 동서의 길이는 12유순이고 남북은 7유순인데 그 나라의 땅이 기름지고 풍족하여 많은 인구와 높은 문명으로 거리를 번창하게 할 것이다. 계두성에서 멀지 않은 곳에 높이 1유순 둘레 5백보 되는 용화(龍華)라는 도수(道樹)가 있는데 미륵보살이 용화수 아래 앉아 무상도과(無上道果)를 성취할 것이니라." 미륵이 계두성에 출현한다고 아예 못박고 있다. 계두성은 계두왕이 다스리던 곳이기 때문에 신라의 옛 영토다. 신라의 옛 영토 중 동서의 길이가 남북의 길이보다 길고 인구가 많고 첨단 지식산업의 높은 문명으로 거리를 번창하게 하는 대도시는 서울 밖에 없다. 인천국제공항이 서울의 관문이 됨으로써 인천시와 인천에 소속된 강화도도 서울 metropolis의 한부분이다.

미륵은 석가, 공자, 노자의 교지(敎旨)를 한웅연등불의 신도풍류(䄠道風流)로 되돌려 통합시키는 인물이다. 일관도(一貫道)의 궁장조사께서 이미 노자, 공자, 달마의 역사적 사명이 종결된 것을 아시고 석가의 계시를 받아 미륵불이 출세하는 한국 땅으로 건너오시지 않았던가.

1952년 궁장조사가 문명신 신지혁덕으로부터 받은 영담천서(昍談天書)에 나오는 "봉명조양(鳳鳴朝陽) 옛말대로 계방위(鷄方位)에 서식(棲息)하니 백양운(白陽運)을 장악하신 대명성인(大明聖人) 납시리라."의 계방위가 곧 계림과 계두왕이 다스리는 계두성이며 백양운을 장악하신

대명성인이 곧 미륵이다. 하지만 미륵은 불교 하나밖에 모르는 석가불과는 종류가 다른 부처다. 미륵은 한인, 한웅, 한검의 삼한신성(三桓神聖)의 화신이기 때문에 미륵불의 출세는 한인, 한웅, 한검의 중출세(重出世: 다시 세상에 나옴)이며 재림(再臨)이다.

관촉사(灌燭寺)에 있는 은진미륵불, 부여 대오사(大烏寺)에 있는 미륵불, 충북 괴산 미륵리에 있는 미륵불이 모두 머리 위에 ㅇㅁ△모양의 관(冠)을 쓰고 있다.

한웅께세 지상으로 가지고 온 천부인 3개 중 ㅇ은 천신 한인 즉, 하나님의 ㅇ, ㅁ는 지신 한웅, △는 인신 한검을 상징한다.

가림토문자와 훈민정음, 인도유럽 어군(語群)의 알파벳, 1 2 3 4 5 6 7 8 9의 아라비아 숫자, 이 모두가 ㅇㅁ△의 삼신(三禛, 공간적 의미로는 하늘, 땅, 사람의 육신)이 합일된 인중천지일도(人中天地一圖)에서 나온 진실은 2장에서 충분히 설명했다.

은진미륵불이 출현하게 된 신비스러운 경위는 우리 어리석은 인간들에게 필연성이 무엇인지를 깨닫게 해주는 하나님의 은밀한 현시(現示)다. 충남 은진 관촉에서 동남방으로 1Km떨어진 곳에 사다리모래내라는 동네가 있다. 때는 고려시절 사다리모래내에 사는 한 초로(初老)의 여인이 근처 반야산에 고사리를 캐러갔다. 한참 고사리를 캐고 있는데 어디선가 아이들이 재잘거리는 소리가 들려왔다. 이상히 여긴 여인이 소리나는 방향을 쫒아가보니 아이들은 없고 큰 바위가 땅속에서 "나간다. 나온다. 나온다. 나간다" 하면서 땅위로 솟아오르고 있는 것이 아닌가. 이 놀라운 광경에 그만 혼비백산한 여인은 신발이 벗겨지는 줄도 모르고 급히 집으로 달려와 사위에게 이 사실을 알렸고 사위는 그 길로 관가로 달려가 고변(告變)했다.

"뭐라고, 바위가 나간다 나온다 말을 하면서 땅위로 솟아오른다고" 촌

△○□모양을 갖추고 있는 은진미륵불상, △형 입상 위에 ○형 보관과 □형 관을 쓰고 있다

경기도 파주시 광탄면 용미리 장지산에 위치한 쌍미륵불의 모습, △형 입상 위에 ○형 보관 을 쓴 미륵불상과 □관을 쓰고 있는 미륵불상

백성의 황당한 말을 도저히 믿을 수 없었던 관원들과 사위, 장모가 합세해 이를 확인하고자 현장에 도착해보니 집채보다 더 큰 바위는 이미 땅위에 나와 있었다.

그때 관촉사에 혜명(慧明)이라는 스님이 있었다.

혜명은 바위 용출(湧出) 사건을 미륵불의 계시로 받아들였다. "말법시대에 미륵 부처님이 오신다더니 이는 분명 미륵 부처님이 오신다는 징조야. '나 나간다. 나 나온다'는 분명 미륵 부처님의 원음(圓音)임에 틀림없어" 이렇게 생각한 혜명은 바위로 미륵석불상을 조성하기로 결심하고 석공들을 동원하여 미륵석불상의 조탁(彫琢)을 서둘러 마쳤다. 그러자 고민거리 하나가 새로 생겼다.

이 육중하고 거대한 삼층석신(三層石身)을 어떻게 운반하여 어떻게 건립하느냐의 고민거리였다.

그런데 어느날 혜명스님이 사다리모래내동네를 지나가다가 잘 생긴 동자(童子) 두 명이 모래성쌓기 놀음을 하고 있는 광경을 우연히 목도하게 되었다. 두 동자가 진흙으로 머리 부분의 부처, 몸통 부분의 부처. 무릎 및 다리 부분의 부처를 각각 따로 만들어 놓고 모래성을 차례로 높이 쌓아서 3동강의 부처를 손으로 굴려 올리는 시늉을 보고 크게 깨달아 동자들이 하던 방법 그대로 3개의 석신을 따로 굴려 은진미륵불을 건립하였다.

후일 혜명스님이 모래내동네에 들려 두동자를 수소문했으나 찾을 수 없었고 동네 사람들과 혜명스님, 공사에 참여했던 인부들 모두는 두동자를 문수보살과 보현보살의 화신으로 믿었다는 일화가 전해져 내려온다. 사실로 믿기어지지 않는 바위용출사건은 목은(牧隱) 이색(李穡)의 문집에도 나와 있다.

마읍 동쪽 백여리 시진현 관촉사에 미륵존 석상이 있어 (이는) 미륵님께서 '내가 나간다 내가 나간다' 하시며 땅 위로 솟아올랐다.

馬邑之東百餘里市津縣中 灌燭寺有大石像彌勒尊 我出我出 湧從地

무형의 미륵이 바위의 형상을 빌려 한 말 "나온다 나간다"를 띠어쓰면 "나(我)온다 나(我)간다(I come, I go.)"가 되며 이를 사자성어(四字成語)로 표현하면 '아래아거(我來我去)'가 된다. 미륵이 말한 나(我)는 내가 곧 하나님이요 하나님이 곧 나인 절대아(絶對我)다. 우주는 공간적 무한이므로 동서남북도 없고 중앙도 없고 변두리도 없고 여기(here)와 저기(there)가 따로 없으며 어디서부터(From where) 어디까지(To where)의 개념이 없다. 우주는 또한 시간적 영원이므로 과거, 현재, 미래도 없고 보편적 시간도 없고 표준시간도 없으며 옛날부터 아주 먼 미래까지란 개념이 없으므로 역시 From, To가 생략된다.

따라서 我來我去를 나는 나로부터 와서 나에게로 간다로 해석하지 말아야한다. From, To가 필요없기 때문에 미륵불의 말씀처럼 "나(我)온다 나(我)간다"가 진리에 부합되는 정확한 표현이다.

"나온다 나간다"에는 윤회와 열반, 우주론, 본체론 그리고 상입상즉(相入相卽)을 통하여 주체와 객체가 하나로 통일되는 인식론이 다 포함되어 있다. "나온다 나간다"를 이미 천년 전에 큰 바위얼굴로 말했음에도 불구하고 어리석은 중생이 아직도 깨닫지 못하므로 "나온다 나간다"의 간명한 진리를 본격적으로 가르치기 위해 미륵님은 나오시며 온갖 잡다한 가치들이 어지럽게 결탁하여 소용돌이치는 사상적 혼란 속에서 갈 길을 몰라 갈팡질팡 헤메는 화택중생(火宅衆生)을 구제 하기 위해 미륵님은 나가신다.

석가는 말을 어렵게 하고 미륵은 말을 쉽게 한다. 말을 어렵게 하면 사람들을 설득할 수 없고 말을 쉽게 해야 많은 사람들을 교화할 수 있다. 비단 석가와 미륵에 대한 이러한 평가는 비단 필자 개인만의 생각이 아니라 원효대사가 쓴 『미륵상생경종요』(彌勒上生經宗要)에도 나와 있다.

『보살처태경』(菩薩處胎經)에 의하면 석가불이 미륵보살에게 이렇게 말씀하였다. 미륵아! 그대는 쾌락이 많은 나라에 출생할 것이며 나의 세계가 여러 가지 괴로움이 많았던 것과는 다를 것이다. 그대의 설법은 아주 쉽고 나의 설법은 매우 어렵도다. 그대는 용화삼회(龍華三會)의 첫 번째 법회(法會)에서 96억을 제도하고, 두 번째 법회에서 94억을, 세 번째 법회에서 92억을 제도하지만 나는 영산삼회(靈山三會)의 첫 설법에서 12명, 두 번째 법회에서 24명, 세 번째 법회에서 36명을 제도하였을 뿐이다.

如菩薩處胎經 佛語 彌勒言 汝生 快樂國 不如 我累苦 汝說 法甚易
我說法甚難 初說 九十六億 二說 九十四億 三說 九十二億 我初說 十
二 二說 二十四 三說 三十六

석가 자신의 입으로 말을 너무 어렵게 했다는 사실을 고백한 것이다. 우매한 대중을 상대로 예수처럼 직설법으로 말해도 알아들을까 말까인데 석가 자신의 고백처럼 말을 너무 어렵게 했으니 그 누가 석가의 설교를 알아 듣겠는가?

모든 불경은 석가의 영산법회 3회를 이런 식으로 묘사하고 있다. "부처님이 금강보좌에 앉아 설법을 하실 때 오색구름이 보좌를 감싸고 하늘에서 온갖 보배꽃들이 비오듯이 쏟아지며 밑으로 아비지옥에서 위로 색구경천(色究竟天)에 이르기까지 부처님의 목소리가 울려퍼지면서 제석한인과 범천 음악신 반차익 욕계 6천(天)의 모든 천신들과 하늘 사람들, 천룡 8부와 팔부신중(神衆) 3천대천세계의 모든 큰 보살과 사천왕과 사천왕이 거느리고 온 수많은 귀신들이 참석하여 증과(證果)를 얻고 산신, 수신, 수신(樹神), 풍신, 약초신, 성신(城神), 옥택신(屋宅神)까지도 부처님의 말씀을 듣고 기뻐 날뛴다" 운운의 내용은 무슨 그리이스 신화의 한 장면인지 공상과학 이야기인지 구분할 수 없다.

천상천하에 살고 있는 모든 존재들이 석가의 설법을 듣고 진리를 깨달았다는 불경의 내용과는 달리 성불 후 49년간의 장광설(長廣說)에서 제도한 총인원의 수가 72명이라고 석가 스스로가 밝혔다. 한문 원문을 보면 我初說 十二 二說 二十四 三說 三十六에 사람人도 없고 이름名도 없어 합 72가 사람인지 비인(非人)인지 분명하지 않고 또한 합 72가 제도한 수인지 아니면 법회에 참석한 수인지도 불분명하다.

불교의 핵심사상은 윤회와 열반이다. 윤화와 열반을 한글자로 나타낸 말은 범어 타타가타(tathagata)인데 지나에 들어와 여래(如來)로 한역되었다. 하지만 타타가타를 여래로 번역한 것이 불교를 죽이는 치명타가 되었고 이로 인해 인도 원시 불교가 지나화되면서 반쪽짜리 불교로 전락하고 말았다.

타타가타는 본래 如來如去라는 뜻인데 如去는 떼어버리고 타타가타를 如來로 번역해 버린 것이다. 타타가타를 如來로 해석하면 윤회는 설명할 수 있어도 열반은 설명할 수 없고 타타가타를 如去로 해석하면 열반은 설명할 수 있어도 윤회는 설명할 수 없다. 타타가타를 如來如去로 번역해야만 동전의 양면과 같은 윤회와 열반을 동시에 설명할 수 있다.

열반은 무엇인가? 죽은 자의 영혼이 자기 집에 돌아가는 것이다. 윤회는 무엇인가? 돌아간 영혼이 새로운 육신을 받아 생사가 뚜렷한 사바세계로 다시 오는 것이다. 그러므로 如來로 번역하면 오는것만 있고 가는 것은 없으며 如去로 번역하면 가는것만 있지 오는 것은 없다.

如來는 지나에 들어와 어느듯 석가모니와 동의어가 되었다. 如來는 같은 것이 온다는 뜻이기 때문에 그럼 如來는 어디서 왔느냐 물어보면 불교는 대답한다. 眞如에서 왔노라고 - 그런데 산스크리트어로 如來는 타타가타(tathagata)이고 眞如는 타타타(tathata)이다. 타타타는 우주만유에 보편한 상주불변하는 본체다. 우주만유에 보편한 상주불변하는 본체가 타타타라면 타타타는 우주를 창조한 창조주의 ○(帝)이 될 수 밖에 없다. 왜냐하면 형이상학의 주제는 신과 영혼 밖에 없고 ○ 은 육체의 형상 없이 영원히 존재하는 ○(帝)이며 ○ 이 우주만물의 상주불변하는 본체임으로 福과 ○ 과 우주만유는 동의어이기 때문이다. 그러므로 타타타는 창조주의 ○으로 타타가타는 ○의 왕래(갔다왔다 즉, 윤회와 열반)로 해석해야 마땅하다.

그러나 불교는 如來가 곧 眞如이고 眞如는 상주불변하는 우주의 본체이므로 석가여래가 우주의 본체이고 만유의 시원(始原)이라 하면서 경우에 따라 바라문교에서 빌려온 비로자나를 우주의 본체 자리에 올려놓고 비로자나여래와 석가여래는 이름만 다를뿐 같은 존재라고 강변한다.

불교방송에 나오는 조사(祖師)들과 교수들, 학승들의 강론을 들어보면 그들은 천편일률적으로 이렇게 말한다. "시간과 공간이 끊어진, 모든 언설(言說)을 여읜 절대의 자리, 그 자리가 부처님 자리고 우주의 근본자리며 그 자리에 들어가야 제법실상 眞如의 세계가 나타난다" 하지만 위와 같은 강론은 궤변에 불과하다.

첫째, 우주만유는 시간과 공간안에서만 존재하며 시공 연속체 밖에는 어떤 것(물질이든 생물이든)도 존재할 수 없다. 무수히 많은 별들이 하늘을 벗어나지 않는 것과 같은 이치다. 시간과 공간이 끊어진 절대의 자리가 어디에 어느시에 있나? 시간과 공간이 끊어진다는 것은 우주가 없어진다는 것을 의미하는데 우주가 없어지고 난 뒤 석가모니는 우주 밖에 존재하나? 둘째, 시간과 공간 안에서만 존재할 수 있는 만유는 시간의 한계성이라는 이름의 감옥을 탈출하지 못한다. 무기물도, 유기체도 별들도 언젠가는 없어진다. 석가모니 또한 인간의 몸을 받아 태어난 유한한 생명체일 뿐 영원한 존재가 아니다.

이른바 제행무상(諸行無常)이다. 셋째, 영원불멸의 존재는 육체를 가져본 적이 없는 ○으로만 존재하는 하나님 하나밖에 없다. 인간존재의 영원성은 나고 죽고 죽고 나는 육체를 길이 여의는 생멸멸이(生滅滅已)의 윤회를 그치고 영원불멸한 창조주의 ○과 하나가 됨으로써 보증된다. 중요한 점은 미륵불이 오면 기존의 불경은 전면적으로 수정될 것이며 석가가 설한 교리도 대폭 폐기되거나 재해석될 것이다.

타타가타를 如來로만 뜻을 한정시켜 오는 것만 있고 가는 것은 없는 석가모니의 반자교(半字敎)를 폐지하고 아래아거(我來我去)의 만자교(滿字敎)를 세우기 위해 미륵불이 출세(出世)하신다. '如來如去', '本來本去', '我來我去'의 주인공은 나를 포함한 인간 모두의 즉자적대자적(卽自的對自的) 존재인 제석한인하나님이다.

우주의 본체가 비로자나도 석가모니도 미륵도 예수도 아닌 창조주 한인하나님이기 때문에 제석천한인과 관련된 불경의 내용은 폐기되거나 전면 수정되어야 진리의 법통이 바로 서게 된다.

설산 16자의 진리를 道의 本인 옥황상제한인으로부터 받고도 감사하는 마음은커녕 오히려 진리를 구하기 위해 나찰귀신에게 몸을 던지는 석가의 용기를 극단적으로 미화시키고 석가를 시험하기 위해 나찰귀신으로 변신한 한인을 비하하는 『대반열반경』의 기사를 비롯하여 앞에서 인용한 『칠현녀경』에 나오는 황당한 이야기, 석가의 설법 때마다 나타나 무릎을 꿇고 부처의 제가되기를 간청하는 제석한인, 석가가 열반했을 때 제일 먼저 하늘에서 내려와 조시(弔詩)를 바친 제석한인 등의 기사는 지극히 비사실적인 내용이다. 생각해 보라! 육신의 형상없이 ○으로만 존재하는 한인하나님이 어떻게 그리고 또 무슨 이유로 석가모니가 주관하는 행사 때마다 육신을 가진 인간의 모습으로 나타나 석가의 존재를 부상(浮上)시키는 장식품으로 이용되어야 만하는가?

한인하나님은 『삼일신고』에서 말씀하셨다.

> 나의 음성과 모습을 보기 간절히 원할지라도 나는 너희 앞에 육신의 모습과 음성으로 나타나지 않는다. 나는 이미 너희들의 육신 속에 친강(親降)해 있으니 너희의 본성 안에서 나를 찾아라.
>
> 聲氣願禱 絶親見 自性求子 降在爾惱

또한 『법화경』 서품에 나오는 응공(應供), 정편지(正遍知), 명행족(明行足), 선서(善逝), 세간해(世間解), 무상사(無上士), 조어장부(調御丈夫), 천인사(天人師), 불(佛), 세존(世尊)의 여래십호(如來十號)도 如來如去의 주인공이 우주의 본체인 한인창조주이기 때문에 한인을 달리 부르는 이칭(異稱)이지 석가모니와 삼세제불을 달리 부르는 이칭이 아님을 알아야 한다.

『불설 미륵고불존경』(佛說彌勒古佛尊經)에는 미륵과 석가의 하생(下生)순서가 뒤바뀌어졌다고 말한다.

4. 투화지근(偸花之根)

『불설 미륵고불존경』이 출현하게 된 경위는 다음과 같다.

고불연등(古佛燃燈)이 퇴위(退位)하여 원래 왔던 곳인 천계(天界)로 돌아가실 때 구겁(九劫)과 세 잎사귀의 연(蓮)을 장악하시었다. 천계로 가는 행차가 산서성 평양부 악양현 왕가장촌(山西省平陽府岳陽縣王家莊村)에 이르자 연등불께서는 뽕나무 밑 돌함 속에 이 보경(寶經)을 은밀히 숨겨두셨다. 바위 속 벽에 기록되어 있던 경전이 세상에 나오게 된 것은 벼락이 경전을 숨겨 놓았던 돌머리를 때려 바위를 깨뜨렸기 때문에 출현하게 되었다.

古佛燃燈退了位還乃原 自回天界 掌九劫三葉蓮 古佛當行 將寶經 隱 莊在山西營地 平陽府岳陽縣 王家莊村 桑樹下 石頭裏 此經藏隱 雷霹 靂響一聲 現出此經

산서성 평양은 임분현(臨汾縣) 분하(汾河)의 강안(江岸)에 있는 도시로서 단군조선시대에 평양 아사달이 있던 곳이다. 북쪽으로 대륙의 북악(北岳)인 항산(恒山)이 있고 남쪽으로 태백산, 오대산, 백석산이 있다. 한웅신불이 삼위태백(三危太白)으로 강림하셨다는 기록으로 미루어보면 하나의 태백산이 아닌, 산서성 태백산 감숙성 태백산 함경도 태백산(백두산) 강원도태백산 등 여러곳에 분신(分身)으로 나투어 동시에 강림하였다는 이야기가 된다. 고로 하북성과 산동성, 산서성과 산서성에 속한 평양부 악양현 왕가장촌은 5900년 전부터 25세 솔나단군이 영고탑(寧古塔)으로 수도를 이전하기 전까지 신시와 단군조선의 영토였으므로 한웅신불이 곧 천계로 복귀하던 도중, 이 경을 감추어 두었다가 때가되어 세상에 나오게 한 연등불 본인이다.

경(經)의 중요한 내용을 보면 첫째, 석가와 미륵의 하생(下生) 순서가 바뀌었다는 기사는 이렇게 나와 있다.

"이때 미륵존불이 석가모니불과 더불어 삼세 이래로 친형제를 맺어왔으며 함께 대도를 닦았고 함께 지혜를 중득하여서 위없는 깨달음과 십호(十號)를 구족하였다. 천만억으로 나투신 몸으로 삼세 이래로 큰공을 성취하였다. 미륵부처는 덕혜(德慧)가 원만하여 이에 스스로 상의하여 말쏨하시되 '누가 먼저 오는 세상을 맞아 중생을 제도할꼬?' 라고 하시고 이에 석가모니불과 함께 맹세하시고 크게 정하시어 석장(錫杖)을 앞에 두고 만약 석장 위에 먼저 꽃이 되는 자가 세상을 다스리고 뒤에 피는 자는 뒤에 세상을 다스리기로 하고 각각 선정(禪定)에 들어 갔다. 저 때 석가가 입정(入定)한 후 하루는 눈을 떠서 석장을 바라보니 자신의 지팡이 위에는 단지 오색영롱한 서기(瑞氣)만 어리었을뿐 꽃이 되지 않았는데, 미륵불의 용장(龍杖) 위에는 이미 용화(龍華)가 피어 붉게 빛나고 있는지라. 그 용장의 머리 부분에서는 마치 태양이 처음 뜰 때 그 찬란한 빛이 온천하를 다 비추듯 삼계가 훤이 다 비쳐지는 지라. 이때 석가모니불께서 미륵존불을 쳐다보니 정히 큰 선정 속에 들어 있는지라. 이에 조심조심 그 상서로운 용화를 옮겨 자신의 지팡이 위에 올려 놓았다. 그러고는 다시 깊은 선정에 드시었다.

  삼 일이 지난 후 두 분이 동시에 선정에서 나오시어 석장을 바라보니 그 상서로운 꽃의 색깔이 소멸되어 빛이 희게 변해 있었다 그때 미륵부처가 미소를 지으면서 말씀하시기를 '내가 비록 선정에 깊이 들었지만 천안(天眼)으로 능히 보고 있었노라. 나의 아우가 꽃을 옮겨 자기 석장 위에 얹어놓으니 꽃의 색깔이 흡족치 못하고 광명 또한 감소되었노라. 이 세계를 먼저 자네에게 부여하여 다스리게 하겠지만 애석하게도 온전히 아름답지만은 않을 것이다. 3천년 동안 사람들의 부귀함과 행복함이 고르지는 못하겠구나. 골짜기는 깊고 언덕은 적을 것이요 국토에는 전쟁이 그칠 날 없으며, 사방이 편안치 못하고 도적이 들끓고 삿된 잡신들이 번창할 것이며 백가지 괴이함이 사람들을 더욱 수고스럽게 만들 것이니라. 삼천년 후에 내가 마땅히 스스로 와서 설법할 것이다. 그때에는 한량 없는 광명이 비추는 가운에 안팎이 모두 밝아질 것이요 일찍이 없었던 상서로움이 나타날 것이로다.'"

위의 내용은 3가지 점을 분명히 말해준다. 첫째, 석가의 치세 기간을 3천년으로 못박고 있다는 사실이다. 이는 석가 스스로 궁장조사에게 밝힌 紅花運數三千年과 일치한다.

둘째, 미륵이 형이고 석가가 아우라는 사실은 기존 불경에도 나와 있다. 『불본행집경』(佛本行集經)에 석가 왈 "미륵보살이 나보다 40여겁 전에 보리심을 일으켰으며 나는 그 뒤에야 道心을 일으켰다"고 말하고 있다. 셋째, 부정한 방법으로 승리한 자는 진정한 승리자가 되지 못한다는 진리를 확인시켜주고 있다.

석가와 미륵의 이야기는 『천지본왕본풀이』에 나오는 대별, 소별을 연상시킨다. 대야에 먼저 꽃을 띄운 사람은 대별이었지만 소별이 대야를 몰래 바꿔치기 함으로써 오히려 소별이 이승을 맡고 대별이 저승을 맡게 되었다. 결국 소별의 승부조작 사실을 알게된 이승 사람들이 소별을 믿지않게 되어 이로 인해 이승은 사기꾼과 거짓말쟁이가 득세하는 혼란한 세상으로 타락했다는 이야기다. 대별, 소별 이야기와 똑같은 뜻을 가진 기사가 『미륵존경』에 나온다. 즉, 사바세계의 혼란과 고통이 가중되는 것은 모두 석가모니가 꽃을 옮겨 놓은데 기인한다는 내용이다.

> 이는 모두 석가모니가 꽃을 옮겨 놓은 화근이라 석가모니가 다스리는 시절에는 배고프고 가난하고 부유하고 귀하고 지위의 높고 낮음이 너무 차이가 나 도적이 되는지라. 이는 다 사람들 마음이 정직하지 못한 까닭이니라. 허다히 많은 계율을 세우고 또한 관리로 하여금 백성들에게 무거운 형벌을 주고 지옥살이를 시켜도 중생교화가 잘되지 않으며 또 책을 써서 사람들을 가르쳐도 역시 착하게 되지 않으니 이는 모두 석가모니가 꽃을 옮긴 까닭이니라.
>
> 此係釋迦 偸花之根 故致有之釋迦所管 饑饉 貧窮 富貴 尊卑 致爲盜賊

是仁心不直須立許多戒律又今官刑地獄 皆化不善 次又立書敎人 亦化不善 此係偸花之根

『미륵존경』이 기존의 『미륵삼부경』(미륵상생경, 미륵하생경, 미륵성불경)과 두드러지게 틀리는 점이 하나 있다. 『미륵삼부경은』석가불의 말씀이 대부분의 내용을 차지하고 있고 미륵에게 수기(授記)를 준 사람도 석가불이며, 미륵이 누구의 명으로 하생하며 그리고 미륵이 하생하여야 할 필연성과 당위성이 무엇인지 전혀 밝히지 않고 있다.

이는 아마도 창조주에 의한 우주창조를 부정하는 석가모니 불교의 특성상 밝힐 수 없는 내용인지도 모른다. 그러나 『미륵존경』은 한웅신불=연등불이 한인하나님의 명으로 천부인 3개를 받아 태백산으로 강림하였듯이 미륵불 또한 옥황상제의 조서(詔書)를 받아 하생하는 진실을 분명히 밝히고 있다.

이 때 세존께서 내원에 드시니 제천(諸天) 대중들이 만화좌석(萬花坐席) 위에서 석장을 우편에 세우고 배낭을 좌편에 정돈하여 대승정각(大乘正覺)의 선정에 들어갔더니 금종이 스스로 울고 옥경(玉磬)이 스스로 흔들리거늘 세존이 이에 법안을 열어 홀연히 하늘의 음악소리를 듣는 사이에 천사 세 사람이 상제의 조칙을 가지고 미륵부처 앞에 무릎을 꿇고 아뢰기를 '이제 삼천년의 기한이 다 찼으니 부처님께서 제발 하생하시어 미혹에 빠진 중생을 제도하여 말겁의 재난을 벗게 하소서' 옥황상제의 조서를 받든 천사들은 말을 마치고는 이내 물러갔다.

世尊入於內院諸天大衆萬花座上 竪錫於右頓囊於左入大乘正覺之定 忽然金鍾自鳴玉磬自振 世尊乃開法眼忽聽諸天音樂亂奏良久之間天使三人來詣佛前長跪曰 三千年限今將滿已 請佛下生救度群迷末劫之難玉皇有詔 依奉諸天使乃退之

5. 신라 불교와 여타 불교

먼저 『삼국유사』 감통(感通) 제7선도성모(仙桃聖母)의 수희불사(隨喜佛事)에 나와 있는 내용을 보자.

"진평왕(眞平王) 때에 한 비구니가 있어 이름을 지혜(智慧)라고 하였는데 평소에 어진 행실이 많았다. 지혜는 안흥사(安興寺)에 머물고 있었는데 불전을 새로 수리하고자 했으나 힘이 미치지 못하였다. 그러던 어느날 밤 꿈에 신선의 모습을 띤 풍모에 주옥(珠玉)으로 머리를 장식한 여선(女仙)이 와 위로하며 말하기를 '나는 선도산(仙桃山)의 신모(神母)인데 네가 불전을 수리하고자 함을 기뻐하여 금 10근을 시주하여 돕고자 한다. 그러니 마땅히 내가 앉아 있는 신사(神祠)의 자리 밑을 파 금을 가져가다 먼저 주존삼상(主尊三像)을 금으로 장식하고 벽에는 53불과 육류성중(六類聖衆) 및 여러 천신(天神)과 오악신군(五岳神君)을 그려 매년 봄가을 10일간 선남선녀들을 모으고 널리 일체중생과 영교(岻敎)하는 점찰법회(占察法會)를 열어 이를 항규(恒規)로 삼으라' 하셨다. 지혜가 놀라 꿈에서 깨어나 이튿날 무리를 데리고 신사로가 선도성모가 좌정해 있는 좌하(座下)를 파 보니 과연 황금 160냥이 나왔으므로 그것으로 수리를 하되 모두 신모(神母)께서 일러준 대로 하였는 바 그 사적은 남아 있으나 법사(法事)는 폐지되었다"

위의 내용에서 제일 중요한 것은 주존삼상(주존 3명)이 과연 누구냐? 하는 점이다. 선도성모께서 "주존삼상은 금으로 장식하고 53佛은 벽에 그림으로 남겨라"고 지혜 비구니에게 말씀했기 때문에 주존 3상이 53佛보다 더높은 신앙의 주 대상임을 알 수 있다. 일언이폐지하고 신앙의 대상인 주존 3명은 한인, 한웅, 한검의 삼신(三禎)을 말한다.

이는 신라의 제사제도를 이해하고 나면 명확해진다. 앞서 잠깐 언급했지만 신라의 제사는 대사(大祀), 중사(中祀), 소사(小祀)로 나누어지는데 3山은 大祀, 5岳은 中祀, 24小岳은 小祀의 대상이다.

3산은 天山, 地山, 人山을 말하고 天山은 천신 한인, 地山은 지신 한웅, 人山은 인신 한검을 상징하며 내림(來臨, 낭산 입구에 있는 신유림) 골화(骨火, 경주남산과 단석산 사이에 있는 금강산으로 추정) 혈례(穴禮, 경주 건천에 있는 富山으로 추정)가 각각 天山, 地山, 人山에 해당되는 3山이다. 中祀의 대상인 오악신군(五岳神君)은 동악(東岳)인 토함산 산신령, 서악인 계룡산 산신령, 남악인 지리산 산신령, 북악인 태백산 산신령 중악인 팔공산 산신령을 말한다.

5악의 산신령 중 석탈해 이사금이 죽어 토함산 산신령이 되었다는 기록만이 『삼국유사』에 있을 뿐, 나머지 4악의 신령님이 누구인지 『삼국사기』『삼국유사』『동경잡기』등 어떠한 문헌에도 나와 있지 않다. 다만 항간에 구전으로 전해 내려오는 이야기로는 팔공산의 경우 왕관을 버리고 법운(法雲)이라는 법명으로 동화사(桐華寺)에 들어가 여생을 마친 진흥제가 팔공산 신령님으로 화했다는 전설이 있다. 그밖에 북악인 태백산의 산신령이 김유신의 둘째아들인 원술이라는 전설, 서악인 계룡산의 신령님이 신라 제일의 충신 박제상이라는 전설, 남악인 지리산의 신령님이 문창후(文昌候) 최치원(崔致遠)이라는 전설이 있으나 선도성모가 지혜 비구니에게 현몽한 때가 26대 진평제 때이고 보면 원술, 최치원은 다 후대의 사람들이고 신라 망국 후 유차달이 박제상의 신위를 계룡산 동학사에 모시고 제천(祭天)한 결과 서악신령님으로 화했다는 전설을 감안할 때 시기적으로 맞지 않다.

오악신군의 개념은 원래 한웅이 태백산에 강림할 때 함께 오신 운사, 우사, 뇌공, 풍백의 사신(四神)에서 유래된 것이며 신시 때는 사신에 군신(軍神) 치우를 더하여 오방신장으로 삼았고 단군조선시절에는 농사의 신 고시내(高矢乃), 결혼의 신 주인(朱因), 수신(水神) 팽오(彭吳), 문명신 신지혁덕, 성운(星雲)신 운목(雲牧)이 오방신장이었다. 동악신 석탈해를 제외하고는 나머지 4岳神이 불분명하고 또한 한인, 한웅, 한검의 삼신이 주 신앙대상이기 때문에 선도성모께서 말씀하신 오악신군은 신시시절의 오방신장이나 단군시절의 오방신장 중 어느쪽이든 편의에 따라 선택한 것이 아닌가 추정된다.

53불은 삼겁(三劫) 삼천불 이전에 있었던 보광불(普光佛)로부터 일체법상만왕불(一切法常滿王佛)까지 53명의 부처를 말하며 석가모니불은 54번째 부처로 53불에 포함되지 않는다.

육류성중(六類聖衆)은 여섯부류의 거룩한 무리란 뜻이므로 비구, 비구니, 우바새(남자신도), 우바이(여자신도) 사미(견습비구) 사미니(견습비구니)를 말한다. 그리고 여러 天神은 북두칠성신, 남두칠성신, 견우신, 직녀신등 여러 영성신(佲星神)을 말한다. 점찰법회(占察法會)는 사람들에게 선행을 권장하고 악행을 멀리하여 선한 일을 하게 되면 현세와 내세에 복스러운 업보가 따르고 악행을 저지르게 되면 현세와 내세에 그에 따라 화(禍)의 업보가 따른다는 인과응보의 법칙을 가르치는 법회다.

지장보살이 지었다는 『점찰선악업보경』이 법회의 주요 경전이다. 손가락 크기의 나무토막을 둥글게 깎아 방바닥에 던지면 수레처럼 얼마간 굴러가게 되는데 이를 목륜(木輪)이라 한다. 목륜 10개를 굴리는 것을 십륜상법(十輪相法) 6개 굴리는 것을 육륜상법 3개 굴리는 것을 삼륜상법이라 하는데 이 때 나오는 점괘를 점찰경에 따라 풀이한 후에 거기에 나온 업보를 참회를 통하여 소멸시켜 선업(善業)의 연(緣)을 짓도록 인도하는 법회가 점찰법회다.

살생(殺生), 투도(偸盜), 사음(邪淫)은 몸(身)으로 짓는 죄악이고 망언(妄言), 양설(兩舌), 악구(惡口), 기어(綺語)는 입(口)으로 짓는 죄악이고,

탐욕, 진애(瞋恚), 사견(邪見)은 뜻(意)으로 짓는 죄악이기 때문에 이를 통틀어 신삼구사의삼(身三口四意三)이라 한다.

가령 어떤 사람이 身자가 쓰여져 있는 목류을 뽑았다면 그 사람은 살생, 투도, 사음을 전생에서나 현생에서 이미 저질렀으므로 죄를 참회하여 현세의 업보로 결정되는 다음생에 삼악도(지옥, 아귀, 축생)에 추락하지 않고 삼선도(인간, 수라, 천상)에 태어나기를 기원해야한다. 문제는 여기서 발생한다. 가령 A라는 사람이 3년 전에 도둑질을 했다면 그 범죄 사실은 당사자의 기억 속에 있다. 그러나 A가 전생에서 간통을 했다면 자신의 전생을 전혀 모르는 A로서는 아무 기억도 없다. 따라서 너의 전생은 무엇이 었다 너는 전생에 누구와 간통을 했다고 A에게 일러주어 그 죄를 참회하게 하는 사람은 점찰법회를 주도하는 법사다. 만약 법사가 A의 전생도 모르면서 전생에 간통을 했다고 말한다면 법사 스스로 망언(妄言, 거짓말) 죄를 짓게 된다.

그러므로 점찰법회를 주도하는 법사는 숙명통, 타심통 천안통 등 6신통을 얻어 자신의 전생은 물론 남의 전생까지도 훤히 꿰뚫어 볼 수 있어야 한다. 이런 이유 때문에 점찰법회의 전통은 안흥사와 가실사의 원광법사, 금산사와 발연사(鉢淵寺)의 진표율사, 길상사의 영심(永深), 동화사의 심지(心地)로 이어오다가 심지 이후 맥이 완전히 끊어졌다. 신통을 얻은 승려가 심지 이후 없어졌기 때문이다.

여기서 한가지 짚고 넘어가야 할 점은 원광법사, 진표율사, 영심, 심지는 지금의 불교 기준으로 보면 중도 아니고 중 비슷하기도 하고 중이기도 한 비승사승시승(非僧似僧是僧)의 존재들이라는 사실이다. 원광법사로 말하자면 주지하다싶이 화랑 오계를 만든 장본인으로서 본색이 국선도지 불도가 아니며 41대 헌덕왕의 아들로 15세에 출가한 심지 역시 근본이 국선도다. 『삼국유사』 심지의 계조(繼祖)편에 이런 기사가 있다.

"심지가 간자(簡子: 대나무쪽)를 받아 산으로 돌아오니 팔공산 산신이 두 신선을 데리고 산 위에서 맞이하여 심지를 인도해 한 바위 위에 앉히고 그들은 바위 아래로 내려가 삼가 정계(正戒)를 받았다. 심지가 말하기를 간자를 봉안(奉安)할 장소를 내가 지정할 수 없으니 세 분이 높은 곳에 올라가 간자를 던져 점을 치시오 하고는 산신들과 함께 산 꼭대기에 올라가 서쪽을 향해 던졌다. 그러자 간자가 바람에 날려갔는데 이때 산신이 노래를 지어 불렀다……"

물론 산신과 두 신선이 인간의 모습으로 실제 나타난 것은 아니다. 심지가 신앙의 대상인 팔공산 신령님에게 간절히 기도하자 산신이 감응하여 현몽한 것을 일연 스님은 마치 산신이 2명의 신선을 데리고 실제 나타난 것처럼 묘사했을 뿐이다.

그렇다면 심지의 신앙대상은 부처가 아닌 신시 때부터 전해져 내려오는 하나님 신앙의 일환인 산신신앙 즉 오악신군신앙임이 명백하지 않은가 진표율사가 부사의방(不思議房, 원효굴)에서 수도정진 끝에 미륵보살로부터 189개의 간자를 받아 득도했을 때 그의 나이 겨우 30이었다. 득도 후 금산사에 잠시 머물다가 금강산 발연사에게 가 7년간 점찰법회를 열었다. 그후의 행적을 『삼국유사』는 이렇게 적고 있다.

"율사는 발연사에서 나와 다시 부사의방으로 갔고 그런 연후에 고향에 가 부친을 만나보고 또는 대덕 진문(眞門)의 방(房)에 가 머물기도했다. 이때 속리산의 대덕 영심, 융종, 불타 3인이 함께 와서 道를 구하였으나 율사가 대답을 않자 3인이 복숭아 나무 위에 올라가 거꾸로 땅에 떨어져 용맹하게 참회하였으므로 그제야 율사께서 점찰경과 189간자를 영심에게 주고 길상사에서 점찰법회를 열도록 허락하였다. 율사는 아버지와 함께 다시 발연사에 돌아와 도업(道業)을 닦으면서 효도로 끝마쳤다"

출가한 스님은 속세와 인연을 끊는다 그럼에도 불구하고 『삼국유사』

는 진표율사가 고향에가 부친을 만나보고 또 발연사로 부친을 모시고 가 도를 닦다가 효도로 끝마쳤다고 기록하고 있다. 부사의방이 있는 곳은 지금의 전북 부안군이고 율사의 본가는 지금의 김제 만경이다.

따라서 율사가 부사의방으로 돌아왔다는 것은 사실상 승려생활을 접고 본가로 환속했음을 의미한다. 왜냐, 부사의방에서 도통했는데 거기 가서 다시 수도해야 할 하등의 이유가 없기 때문이다. 아버지를 모시고 발연사로 가 도를 닦다가 효도로 끝마쳤다는 기사도 마찬가지 의미다. 『점찰경』과 간자 189개를 영심에게 전하고 발연사로 다시 갔다는 것은 승려의 신분으로 점찰법회를 더 이상 열지 않는다는 뜻이며 도를 닦다가 효도로 끝마쳤다는 것은 승려의 신분이 아닌 자연인 진표로서 자식의 도리를 다했다는 뜻이다.

진표율사의 행위는 2가지 중대한 사실을 시사해준다.

첫째, 신라 불교는 불교 교리보다 忠孝를 우선시한다. 원광법사의 화랑오계 중 한마음으로 임금을 섬기고(事君以忠), 효도로서 어버이를 섬긴다(事親以孝)는 忠孝가 신라사회 최고의 가치다. 忠孝사상은 원광법사와 신라사회가 처음으로 만든 사상이 아닌 단군조선으로부터 물려받은 귀중한 유산이다.

忠孝를 처음으로 언급한 분이 한검단군이며 충효가 바로 진리다(忠孝是道)라고 말씀한 분도 한검단군이다(한검단군 즉위조서 참조).

따라서 소승불교 국가처럼 임금이 승려에게 먼저 절하는 것이 아니라 승려가 섬돌 아래서 임금에게 절해야 하며 승려라도 마땅히 부모에 효도해야 한다. 이는 당나라 불교도 마찬가지다. 둘째, 신라불교에 있어 승려는 승적(僧籍)에 구애받지 않는다. 고려불교는 승과에 합격해 승적을 가진 승려가 되면 평생을 승려의 신분으로 살아야 하지만 신라 불교는 이와 다르다.

진표율사보다 훨씬 후대의 사람인 최치원의 예를 들어보자 국선도가 본색인 최치원은 절에가면 스님이요(孤雲大師) 자연에 함몰하면 유유자적하는 신선이요, 서당에 가면 대선생이요 조정에 출사(出仕)하면 파사현정(破邪顯正)의 대유(大儒)다.

최치원은 신라말기 어지러운 세태 속에 살면서도 자유정신을 구가했지만 진표는 국선도 정신이 가장 왕성한 신라문화 최전성기라 할 수 있는 경덕왕 때 살았던 인물이다. 경덕왕에게 직접 보살계(菩薩戒)를 주고 7만 7000석을 하사받기도 했다. 이로 미루어 나라에 충성하고 부모에 효도하며 승적에 얽매이지 않고 자유롭게 살았던 진표율사는 불교승려이기 전에 진정한 열린 정신의 소유자라고 할 수 있다. 신라불교의 특징이 가장 잘 나타나있 는 '선도성모수희불사'의 내용을 정리하면 이렇다. 주존삼상(主尊三像), 여러 천신(天神), 오악신군(五岳神君)은 신불시대와 단군조선시대를 거쳐 면면히 내려온 우리 본래의 신앙이다. 이를 삼신신앙이라 부르든 신도(神道)라 부르든 혹은 국선도(國禮道)라 하든 명칭만 다를 뿐 내용은 같다. 53佛, 육류성중(六類聖衆), 점찰법회(占察法會)는 법흥제 이후 들어온 불교적 내용이다. 외견상 삼신신앙과 불교가 공존하는 모습을 나타냈다 해서 신라불교를 국선도와 불교가 뒤섞인 혼합종교라고 판단해서는 아니된다.

대들보는 어디까지나 국선도이고 불교는 대들보를 받치고 있는 하나의 작은 기둥에 불과하다. 호국불교를 불교가 나라를 지켰다는 뜻으로 해석해서는 아니된다. 호국의 주체는 국선화랑이지 불교가 아니다. 예건대 김유신은 국선화랑임과 동시에 불교신자이기도 하다. 만약 김유신을 불교신자로만 본다면 "살생하지 말라"는 계율을 어기고 전쟁터에서 무수한 인명을 살상한 김유신의 행위를 설명할 수 없다.

싸움에 임하여 물러나지 않으며 살생은 때와 장소를 가려서 하라는 국선화랑의 임전무퇴계(臨戰無退戒)와 살생유택계(殺生有擇戒)를 적용할 때 비로서 김유신의 행적이 설명될 수 있다. 따라서 나라를 지킨 것은 국선화랑 김유신이지 불교신자 김유신이 아니므로 불교가 호국의 주체는 될 수 없다. 또 한가지 점찰법회가 비록 불교행사이기는 하나 점찰법회의 목적이 신라 백성전체를 불교신자로 만들고자 하는 법회는 아니라는 사실이다. 종교의 사회적기능은 착한 사람을 만드는데 있다.

살인하지 말라, 도둑하지 말라, 간음하지 말라, 거짓말하지 말라, 부모를 공경하라 등의 십선(十善)은 불교의 전매특허적 윤리강령이 아니라, 단군조선 8법, 하무라비법전, 모세 십계명, 아리스토텔레스의 니코마코스 윤리학 등 이 세상 모든 종교, 모든 윤리법이 공유하는 코스모폴리탄적 계율이기 때문에 반드시 신삼구사의삼(身三口四意三)의 십목륜상법(十木輪相法)을 통해 죄를 참회하여야만 착한 사람이 되는 것은 아니다.

따라서 23대 법흥제 이후 신라문화를 불교문화로 규정짓는 사학계의 오류는 마땅히 수정되어야 한다. 진실을 말하자면 신라 역사를 통해 석가불이 주존(主尊)으로 대접받은 적은 한번도 없으며 국가사회를 지탱하는 도덕적 힘의 원천으로서 석가불이 주존으로 정착된 것은 승과시험제도가 확립된 고려 중기 때부터다.

A라는 지역에서 발생한 A라는 종교가 B지역에 상륙했을 때 A종교의 정착화는 B지역에 강력한 기존의 토착 종교가 있느냐 없느냐에 따라 성공할 수도 있고 실패할 수도 있다.

기독교가 로마제국에 상륙했을 때 그곳에는 각종의 다양한 신앙이 있었으나 조직적인 힘을 가진 종교는 없었다. 이런 의미에서 기독교는 운이 좋았다. 약간의 우여곡절이 있었으나 무주공산에 무혈입성한 거나 마찬가지이기 때문이다. 그러나 불교가 지나 땅에 처음 상륙했을 때는 사정이 달랐다. 이미 거기에는 공자와 노자라는 터줏대감이 버티고 있었다. 비집고 들어갈 틈이 없었다. 어떤 방법으로 불교를 지나땅에 착근시키느냐 고심하던 불교전도사들이 드디어 묘안을 생각해 내었다. 석가모니의 전생이 노자고 공자는 석가모니의 후신이라는 이야기를 윤회설에 입각해 그럴듯하게 조작해낸 것이다. 노자가 신선이 되어 인도땅으로 가 석가모니로 다시 태어났고 석가모니가 죽어 공자의 몸으로 지나 땅에 다시 태어났다는 윤회전생설을 대대적으로 퍼뜨렸다.

까마귀도 고향 까마귀가 좋고 남의 나라 귀신보다 내 나라 귀신이 좋은 것은 어쩔 수 없는 인지상정이다. 무식한 민중들이 수근대기 시작했고 석가모니에게 친근감을 느끼는 사람들의 수가 하나 둘 늘어나는 것과 때를 같이하여 불교는 지나 땅에 뿌리를 내릴 수 있었다.

남의 나라 이야기는 그만두고 우리나라에서 일어났던 일화 한토막을 소개 하겠다. 신라가 망한 후 하나님신앙은 고려, 조선 양조 1000년을 거쳐오면서도 삼신신앙, 칠성신앙, 용왕신앙, 정도령신앙의 형태로 갈라져 민중들의 가슴속에 여전히 살아 숨쉬고 있었다. 기독교를 이땅에 들여온 선교사들은 바로 이점에 착안하여 여호와 신을 여호와 하나님으로 고쳐 포교에 대성공을 거두었다.

필자가 어릴 때 살던 동네에 매일 신령님, 칠성님만 찾던 80가까운 할머니 한 분이 계셨다. 그런데 슬그머니 교회에 다니기 시작한 할머니가 어느날 불쑥 말씀하기를 "아니글세 세상 살다살다 보니 별 희한한 것을 알게 되었구만 우리교회 목사님이 그러시는데 하나님이 여호와래. 유대 땅으로 이사간 하나님이 이름을 여호와로 바꿔 그래도 미운정고운정 다 든 조선땅을 못잊어 도탄에 빠진 불쌍한 우리 백성들을 구하러 오셨다더만." 기독교가 한국에서 성공한 가장 큰 이유를 할머니는 실토한 것이다.

위의 두 실화를 염두에 두고 불교가 처음으로 신라 땅에 상륙했을 때의 정황을 독자 여러분이 석가의 입장과 법흥제의 입장에서 역지사지(易

地思之)로 상상해보시면 대략 다음과 같은 이야기가 된다.

신라 땅에 상륙한 석가가 선창으로 머리를 쑥 내밀고 앞을 바라보니 거기에는 자신에게 아뇩다라 삼먁삼보리를 준 제석천한인과 자신에게 수기를 준 한웅연등불과 자신의 시대를 열게해준 해모단군의 원조인 한검단군이 삼신의 높은자리에 앉아 자신을 따뜻한 미소로 맞이해준다. 석가는 잠시동안 생각하고 스스로 다짐했다.

"도본한인시삼한(道本桓因始三桓)인데 저분들을 밀어내고 내가 그 자리에 앉을수는 도저히 없지. 만약 나에게 어떤 사명이 주어진다면 최선을 다해 나의 역할을 수행하리라."

석가에게 초대장을 보내기 전 법흥제는 생각했다. 이 사람을 우리 집 식구로 맞아 들여 신라의 장래에 도움이 될지 해가 될지 여러모로 손익계산서를 뽑다가 우연히 읽은『팔상록』(八相錄) 한 구절에 눈길이 딱 멈췄다. "아하! 석가모니도 한인하나님으로부터 설산 16자를 받아 성도(成道)했구나. 그렇다면 우리와 같은 핏줄, 같은 사상을 가진 형제가 아니던가. 당연히 불러들여 광음(光陰)을 함께 하리라."

이렇게 결심한 법흥제는 그날로 석가에게 초대장을 보내 한식구로 맞아들이게 되었다. 석가모니불교를 받아들이기는 했으나 그 수용 동기는 어디까지나 최치원의 말처럼 우리 본래의 신도에서 갈라져나간 동질적 지류이기 때문에 다시말해 나(我)라는 주체에서 분리된 소외된 나(我)이기 때문에 소외된 나의 자기복귀를 허용했을 뿐이다. 그러므로 신라불교의 근원은 우리 고대의 신도로부터 유래된 것이며 석가불교로 부터가 아니다. 이는『삼국사기』직관(職官) 상(上)에 나와 있는 신라의 칠시(七寺)가 무엇인지를 알고나면 금방 이해할 수 있다.

일반적으로 사람들은 寺라 하면 절을 떠올린다. 불국사, 해인사의 寺란 불교 사찰을 뜻한다. 그러나 寺를 절로만 알고 있는 사람들은『삼국사기』고구려 영양왕편에 나오는 다음과 같은 기사를 읽고 나면 인식의 혼란을 겪게 될 것이다.

"수양제가 고구려를 정벌하기 위해 113만 3800명의 군대를 거느리고 행군하는 중군(中軍)의 어영(御營)내에 九寺가 있어 내외, 전후, 좌우, 6군을 나누어 출발시키니 근고 이래 없었던 출사(出師)의 성대함……"

위의 글 중 九寺를 아홉 개의 절로 이해하는 사람들은 113만 3800명의 군대 속에 아홉 개의 절이 있다니 군사들이 가마 떠메듯 9개의 절을 떠메고 행군한다는 말인지 뭔지 고개를 갸우뚱할 것이다. 여기서 九寺는 아홉 개의 절이 아니라 정부의 9개 부서를 뜻하는 말이다.

寺를 '사' 로 읽으면 절이지만 '시' 로 읽으면 정부행정부서가 된다. 寺를 시로 읽을 때는 모실시(侍)와 뜻이 같다.

구시(九寺)의 창시자는 고구려 광개토대왕이다.『삼국사기』는 광개토대왕이 2년 가을(393년)에 평양에 9시(寺)를 창건하였다고 기록하고 있다. 일부 사가(史家)들은 이 기사를 "광개토대왕이 9개의 절을 세워 불교를 크게 보급시켰다"로 오해하여 역사책에 싣고 있다.

수와 당은 선비족이 세운 나라이며 선비족은 우리 민족의 한갈래로서 구시(寺)는 한족(漢族)의 직제가 아닌 알타이 민족 고유의 직제이다. 광개토대왕이 창건한 9시는 당의 관직제에 구체적으로 나타났으며 구시의 내용은 아래와 같다.

① 태상시(太常寺): 예약(禮藥), 제사, 의전(儀典)등을 관장하는 부서.
② 광록시(光祿寺): 궁중에서 쓰는 쌀, 국수, 술, 간장과 제수품을 조달하고 궁중연회와 임금의 식사를 주관하는 부서. 조선왕조의 내자시(內資寺)가 이에 해당한다. ③ 위위시(衛尉寺): 병장기와 기계를 만들고 보관 관리하는 부서. 고려 무신정변의 주역 중 한사람이었던 이의방은 위위경의 벼슬자리에 있었으며 위위시는 조선조의 군기시(軍器寺)에 해당. ④

종정시(宗正寺): 임금의 친척들과 왕족을 관리하는 부서. ⑤ 사농시(司農寺): 식량생산과 저장을 관장하는 부서. 조선조의 전농시(典農寺)와 오늘의 농림부에 해당. ⑥ 태복시(太僕寺): 말, 수레, 가마 등 모든 교통수단을 관장하는 부서. 고려, 조선의 사복시(司僕寺)와 오늘의 교통부에 해당. ⑦ 대리시(大理寺): 형벌과 감옥을 관리하는 부서. 오늘의 법무부에 해당. ⑧ 홍려시(鴻慮寺): 외교사절과 통상사절단을 접대하고 관장하던 부서. 고려의 예빈시(禮賓寺)와 오늘의 외교통상부에 해당. ⑨ 태부시(太府寺): 재화창고, 시장을 관장하던 부서. 오늘의 재무부에 해당

寺가 정부조직인 것을 알았으니 이제 신라 7寺의 구체적 내용을 알아보자. 신라 7寺는 ①사천왕시(四天王寺) ②봉성시(奉聖寺) ③감은시(感恩寺) ④봉덕시(奉德寺) ⑤봉은시(奉恩寺) ⑥영묘시(靈廟寺) ⑦영흥시(永興寺)이다. 언제부터인지 알길이 없으나 7시의 寺자 뒤에 성전(成典)이라는 단어가 있고 35대 경덕왕 때 수영(修營)과 사원(使院)의 2단어가 7시의 앞뒤에 자리하고 있었으나 36대 혜공왕과 40대 애장왕 시절에 당초의 이름으로 복귀하였다고 『삼국사기』는 말한다.

이를 도표로 정리하면

	부처명칭	경덕왕 시	혜공왕·애장왕 시
1	四天王寺成典	監四天王寺府로 개칭	원 四天王寺成典으로 복귀
2	奉聖寺成典	修營奉聖寺使院	원 奉聖寺成典으로 복귀
3	感恩寺成典	修營感恩寺使院	원 感恩寺成典으로 복귀
4	奉德寺成典	修營奉德寺使院	원 奉德寺成典으로 복귀
5	奉恩寺成典	修營奉恩寺使院	원 奉恩寺成典으로 복귀
6	靈廟寺成典	修營靈廟寺使院	원 靈廟寺成典으로 복귀
7	永興寺成典	修營永興寺使院	원 永興寺成典으로 복귀

각개의 시(寺)에는 정부에서 파견된 금하신(衿荷臣, 경덕왕 때 監令으로 개칭) 1명, 상당(上堂, 경덕왕 때 卿이라 함) 1명, 적위(赤位) 1명, 청위(靑位) 2명, 대사(大舍) 1명, 사(史) 2명. 합계 8명의 정부관리가 상주하고 있었다. 금하신은 1품인 이벌찬에서 5품인 대아찬까지의 관직을 가진 신하를 말하며 금하신과 감령은 오늘의 장관직에 해당된다. 금하신은 소매자락에 상(祥)스러운 그림, 예컨대 봉황무늬를 수놓은 신하란 뜻으로 1품에서 5품까지만 허용된다.

감은시 成典, 영묘시 成典 할 때의 成典은 의전(儀典)을 이룬다는 뜻이다. 일생에 있어 가장 중요한 의전은 결혼식, 장례식, 부모와 조상의 은덕을 기리는 제사며 유교에서 말하는 사례(四禮)는 관혼상제(冠婚喪祭)다. 이중 冠은 미성년자가 성인이 되었다는 표시로 머리에 관을 얹어주는 의식이니까 가난한 사람의 입장에서는 해도 그만 안해도 그만이지만 나머지 삼례(三禮) 즉, 婚喪祭 의식은 사회적 지위와 귀천 존비에 관계없이 누구나 겪어야 할 통과의례이며 또한 인간으로서 반드시 행해야 할 의무이기도 하다.

요즘처럼 예식장도 없고 큰 병원의 영안실 같은 시설도 없고 사당도 없는 신라 시절에 어떤 가난한 백성이 혼례식을 올리고 부모장례를 치루고 조상제사를 받든다고 상상해 보시라. 갈 곳은 결국 백성들의 공익과 공공의 편의를 위해 나라가 재정적 뒷받침을 하고 나라가 주관하는 영묘시성전 봉덕시성전 등 7시 밖에 없다. 거기에 가면 장관급에 해당하는 높은 분이 주례도 서주고 장례식 호상도 맡아 주었다.

불교를 받아들인 이상 장례절차는 물론 불교 의례를 따랐을 것이다. 스님이 목탁을 두드리며 『천수경』을 독경하고 망자의 극락왕생을 축원한 뒤 시신을 불교식으로 화장하여 산골했을 것이다. 불교가 신라 땅에 들어온 이후 신라 500년 고려 500년 양조 천년간에 살았던 연인원을 추산해 보면 최소 2억 명은 될 것 같다. 2억 명 중 죽어 무덤을 남긴 사람은 신라, 고려 양조의 왕들과 소수 귀족들 뿐이며 다 합해도 만 명을 넘기지 못한다. 이 땅에 무덤 수가 기하급수적으로 늘어나 공동묘지에 더 이상 빈자리가 없게 된 것은 이조 500년간 정착되어온 유교식 토장(土葬)제도에 기인한다. 이점 하나만으로도 불교가 이땅에 기여한 공로는 아무리 높게 평가해도 지나치지 않는다. 경덕왕 때 영흥시성전 등 7시의 이름이 수영영흥시사원(修營永興寺使院) 등으로 바뀌어 졌는데 修營과 使院이 무슨 뜻인지 살펴보자.

修營은 어떤 장소에 머물러 그곳에 오래 있으면서 몸과 마음을 닦는다는 뜻이고, 使院은 맡은바 사명을 다하는 장소라는 뜻이다. 오랫동안 머물며 몸과 마음을 닦아 맡은바 사명을 다하는 장소라면 그곳은 당연히 학교를 의미한다. 옛날에는 의무교육제도가 없었다.

그렇다고 해서 부모나 국가가 아무것도 가르치지 않고 아이들을 방치했을 리는 만무하다. 기초 한자 정도는 가르쳤을 것이고 기본적인 예의 범절도 가르쳤을 것이다. 이미 단군조선 초창기시절에 마을마다 경당(扃堂)이 있고 마을마다 삼로(三老)가 있었다 했다. 경당은 학교이고 삼로는 사구(司寇) 사도(司徒) 사공(司空)이다. 사구는 미풍양속의 풍속법을 가르치는데 미풍양속 중 으뜸이 부모에 대한 효도다. 사도는 활쏘기, 말타기, 택견, 수박 등 육체적 수련을 가르치는 교관이고 사공은 한웅신불로부터 전래된 선(禮)을 가르치는 선사(禮師)다.

한웅의 신불시대와 한검의 아사달 조선을 거쳐 면면히 내려온 홍익인간의 교육전통은 삼국시대에 이르러 만개했다.

국선화랑이란 밖에 나가면 나라에 충성하고 집안에 들어오면 부모에 효도하며 육체의 수련을 통해 조식법과 무예를 익히고 명상에 들어가 하나님과 내가 둘이 아닌 하나의 존재임을 영교(靈交)로서 감통(感通)하는 전인적(全人的, 全人=佺)인격체인 홍익인간이다.

그러므로 修營奉恩寺使院 등 7시는 국선 화랑과 예비국선 화랑의 어린인재들을 양성하는 교육기관일뿐아니라 모든 사람을 홍익인간의 길로 인도하기 위한 신라 백성 전체의 수도장이며 기도 도량이다. 삼신이 조람(照覽)하시고 칠성님과 오악신군의 신령님들과 아득한 옛날에 깨달음을 얻은 53彿이 지켜보는 성전에서 "이 못난 존재가 봉성시 成典에 머물며 삼가 거룩하신 삼신님의 뜻을 받들어 저에게 내려주신 사명을 다하여 홍익인간으로 가는 진리의 서광(瑞光)을 부지런히 쫓아가고자 하오니 부디 감응하셔서 저와 저의 집안은 물론 온나라 방방곡곡마다 시화년풍(時和年豊)하고 국태민안(國泰民安)하여 태평성세가 내내 이어지도록 영묘하신 신적(禎跡)을 나타내주십사."를 기원하는 기도처가 곧 칠시(七寺)인 것이다.

이에따라 칠시의 이름도 재해석되어야 마땅하다. 봉성시의 奉聖은 한인, 한웅, 한검의 三聖을 받들어 모신다는 뜻이고, 봉덕시의 奉德은 크나크신 삼신의 덕을 받들어 모신다는 뜻이며 봉은시의 奉恩은 삼신의 크나크신 은혜를 받든다는 뜻이고 감은시의 感恩은 삼신의 무궁한 은혜에 감사드린다는 뜻이며 영묘시의 靈廟는 삼신의 영묘(靈妙)하신 신령이 묘적감응(妙寂感應)하시어 삼신과 내가 동심동체가 된다는 뜻이며 사천왕시의 四天王은 구름과 뇌성벽력과 비와 바람이 뇌풍상박(雷風相薄), 수화불상사(水火不相射), 우풍조순(雨風調順)하여 세세풍년을 주시는 뇌공(雷公), 운사(雲師), 우사(雨師), 풍백(風伯)의 四神님의 크나크신 은혜를 기린다는 뜻이다.

신라불교의 본 뿌리는 한웅 신불(禎佛)에 있다.

역대 신라임금 중 次次雄이라는 왕칭을 사용한 분은 2대 남해차차웅(南解次次雄)밖에 없는데 次次雄이 무슨 뜻인지 알고나면 한웅과의 연관성이 자연히 해명된다. 한웅의 한은 하나 즉, 첫째란 뜻이므로 한웅을 뜻이 같은 다른 자로 표시하면 一雄이 된다. 雄자가 돌림자라 가정하면 一雄의 동생은 二雄, 둘째 동생은 三雄이 된다.

그러나 한웅이 아들을 낳아 자신의 이름을 아들에게 물려주고 싶다면 한웅 2세 또는 2세 한웅, 영어식으로 말하면 한웅 쥬니어라 해야지 二雄이라 할 수는 없다. 따라서 한웅 2세를 한문으로 쓰면 次雄이 되고 한웅 3세는 次次雄이 된다. 고로 남해차차웅의 次次雄은 한웅 3세란 뜻이고 남해의 아버지인 박혁거세는 자동으로 次雄이 된다. 이는 신라국이 한웅신불의 법통을 계승한 국가란 뜻이다.

『삼국유사』 황룡사 9층탑편에 자장율사가 산서성 오대산에서 수도할 때 문수보살이 나타나 말하기를 "너희 나라 왕은 천축 찰리종왕(刹利種王)으로 이미 불기(佛紀)를 받았기 때문에 특별한 인연이 있어 동이, 공공(共工)의 종족과는 같지 않다"는 기사가 있다. 찰리종은 찰제리종(刹帝利種)의 준말로서 인도 4종성 중 석가모니가 속한 크샤트리아종성을 말한다.『장아함경』1권에 석가가 과거 7불의 족보를 언급하면서 구루손불과 구나함모니불과 가섭불은 바라문종성이고 비바시불, 시기불, 비사바불과 석가불 자신은 찰제리종성이라 밝히고 있다.

이에 따라 문수보살이 언급한 특별한 인연을 풀이해보면 "미래세에 부처가 될 수기를 이미 받은 선덕여제는 석가모니와 같은 찰제리종성이며 석가에게 수기를 준 한웅연등불도 찰제리종성이다. 덕만보살(德曼은 선덕의 법명)은 혈통으로 봐도 한웅의 직계 자손이요, 법통으로봐도 한웅 2세(박혁거세)가 세운 신라불국정토의 27대 임금이므로 너희 신라 종족은 비록 같은 동이족이면서도 연등불의 법통을 계승하지 못한 여타 동이족과는 같지 않다"라는 뜻이다.

신라와 수와 당이 불교를 받아들인 동기는 처음부터 달랐다. 신라 불교의 본질은 한웅·연등불의 신시와 단군조선을 거쳐 전래해온 국선도(신도)로 대들보를 삼고 국선도의 본류에서 갈라져 나갔다가 다시 돌아온 석가모니 불교를 대들보를 받치는 보조 기둥으로 활용하여 전국민을 홍익인간으로 만들고 이를 바탕으로 박혁거세가 개국이념으로 내건 부도복본(符都復本)을 성취함에 있다.

한편 수와 당은 균전제(均田制) 농민에 기반한 봉건적 생산체제를 유지하기 위한 이데오르기적 장치로서 불교의 어용철학화가 필요했다. 먼저 수나라 이야기부터 시작해 보자. 수는 5호16국의 혼란스러운 시대를 끝내고 대륙을 하나로 병합한 통일왕조였다.

589년 수나라는 대륙을 통일하자마자 강력한 율령(律令)을 만들어 전국을 촌락공동체조직으로 재편하고 관에 의해 위로부터 성립된 촌락공동체에 농민들을 강제로 편입시켰다.

강제로 편입된 농민에게는 건장한 정남(丁男)의 경우 1경(頃)의 토지를 지급하고 폐질(廢疾)이 있는 정남에게는 40무(畝)를 지급한다. 홀로 된 과부에게는 30무를 주고 호(戶)를 이루고 있다면 20무를 더 얹어준다. 지급된 토지의 1/5은 자손에게 물려줄 수 있는 세업전(世業田)이고 4/5는 호주가 죽으면 국가에 반납해야 하는 구분전(口分田)이다. 똑같은 양의 토지를 배분받았기 때문에 이들 농민들을 균전농민(均田農民)이라 부른다. 물론 균전농민에게는 일정한 조용조(租庸調: 租는 현물세, 庸은 부역의 의무, 調는 뽕나무를 심고 누에를 쳐 1년에 일정량의 베(布)와 명주를 국가에 납부하는 稅)가 부과된다. 丁마다 1년에 조(粟) 2石을 거두고 調는 현지생산량에 따라 차등적으로 거두고 庸은 丁마다 1년에 20일을 기본으로 한다. 만약 전쟁이 날 경우 무기한 군역(軍役)의 의무가 부과된다. 균전농민은 법적신분으로 말하면 양민(良民)이나 사실상 유럽 중세의 농노나 별다른 바가 없는 노예에 불과하다.

첫째, 중앙정부에서 지급된 토지중 1/5 만 사유화가 허용된다는 점, 둘째, 세금수취인이며 유일한 대지주인 황제로부터 직접적으로 노동력을 수탈당한다는 점, 셋째, 지방관리들의 토색질로 인하여 세금의 양이 일정치 않고 부역일수 또한 황제의 변덕에 따라 수시로 변경된다는 점, 수양제의 3번에 걸친 고구려 원정과 이에 따른 수왕조의 몰락이 좋은 증거다.

균전농민생산체제를 유지하기 위한 지배적이데오르기로 불교가 등장한 것은 수왕조의 성립과 때를 같이했다. 수의 문제(文帝)는 즉위 원년(589년)조서를 내려 제천의례를 주관하던 오악(五岳)의 신사(神祀)를 폐쇄하고 대신 불사(佛寺)를 지었다. 595년에는 각 주현(州縣)의 향관(鄕官)을, 601년에는 유학교마저 폐지했다. 이어 사리(舍利)를 각주에 배급하여 30개소에 사리탑을 세우고 승려들을 파견 백성을 교육하는 임무를 맡겼다. 이리하여 문제 재위 24년간 승려 수는 23만 명, 사찰 수는 3792개로 대폭 늘어났다.

문제는 왜 유교대신 불교를 장려하고 불교 승려들에게 백성들의 교육 임무를 맡겼는가? 여기에는 문제 개인의 신앙심과 아무런 관계가 없는 중대한 이유가 있었다. 공자의 유교에는 인륜학만 있을 뿐 형이상학이 없다. 가령 농노나 노예가 어떻게 발생하였나를 물어보면 유교는 천부적인 것이라 대답할 것이다. 농노나 노예가 죽어 다음생에도 농노, 노예의 신분으로 태어나느냐를 물어보면 유교는 할 말을 잃게 된다. 인과응보로 인한 내세관이 공자 유교에는 아예 없기 때문이다. 내세관이 없기는 노자의 도교도 마찬가지다. 공노학(孔老學)은 단군철학의 정통성을 계승하지 못하고 요·순과 하·은·주 3대를 거쳐 내려오던 상제의 실존마저 부정해버렸기 때문에 우주론과 본체론의 형이상학이 없다. 따라서 형이상학은 동진(東晋) 16국시대에 발아(發芽)한 대승불교의 반야공(般若空) 사상에 전적으로 의존할 수 밖에 없었다.

수는 단명 왕조로 끝나고 당이 수를 계승했다. 당은 수와 마찬가지로 권력장치를 관료제도에 두고 이데오르기적 장치는 불교의 어용化에 두었다. 황제가 유일한 대지주지만 황제가 직접 세금을 거둘 수는 없는 법-따라서 황제가 관료들에게 하사한 토지의 규모는 균전농민의 그것과는 비교가 되지 않는다.

황제가 관료들에게 하사한 토지는 영업전(永業田)과 직분전(職分田)으로 크게 분류할 수 있는데 영업전은 자자손손 세습이 가능한 토지를 말하고 세습전이 아닌 직분전은 관직품계의 고하에 따라 차등적으로 지급되었던 토지를 말한다. 백성을 교육시키는 불교사찰에는 물론 어마어마한 규모의 사원전(寺院田)이 허락되었다. 당의 국교적 지위를 획득한 불교와 당왕조 간의 밀착 관계는 이렇게 시작되었다. 불교가 당왕조의 기반인 균전제 농민생산체제를 어떻게 합리화 시키고 또 어떤방법과 교육내용으로 백성들을 세뇌시켰는지 일일이 거론할 수는 없지만 간단하게 요점을 추려서 말한다면 대략 이렇다.

수나라 시절과 당왕조 초창기에 있어서 불교의 역할은 균전농민들에게 주로 업과 윤회사상을 주입시키는 일이었다.

"균전농민인 너희들이 인간 이하의 열악한 생활을 영위하게 된 이유는 모두 너희들이 전생에 지은 업(業)때문이며 너희들의 현재 처지는 바로 업보이다. 너희들을 이렇게 만든 것은 황제도 아니고 다른 사람도 아닌 너희들 자신이니 만큼 누구를 원망하지 말라. 육체는 괴로운 것이며 부처님도 삶은 고해라 하셨다. 그러나 너희들에게도 희망은 분명 있다. 현실의 삶이 아무리 괴로울지라도 누구를 원망하는 마음없이 황제의 명령을 준수하고 관에 복종하고 너희들을 정각(正覺)의 길로 인도하는 스님들의 말씀을 잘 들으면 너희들도 다음 생에는 부자나 존귀한 사람으로 태어난다. 그러니 아무 불평 말고 부지런히 일하여 업장을 소멸시키도록 노력하라." 이런식으로 백성을 세뇌시킴으로써 황제를 원망의 표적으로부터 멀어지게 만든다. 하지만 가뭄과 홍수로 인해 흉년이 들면 이와 정비례해 부패한 관리들의 가렴주구도 심해져 현물세가 가중되고 부역일수가 1년 100일을 초과하는 지역도 속속 나타나 도망戶가 급증하기에 이르렀다. 도망호가 택할 수 있는 삶의 방도는 극히 제한되어 있다. 무리를 이루어 산에 들어가 산적이 되거나, 아니면 관에서 경영하는 공해전이나 사찰에서 경영하는 사원전이나 고위관리들의 소유지인 영업전에 노비 또는 사노(寺奴)로 들어가는 길이다.

당나라 중기의 이러한 시대적 상황에 호응하여 나타난 空사상이 그 위세를 떨치기 시작했다. "나(我)라는 실체가 없고 인식하는 객관적 대상에도 실체가 없으며 일체가 모두 실체 없는 空이다. 제법(諸法)에는 도무지 我라는 것이 없는 無我일 뿐이다"라는 我空法空一切皆空 諸法無我의 空사상이 팽배했다. 나를 포함하여 현상계에 모습을 드러낸 모든 존재는 번뇌 망상의 허망한 주관적 심념(心念)이 만들어낸 환(幻, 거짓)일 뿐이다. 따라서 나를 부정하고 객관적 대상의 실체를 철저히 부정해야만 제법실상 진여(眞如)의 세계인 불(佛)의 세계가 나타난다는 것이 공사상의 논지다. 노예제의 논리는 노예의 자아각성, 즉 노예의 주체의식을 말살하는데 있다.

노예는 맑스가 『자본론』에서 지적한 것처럼 말하는 도구이며 소리내는 도구에 불과하다. 괭이, 호미, 삽등 농사에 필요한 도구들이 소리내지 않는 도구라면 노예는 소리를 낸다는 점에 있어 이들 무성(無聲)의 도구와 구별될 뿐 한갖 도구에 불과한 비인격적 존재다.

따라서 불교 공관(空觀)의 역할은 사실상 농노에 불과한 균전농민과 각종 노예들의 자아의식을 철저히 말살시켜 그들을 도구로 만드는데 있다. 만약 농노와 노예들이 주체의식을 각성하여 현실의 불평등한 세계를 거부하게 되면 균전농민생산체체에 기초한 당왕조는 일시에 붕괴되고 만다. 노예반란을 막기 위한 방위혁명의 수단으로 기독교가 로마의 국교로 받아들여진 것처럼 당의 국교인 화엄종 역시 불평등한 현실 세계에 불만을 품은 농노와 노예들의 잠재적 반란을 잠재우기 위한 수단으로 악용되었다.

공관(空觀)은 자아를 철저히 부정하고 눈에 보이는 모든 것을 실체가 없는 허망한 도깨비로 여겨 부정하고 나면 진여의 세계가 나타난다고 가르친다. 하지만 我空法空 一切皆空 뒤에 나타난 세계는 여전히 부조리와 불평등으로 가득차 있는 현실 세계다. 결국 불평등한 현실 세계가 곧 진여의 세계인 것이다. 그러므로 화엄의 공관은 철저한 자기부정 뒤에 오는 불평등한 현실 세계를 진여의 세계로 맹목적으로 긍정하는 자기모순을 지닌다.

8세기 중엽에 일어난 안사(安史)의 난은 당왕조를 붕괴시키는 결정적 계기가 되었다. 국가재정이 파탄난 것이다. 건국초부터 승려와 노예들은 양세제(兩稅制)에서 제외되어 있었다. 다시 말해 승려와 노예들은 과세의 대상이 아니었고 전쟁이 일어나도 군대에 갈 의무가 없었다. 더구나 도망戶가 경작하던 토지는 대부분 사원전으로 편입되어 사찰이 소유한 광대한 면적의 토지와 재산규모는 왕실을 능가하고도 남았다. 배보다 배꼽이 더 커져버린 것이다. 당제국에 처음으로 닥친 미증유의 국가적 위기였다. 이에 당의 무종(武宗)은 사찰 4만 개를 폐지하고 승려 26만 5천 명을 환속시켰으며 사찰들이 소유하고 있던 사원전 중 상전(上田) 수천만 경을 몰수하고 사원에 딸린 사노(寺奴) 15만 명에게 양민의 신분을 주어 양세호(兩稅戶)로 편입시켰다.

무종의 이러한 조치는 이데오르기적 첨병역할을 수행함으로써 체제유지의 한 축을 담당했던 불교를 황제 스스로의 손으로 자해하는 엄청난 자기부정이었다. 국가체제의 위기요 불교의 위기며 균전농민과 각종 노예노동에 기반을 둔 경제생산체제의 위기였다. 이러한 시대 상황에 맞추어 등장한 사조가 화엄의 5대 조사 종밀(宗密)에 의해 주창된 직현심성종(直顯心性宗)이었다. 괴로운 노동을 통해 중생들의 육신에 거주하고 있는 불성을 철견(徹見, 철저하게 훤히 꿰뚫어 봄) 한다는 것이 직현 심성종의 요지(要旨)다.

달마로부터 시작된 남종선(南宗禪)과 낙양하택사의 신회(神會)가 보급시킨 하택선(荷擇禪)이 골방이나 토굴 속에 들어앉아 세속과의 인연을 일체 단절한 채 화두(話頭) 하나만을 붙들고 수도에 정진하는 좌선(坐禪)이라면 직현심성종은 행동을 통해 불성을 깨닫는 행선(行禪)이다. 하지만 직현심성종의 의도는 매우 좋았으나 이미 때가 너무 늦었고 대중교화의 순서가 뒤바뀌어 당나라와 불교가 함께 몰락하는 공멸의 위기를 극복할 수 없었다. 종밀의 직현심성종이 지향하는 목표와 취지는 매우 좋았으나 이미 때가 너무 늦었고 대중교화의 내용과 순서가 뒤 바뀌었다고 말한 이유는 이렇다. 당왕조의 생산기반이었던 균전농민을 교화함에 있어 업과 윤회사상, 그리고 아공법공 일체개공의 공관(空觀)을 주입시키기에 앞서 노동을 통해 불성을 깨달아 부처가 되는 직현심성종이 먼저 나타났어야만 했다.

원행(遠行)을 통해 국선화랑이 대중속으로 파고 들었던 것처럼 불교승려들이 노동현장에 직접 뛰어들어 균전농민 및 노예들과 동거동락하면서 '일 먼저 포교 나중' 이런 순서로 대중을 교화하여야만 했다. 중생일체 실유불성이라면 부처가 곧 중생이고 중생이 곧 부처인데 부처와 중생간에 무슨 차별이 있나? 균전농민과 노예들을 부르는 호칭도 부처님이 되어야만 한다. 이세계에 굶주리는 백성이 한사람도 없길 바라는 위대한 서원(誓願)을 세우고 묵묵히 피땀흘리며 부지런히 일하는 당신이야말로 진정한 부처님이십니다. 왜 이렇게 말못했을까?

만약 수, 당 초창기부터 괴로운 노동을 통해 보살원을 성취하고 성불할 수 있다는 직현심성종이 대중을 교화했더라면 당나라의 멸망과 관계없이 불교의 운명도 달라졌을 것이다. 현장의 제자로서 법상종의 개조가 된 규기(窺基)는 행차시 항상 수레 3채를 몰고 다녔다 한다. 첫째 수레에는 불경을 가든 싣고, 2째 수레에는 온갖 종류의 술을 담은 술통과 술병으로 가득 채우고, 3째 수레에는 요염한 자태를 뽐내는 미녀들로 가득 채웠다. 대중을 교화하는 승려라고 도저히 믿기 어려운 이런 막나니 같은 자도 절대 권력의 앞잡이가 되어 대중을 세뇌시킨 공로를 인정받아 고승 대접을 받고 특권을 누리는 세상이니 가히 당나라 불교가 얼마나 타락했는지를 알 수 있다.

"너희들이 겪는 현세의 고통은 모두 전세에 너희들이 지은 업보 때문이다. 그러니 황제의 명령에 고분고분 순종하고 스님들의 말씀을 잘 들어 업보를 소멸시킨다면 내세에 너희들도 부하고 귀한 존재로 태어날 것이다. 諸法에는 나(我)라는 실체가 없다. 일체법이 모두 쑛이다. 일체개공이다. 나라는 자아의식을 없애라. 그리하면 진실 如如한 부처의 세계가 나타난다."

하지만 나를 없애고 난 뒤 나타난 진여의 세계는 여전히 불평등으로 가득찬 현실세계이므로 철저한 자기부정은 결국 현실에 대한 맹목적 순종으로 전화(轉化)된다. 농노집단과 노예집단은 절망감에 빠져 이미 스스로 인간이기를 포기했으며 국가로부터 인간 대접도 받지 못하는 도구적 존재에 불과하다. 이때 갑자기 황제로부터 칙명이 떨어져 노예의 신분에서 양민의 신분으로 그 지위가 바뀌면서 황제에게 세금을 납부하라 한다. 더욱이 자신들에게 업과 윤회 我空法空 一切皆空을 역설하던 스님들도 26만 명이나 환속하여 자신들과 똑같은 양세호(兩稅戶)의 양민이 되었다. 스님들이 노예들에게 지금까지 말해왔던 교설(教說)과 법문(法門)의 내용이 모두 허위로 입증되는 순간이다. 당시 사람들이 겪었을 정신적 공황상태를 상상해 보시라. 당나라 불교는 선행을 권장하고 악행을 끊어 모든 사람을 착한 사람으로 만드는 종교 본연의 임무를 저버리고 균전농민과 노예노동을 합리화시키는 당왕조의 절대권력과 결탁하여 절대권력의 지배논리를 분식(粉飾)하는 이데오르기적 역할을 수행하는 데 만족했기 때문에 당의 멸망과 함께 불교도 덩달아 망하는 화를 자초하고 만 것이다.

불교를 논하면서 고려불교를 빠뜨릴 수는 없다. 결론부터 말하자면 고려불교는 신라 하대의 구산선문(九山禪門)을 계승하기는 했으나 신라 특유의 삼신불교와는 확연히 다르고 오히려 당나라 불교와 여러면에서 닮았다. 구산선문의 뿌리는 무상대사가 가르친 무설설무법법(無說說無法法)의 행선(行禪)이었으나 신라땅에 정착하면서 행선이 좌선(坐禪)으로 바뀌었다는 점은 구산선문이 신라말 시대적 혼란상에 대해 수수방관, 현실을 방기(放棄)했다는 것을 의미한다.

고려불교가 낳은 2명의 두드러진 승려는 천태종의 개조인 대각국사 의천(義天)과 9산선문을 통합하여 조계종을 만든 보조(普照) 지눌(知訥)이다. 의천의 교의(教義)는 교관겸수(教觀兼修)이고 지눌의 그것은 정혜쌍수(定慧雙修)다. 교관겸수와 정혜쌍수는 말은 다르나 다 같은 뜻으로 부처의 말씀이 기록된 불경의 교리와 부처의 수행방법인 선(禪)을 함께 닦는다는 뜻이다. 그러나 고려의 선법은 무상의 정중종이나 종밀의 직현심성종 같은 행선(行禪)이 아닌 스승으로부터 화두를 받아 일정한 자리에 오래 앉아 진리를 깨우치는 간화선이며 좌선이다. 결국 좌선(坐禪)자는 바깥 세상이 어떻게 돌아가는지 도통 관심을 갖지 않기 때문에 현실세계에서 중생들이 겪는 고통을 외면한다.

신라의 경우 국가가 위기에 처할 때마다 국선도이자 불교도인 화랑집단이 앞장서 구국했지만 고려 500년 역사를 통해 승려 출신으로 구국전쟁에 참가한 사람은 김윤후(金允候) 단 한사람 뿐이다.

1232년 충주성 방호별감(防護別監) 김윤후가 몽고군의 2차 내침을 맞았을 당시 충주성의 권문세도가와 정호층(丁戶層)의 향리(鄕吏)들은 다 도망가고 성 안에 남아 있는 사람이라곤 관노(官奴), 사노(寺奴), 백정(白丁)농민, 유망(流亡)농민과 잡척층(雜尺層) 민중들뿐이었다. 천민(賤民)들을 한데 뭉치게 해 싸우는 수 밖에 없다고 판단한 김윤후는 관노들의 노예 문적(文籍)을 불사르며 공개리에 노예해방 선언을 하고 일반 백정농민들에게 전투가 끝난 후 왕실의 허가를 받아 성(姓)을 하사하겠노라 약속한 후에야 비로소 충주전투를 승리로 이끌 수 있었다.

고려의 신분제도는 ① 백정층(白丁層), ② 정호층(丁戶層), ③잡적층(雜尺層)으로 분류할 수 있는데 백정층과 정호층은 양민이고 잡척층은 천민이다. 백정은 자영농민 혹은 전호(佃戶, 소작농)을 말하며 군현지역에 거주하면서 조세와 부역을 담당하는 계층이다. 백정층은 대부분 성이 없다. 丁戶층은 지방관리와 군인 간부 등 국가에 대해 일정한 직역(職役)을 갖는 계층을 말하며 100% 姓을 갖고 있다. 문종이 정한 법령에 의해 姓이 없는 사람은 과거 응시 자격이 없으므로 姓이 없는 사람은 엄밀한 의미에서 고려 백성이 아니다. 백성(百姓)은 문자 그대로 백가지의 다른 姓을 가진 사람들의 총칭을 의미하기 때문이다.

잡척층은 천민을 말하며 100% 姓이 없다. 군현이 아닌 부곡(部曲: 특수 작물이 생산되는 지역 또는 깊은 산골의 미개간 지역)이나 소(所: 금, 은을 생산하는 광산 또는 종이, 소금등을 만드는 곳)나 외딴섬에 사는 천민이 잡척층에 속한다.

또한 장처전(莊處田: 궁궐에 농산물을 납부하는 토지는 莊田, 사원에 현물세를 납부하는 토지는 處田이나 공해전(관청이 소유한 토지)이나 둔전(屯田: 군사기관에 지급된 경작지)을 경작하는 노비들도 잡척층에 속한다. 이밖에도 나루터의 뱃사공은 진척(津尺), 칼을 만드는 장인은 도척(刀尺), 볏짚으로 짚신이나 가마니짜는 사람은 화척(禾尺)으로 불리우며 모두 천민에 속한다. 백정농민은 평균 1결(結, 1200평)의 농지를 소유했다. 고려 후기부터 소출량 23石이 생산되는 면적을 1결로 정함에 따라 1결의 생산량은 농지의 비옥도 여하에 달려 있다. 1결의 평균 최대생산량은 쌀 20石 최저는 12石이다.

다섯 식구 기준 일년 소비량이 23石. 세금으로 1/10인 2石. 재생산을 위한 종자곡 1石을 더하면 년간 26石이 필요하다. 게다가 봄철이 되면 보리고개가 닥쳐온다. 이리하여 세금도 못내고 관에서 빌린 곡식을 환곡할 능력도 없고 종자곡마저 털어먹고 더 이상 농사 지을 수 없어 야반도주하는 백정농민이 유망(流亡)이다. 말 그대로 농사짓다 망해서 정처없이 흘러다니는 존재란 뜻이다.

잡척증의 천민은 처음부터 천민이 아니었다. 왕건이 후삼국을 통일하는 과정에서 견훤의 편에 섰거나 궁예의 편에 섰거나 천년 신라왕조의 향수에 젖어 왕건의 고려개국을 반대했던 반왕조세력집단을 부곡(部曲)과 소(所)와 외딴 섬의 주민으로 강제 이민시키는 과정에서 생겨난 것이다. 요즘말로 하면 반체제인사들을 모조리 천민으로 만들어 버린 것이다.

이러한 사실은 최승로(崔承老)의 시무(時務) 28조 중 3조에도 기록되어 있다. "공역(貢役)을 균등하게 하여야 한다. 여러 섬에 사는 사람들은 그 조상이 저지른 죄로 오랫동안 섬에서 살아와 그 생활이 처참하다. 거기에 세금 징수는 그치지 않는다. 따라서 외딴 섬에 사는 사람들도 군현에 사는 사람과 공역을 같이 하여야 한다."

신라는 삼국을 통일한 후에도 백제유민이나 고구려유민을 노예로 만들지는 않았으며 국선화랑은 신분의 차별에 관계없이 젊고 건강하고 본인이 원한다면 누구나 될 수 있었다. 그러나 고려는 친신라, 친후백제, 친후고구려 유민들을 성도 없는 천민으로 만들어 과거에 응시할 자격조차 박탈해버렸다. 고려사를 읽다보면 한가지 흥미로운 사실을 발견하게 되는데 그것은 고려시절 일어난 모든 반란에는 유망농민과 관노(官奴), 사노(私奴), 사노(寺奴)등 각종 노비와 잡척층 천민이 항상 중심에 있었고 그들 항쟁의 최종 지향점은 고구려, 신라, 백제의 삼국부흥으로 표면화 되었다는 점이다.

1176년 공주 명학소(鳴鶴所)에서 시작된 망이, 망소이 형제의 반란은 실패로 끝났으나 이를 계기로 유망농민, 잡척층천민과 노비들은 일자 무식의 이의방, 정중부, 경대승, 이의민이 차례로 정권을 잡는 것을 보고 그들도 힘을 합하여 노력만 한다면 천민과 노비의 신분에서 탈피해 성을 가진 자유인으로 당당하게 살아갈 수가 있다고 믿었다. 이러한 확고한 믿음은 1193년 김사미(金沙彌) 주도의 운문(雲門) 봉기와 효심(孝心) 주도의 초전(草田) 봉기로 이어져 7천 명이 죽게 되자 이에 자극받은 경주지역과 강원도 삼척강릉일대의 백정농민, 유망농민, 잡척천민, 노비들이 연합군을 형성하여 사람 차별하는 고려를 타도하고 사람 차별 않는 신라로 되돌아가자는 신라부흥운동으로 발전하였다.

1217년에는 서경에서도 백정, 유망, 천민, 노비들의 연합군에 의해 고구려 부흥운동이 일어났으며 1235년 전라도 담양에서도 똑같은 계층으로 편성된 연합군이 주도하는 백제부흥운동이 일어났다.

기록에 의하면 고려 전체인구 중 40%가 노비였다. 유망과 잡척층 천민의 수가 얼마인지 정확히 알 수 없으나 양민에서 유망으로 변한 수와 건국초부터 있었던 천민의 수를 합하면 전체인구의 70%를 상회하는 수가 자력으로 생계를 꾸려나갈 수 없는 빈민이었다. 후기 고려 사회를 이해하는 키워드는 압량위천(壓良爲賤)이다. 누를압 좋을양 위할위 천할천의 압량위천은 스스로 천민이 되기 위해 양민의 신분을 자발적으로 버린다는 뜻이다.

고려의 대지주라면 첫째 불교사원, 둘째 왕실, 셋째 양반전시과(兩班田柴科)의 시행으로 말미암아 최저 150결의 토지를 소유하고 있는 문관 출신의 지주와 정중부 이후 막대한 양의 토지를 합병약탈하여 대지주가 된 무관들이다. 서민의 입장에서 보자면 먹고 살길이 막막하다. 강원도 산골짜기에 들어가 화전민이 되는 길도 있으나 그것 역시 쉽고 안전한 길은 아니다. 가장 확실한 방법은 양민의 신분을 자발적으로 포기하고 절에 들어가 사노(寺奴)가 되던가, 관청에 관노(官奴)로 들어가던가, 권문세도가들의 장원(莊園)에 사노(私奴)로 들어가, 대지주의 면전에 꿇어 엎드려 "제발 밥만 먹여주십시오. 시키면 시키는 대로 하겠습니다." 라며 무조건 항복문서를 쓰지 않을 수 없는 실상이었다.

고려는 산이 많고 넓은 평야가 없는 지리적 특성상 수·당과 같은 균전농민 생산체제를 가동할 수가 없었다. 때문에 고려의 승려들에게는 당나라 승려들처럼 농노생산체제를 유지하기 위한 정치권력의 요청으로 생산주체들의 주체의식을 말살시켜 균전농민들의 정신상태를 노예로 만드는 우민화정책에 첨병노릇을 해야 할 아무런 이유도 없었다.

그렇다고 신라의 7시처럼, 고려의 사찰들이 국민교육의 센터역할을 한 것도 아니며 유망집단, 천민집단, 노비집단 연합군이 삼국부흥의 기치를 내걸고 요구한 신분철폐운동에 동조한 것도 아니었다. 당나라 불교와 마찬가지로 고려불교도 왕조가 망하는 날까지 항상 제왕의 편만들 줄 알았지 단 한 번도 민중의 편에 서지를 않았다. 심지어 일부 사찰들은 밀주를 만들어 판매하고 왕실과 경쟁하듯 고리대금업에 뛰어들어 서민들을 착취했다.

제왕의 편만 들다보니 권력자의 비위만 맞출 줄 알았지 모든 사람들을 착한 사람의 길로 인도하는 종교본연의 임무도 망각했다. 남은 것은 무엇인가? 민중들의 복을 빌어준다는 기복(祈福)의 미명아래 관음재니, 지장재니, 천도재니, 수륙무차별나라재니 뭐니 하며 온갖 재(齋)를 올려 민중들로부터 잿밥을 긁어모우는 일이다. 누구나 복을 얻고자 하고 화(禍)는 피하고자 한다. 복과 화는 상제가 주는 것도 아니고 부처가 내리는 것도 아니다. 인간의 작심(作心)이 복을 만들기도 하고 화를 부르기도 한다.

한검단군의 말씀처럼 사람의 一心은 하나님의 마음이 강림해 있는 天心 그자체이기 때문에 天心을 어기는 자에게는 禍가 따르고 항준천심자(恒遵天心·者)에게는 福이 따른다. 바로 이점이 삼신(三神)을 주존(主尊)으로 모시는 신라불교와 그렇지 않는 고려불교와의 차이점이다. 신라 불교의 가장 뛰어난 점은 비구니 승단을 총괄하는 도유나랑(都唯那娘)직을 두었다는 점이다.

도유나랑직은 인도불교 동남아의 소승불교, 티베트불교, 당나라불교, 고려불교, 일본불교에는 없는 오직 신라불교에서만 볼 수 있는 직책이다. 진흥제가 아니(阿尼)라는 이름의 비구니를 도유나랑에 임명했다고 『삼국사기』, 『삼국유사』는 적고 있다. 신라에 있어 비구승을 총괄하는 직책은 대국통(大國統)이고 선덕여제가 초대 대국통으로 자장율사를 임명했다는 기록이 남아 있다. 도유나랑직이 대국통직보다 먼저 제정된 것이다.

불교 역사에 있어 최초의 비구니는 누구며 비구니승은 어떻게 시작되었나를 잠시 살펴보자. 석가모니의 생모 마야부인은 석가를 출산한 후 7일만에 타계했다. 생모를 잃은 실달다는 마야부인의 친동생이며 자신의 이모인 마하바사바제(大愛道大生主로 한역)의 젖을 먹고 자랐다. 석가가 35세에 성도(成道)하고 얼마간의 세월이 흘러 생부 정반왕이 타계하자 가비라성으로 돌아온 석가는 부왕의 장례를 치루고 난 후 잠시 성에 머물러 있었다.

그 때 이모이며 양모인 마하바사바제부인이 석가앞에 나타나 부인도 출가하여 도(道)닦기를 원한다며 불제자가 되기를 3번 간청했으나 3번 다 거절당했다. 석가가 가비라성을 떠나 바이샤알리성 대림정사에 있을 때 단단히 마음먹은 마하바사바제부인은 스스로 머리를 깎고 누런 옷을 입고는 많은 샤카족 귀부인들을 동반하고 대림정사까지 맨발로 걸어와 눈물을 흘리며 정사문 앞에 서 있었다. 이 딱한 광경을 목격한 석가의 최측근 아난이 스승에게 이 사실을 아뢰고 여인의 출가를 허락해주도록 2번 요청했으나 2번 다 거절당했다. 3번째로 여인의 출가를 요청한 아난은 이렇게 말했다.

"부처님이시여! 비록 여인이라도 불법에 출가하여 지성으로 도를 닦으면 또한 깨달음을 얻을 수 있지 않겠나이까?"

석가 : "그러하다. 여인도 이법에 들어와 지성으로 도를 닦으면 깨달음을 얻을 수 있을 것이다."

아난 : "만약 여인도 깨달음을 얻을 수 있다면 부처님의 이모이시고 또한 양모이시니 그 은덕이 크거늘 어찌 허락하여 주시지 않나이까?"

석가 : "집을 떠난 사미니(沙彌尼)는 청정한 계율을 닦고 세속의 애착을 떠나야 한다. 그런데 여인은 세속의 애착이 깊으므로 도에 들어가기 어렵느니라. 그리고 또 여인이 출가하면 청정한 정법(正法)이 세상에 오래 머무르지 못하리라. 그것은 마치 잡초가 무성한 논밭에는 곡식이 자라지 못하는 것과 같으니라. 이제 마하바사바제부인을 위하여 출가를 허락한다면 그들은 마땅히 다음과 같은 여덟가지 공경하는 계법(戒法)을 받아가져야 할 것이다.

① 비록 법랍(法臘)이 100세 된 여승이라도 그날에 계(戒)를 받은 비구에게 합장 예배하여야 한다. ② 여승은 비구의 처소에서 안거(安居)해서

는 아니된다. ③ 반 개월 만큼 비구승이 행하는 계법(戒法)의 강설(講說)을 마땅히 들어야 한다. ④ 안거를 마치고는 여승은 비구와 비구니 앞에 나아가 자기의 죄를 고백하고 참회해야 한다. ⑤ 무거운 죄를 지은 여승은 대중처소에서 떠나 반달 동안 별거해야 한다. ⑥ 식차마나(式叉摩那, 중이 되려는 여자)는 2년간 기초수행과 의식을 닦아 익힌 뒤에 계를 받아야 한다. ⑦ 여승은 어떤 일이 있더라도 비구를 나무라거나 욕질해서는 안된다. ⑧ 여승은 비구의 죄를 들어 말해서는 아니 된다. 그러나 비구는 비구니의 죄를 들 수 있다. 아난아, 마하바사바제부인이 이 8가지 법을 지킨다면 출가를 허락하리라."

　마하바사바제부인은 결국 아들이 제시한 8가지 조건을 수락한 다음에야 불교역사상 최초의 비구니가 될 수 있었다. 석가모니 불교의 자기모순은 이 장면에서 결정적으로 폭로된다. 석가 본인의 말대로 중생일체실유불성이라면 개미에게도 불성이 있으므로 암캐미 숫캐미 가릴 것 없이 모든 개미에게 불성이 있다는 말이다. 모든 존재가 불성과 지혜에 있어 평등한 평등성지(平等性智, Samata Jnana)라고 말한 사람도 석가모니 자신이다. 모든 개미에게 불성이 있고 모든 인간에게 불성이 있다면 남자에게만 불성이 있고 여자에게는 없다는 말이 아니지 않은가?

　석가가 비구니승에게 지킬 것을 요구한 첫째 계법을 보라.

　중이 된지 100년이나 되어 수행공덕을 다 이룬 여승이 왜 비구계를 받은 지 하루도 안된 남자중에게 합장 예배해야 하는가? 오히려 신출내기 남자중이 법랍 100년의 여자중에게 불법의 대선배로서 깍듯이 예의를 표해야 정상이 아닌가? 여자가 가진 불성은 100년을 수행해도 가치 없다는 말인지? 여자가 깨달은 진리는 진리가 아니라는 말인지? 도대체 알 수가 없다.

　7번째 계법과 8번째 계법도 이상하다. 남녀를 막론하고 사람은 누구나 잘못을 저지르기 마련인데 왜 여승은 남자중이 어떤 잘못이나 죄를 저질러도 나무라거나 욕해서는 안되며 반대로 남자중은 여자중이 저지른 죄를 들어 벌줄 수가 있나? 이는 명백한 여자멸시사상의 발로로서 석가가 아난에게 말한 그대로 남자중은 논밭에서 자라는 곡식, 여자중은 곡식의 성장을 방해하는 잡초로 본 것이다. 『팔상록』에 이런 구절이 있다.

　석가불이 죽림정사에 있으면서 항상 북쪽을 향하여 앉았다. 하루는 사리불이 그 뜻을 물었다. "사리불이여! 나는 부왕이 계시는 가비라국을 바라 보는 것이다. 늙으신 부왕은 나를 기다리고 계신다. 여래가 이 세상에 나옴은 다섯가지 일을 위하여서이다. 첫째, 그 아버님을 제도함이요. 둘째, 그 어머님을 제도함이요. 셋째, 모든 중생을 위하여 법을 설함이요. 넷째, 모든 보살을 위하여 법을 설함이요. 다섯째, 모든 보살에게 장차부처가 될 것을 수기(授記, 증언)함이 그것이다. 나는 부왕에게 아직 할 일을 하지 못했다."

　이렇게 말하고 난 얼마 후 석가는 가비라성에 입성했다. 성불 후 고향땅을 처음 밟은 순간이었다. 부왕을 위시하여 샤카족의 많은 친척과 장로들이 석가의 성불을 축하하기 위해 마중나왔다. 당연히 석가가 먼저 절했어야 했다.

　"제가 성불한 것은 모두 아버님과 고향 친척여러 어르신들이 격려해 주신 덕분입니다." 빈 말이라도 이렇게 말하며 부왕과 샤카족 장로들에게 석가가 먼저 머리숙여 큰절을 올려야만 했다. 그러나 석가는 그렇게 하지 않았다. '내가 부처가 되었는데 당연히 중생들이 먼저 절해야지 왜 내가 그들에게 절해야 하는가' 속으로 이렇게 생각했다. 한편 샤카족의 장로들은 '실달다가 우리보다 젊으니까 우리가 먼저 절 할 수는 없다. 그가 먼저 우리앞에 와서 절해야 한다' 생각하고는 석가가 먼저 절해주기만을 기다렸다. 그러자 샤카족 장로들의 행위를 괘씸하게 생각한 석가는 공중에 올라가 신통(神通)을 나타내었다. (『팔상록』에는 샤카족은 원래 교만한 성질이 있어 부처님이 자리에 앉으셔도 부처님께 예배하기를 즐겨하지 않아 부처님이 그들의 교만한 마음을 꺾어주고자 공중에 올라 신통을 나타내었다고 기록하고 있다. 공중에 올라가 신통을 나타내었다가 무슨 뜻인지 몰라 원문 그대로 적는다.)

이에 생부인 정반왕이 이 기적을 보고 놀라 아들의 발에 엎드려 절하자 샤카족 장로들도 어쩔 수 없이 덩달아 고개숙여 석가에게 절했다. 아버지와 샤카족 장로들의 절을 받은 석가는 기분이 좋아져 벳산타라라는 이야기를 장시간에 걸쳐 설법하여 아버지와 샤카족들을 제도했고 설법을 들은 샤카족들은 모두 크게 기뻐하면서 하직을 하고 돌아 갔으나 아무도 이튿날 공양에 부처님을 초대하는 이는 없었다고 『팔상록』은 적고 있다.

정반왕이 아들에게 먼저 절하는 바람에 덩달아 절을 했고 이어 장황하고 지루한 석가의 설법을 듣기는 했지만 집으로 돌아가면서 샤카족의 장로들은 아마 이렇게 생각했을 것이다. "이자를 내일 점심식사에 초대하면 샤카족의 어른인 이 늙은이가 아들 뻘의 석가에게 큰절을 올려야 하고 밑도 끝도 없는 지루한 장광설을 들어야 한다. 집나간 싣달다가 성불했다기에 축하하러 갔지만 두 번 다시 만나는 일은 결코 없으리라"고. 석가모니가 스스로 밝힌 여래가 이 세상에 온 목적 중 3, 4, 5항은 당연하나 첫째 조항인 그 아버지를 제도하기 위함이요와 둘째 항인 그 어머니를 제도하기 위함은 말도 안되는 소리다.

물론 윤회의 법칙을 적용하면 석가는 수만 번의 윤회전생을 거듭해오다가 이제 막 윤회를 그쳐 성불한 사람이요, 정반왕과 마하바사바제는 아직도 언제 끝날지 모르는 윤회를 계속해야 하는 존재이기 때문에 석가가 대선배임에는 틀림없다. 그러나 일반 사람들은 이런 어려운 논리를 알지 못하며 그리고 무엇보다 석가는 윤회와 열반의 진리를 전달하기 위해 이 세상에 온 사람이다. 진리를 전달하기 위해 이 세상에 온 사람이라면 인간의 보편적 상식에 어긋나는 행동은 하지말아야 한다. 아들이 아버지에게 절하는 것이 인간의 보편적 상식이지. 반대로 아버지가 아들의 발 아래 엎드려 절하고 또한 부모가 아들을 교육하는 것이 아닌 아들이 부모를 교육대상으로 설정하여 제도하겠노라 공언하는 것은 결코 인간의 보편적 상식이 아니다.

불교를 받아들인 법흥제도 석가의 일생을 기록한 『팔상록』을 읽었고 진흥제, 진평제, 선덕여제, 당태종, 당고종 역시 『팔상록』을 읽었다. 그들은 한결같이 아버지, 더구나 일국의 왕인 정반왕이 아들의 발 밑에 엎드려 절하고 어머니나 다름없는 마하바사바제부인이 아들이 내건 까다로운 조건을 수락한 후에야 가까스로 아들의 제자로 입문하는데 큰 충격을 받았다. 신라불교와 당나라불교의 유일한 공통점이 여기서 추출되었다.

즉 승려는 반드시 임금에게 먼저 절해야 하고 비구니계(戒)에 앞서 나라법을 준수하여 나라에 충성하여야 한다. 승려라도 반드시 부모에 효도해야 한다는 불문률을 말함이다.

석가의 여자 멸시사상은 『정토3부경』(무량수경, 관무량수경, 불설아미타경)에도 여실히 드러난다. 석가가 아미타여래라는 가공의 인물을 등장시켜 자진해서 아미타경을 강론한 것임으로 정토삼부경은 석가의 사상이지 아미타의 사상이 아니다. 내용은 이렇다.

아미타불이 과거세에 법장보살이었을 때 48개의 큰 소원을 세웠는데 이중 하나라도 이루어지지 않으면 결단코 부처가 되지 않겠다고 맹세했다. 다행히 48大願이 모두 이루어져 법장보살은 안양국(安養國)을 다스리는 아미타여래가 되었다. 안양국이 곧 불교에서 말하는 극락세계이다. 아미타의 48대원 중 가장 중요한 것은 35번째 원(願)인 여인왕생원(女人

往生願), 41번째 원인 제근구족원(諸根具足願) 그리고 18번째 원인 염불왕생원(念佛往生願)이다.

여인왕생원은 극락에 왕생하는 사람은 모두다 여자의 몸받기를 원치 않고 남자의 몸받기만을 원한다는 내용이고, 제근구족원은 눈(시각), 코(후각), 귀(청각), 입(미각), 신체피부(촉각), 온전한 남자의 성기(본능각) 등 6근(根)이 두루 갖추어진 남자로 태어나기를 원한다는 내용이고, 염불왕생원은 열 번의 염불로 극락세계에 왕생하기를 바란다는 뜻이다.

안비이설신의(眼扉耳舌身意)의 6근 중 의(意)를 사유기관으로 보는 것이 불교계의 해석이지만 신체 각부분의 감각작용을 말하는 6근(根)에 사유기능은 포함되지 않으므로 의(意)를 남자 성기의 본능각으로 해석함이 타당하다. 여인의 몸을 받아 태어나는 사람이 한사람이라도 있거나 6근을 구족하지 못한 신체불구자로 한사람의 남자라도 태어난다면 성불하지 않겠다고 발원하여 48대원이 모두 성취된 세계가 안양국임으로 안양국에는 여인은 못들어가고 남자중에도 신체불구자는 들어갈 수 없는 세계다. 한마디로 말해 아미타여래의 안양국은 여자도 없고 여자가 없으니 새로태어나는 사람도 없고 신체불구의 남자도 없는 6근을 두루 갖춘 건장한 남자들만의 세계다. 건장한 남자들만의 세계가 과연 극락인가?

안양국의 성격과 안양국 입장불가자 문제는 드디어 신라에서 현실적 쟁점으로 터지고 말았다. 3국 전쟁이 한창이던 시절 전쟁터에서 부상을 입어 실명한 자, 수족을 잃은 자, 성불구가 된 남자들과 남편잃고 자식잃고 홀로된 과부들이 "우리는 죽으면 극락세계에 왕생한다는 확고한 믿음을 가지고 나라를 위해 죽을 힘을 다해 싸우다가 부상을 입어 불구자가 되었는데 우리가 극락세계에 들어가지 못한다니 말이 되느냐 우리가 못들어가는 극락세계라면 결국 불교는 인민을 기만한 사기종교다"라며 불교종단에 거칠게 항의해 왔다.

분쟁은 원효가 나서서 "불구자도 여인도 모두 극락왕생한다. 아미타여래의 명호를 10번 부를 필요도없다. 불교를 믿지 않는 사람이라 할지라도 임종에 처하여 다급한 마음으로 나무아미타불 3번만 불러도 모두 극락왕생한다."고 선언함으로써 해결되었다. 석가모니의 교설을 원효가 나서 완전히 뒤집어버린 것이다.

원효는 과연 무슨 배짱으로 그리고 어떠한 이론적 근거에서 석가의 가르침을 완전히 뒤엎어 버렸나. 한마디로 말해 원효는 아미타여래가 다스리는 안양국의 극락세계가 실제 존재하지 않는다는 사실을 알았기 때문이다. 존재하지도 않는 세계를 놓고 "간다, 못간다" 왈가왈부하니까 없는 세계에 다 못간다 말해도 다 간다 말해도 결과적으로 같을 바에야 같은 값에 분홍치마라고 아예 다 간다고 말함으로써 인심 한번 크게 쓴 것이다. 안양국의 극락세계가 존재하지 않는다는 사실을 원효는 어떻게 알고 있었나?

정토3부경에 안양국은 육신이 있는 세계이며 동시에 무량수(無量壽)의 세계라 했다. 壽는 육신의 목숨이고 命은 영혼의 목숨이므로 무량세계란 육신의 목숨이 영원히 지속되는 세계란 뜻이다. 하지만 육신은 생자필멸(生者必滅)의 법칙에 다라 영원히 살 수 없기 때문에 無量壽國인 안양국은 존재하지 않는다.

육신의 세계는 식욕과 성욕의 지배를 받는다. 그런데 안양국은 여자도 없고 성불능의 남자도 없는 건장한 남자만의 세계다. 건장한 생식기를 가지고 성욕이 불꽃처럼 일어나는 남자가 있다고 해서 무슨 소용이 있나? 성욕을 발산할 여자라는 대상이 없는데 여자가 있어야 사랑도 하고 아이도 낳지 여자 없는 세상에 생식기는 장식품으로 달고다니나?

육신의 세계인 욕계(欲界)는 식욕과 성욕이 치성한 세계이고 그 세계에는 반드시 암수가 있고 남녀가 있게 마련이다. 따라서 건장한 남자만의 세계인 안양국은 우주 어디에도 존재하지 않는다. 육신의 세계는 기본적으로 괴로움의 세계며 즐거움의 세계가 아니기 때문에 안양국은 결코 극락세계가 아니며 악행을 경계하고 선행을 권장하는 의미에서 석가가 말한 가공의 교육용 천당에 불과할 따름이다. 형상이 있는 육체의 세계 즉 유상(有相)의 언덕에서 형상이 없는 영혼의 세계인 무상(無相)의 저쪽 언덕으로 건너감이 열반한다, 극락간다, 천당간다의 본의(本意)이기 때문에 극락가고 천당가는 것은 아무도 말릴수 없으며 아무도 가로막지 않는다. 아미타여래의 명호를 3번 아니라 단 한번도 부르지 않아도 하나님에게 부디 데려가 달라고 간청하지 않아도 자동적으로 가게 되어 있다. 인간의 영혼은 하나님 영혼의 일부로서 그 자체가 하나님이기 때문에 스스로 자기집을 찾아가게끔 운명지워져 있다.

다시 진흥제가 아니 비구니를 도유나랑으로 임명한 것을 깊이 생각해 보면 도유나랑직은 여자를 멸시하는 석가모니 불교의 전통에서 유래된 것이 아니고 우리 전래의 신도에서 유래된 것이다. 한검단군과 가륵단군의 말씀대로 "모든 인간의 一心(忠)이 곧 하나님의 唯一天心이요 모든 인간의 영혼이 하나님의 中一이라면 진리를 깨달아 실행하는 일에 무슨 여자남자의 구별이 따로 있냐? 선도성모(仙挑聖母)가 누구인가? 옥황상제의 천도 복숭아밭을 지키고 관리하던 천상세계의 선녀.

『태백일사』(太白逸事)에 의하면 "선도성모가 남편없이 아이를 임신해 박혁거세를 낳자 이를 힐란(詰難)하는 무리들을 피해 눈수(흑룡강의지류)에서 동해변으로 와 쪽배를 타고 해안을 따라 지금의 영일만 근처에 상륙하여 경주로 오게 되었다" 한다. 선도성모의 남편은 옥황상제다. 이는 물론 검증불가능한 신화지만 모든 인간의 영혼이 하나님영혼이기 때문에 모든 인간의 아버지는 곧 하나님이라는 진리를 옥황상제, 선도성모, 박혁거세의 3자를 통해 은유적으로 표현한 것이라 보면 된다.

아버지의 얼굴을 한번도 본 적이 없는 박혁거세는 이렇게 해서 어머니로부터 교육받고 어머니의 기도와 지성에 감화를 받아 신시와 아사달의 부도(符都)를 복건(復建)하겠다는 약속을 내걸고 신라의 개국자가 되었다. 고구려의 시조인 동명성제의 아버지 역시 천신 해모수로서 아버지의 얼굴을 한번도 본 적이 없는 동명성제는 어머니인 유화부인(柳花婦人)으로부터 인격적 감화를 받아 고구려의 시조가 될 수 있었다.

백제의 시조 온조대왕 역시 생부인 우이(優台)의 얼굴도 모른 채 어머니인 서씨내(徐氏乃)로부터 교육을 받아 나라를 세웠다. 한 때 동명성제의 부인이며 정치적 동지였던 서씨내는 주몽의 본부인이었던 예씨(禮氏)가 오자 따로 독립하여 하북성 발해만 지역에 어하라(於瑕羅) 백제를 세웠다(『신당서』와 『만주원류고』에 이 사실을 언급하고 있다). 서씨내가 서거한 후 태자인 비류가 어하라 백제를 계승하였는데 모두가 그를 따르지 않았다. 이에 마려(馬黎) 등이 온조에게 말하기를 "신이 듣기론 어하라 백제의 쇠퇴는 이미 들어난 일이요. 가서 새 도읍(都邑)을 세워야 될 때입니다" 하니 온조가 좋다고 승낙하며 배를 만들어 바다를 건너 미추홀(인천)에 이르렀다. 이에 한산(지금의 서울)에 와 부아악(負兒岳, 북한산)에 올라 살만한 곳을 살펴보고는 신하들의 의견을 따라 마침내 하남의 위지성(慰之城)에 도읍을 정하고 백제라 칭하니 백제(百濟)라는 이름은 백(百)사람이 바다를 건너 왔다(濟)는 뜻이다.

우연의 일치랄까 하늘의 조화랄까 삼국의 시조 모두가 아버지의 얼굴도 모른채 위대한 어머니들로부터 감화를 받고 웅지(雄志)를 길러 각각 고구려 백제 신라를 건국하기에 이른 것이다. 더구나 신라는 두명의 여자 황제(仁平帝, 太和帝)와 한명의 여왕(진성여왕)을 배출한 나라이며 선덕 진덕 양제(兩帝) 치세 기간에 뛰어난 인물들이 무더기로 쏟아져 나왔다. 그러므로 한검단군의 가르침인 남녀평권(男女平權)의 문화적 전통위에 비구니 종단을 총괄하는 도유나랑이 비구종단을 총괄하는 대국통보다 먼저 배출된 것은 당연지사라 할 수 있다.

세계의 종교, 철학사조 중 완전한 남녀평권은 삼신신앙에 기초한 우리 신도만의 귀중한 전통이다.

기독교의 여성관은 여호와가 아담의 갈비뼈를 취하여 최초의 여성인 이브를 만들었기 때문에 여자는 처음부터 남자에 종속된 부속품으로 이해되어 왔고 마녀 사냥에 열을 올리던 중세유럽의 교황들과 사제들은 여자의 월경을 이브가 아담을 유혹하여 선악과를 먹게 한 죄값의 확실한 증거로 간주하였다.

이슬람교는 여자는 차도르를 덮어 씌워 아예 바깥 출입도 못하게 집안에 가두어 놓고 남자 무슬림 자기네들끼리만 브라더(brother)를 요란하게 찾는다. 이슬람 율법에 의해 한 남자가 4명의 여자를 부인으로 둘 수 있는 이슬람 세계는 이슬람 브라더주의를 기반으로 하는 남성독재주의의 완벽한 전형이다.

한검단군이 제시한 정통유교의 종지(宗旨)를 크게 벗어난 공씨 변종유교의 여성 천대사(賤待史)와 여성 핍박사(逼迫史)는 이조 500년의 역사가 증언하고 있다. 여성의 경제적 지위가 보장된 산업 문명사회의 가치기준에 비추어 볼 때 기독교와 이슬람의 여성관, 석가모니 불교와 공씨 변종유교의 여성관이 얼마나 잘못된 천견(賤見)인가!

일부 여성들이 제기하는 여성상위시대의 개념도 정론을 한참 벗어난 이야기에 불과하다. 상위 중위 하위의 개념은 최소한 3명의 상대가 있어야 A는 상위, B는 중위, C는 하위가 되어 위격(位格)이 결정된다. 등(等)의 개념도 마찬가지다. 최소 2명의 학생이 있어야 A는 1등, B는 2등이 되어 등차(等次)가 결정된다. 우주의 궁극적 실재인 하나님은 말 그대로 비교할 상대가 없는 하나밖에 없는 존재이기 때문에 절대자며 따라서 절대자의 위격(位格)은 무위(無位)가 되고 절대자의 등차는 무등(無等)이 된다.

신도(禧道)의 핵심이 무엇인가? 모든 사람의 영혼은 하나님의 영혼이고 모든 사람의 一心(忠)은 하나님의 唯一天心인 고로 모든 사람이 곧 하나님인 것이다. 모든 사람이 절대자인 하나님이기 때문에 사람과 사람 사이의 位格도 上位, 下位가 아닌 無位가 되고 하나님과 하나님간의 등차도 無等이 된다.

이런 이유에서 해월신사는 "동학을 믿는 사람의 집에 사람이오면 사람이 왔다 하지 말고 한울님이 강림하셨다 말하라"고 가르쳤다.

사람이 곧 한울님인 인내천(人乃天)의 교리에는 남녀노소를 막론하고 모든 사람이 上位, 下位도 없는 無位의 절대자며 국적, 성별, 종교적 차이, 피부색깔의 차이에 관계없이 전 인류가 1등도 없고 꼴등도 없는 無等의 하나님인 것이다.

6. 원효 사교(元曉四敎)

원효는 13세가 되던 해 내을신궁(柰乙禧宮)을 찾아가 문노(門弩) 문하에서 국선도를 배워 국선화랑으로 혁혁한 무공을 세운뒤 불교고승이 되어 『십문화쟁론』(十門和諍論)을 통해 불교 각 종파의 서로 다른 견해를 융섭(融攝)하여 일미(一味)의 법해(法海)로 귀일시켰고 『대승기신론소』와 『화엄경소』등을 통해 중관파(中觀派)의 空사상과 유식파의 唯心사상을 하나의 철학체계로 관통시킴으로써 통불교(通佛敎)의 새로운 지평을 열어 불교의 완성자가 된 사실은 앞에서 이미 설명하였다.

원효가 개창(開創)한 통불교를 21세기 오늘의 시대적 상황에 맞추어 적용해 보면 그것은 진리에 대한 불교 각 종파의 서로 다른 해석을 통합하는데 그치지 않고 현존하는 세계 모든 종교의 상이한 교리를 하나로 통합할 수 있는 귀중한 시금석이 된다고 말할 수 있다.

천태종을 국교로 삼았던 수나라 시절 석가모니의 교설(敎說)을 각종파의 입장에 따라 어떻게 분류하고 해석하느냐를 놓고 교상판석(敎相判釋)의 논쟁이 있었다. 북토사종(北土四宗)과 남방오시교(南方五時敎)간의 논쟁이었다.

북토사종이란 양자강 이북에 있었던 불교 제종파 중 반야경, 유마경, 법화경, 대반열반경을 소의경전(所依經典)으로 삼는 유마종, 법화종, 열반종, 연화종, 삼론종, 일승종, 조동종, 여래종, 관음종, 불입종 등의 종파를 말하고 남방오시교는 천태종의 개조인 지자(智者)가 석가의 가르침을 그 내용에 따라 다섯 시기로 분류한 것을 말한다.

북토제종파의 주장은 이렇다.

반야경은 지혜로 宗을 삼고 유마경은 해탈로 宗을 삼고 법화경은 일승(一乘)으로 宗을 삼고 대반열반경은 묘과(妙果, 뛰어난 깨달음의 결과로 얻어지는 최후의 열매 묘과를 얻은자는 더 이상 윤회하지 않는다)로 宗을 삼는다. 이들 모두는 부처가 의도한 뜻이 완벽하게 내포되어있는 경전들로서 行과 德이 원만한 대승료의(大乘了義: 대승불교의 의미가 완전히 해명됨)의 말씀들이다. 반야, 해탈, 일승, 묘과의 4가지 교의(敎義)가 대승불교의 핵심이므로 이 4가지만 알면 족하지 더 이상 무엇이 필요한가? 라는 주장이다.

오시교(五時敎)는 지자대사가 석가불의 일대(一代)를 五時로 나눈 것을 말한다. 첫째 시기는 화엄시(華嚴時)로서 석가모니가 성불한 후 21일 동안 화엄경을 설(說)한 시기, 둘째 시기는 아함시(阿含時)로서 성불 후 12년 간 녹야원(鹿野苑)에서 아함경을 설한 시기, 셋째 시기는 방등시(方等時)로서 아함경을 설한 뒤 8년 간 대승경전 모두를 설한 시기, 넷째 시기는 반야시(般若時)로서 방등부(方等部, 대승경전 전부)의 여러 경전을 설한 뒤 22년 간 반야부의 여러 경전을 설한 시기, 다섯째 시기는 법화열반시(法華涅槃時)로서 반야부를 설한 뒤 8년 간 영산회상(靈山會上)에서 법화경과 열반경을 설한 시기다. 석가모니는 35세에 성불하여 84세에 열반했으므로 총 50년 21일을 설한 셈이다. 지자의 오시교는 석가의 설법 시기만을 차례대로 언급한 것이고 쉬운 내용부터 시작하여 점점 어려운 내용으로 가야하는데 제일 어려운 화엄경부터 說하자 알아듣는 사람이 아무도 없었기 때문에 아함경부터 다시 시작한 것이다.

이상이 북토사종과 남방오시교가 자기종파의 입장에따라 불경을 해석한 교상판석(敎相判釋)의 내용이다. 만약 석가모니가 영혼 한 가지 말만 가지고 우주와 우주만물을 설명했더라면 간단하게 진리를 요약할 수 있었는데 일신(一神)의 우주창조를 부정하는 석가의 입장에서 一神을 빼버리고 영혼을 설명하려다 보니 똑같은 내용을 반야경, 법화경, 화엄경, 열반경 등으로 이름을 달리 붙여 설법할 수밖에 없었기 때문에 복잡하게 된 것뿐이다.

불경을 이해하는 키워드는 영혼이다. 8만 4천법문이 모두 영혼 두 글자에 매달려 있다. 먼저 아함경부터 보자. 아함경의 주제는 사성제(四聖諦) 무아사상, 12인연법등이다. 사성제의 첫째인 고제(苦諦)는 육체는 괴로움이며 육체가 살아가는 이 세상은 고해(苦海)라는 진실을 말한 것이고 집제(集諦)는 괴로움의 원인이 육체에서 생기는 번뇌와 육체가 끊임없이 추구하는 집착에서 비롯된다고 말하고 있다. 멸제(滅諦)는 번뇌와 집착을 끊어버리는 것을 말한다. 어떻게 끊는가? 세속과의 인연을 일체 단절하고 깊은 산중에 들어가 수도정진함으로써 끊을 수 있다 하나 이 방법은 어디까지나 출가승에 해당되며 일반인으로서는 실행하기 어렵다. 번뇌와 집착을 끊는 가장 손쉬운 방법은 나라는 주체가 하는 것이 아니고 나의 의사와는 관계없이 주어진다. 다시말해 육체가 죽어버리고 나면 모든 번뇌와 집착도 동시에 사라짐으로 이것이 멸제의 참뜻이다.

사성제의 마지막인 道諦는 육체가 죽고 난 후 본래 왔던 곳으로 되돌아가는 영혼의 자기 복귀인 열반을 의미한다. 밀교에서는 산스크리트어 A의 음역인 阿를 만유의 근원으로 보기 때문에 阿숨은 만유의 근원이 내포되어 있다. 포함되어 있다라는 뜻이다. 만유의 근원이라면 영혼 이외 또 무엇이 있는가?

유마경의 주제인 해탈(解脫, mukta)은 육체의 속박으로부터 해방된 자유로운 영혼이라는 뜻이다. 칠현녀경의 한 선녀가 "이 사람이 몸뚱이는 여기 두고 도대체 어딜 갔나?' 말한 것처럼 일시 거주하던 육체를 떠나 자유로워진 영혼은 본래 자기가 온 곳으로 되돌아 간다. 반야는 산스크리트어 prajna의 음역으로 역시 영혼을 뜻하는 말이다.

법화(法華)와 화엄(華嚴)은 무슨 뜻인가?

우선『불교대사전』에 나오는 해석부터 만나보자

法華(Agra-dharma)는 최초의 법을 말하며, 華嚴(Gandavyuha)은 ① 각양각색의 꽃(華)에 의해 위엄있게 된것, 화엄이란 연화장(蓮華藏)세계라 생각됨, ② 원인으로서의 수행의 꽃이 결과로서의 부처님을 아름답게 장식하는 뜻, 곧 잡화엄식(雜華嚴飾)을 말한다.

연화장세계는 ① 원래 바라문교에서 우주 최초의 대수(大水) 속에 비슈뉴신이 나타나고 그 신의 배꼽 안에서 천개의 꽃잎이 있는 금색연화를 낳고 그 안에 범천왕(梵天王)이 출현하여 세상의 모든 생물을 낳기에 이르렀다는 견해를 불교에서 받아 들여 발전시킨 것임, ②연화 속에 잠겨 있는 세계, 연화의 나라 비로자나불이 계신 정토 결국 우리가 사는 세계를 말함. 이 세계를 연화에 비유한 것이다.

『불교대사전』에 나와 있는 위의 해석을 보면 정말 어이가 없다. 하지만

이는 법화와 화엄의 뜻이 정확하게 무엇인지를 딱부러지게 밝혀놓지 않은 석가모니의 책임이지 후대 번역자들의 책임이 아니다.

法華와 華嚴 그리고 연화장세계의 정확한 의미는 이렇다. 법화와 화엄, 연화장의 華자는 음이 같은 꽃花자다. 불교를 상징하는 꽃은 연꽃이므로 영혼을 연꽃에 비유한 것이다. 다시말해 연꽃이 곧 영혼인 것이다.

산스크리트어 dharma(달마)는 영혼 또는 진리라는 뜻이다. 영혼은 영원불멸이고 영원불멸한 것은 진리이므로 불교에 있어 영혼과 진리는 동의어다. 그러므로 법화는 글자 그대로 번역하면 영혼의 연꽃이지만 연꽃이 곧 영혼이므로 우주의 본체인 유일한 영혼이라는 말이다. 화엄도 마찬가지 뜻이다. 앞에 꽃花자를 붙이면 花嚴이 되는데 그 뜻은 유일영혼의 장엄함, 엄존(嚴存)하는 유일영혼이라는 말이다. 연화장세계는 불교대사전에서 말한 바와 같이 바라문교에서 빌려온 개념이다.

바라문교에서 말하는 우주창조신 브라흐만과 우주유지의 신 비슈누가 불교의 비로자나불로 전화(轉化)된 것이다. 연화장이란 유일한 영혼이 저장되어 있는 창고라는 뜻이다. 창고 속에 저장되어 있던 볍씨가 봄이 되면 논에 뿌려져 여름 동안 자라나 가을 추수를 하게 되면 다시 창고로 돌아와 저장되는 것 같이 비로자나 영혼의 일부가 사람이나 기타 생물들의 육체 속으로 파견되었다가 육체가 죽고 나면 다시 비로자나의 유일한 영혼이 저장되어 있는 연화장세계로 자기복귀한다. 연화장세계는 윤회와 열반의 출발점인 동시에 종착점인 것이다.

여기서 만약 석가모니가 육신의 형상없이 ㅇ(囧)으로만 존재하는 비로자나가 우주창조자며 모든 존재의 공즉불공(空卽不空)적 영혼이 비로자나로부터 연기되었다고 선언했더라면 불교의 교의가 이렇게 복잡하게 되지는 않았다. 하지만 그렇게 될 수 없었다.

梵天(범천)으로 한역되는 브라흐만은 우주 최고의 원리(梵)란 뜻으로 본래 제사, 찬가, 비의(秘儀), 주사(呪詞) 등 제식(祭式)을 주관하는 지배자에서 우주창조의 신으로 높여진 존재이며 알라나 여호와 같은 인격신이 아니다. 인격신이 아니면서 우주창조의 신으로 높여졌다는 것은 브라흐만이 우주를 확실히 창조했다가 아니고 창조했을 것이라는 가정(假定)을 의미한다. 이에 따라 바라문교, 힌두교, 자이나교, 상캬파(Samkya, 인도 6파 철학의 하나 數論으로 한역), 바이세시카파(Vaisesika, 인도 6파 철학의 하나 勝論으로 한역), 니간타파 등 모든 교파를 망라한 인도 철학은 우주가 특정한 신에 의해 창조된 것이 아닌 자연 발생적 부산물이라는 우주관을 갖고 있다.

불교 또한 예외가 아니다. 인도의 다른 교파와 마찬가지로 성주괴공(成住壞空)의 우주관을 공유하고 있다. 成은 우주가 이루어지고, 住는 이루어진 우주가 얼마간 존속하다가, 壞는 세월이 지나면서 우주가 파괴되고, 空은 파괴된 우주는 완전히 空으로 돌아간다. 우주는 성주괴공의 순환을 끝없이 반복한다는 관점이 불교의 우주관이다. 이룬다 또는 이루어진다는 뜻의 成에는 함(有爲)이 없다. 물리학의 용어로 말하면 "작용이 없다", "홍길동이가 큰 일을 이루어내었다", "온달이는 드디어 大成했다"의 경우처럼 成앞에 일을 이루어내는 주체의 작용이 따라야 한다. 성주괴공의 불교 우주관과 달리 우리 신도의 우주관은 창조, 진화, 개벽, 순환이다. 여기에는 확실한 함(주체의 행동)이 있다.

한인하나님이 우주를 창조하였고 창조된 우주는 얼마간 진화 발전하다가 낡은 것이 새로운 것으로 교체되는 개벽을 통해 또다시 새로운 우주가 창조된다. 창조, 진화, 개벽이 끝없이 순환하는 천지만물무왕불복지리(天地萬物無往不復之理)인 것이다.

창조 住壞空이 아닌 成住壞空의 불교 우주관은 결국 비로자나불이 우주를 창조하지 않았다는 점을 강력히 시사해주고 있으며 여기에 바로 불교의 딜레마가 있다. 불교의 우주관은 成을 가능케한 행위주체의 작용이 없으므로 연기적 존재론을 설명할수 있는 최초의 필연성이 결여되어 있다.

우주는 왜 있나? 창조주의 필연적 계획에 의해 필연적으로 창조되었기 때문이다. 인간의 필연성은 무엇인가? 인간의 영혼은 창조주의 영혼이기 때문에 영적완성을 통해 창조주와 하나가 되는 필연성이다. 창조와 존재의 필연성을 모르고는 원효사교를 이해할 수 없다. 원효사교가 나오게 된 배경은 원효가 쓴 『열반경종요』 마지막 부분에 이렇게 나와 있다.

천태지자대사가 신인(神人)에게 묻기를 "북방에서 四宗을 세운 것이 經의 뜻에 맞는가?" 신인이 답하기를 "실한 것이 많고 득한 것은 적다 (失多得小)" 지자가 다시 묻기를 "성실논사(成實論師)들이 五時敎를 내세운 것은 佛의 뜻에 맞는가?" 신인이 답하기를 "북방이 4宗을 내세운 것보다 조금은 勝하나 그래도 과실이 많다(小勝四宗猶多過失)."

자신이 내세운 5시교가 북토 4종보다 조금 낫다는 신인의 대답에 우쭐해진 지자대사가 자신의 교상판석(敎相判釋)을 자랑으로 여기자 이에 원효가 지자에게 직격탄을 날렸다.

천태지자대사는 선정과 지혜를 두루 통달하여 온 세상이 그를 소중히 여겨 범부는 물론 성인들조차 헤아려 알기 어려운 분이다. (그럼에도 불구하고) 천태지자대사는 부처의 뜻이 깊고도 멀어 한량이 없음을 알면서도 4가지의 宗으로만 경의 뜻을 과목 지으려 하고 혹은 五時의 敎로서 부처의 뜻을 한정지으려 함은 마치 소라껍질로 바닷물을 푸려는 격이요 대나무 대롱으로 하늘을 엿보아 하늘의 소리를 들으려는 것과 같다

天台智者 禪慧俱通 擧世所重 凡聖難測 是知佛意 深遠無限 而欲以四宗 科於經旨 亦以五時 限於佛意 是猶以螺酌海 用管窺天者耳

이렇세 말하면서 과거佛과 현세佛 그리고 내세佛도 모두 이것을 說 한다며 사교(四敎)를 내어 놓았다.

원효사교는 ① 三乘別敎, ② 三乘通敎, ③ 一乘分敎, ④ 一乘滿敎이다.

원효종에서 펴낸『원효전집』에는 원효사교에 대한 설명이 전혀 없고 불교대사전에 "원효가 부처님의 일대시교(一代時敎)를 판단하여 4교로 나눈 것이라며, 삼승별교는 4제(諦), 연기(緣起) 등의 경, 삼승통교는 반야경, 해심밀경, 일승분교는 범망경, 일승만교는 화엄경이다."라고 기록되어 있다. 하지만 원효 스스로 지자대사가 반야경, 유마경, 법화경, 열반경의 4가지 경전으로 불경의 뜻을 과목짓고 아함경, 반야경, 화엄경, 법화경, 열반경 등 5時교로 불의(佛意)를 한정지으려 한다고 비판했는데 일승만교는 화엄경, 일승분교는 범망경(梵網經), 삼승통교는 반야경이라는 규정은 도대체 어디에서 나온 소리인가? 후세 사람들의 조작임이 틀림없다.

혹자는 또 말하리라. 원효 4교의 첫 번째 두 번째는 유송(劉宋)의 혜관(慧觀)이 제시한 5시의 첫째 둘째 항목을 그대로 복사한 것이 아니냐고 그 말은 맞다. 그러나 혜관의 5時가 각 時에 해당하는 경전을 과목지었음에 반(反)해 원효사교에는 그것이 없고 또한 전반적인 대의(大義)가 틀린다. 혜관의 5時는 三乘別敎(아함경), 三乘通敎(반야경), 抑揚敎(유마경), 同歸敎(법화경), 常住敎(열반경) 이렇게 과목지음으로써 모든 불경의 주제인 영혼은 뒷전으로 가고 대신 불성상주(佛性常住)만을 해명하는데 그치고 말았다. 봉잡으려다 닭잡은 꼴이다. 천태의 5時교나 법상종의 3時도 모두 마찬가지다.

왜 그리되었느냐 하면 연화장 세계의 주인이지만 우주창조자가 아닌 비로자나는 이미 성립되어 진화하고 있는 세계에 어느 날 갑자기 돌출한 존재이기 때문에 그의 영혼을 최초의 영혼으로 볼 수 없으나 불성보유자로 치면 최초의 존재이므로 결국 모든 부처와 보살들과 불교신자들의 불성은 비로자나의 불성으로부터 연기된 것을 밝히는데 그치고 만다. 나아가 三乘을 석가모니가 법화경에서 설한대로 성문승(聲聞乘), 연각승(緣覺乘), 보살승(菩薩乘)으로 규정하고 비로자나불을 일불승(一佛乘) 내지 일승(一乘)으로 규정하면 그 적용범위가 굉장히 협소해진다.

석가의 말씀대로 중생일체 실유불성이라면 개미에게도 불성이 있다는 말인데 인간이 아닌 개미는 불경을 읽을 수도 없고 석가의 설법을 들을 수도 없으므로 결단코 성문승이 아니다.

따라서 3승이 1승으로 귀일하는 회삼귀일(會三歸一)의 불교적 카데고리로는 인간보다 현저하게 낮은 지능을 가진 지구상의 동식물들과 지구 바깥 외계에 서식하는 존재들을 도저히 설명할 수 없게 된다. 국선화랑 출신인 원효가 말하는 一乘은 비로자나가 아니며 삼승 또한 성문승, 연각승, 보살승이 아니다. 원효가 말하는 一乘은 육신의 형상없이 순수 0으로 존재하면서 우주만유를 창조한 한인하나님이며 원효가 말하는 삼승은 지구에 사는 모든 생명들의 영혼과 지구 바깥 다른 별세계에 살고 있는 모든 생명들의 영혼과 비록 생물들을 담고 있지 않으나 궤도에 따라 질서정연하게 운행하는 모든 별들의 영혼이다. 석가불교에서는 乘을 중생을 열반의 언덕으로 실고가는 수레 혹은 생사의 바다를 건너가는 뗏목으로 풀이한다.

수레 혹은 뗏목으로 풀이하다 보니 대승불교는 영어로 big-wheel buddhism(큰바퀴불교), big-raft buddhism(큰뗏목불교)로 소승불교는 small-wheel buddhism(적은바퀴불교), small-raft buddhism(작은뗏목불교)로 오역되는 웃지 못할 헤프닝도 일어났다. 이는 필자가 미국대학의 철학종교사상강의에서 직접 경험한 일화다. 앞에서 말한 바와 같이 세 발 달린 까마귀(三足烏)와 바람의 말 룽다와 천마(天馬)가 모두 영혼을 실어나르는 교통수단이 아닌 영혼자체를 상징하듯 수레로 풀이하든 뗏목으로 풀이하든 乘은 교통수단이 아닌 영혼자체를 의미한다.

우주는 욕계(欲界), 색계(色界), 무색계(無色界)의 3계로 구성되어 있다고 불교는 말한다. 욕계는 식욕과 성욕이 치성한 세계로 뭇 생물이 살고 있는 지구가 대표적인 욕계다. 색계는 욕계 위에 있는 천계(天界)로 맑고 깨끗한 물질로 성립되는 세계이며 식욕과 성욕을 여읜생물들이 살고 남녀구별 없이 광명을 식(食)으로 하고 언어로 삼는 세계를 말한다. 아미타여래의 안양국이 대표적인 색계다. 하지만 색계는 실재 없는 세계다. 아마도 석가모니는 화성이나 수성같이 생물이 살지 않는 세계를 색계로 분류한 것 같다.

식욕과 성욕은 모든 생물의 본능인데 식욕과 성욕이 없는 생물들만 살고 밥대신 광명을 먹고 언어대신 광명으로 대화하는 생물들이 도대체 우주에 어디있나? 욕계인 지구를 제외한 태양계의 8행성과 달과 같은 소행성은 생물이 살지 않으니 식욕도 성욕도 언어도 없고 오직 햇빛만 먹고 사는 것이 아니겠는가. 무색계는 물질이 없고 정신만이 존재하는 세계며 최정부(最項部)에 비상비비상천(非想非非想天)이 있다. 비상비비상천은 조상(粗想)의 번뇌는 없고 세상(細想)의 번뇌는 있으며 석가 특유의 어법(語法)으로 표상(表象)이 있는 것도 아니며 없는 것도 아닌 삼매(三昧)의 경지, 무소유상(無所有想)을 초월하여 상(想)이 있는 것도 아니고 없는 것도 아닌 세계라고 말한다.

무색계는 인간의 영혼이 창조주의 영혼으로 자기복귀하는 천당이다 라고 하면 될 것을 복잡하고 어려운 말로 무색계를 알 듯 모를 듯 설명하는 석가의 저의는 너무나 뻔하다. 일신의 우주창조를 부정하기 때문이다.

1+1=2가 되는 수학의 공리(公理)나 "배고픈 자는 밥을 먹어야 한다"는 논리는 논리학이 말하는 항상 참인 항진명제(恒眞命題)다. 반대로

1+1=2가 아니며 "배고픈 자는 밥을 먹지 말아야 한다"는 논리는 항상 거짓인 항위명제(恒僞命題)다. 항위명제는 어떠한 경우에도 항진명제(tutology)가 될 수 없지만 만약 항위명제를 진리로 위장하여 사람을 속이려면 수많은 미사여구와 수많은 억설과 그럴듯하게 들리는 수많은 궤변을 조작해야 한다. 불교논리 또한 이와 같다. 창조주의 우주 창조를 부정하면서 어떻게 욕계 6天, 색계 17天, 무색계 4天으로 하늘의 종류를 분별 규정할 수 있으며 또한 다(多) 우주의 하늘들을 비로자나나 석가모니가 창조한 것도 아닌데 어떻게 우주를 욕계, 색계, 무색계의 3계로 정의할 수가 있나?

우주가 영혼계와 생물이 살지 않는 물질로 이루어진 별들과 사람을 위시한 생물이 사는 별들로 구성되어 있다는 진실은 한웅연등불이 만든 천상열차분야지도(天象列次分野之圖)에 명시되어 있다. 자미원(紫微垣), 태미원(太微垣), 천시원(天市垣)의 주원삼극(朱元三極)이 바로 그것이다. 자원원의 紫는 보라색자, 微는 지극히 작을미, 垣는 낮은 담장원, 울타리원으로서 자미원을 직역하면 지극히 작은 보랏빛을 띤 존재가 있는 별무리(星群)의 경계라는 뜻이다. 서양식 별자리로 치면 자미원은 북극자리의 별들을 말하며 자미성은 북두칠성 동북쪽에 있는 15개의 벌어져 있는 별들을 말한다.

한웅 이래 알타이민족은 북두칠성 동북쪽에 있는 자미원을 천제(天帝)가 계시는 성소(聖所)로 신앙하며 천제의 아들인 천자가 거주하는 궁전을 자미궁이라 불렀다. 만주족의 청나라가 건설한 북경의 자금성(紫禁城)이 좋은 물증이다. 천제가 계시는 자미원에 아무나 출입 못하듯 천제의 아들인 천자가 사는 궁성은 아무나 자유롭게 출입할 수 없기 때문에 궁성를 궁금(宮禁) 또는 널리 자금(紫禁)이라 부른다. 보랏빛을 발하는 지극히 작은 존재라는 뜻의 紫微는 육신이 없는 天帝의 o (田)을 말한다.

o (田)의 존재는 과학적 검증이 불가능하므로 수학의 공식으로 설명할 수 없다. 하지만 o (田) 의 실체를 알 수 있는 한가지 단서는 있다.
신시시대 선인(僊人) 발귀리(發貴理)가

텅텅 빈 곳에 빛이 있었다. 빛은 하나님의 형상이며 큰 氣를 영원히 존속시 킨다. 빛은 하나님의 변화이며 참 목숨(眞命)의 근원이니 모든 법이 여기에 서서 생겨난다. 그러므로 o (田) 은 우주에 하나밖에 없으며 그 모습은 무극 (無極)인 o (田)이다.
太虛有光是禧之象大氣長存 是禧之化眞命所源故圓一者一也無極

했으므로 막스 플랭크로부터 아인슈타인에 이르는 빛의 성질에 관한 연구성과를 대입하면 완전한 것은 아니나 어느 정도까지 자미의 실체를 설명할 수 있다.

플랭크가 연구한 현상은 흑체방사(Black body radiation)였다. 흑색은 색깔이 없는 것이기 때문에 어떤 빛도 반사되거나 방출되지 않으며 따라서 흑체는 가열되기 전까지는 색깔을 가지지 않는다. 검은 물체가 낮은 온도로 가열될 때 타면서 내는 첫번째 색은 빨간색이다. 흑체가 더 큰 에너지속(energy packet)을 방출하기 위해 빨간색의 흑체를 더욱 가열하면 태양빛(무지개빛)의 일곱가지 색깔인 빨, 주, 노, 초, 파, 남, 보로 색이 변하는데 빨간색이 가장 낮은 진동수를 가진 빛의 덩어리이고 보라색이 가장 높은 진동수를 가진 빛의 덩어리다. 빛에 파동역학을 적용하면 광파(光波)의 진동수가 높아지면 높아질수록 광파의 파장은 짧고 광파의 진동수가 낮아지면 낮아질수록 그 파장은 길다. 다시 말해 가장 높은 진동수를 가진 보라 빛은 가장 짧은 파장을 갖고 있고 가장 낮은 진동수를 가진 빨간빛은 가장 긴 파장을 갖고 있다.

아인슈타인은 빛이 갖고있는 양자적(量子的)성질을 구명한 공로로 1921년 노벨물리학상을 받았다. 아인슈타인에 의하면 빛은 아주 작은 입자(粒子)로 이루어져 있다고 말한다. 한줄기의 빛은 계속해서 날라가는 총알과 같은데 각 총알을 아인슈타인은 광자(光子)라 불렀다. 진공에서의 빛의 속도는 항상 초당 186,000마일이다. 이것은 빛을 포함한 모든 전자파에 적용된다. 따라서 광파(빨, 주, 노, 초, 파, 남, 보의 빛)는 라디오파, X선 및 모든 형태의 전자기(電磁氣)방사와 같은 속도를 가진다.

양자물리학자들은 광자(光子)가 인간과 같은 의식을 갖고 있다고 말한다. 데카르트 이후 신격화되어 왔던 과학적 객관성이라는 개념은 여기 안에(In here) 있는 나에 대해 저기 바깥(Out there)에 나와 다른 객관적 세계가 있다는 가정에 기초해 있다. 하지만 양자역학에 의하면 객관성 같은 것은 없다. 뉴턴의 고전물리학에서 말하는 과학자는 저기바깥에 있는 객관적 실재를 유리창 안쪽에서 냉정한 눈으로 보고 탐구하는 관찰자를 의미하는 반면 양자물리학의 과학자는 인간의 경험과 분리된 어떠한 객관적 실재도 존재하지 않으며 관찰이 불가능한 아(亞)원자 입자의 세계는 오직 인간의 의식이 참여함으로써 만이 어느 정도의 확률을 예측할 수 있다고 말한다. 따라서 현대 물리학이 발견한 빛의 이론을 형이상학에 적용시키면 파장은 가장 짧으나 가장 높은 진동수를 가진 보랏빛 광자가 곧 자미며 창조주의 o (田)이다.

나의 육신 속에 창조주의 자미가 직접 친림해 계시므로 나는 나의 육신 바깥의 객관적 세계를 멀리서 바라보는 관찰자나 방관자가 아니라 우주 만물의 연속적 창조와 진화와 개벽과 영원한 순환에 직접 참가하는 참여자이고 창조주며 우주자체이다. 육체는 암흑의 흑체(黑體)고 영혼은 보랏빛의 광명이기 때문에 내 속에 친히 강림해 있는 보랏빛의 자미로 캄캄한 나의 육체를 훈육(訓育) 또 훈육, 가열 또다시 가열할 수 있어야 창조주와 하나가 된다.

 태미원(太微垣)은 남방 7수(宿)의 6번째 별인 익(翼, 주작의 깃털)과 7번째 별인 진(軫, 주작의 꼬리) 북쪽에 있으며 서양별자리로 치면 사자자리와 머리털자리에 속한 별이다. 태미원이 어떤 역할을 수행하는지 전혀 언급된 바 없음으로 이 기회를 빌려 태미원의 역활을 밝히고자 한다. 太微는 지극히 작은 물질이라는 뜻으로 양자물리학에서 말하는 이른바 소립자(素粒子, elementary particles)다. 밤하늘에 반짝이는 무수한 별들은 수소(hydrogen)와 헬륨(helium) 그리고 약간의 무거운 원소들로 구성된 거대한 가스 구름의 수축과 분열을 통해 만들어 진다. 은하계 우주의 초기에 먼지와 가스의 수많은 구름 덩어리들이 응축(凝縮)되기 시작하여 마침내 많은 행성들이 이루어졌다. 태양도 그 중의 하나다.

 18세기 후반 칸트와 라플라스는 성운설(星雲說, nebular hypothesis)로 알려진 태양계 기원론을 발표하였다. 칸트는 현 태양계의 범위에 걸쳐 회전하는 星雲(nebular, 먼지와 가스로 된 구름)이 있었는데 그 중심부는 태양이 되고 태양 주위의 작은 구름 덩어리들은 행성이 되었다는 견해를 최초로 발표하였다. 칸트의 성운설을 계승한 독일의 바이츠재커와 미국의 코이퍼는 먼지구름설(dust cloud theory)을 발표하였다.

 바이츠재커는 태양이 그 역사의 초기에 먼지와 가스로 된 성운을 그 주위에 끌어들였고 그것은 납작한 접시모양으로 되었다가 나중에 여러 개의 소용돌이로 갈라져 행성들이 되었다고 말한다. 코이퍼는 바이츠재커의 규칙적인 크기의 소용돌이 대신 태양으로부터 멀어질수록 크기가 증가하는 불규칙적인 소용돌이들이 서로 충돌하여 행성들이 생겨났다고 말한다. 미쳐 응축에 참여하지 못한 먼지 구름의 찌꺼기가 태양과 충돌하여 일부는 태양에 흡수되고 나머지는 태양계의 범위에 걸친 구름접시(disk)를 이루었으나 중력불안정(gravitational instability)으로 인하여 달보다 더 큰 덩어리로 쪼개졌다가 저온에서 엉켜 달 크기의 단단한 소행성들이 되었다.

이 무렵, 현재의 지구와 달의 범위 내에서 운동하던 무수히 많은 작은 물체들이 있었는데 이들은 소행성이 부딪쳐 파괴된 것들이다. 이 미행성(微行星)들이 쌓여 지구를 이루었다는 이론이 이른바 신성운설(新星雲說)이다.

천시원(天市垣)은 동방 7수의 4번째 별인 방(房, 용의 배)과 다섯 번째 별인 심(心, 용의 마음)의 동북에 있으며 취시교역(聚市交易)과 참육(斬戮)을 담당한다고 지나의 천문해설도는 말하고 있다. 하지만 이는 터무니없는 사견(邪見)이다. 천시원에서 태백산으로 강림한 한웅연등불이 하늘 세계의 천시(天市)를 모방하여 지상에 신시(神市)를 창건한 고사에서 보듯 천시원은 중생들이 사는 별들을 만드는 공장이다. 태미원이 생물들이 살지 않는 별들(지구를 제외한 태양계의 8행성)을 창조하는 공장이라면 천시원은 인간을 비롯한 중생과 그들이 몸담아 살아가는 지구와 같은 그릇을 창조하는 공장이다.

태미원에서 먼지구름으로 별들을 창조하고 천시원에서 뭇 생물의 육신과 그들의 주거공간인 지구와 같은 욕계의 행성을 만들어도 우주에 존재하는 만유는 지극히 작은 무내(無內)의 미립자에서 지극히 큰 무외(無外)의 천체에 이르기까지 현현(現顯)되지 아니함이 없는 창조주의 자미(영혼)를 받아야만 비로소 그 존재 가치의 영원불멸성이 보증된다. 때문에 쓰임에 있어 자미원, 태미원, 천시원의 삼신으로 갈라지나 本은 하나님의 영혼인 자미원(紫微垣) 하나이므로 삼태극이 일태극이며 발귀리의 말대로 三一은 그 체(體)요 一三은 그 쓰임(用)이며, (三一其體 一三其用) 김일부의 말대로 3원(三垣)이 곧 1원(一垣)이다.

한인하나님이 한웅을 天市垣으로부터 지상으로 내려보내실 때 한웅을 수행한 사신장 중 뇌공(雷公)은 자미원에서 파견되었고 운사(雲師), 우사(雨師), 풍백(風伯)은 태미원에서 파견되었다.

『주역』의 잘못은 말그대로 풀이하면 구름 스승인 雲師가 먼지구름으로 별을 만드는 星雲의 창조자임을 알아보지 못하고 단지 비구름을 주관하는 雲師로만 이해하여 雲師를 고인 못물을 뜻하는 태괘(兌卦)에 자리매김한 데에 있다.

간략히 말하면 『주역』은 한웅신불의 태백산 강림도를 문자로 상징화한 것이다. 한웅은 천시원으로부터 태백산으로 강림하였기에 주역의 팔괘(八卦) 중 하늘을 의미하는 건괘(乾卦), 땅을 의미하는 곤괘(坤卦), 산을 의미하는 간괘(艮卦)는 한웅에 해당되고 번개불을 의미하는 이괘(離卦)와 우뢰를 의미하는 진괘(震卦)는 뇌공(雷公)에 해당되고 바람을 의미하는 손괘(巽卦)는 풍백(風伯)에 해당되고 비를 의미하는 감괘(坎卦)는 우사(雨師)에 해당되고, 백두산 천지같은 고인 못물을 의미하는 태괘(兌卦)는 운사(雲師)에 해당된다. 주역 설괘전(說卦傳)에 이런 구절이 있다

艮東北之卦也 萬物之所成終而所成始也 故曰成言乎艮 終萬物 始萬物者莫成乎艮

간(산)은 동북에 있는 괘다. 만물은 간에서 끝나고 간에서 또다시 시작된다. 그러한 까닭에 만물은 간에서 완성된다고 한 것이다. 만물 육성의 공을 끝마치고 다시 만물의 육성을 시작하는 존재는 산(山)의 성취에 미치는 것이 없다.

동주(東周)의 수도인 낙양을 기점으로 보면 한웅거세불한이 강림하신 산서성 태백산과 한반도의 태백산(북태백인 백두산과 남태백인 강원도

태백산)은 동북쪽에 위치해 있다. 따라서 설괘전의 위문장은 태백산에 강림한 한웅·연등불이 진리의 등불에 불을 지펴 신시를 개창함으로 인해 황하문명과 아세아문명 및 역사시대의 인류문명을 개화시켰으나 한웅에서 시작된 문명은 자연착취와 환경오염과 대량 쓰레기 방출과 비인간화(dehumanization)로 집약되는 산업문명의 종착역을 맞아 멸망하고 한인, 한웅, 한검의 중출세(重出世)요. 자미원, 천시원, 태미원의 재현(再現)인 미륵불의 강림으로 말미암아 새로운 문명의 지평을 열게 된다는 의미가 내포되어 있다. 쓰임으로 갈라지면 삼신이나 합하면 일신이 되는 창조주하나님이 자미원, 태미원, 천시원의 삼계를 창조한 진실은 국선화랑출신인 원효가 누구보다 더 잘 알고 있다.

원효가 쓴 『원효결서』에 紫微開垣이 2번, 天市開垣이 한번 기록되어 있는 것이 그 문헌적 증거다. 삼계에 관한 이제까지의 설명을 바탕으로 원효사교(元曉四敎)를 해석해 보자.

1) 삼승별교(三乘別敎): 삼승은 세 영혼이라는 뜻이다. 다시 말해 자미원에 계시는 하나님 영혼, 천시원에서 창조한 뭇 생물들의 영혼, 태미원에서 창조한 모든 별들의 영혼이 삼승이다. 한웅신불과 예언자 예수가 이 세상에 오신 목적은 오직 하나, 진리를 전달하기 위함이다. 그러나 삼계에 살고있는 삼승의 범위가 너무 넓어 한꺼번에 다 가르칠 수는 없기 때문에 3승을 따로 떼어 하나씩 별도로 가르친다는 뜻이 삼승별교다. 진리전달자들은 사람을 상대로 대략 아래와 같은 내용을 설법한다.

인간의 육체는 체구에 있어 코끼리에 미치지 못하고 근력에 있어 사자에 미치지 못하며 빠르기에 있어 말에 뒤지고 민첩성에 있어 늑대에 뒤진다. 인간이 인간인 이유는 수많은 비인(非人)의 윤회전생을 거듭한 끝에 마침내 보다 진화되고 계명(啓明)된 영혼을 가진 인간존재로 태어났기 때문이다. 육체는 때가되면 생자필멸의 법칙에 따라 죽게 되지만 영혼은 영원불멸 영생한다. 인간이 사는 목적은 육체의 보양(保養)에 있지 않다. 굶주리지 않을 정도의 식량이면 족하고 헐벗지 않을 정도의 의복이면 족하다. 인간이 사는 목적은 고귀한 영혼의 완성에 있다.

모든 인간이 모두 고귀한 영혼을 가졌으므로 인간은 모름지기 서로가 서로를 사랑하고 존중해야 하며 폭력이나 강압적 수단으로 상대를 해치거나 억누르는 행위는 인간이 취할 행동이 아니다. 지구는 인간만을 위한 무대가 아니다. 유명, 무명의 나무들과 풀들, 기고 날고 헤엄치고 탈바꿈하는 모든 생물과 더불어 함께 살아가는 공동무대이다. 그들의 생명 또한 인간의 생명못지 않게 귀중한 것이다. 인간의 영혼과 같이 온전하지는 않으나 그들에게도 분명 영혼이 있고 제정신이 있다. 윤회가 움직일 수 없는 생명의 법칙이라면 인간 여러분들의 전생은 한포기의 풀이었거나 바다 속을 헤엄치는 한 마리의 물고기였을 수도 있다. 전생과 현생과 내생을 생각해 본다면 지구상에 사는 생물 중 나 아닌 것은 하나도 없으며 인간을 포함한 모든 생명이 한 인연의 고리로 묶여져 있는 한 생명이다.

이러한 인연의 필연성을 인식할 때 비로서 만물의 척도인 인간으로서의 존재 이유가 있는 것이다. 지구에 사는 생물들이 모두 상호의존적이듯이 우리가 살고 있는 지구 또한 하늘에 있는 모든 별들과 상호의존적 관계에 있다. 이 광대무변한 우주에 독립적인 존재란 하나도 없다. 광대무변한 우주에 비하면 하나의 작은 겨자씨에 불과한 지구에만 생명이 산다고 생각지 말라.

"시방세계에 중생이 살고 있는 세계만 내가 알기로 최소 3천세계가 있다. 3천개의 다른 세계에 살아본 경험이 있는 나는 이 지긋지긋한 윤회의 사슬을 끊고 정각(正覺)을 얻어 적멸위락(寂滅爲樂) 속에 영존(永存)하기 위해 부단한 수행을 계속해 오다가 마침내 오늘에야 이루게 되었다.

객진번뇌(客塵煩惱)의 미혹(迷惑) 속에서 방황하는 중생 여러분도 내 전철을 밟아 번뇌, 망상을 끊고 수행하면 부처가 되어 영생할 수 있다. 이 기쁜 소식을 전하기 위해 나는 생사가 뚜렷한 사바세계에 왔노라"(석가모니 설법).

"나는 지구로부터 500광년 떨어진 플레이데스성단에 살다가 진리를 전달하라는 특별한 사명을 창조주로부터 받아 이 세계에 마리아의 아들로 환생한 임마누엘이니라. 플레이데스성단뿐만 아니라 우주의 심연 속에도 갈색피부를 가진 사람들이 살고 있으며 창조주로부터 통치권을 위임받아 지구를 다스리는 신 역시 인간이며 하늘의 수호천사들도 모두 인간이다"(예수의 설법내용).

"천시원(天市垣)은 폭력이나 전쟁같은 암흑이 없고 열락(悅樂)과 적정평화(寂靜平和)와 진실무망(眞實無妄)한 광명이 지배하는 세계며, 사람마다 모두 영적 개오(開悟)를 얻어 싸우는 일도 다투는 일도 없고 보석이 길에 떨어져도 아무도 집어가지 않으며 서로 겸양하고 상대를 배려할 줄 아는 몸과 마음이 청정한 홍익인간들이 살고 있는 세계다. 나는 한인하나님에게 몇 번이나 간청한 끝에 겨우 허락을 받아 光明理世 弘益人間의 天市모델을 지상에 재현시키고자 태백산에 내려와 신시를 연 한웅이다. 태양은 어떤 생물도 살지 못하는 뜨거운 불이다. 하지만 태양은 그 자체로 하나의 위대한 영혼이다. 태양이 물질화합으로 이루어진 물체라면 50억 년이라는 긴 세월동안 조금도 변함없이 똑같은 광명을 발산할 수는 없기 때문이다. 허공에 빛나는 광명은 형체없는 하나님의 모습이고 영존(永存)하는 大氣는 하나님의 변화이며 참목숨인 영혼의 근원이니 모든 존재는 여기서 생겨난다."(한웅연등불의 설법)

모든 진리 전달자들은 대략 이런 말씀으로 설법한다. 이것이 원효가 뜻하는 바 삼승별교의 내용이다.

2) 삼승통교(三乘通教): 삼승별교의 가르침을 받은 학생이 진리전달자인 스승에게 묻는다.

"스승님 우리 인간에게도 영혼이 있고 우리와 더불어 사는 자연계의 뭇 생물에게도 영혼이 있고 천상세계에 사는 사람들과 생물에게도 영혼이 있고 생물이 살지 않는 태양을 비롯한 뭇 별들에게도 영혼이 있다면 그 영혼들은 각각 다른 영혼입니까? 아니면 동질의 같은 영혼입니까?"

스승이 답하기를 "참으로 좋은 질문이다. 진실을 말하자면, 모두 같은 동질(同質)의 영혼들이다. 다른 영혼들이라면 서로 배척하지만 같은 영혼들이기 때문에 서로 통한다. 이를 영통(霝通)이라 하며 삼승통교라 하느니라." 원효가 뜻하는 바 삼승통교의 내용은 이와 같다.

3) 일승분교(一乘分教): 하나의 영혼이 여러 육신에 분유(分有)되었음을 가르친다는 뜻이 곧 일승분교다.

"한 영혼이 많은 영혼이며 많은 영혼이 한 영혼이다"(고대 그리이스 철학의 Han kai pan).

"인간의 영혼은 창조주 영혼의 한부분이므로 창조주와 인간은 둘이 아닌 하나이다"(예수).

"우주의 모든 존재는 일자(一者, 하나님)로부터 광명이 유출되어 현상계에 나타난 것이다"(신플라톤 주의의 광명유출설).

"사람의 一心(忠)은 하나님의 唯一天心이 강림한 것이므로 이 진리를 깨달아 실행하는 항준천심자(恒遵天心者)가 곧 홍익인간이다"(한검단군).

"하나님의 영혼은 뜻한대로 자유자재하여 사람의 눈으로 볼 수 없는 극미자에게도 체현된다"(福之至微至顯福之如意自在 : 표훈천사).

4) 일승만교(一乘滿教): 먼저 滿의 뜻부터 해명해보자. 불교에서는 卍 스바스티카(Svastika)를 滿이라 한다. 卍의 기원은 바라문교와 힌두교의

주신 비슈누(크리스티나)에 가슴에 卍모양의 가슴털이 있어 이를 길상
(吉祥)의 징조로 받아들임으로써 시작되었다. 공교롭게도 석가모니의
가슴과 양손, 두발에도 卍모양의 털이나 어느 듯 卍은 불교를 상징하는
기호가 되어 각 사찰의 표지로 사용되어 왔다. 그러나 卍이 滿이 될 수는
없다. 『소도경전본훈』에 나오는 다음 구절을 보자.

然天之源 自是一太虛 無空而已 豈有體乎
하늘의 근원은 바로 하나의 커다란 虛요, 無요, 空일 뿐이다. 어찌 모습이
있다 할 것인가.

허와 공과 무의 수학적 기호는 ο이다. ο의 한국어 발음은 영이고 영은
囧이다. ο은 囧이므로 둥근 보름달 ο 을 만월(滿月)이라 부르듯 ο 이 곧
滿이다. 한웅이 가지고온 천부인 3개중 첫 번째 印인 ο이 이것으로서 불
교문자로 해인(海印 또는 慧印)이다.

해인은 바다 도장이 아닌 인간의 ο으로서 천생지(天生智)인 인간의 ο
은 하나님의 ο으로부터 도장찍듯이 인(印)치기를 받았다는 뜻이다.

그런고로 일승만교(一乘滿敎)는 하나님 ο (囧)의 가르침이라는 뜻이
다. 하나님은 無形而形 즉 형체가 없으면서도 형체가 있는 존재다. 우주
의 모든 공간을 자신의 체(體)로 삼기 때문이며 모든 존재의 물리적 신체
속에 자신의 ο (囧) 을 분유, 강림시킴으로써 현상계에 끊임없이 영원히
현신(顯身)하시기 때문이다. 따라서 우주 안에 있는 각각의 존재는 만들
어져 있는 하나님으로 각각의 개별적 존재는 자기 안에서 전우주를 반영
하고 있다. 하나님은 우주의 포섭(compli catio)이며 우주는 하나님인 일
승만(一乘滿)의 공간적 시간적 전개(explicatio)이기 때문에 모든 존재가
곧 하나님이고 나(我)이므로 결국 아래아거(我來我去)의 나는 우주의 포

섭이고 우주는 나의 공간적 시간적 전개라는 진리! 이것이 바로 원효가 제시한 一乘滿敎의 진정한 내용이며 원효가 말한 "헤아릴 수 없을 만큼 많은 모든 존재의 영혼이 곧 하나님의 영혼이요 하나님의 영혼이 곧 모든 존재의 영혼"이라는 의미의 無量乘卽一乘 一乘卽無量乘의 이치다.

원효사교의 관점에서 보자면 한웅연등불은 성공했고 석가모니불은 실패했다. 석가모니는 삼승을 성문승, 연각승, 보살승의 아주 좁은 불교적 범위안으로 그 의미를 한정시키고 일승이 인연법의 인위(因位)인 桓因의 영혼을 의미함에도 불구하고 창조주의 우주창조를 부정하는 석가는 一乘을 근본 佛인 비로자나의 佛性으로 해석하여 三乘卽一乘이요 一乘卽三乘을 천명하는데 그치고 말았다. 이에 삼승즉일승 일승즉삼승의 한계성과 오류를 통관(通觀)한 원효는 무량승즉일승 일승즉무량승으로 고쳐 일승의 유효성을 전우주적 범위로 확대시킨 일승만교를 공포(公布)한 것이다. 만약 석가불이 처음부터 道本桓因始三桓의 진리체계를 확실히 세워 이 세상에 전달했더라면 원효는 佛滅 천년 후 서방에 야소라는 성인이 나와 석가의 가르침을 물거품으로 만들었다는 유언을 설총에게 남기지 않았을 것이다.

불교에 몸을 담고 있는 입장에서 교조(敎祖)인 석가모니를 공개적으로 비판할수 없기에 설총에게 유언으로 남겨 설씨가문의 종손(宗孫)들에게 대대구전(代代口傳)케 함으로써 결국 『원효결서』의 인연으로 말미암아 필자의 귀에까지 전달되었던 것이다. 한편 예수는 도통(道統)체계를 확실히 세워 특유의 간명하고 분명한 논리로 설교하고 포교함으로써 진리 전등자(傳燈者)의 역할을 충실히 수행했다.

하지만 불행히도 예수께서 설(說)한 진리의 핵심을 바울이 전혀 엉뚱한 내용으로 변조하고 위조하여 비싼 값으로 로마제국에 판매함으로 인하여 예수의 진정한 가르침은 이 세상에 빛을 보지 못하였다. 난마(亂麻)

처럼 뒤엉키고 흐트러진 진리체계를 똑바로 잡아 산업문명의 폐허 위에 도래할 재물일도(宰物一道)의 신세계를 창조하기 위해 미륵불과 재림예수가 반드시 와야 할 필연성이 여기에 있다.

재림예수는 예수의 육체에 일시 거주하던 위대한 영혼이 2천년 전의 그 육신이 아닌 다른 육신의 옷을 갈아 입고 지구에 다시 오는 존재다. 그렇다면 미륵불의 영혼은 전생에 누구의 육신에 거주하던 영혼이었나? 미륵불의 영혼은 전생에 원효의 육신에 거주하던 영혼이었다. 또한 미륵불과 재림예수는 상이(相異)한 두 사람이 아닌 동일 존재다.

이는 필자 개인의 독단이 아니다. 원효로부터 직접 계시(啓示)받은 것이다. 이 진실은 논리적으로 해명할 수 있는 문제가 아니기 때문에 이 책의 마지막 장 마지막 절에서 미륵불과 재림예수의 동일성을 밝히고 이 책을 쓴 동기로부터 시작해 원효로부터 받은 계시는 후기(後記)에 자세히 기록했다.

제8장
一과 0의 비밀

1. 하나님, 그 불완전의 운명

일반적으로 말해 인간의 이분법적 사고는 신을 완전한 존재 인간을 불완전한 존재로 분류한다. 만약 반대로 인간이 완전한 존재고 신은 불완전한 존재라 말한다면 비웃음만 살 뿐이다. 이보다 한술 더 떠 신과는 비교할 수 없을 정도로 무한한 능력을 가진 우주의 창조주를 불완전한 존재라고 어느 누가 말한다면 그 사람은 미친 사람 취급을 당하고야 말 것이다.

그러나 놀랍게도 그것도 다른 사람이 아닌 예수의 입으로부터 창조주도 완전하지 않으며 계속 배우고 있는 학생이라는 기상천외의 발언이 나왔다. 인류역사상 창조주를 불완전한 존재라고 말한 사람은 예수 이전에도 없었고 예수 이후에도 없었다.

『탈무드 임마누엘』 34장 1~4절의 말씀을 들어보자

1절: 임마누엘이 권위있게 말씀하셨습니다. 들으시오. 창조주는 인류 위에 신위에 그리고 만물 위에 존재하십니다. 2절: 창조주가 인간에게는 완전한 것으로 보이나 실제로 그렇지 않소이다. 3절: 창조주는 o(囧)이며 따라서 살아 있기 때문에 창조주 또한 자기자신을 영속적으로 완전하게 해야만 합니다. 4절: 모든 인간은 창조주 자체내에서 하나이기 때문에 창조주는 오직 사람들의 육신속에서 사는 새로운 영혼을 창조하고 생성시켜서 그들을 고무하여 배우도록 하는 것입니다. 그럼으로써 창조주도 이들 영혼의 배움을 통하여 진보해 나가며 또한 스스로를 완전하게 하는 것입니다 - 중략 -. 17절: 그럼으로써 창조의 법칙들이 정한 운명에 의해 사람들마다의 영혼이 창조주와 하나가 될 수 있도록 하는 것입니다. 또 그렇게 함으로써 창조주 자체도 성장하고 확장하며 스스로를 완전하게 할 수 있도록 하는 것입니다.

예수의 말씀에서 우리는 창조주도 완전한 존재가 아니라는 것, 자신의 o에서 분유된 인간의 영혼이 세상을 살면서 배우는 경험을 자신의 경험으로 축적하면서 완전을 향해 계속 진보하고 성장한다는 진상을 확인할 수 있다.

엘레아학파의 비조인 파르메니데스는 "있는것(有, what is)은 나지도 않고(不生), 죽지도 않으며(不滅), 움직이지도 않고(不動), 끝이 없는 것(無終)이며 완전 무결한 전체 연속적인 하나(一)이면서 전체적인 것(全一)"으로 규정했다. 不生이기에 출발점도 없고 不滅, 無終이기에 종착점도 없다. 파르메니데스에 있어 있는 것은 오직 하나님이다. 가멸적 육신 없이 영원불멸의 o(囧)으로만 존재하며 자신의 o(囧)을 인간의 신체속에 거주케 함으로써 모든 인간이 하나님이요. 하나님이 전체(全體) 인간이 되는 전체 연속적인 하나이면서 전일적(全一的) 전체는 우주창조자인 하나님 밖에는 없다. 파르메니데스의 제자인 제논은 부동(不動)의 하나를 주장한 스승의 사상을 비난하는 반대자들의 이의(異議)를 반박하기 위해 다양성, 운동, 변화를 인정하게 되면 모순에 빠진다는 귀납법적 증명법을 사용하여 스승의 입장을 옹호하는 이른바 4가지 파라독스(逆說)을 제시했다. 이중 "날아가는 화살은 영원히 날아가지 않는다."는 파라독스는 1장에서 이미 말했다.

여기서 그의 또 다른 파라독스인 2분법에 의한 운동불가능론(Zenon's race course)이 어떤 내용인지 잠시 살펴보자. 제논에 의하면 도달해야 할 목표점을 1로 가상할 때 1에 도달하기 위해서는 1의 반인 1/2 지점에 먼저 도달해야 하고 1/2지점에 도달하기 위해서는 1/2의 반인 1/4지점에 도달해야 하고 1/4 지점에 도달하기 위해서는 1/4의 반인 1/8지점에 도달해야 하고 이런 식으로 1/16지점, 1/32지점, 1/64지점… 계속해 앞지점의 1/2지점을 통과하면 결국 목표점에 이르지 못한다. 수식(數式)으로 말하면 $1=1/2 + 1/4 + 1/8 + 1/16 + 1/32 + 1/64 + 1/128$……무한 2분법으로 계속되어도 0.999999…… 무한 9로 되어 결국 1이 되지 못한다. 엘레아학파의 파르메니데스와 제논 그리고 스피노자의 '전체이면서 하나이고 하나이면서 전체인' 전일적 실체론을 계승한 라이프니쯔는 우주의 궁극적 실체를 불가분(不可分)의 전일체(全─體)로 보고 전일적 실체는 공간을 차지하지 않는 의식적인 것, 정신적인 것이어야 한다고 주장하였다. 라이프니츠가 말한 불가분의 전일적 실체는 유일신의 o(匨)이다. 당대 최고의 철학자며 과학자며 신학자며 미적분학의 창시자며 주역을 공부하여 동양사상에도 정통했던 라이프니츠는 o과 1로 유일신의 존재를 증명해보려 하였다.

제논이 1을 도달해야 할 목표지점으로 봤다면 주역에 심취했던 라이프니츠는 태극(太極)을 절대적 일자(一者)로 보았다. 1의 반은 1/2이고 1/2의 반은 1/4이고 1/4의 반은 1/8이다. 태극은 1이기 때문에 태극에서 갈라져 나간 음, 양의 양의(兩儀)는 각각 1/2이고 음양에서 갈라져 나간 사상(四象)은 각각 1/4이고 사상에서 갈라져 나간 팔괘(八卦)는 각각 1/8

이다. 따라서 1=1/2 + 1/4 + 1/8 + 1/16 + 1/32······이런식으로 무한 2분법이 계속되면 어느순간에가 1이 되어야 하는데 결론은 그렇지 못하다. 0.9999······무한 9로 끝없이 계속되어 1이 되지 않는다.

불가분의 전일적 실체가 공간적 연장을 가져서는 안된다는 이유가 여기에 있다. 크기와 형태를 가지고 공간적 외연을 점유한다는 사실은 무한히 나눌 수 있으며 아무리 나누더라도 더 이상 분할할 수없는 통일체가 되지 못한다는 사실을 의미한다. 1, 2, 3, 4, 5, 6, 7, 8, 9 와 0은 다르다. 0은 그 자체로 나눌 것도 뺄 것도 더할 것도 없다. 하나님은 그 자체로 육신이 없기 때문에 공간적 연장을 갖지 않는 0 이지만 활동하는 하나님, 만물에 작용하는 하나님은 1이다. 1에 님자를 붙여 하나님이다. 활동하는 하나님의 체(體)는 무한수다.

왜냐, 욕계(欲界)에 사는 모든 인간과 생물, 무수히 많은 천체들의 물리적 신체에 자신의 0을 분유시켜 그들의 활동을 고무하고 격려하기 때문에 현상계에 나타난 하나님의 체(體)는 무한수가 된다. 무한 수는 하나님인 1에서 나누어져 나간 존재들이다. 고로 하나님의 궁극적 목표는 1에서 나누어져 나간 제(諸) 존재를 다시 하나로 통합시키는 일이다. 연속적인 하나이면서 전체, 전체이면서 하나가 되려면

1/2 + 1/4 + 1/8 + 1/16 + 1/32 + 1/64 + 1/128······무한 2분법 나눔의 총화가 1인 하나님이 되어야 한다.

우주의 시원이 없지만 원시 우주가 태양계였다고 가정해 보자. 하나님은 태양에 그의 가장 수승한 0을 분유시키고 지구에 그 다음의 수승한 0을 분유시키고 태양계의 여러 행성과 위성들에게 다음다음의 수승한 0을 분유시키고 2명의 인간들에게 4번째 수승한 영혼을 분유시키고 초목들과 각종동물들에게 제일 낮은 단계의 0을 분유시켰다. 2명의 인간이 죽자 2명의 1/2인 1명만이 영혼의 완성(불교 용어로 成佛)을 이루어 다

시 윤회하지 않게 되었다.

2번째는 처음에 성불하지 않는 인간을 포함하여 4명의 인간을 내었는데 그 중 한명만 영혼의 완성을 이루어 1/4이 윤회하지 않는 존재로 하나님의 0에 추가되었다. 1 = 1/2 + 1/4만큼 진행된 것이다. 그 다음 8명 그 다음 16명……무한 수로 사람과 생물수가 증가하자 지구로도 모자라 태양계와 같은 항성체 2조개를 창조하여 은하계를 만들었으며 은하계와 같은 규모의 우주를 1조개 창조했다. 별들의 수가 도대체 얼마인지 헤아릴 수 없을 정도다. 그 중 생물들이 사는 별수를 총 별수의 1/1000로 잡아도 14에 0이 23개 붙는다. 생물존재가 많아지면 많아 질 수록 영혼의 완성자는 반비례로 줄게 된다.

1이 되기 위해 1/2 + 1/4 + 1/8 + 1/16……1/5경1천2백조……무한 2분법으로 진행되어도 결국 0.99999……무한 9로 이어져 1이 될 수 없다. 비유로 말하자면 지구에 있는 바닷물 총량 분의 모기 한마리 눈물만큼 모자란다.

하나님의 입장에서는 아직도 모르는 것이 있기 때문에 마지막 모기눈물만큼의 모르는 부분을 알기 위해 계속 우주 공간을 확장하고 생명의 수를 늘려 영혼의 완성 1 순위인 인간의 육신속 에 그의 o 을 분유시켜 배우기를 계속하면서 완전한 1을 향해 정진할 수밖에 없다. 하나를 이루고자 하나 결단코 하나가 될 수 없고 하나가 안되는 것을 알면서도 하나를 추구할 수밖에 없는 하나님의 기험(崎險)한 운명은 도대체 누가 만들었나? 바로 하나님 자신이 스스로 결정한 필연적 운명이다.

『탈무드 임마누엘』 25장 55절: 이 모든 일들이 일어나게 될 날짜와 시간은 아무도 모릅니다. 수호천사는 물론 신 자신도 모르시며 나 임마누엘 또한 모릅니다. 오직 가장 위대한 지혜를 소유하고 계신 창조주의 법칙과 명령들 속에 있는 섭리의 운명만이 알고 있을 뿐입니다.

56절: 창조주만이 모든 인류들의 까마득한 위로 홀로 우뚝 솟아계시며 또 그 혼자만이 영광과 찬양을 받으실 자격이 있습니다. 이는 창조주가 또한 자신의 위에 있는 절대적인 힘에게 영광과 찬양을 돌리시는 것과 마찬가지입니다.

34장 23절: 창조주는 元존속과 元창조 법칙들의 적용을 받습니다. 이 원존속과 원창조야 말로 절대 가운데 절대이며 만물의 시작과 무한이며 그 자체로부터 창조된 것입니다.

25장 55절의 말씀 중 창조주의 법칙과 명령들 속에 있는 섭리의 운명과 56절 창조주 자신의 위에 있는 절대적인 힘은 창조주 스스로 설정한 운명의 신이다. 0.99999… 무한 9…가 될 수 밖에 없는 운명의 신에게 스스로 자신을 결박시킴으로서 무한히 창조활동을 계속한다는 뜻이다. 34장 23절의 "원존속과 원창조야말로 절대 가운데 절대이며 만물의 시작과 무한"이라는 구절이 바로 그것이다.

1/2 + 1/4 + 1/8 + 1/16……1/5경1천2백조……진행되다가 만약 어느 순간 1이 되어버린다면 우주는 완성되고 우주가 완성되었다면 하나님이 더 이상 존재해야 할 이유가 사라진다. 미완성된 우주이기에, 영원히 미완성될 운명에 있는 우주이기 때문에 영원불멸의 하나님이 창조활동을 계속하면서 존재해야할 이유가 있고 우주가 존속되어야 할 필연성이 있다.

『탈무드 임마누엘』 34장 17절의 말씀이 이 진리를 대변하고 있다. "진실로 내가 그대들에게 말합니다. 창조주가 새로운 영혼들을 창조하는 활동을 중지하여 스스로 성장하기를 멈추는 때는 결코 오지 않을 것입니다." 놀랍게도 예수의 말씀으로 말미암아 난해한 『천부경』의 뜻도 해명의 단서를 찾게 되었다. 『천부경』 81자 중 첫 5자인 一始無始一과 마지막 5자인 一終無終一의 뜻은, 하나님은 하나님 안에서 모든 것을 하나로 만들기 위해 우주창조를 시작했지만 하나를 얻지 못하였다. 하나가 하나

되지 못하고 0.99999…무한 9로 끝없이 이어지기 때문에 하나가 궁극의 목표로 운명지워진 우주의 완성은 영원히 이루어지지 않는다는 뜻이다.

2. 하나님의 잠

천체물리학자들은 현생 우주가 180억년 전에 탄생했다고 말한다. 이른바 빅뱅(Big bang)설이다. 대폭발로 인해 공간과 시간도 생겨났다. 대폭발 이전에는 공간도 시간도 물질도 없었기에 無요 空이다. 無의 수학적 기호는 0이다. 공간이 팽창되거나 축소되면 시간도 따라서 팽창, 축소되는데 공간과 시간도 최초의 특이점(特異點, singularity)이전의 상황에서는 무의미하다. 우주를 하나의 거대한 초구체(超球體, Hypersphere)로 보고 구체인 풍선에 바람을 계속 넣으면 점점 부피가 팽창해 폭발해 버리고 반대로 풍선의 바람을 빼면 점점 오그라들어 반경이 0이 되면 부피가 사라진다. 점점 팽창하거나 점점 수축하는 경계선이 특이점 0이다.

우주의 기원을 놓고 신학과 과학은 서로 반대되는 견해를 가지고 있다. 신학은 신에 의해 창조된 우주는 시작이 없는 과거로부터 영원히 존속되어 왔고 앞으로도 영원할 것이라는 입장이고, 과학은 180억년 전에 대폭발로 출현한 현생우주도 언젠가 열역학적 평형상태에 이르러 열사망(heat death)으로 마감할 것이 틀림없으므로 영원하지 않다는 입장이다.

우주출현 1초 후 우주의 온도는 100억도였으며 대폭발 때 발생한 고열이 태양표면 온도로 변하기까지 10만 년이 걸렸고 180억 년이 지난 오늘에는 절대온도 $0°(-273°C)$보다 $3°$ 높은 온도로 내려갔다. 열사망이란 모든 별들의 온도가 절대 온도인 $0°$가 되면 열역학적 평형이 이루어져 우주가 사망한다는 엔트로피이론이다. 현생 우주가 언젠가는 없어진다고 말한 것은 현대의 천체물리학자나 우주과학자들만이 아니고 예수나 석가모니도 이미 예견한 사실이니 새삼스러운 이야기가 아니다. 하지만 현대과학은 현생우주가 영원하지 않다는 점만 밝혔을 뿐 왜 없어지며 현생 우주가 없어지면 미래에 또 다른 우주가 출현하느냐 하는 점과 현생 우주 이전에도 과거 우주가 있었느냐의 문제에 대해 아무런 해답도 제시 못하고 있다. 물질적 우주의 한계성에 부닥친 것이다. 또한 불교는 '3천겁(劫) 이전의 3천불'의 예에서 보듯 현생 우주 이전에 과거 우주가 3천 번이나 존재했다는 사실은 말하였으나 성립→존속→파괴→無→재성립 의 사이클을 순환하는 우주생성의 필연성을 해명하지 못했다. 3천 번을 똑같은 길을 가다가 어떤 특정인물을 우연히 2, 3번 만날 수는 있지만 한 번도 빠지지 않고 3천 번이나 계속해서 똑같은 인물과 만나는 것은 우연성이 아닌 필연성이다.

 시작이 없는 과거로부터 끝남이 없는 미래에 이르기까지 창조주에 의해 창조된 우주는 영존(永存)한다는 기독교신학의 관점도 허점 투성이다. 첫째 180억 년은 영원이 아니다. 180억년 전 현생 우주가 탄생한 바로 그 순간은 특이점 0에 해당된다. 0이전에는 시간도 없었고 공간도 없었으며 시공이 없기 때문에 아무런 사건도 일어나지 않았다. 원인과 결과를 따지는 인과론(因果論)은 시간안에서만 유효하다. 따라서 창조주가 우주발생의 최초 원인이라면 창조주는 반드시 시간안에 있어야 하며 시간도 없고 공간도 없는 0에서 창조주가 시간과 공간을 창조했다는 신학의 주장은 전혀 설득력이 없다.

 중세의 대표적인 신학자 아우구스티누스는 "창조의 신은 시간과 공간의 법칙에 지배되지 않는 시간과 공간을 초월한 존재며 시간밖에 있는 존재다"라고 선언했다. 그러나 이러한 주장은 현대물리학에 의해 산산조각이 나버린지 이미 오래다. 우주 안에 있는 그 어떠한 존재도 시간과 공간을 초월할 수 없으며 실제 시간밖에 있는 존재란 하나도 없다. 유럽 역사에서 전개된 신학과 과학의 대결은 항상 과학의 승리로 끝났다.

프톨레마이오스 이래 확고한 권위를 가지고 있던 천동설은 갈릴레오의 지동설로 대체되었고 다윈의 진화론도 신의 인간 창조에 회의적 시각을 가지고 있던 사람들에게 진리로 수용되었으며 유태력 기원 1년(5700여년 전)에 일어났다고 믿어진 여호와의 천지창조설 역시 180억년 현생우주설에 항복하고 말았다. 빅뱅으로 탄생한 현생우주설을 받아들여놓고 보니 신학계에 또 다른 고민거리가 생겼다. 영원불멸하고 전지전능한 존재라고 가르쳐 온 신의 위상에 회의가 싹트기 시작한 것이다. 시간과 공간 안에 있는 모든 존재는 영원할 수 없다. 그리고 모든 것을 아는 全知와 어떤 종류의 어떤 어려운 일이라도 해낼 수 있는 全能도 시간과 공간 안에서만 발휘된다. 시간과 공간을 벗어나서는 어떠한 물리적 작용도 화학적 변화도 어떠한 행위도 어떠한 사건도 일어날 수 없다. 이것은 결국 신도 언젠가는 滅해야 할 한시적 존재이고 신이 한시적 존재라면 신의 속성인 全知全能도 유한 知와 유한 能으로 바꾸어져야 함을 의미한다.

현대물리학이 제시한 물질적 우주의 한계성과 현대 신학이 직면한 창조주의 영원성과 전지전능함에 대한 형이상학적 위기를 동시에 극복할 수 있는 해결책은 『탈무드 임마누엘』에 기록된 예수의 말씀에 이미 나와 있다.

단 여호와의 존재를 인정하지 않고 인간에 불과한 신의 우주창조도 인정치 않는 예수의 입장에서 아래 예수의 말씀은 여호와 나 지구를 다스리는 신을 위한 변론이 아니라는 사실을 알아두기 바란다.

『탈무드 임마누엘』 34장 18절: 창조주도 역시 휴식을 필요로 합니다. 따라서 그가 창조행위를 하지 않을 때는 살아있는 다른 생명체들과 마찬가지로 수면을 취합니다. 19절: 사람의 생활이 밤과 낮으로 그리고 일과 휴식으로 나뉘어 있는 것처럼 창조주 또한 일하는 기간과 휴식을 취하는 기간을 가지고 있습니다. 20절: 그렇지만 그 기간은 인간들의 기간과는 다릅니다. 왜냐하면 그것의 법칙은 영혼의 법칙이기 때문입니다. 21절: 인간의 법칙들은 물질적인 생명의 법칙들입니다.

22절: 물질적인 생명은 제한되어 있지만 영혼의 생명은 영원히 지속되며 그 끝이 없는것입니다. 23절: 창조주는 元존속과 元창조 법칙들의 적용을 받습니다. 이 원존속과 원창조야 말로 절대 가운데 절대이며 만물의 시작과 무한이며 그 자체로부터 창조된 것입니다. 24절: 그것의 비밀은 헤아릴 수가 없으며 일곱 이라는 숫자에 근거를 두고 있어서 일곱의 배수로 계산이 됩니다.

25절: 이것은 인간이 오직 완전해졌을 때에만 풀 수 있는 비밀들과 법칙들 가운데 하나입니다. 26절: 그러나 생명의 법칙이 지혜로운 사람들에게는 감추어진 것이 아니라는 것을 알아두십시오. 그러므로 그들은 그것들을 깨달을 수 있고 또한 따를 수 있는 것입니다. 27절: 지혜로운 사람이 원창조의 법칙이 일곱 수에 근거한 계산안의 모든 곳에 들어 있음을 이해하게 되면 그들은 창조주 역시 일곱의 배수로 계산될 수 있는 창조의 시간과 휴식의 시간을 갖는다는 지식을 얻고 소유할 수 있을 것입니다. 28절: 창조주는 커다란 일곱 기간 동안 선잠을 잤습니다. 그러므로 그 동안에는 아무것도 심지어는 우주조차도 존재하지 않았습니다. 29절: 창조주는 오직 잠을 잤을 뿐 생명체 또는 어떠한 것도 창조하지 않았습니다. 30절: 그러나 일곱 기간의 일곱 배 동안 곧 커다란 일곱 기간 동안 잠을 잔 뒤에 창조주는 잠에서 깨어나 모든 것을 창조하기 시작했습니다.

31절: 그 커다란 일곱 기간 동안의 선잠에서 깨어난 뒤 창조주는 이제 모든 것을 일곱 기간의 일곱 배인 커다란 일곱 기간 동안 또다시 창조합니다. 이것은 다시 창조주가 휴식을 필요로 하여 다시 또 커다란 일곱 기간 동안 잠을 잘 때까지 계속됩니다. 32절: 창조주가 다시 쉬며 잠을 자기 때문에 그 휴식기간 동안에는 창조주자체를 제외하고는 아무것도 존재하지 않게 됩니다. 33절: 거기에는 어떤 생명체도 다른 어떤 것도 존재하지 않습니다. 34절: 그 커다란 일곱 기간 동안에는 오직 창조주만이 존재할 것이니 이는 창조주가 다시 깨어나서 새로운 생명체들과 다른 모든 것들을 창조해내기까지 휴식을 취할 것이기 때문입니다.

35절: 창조주는 그 자체 내에서 하나인 까닭에 살아있거나 존재하는 모든 생명은 창조주 안에서 하나가 될 것입니다. 36절: 이것이 모든 인간과 동식물들 그리고 모든 생명이 창조주 안에서 하나임을 입증하는 창조의 법칙입니다. 37절: 만일 어떤 사람이 만물을 둘 또는 셋이라고 믿는다면 그는 틀린 것입니다. 모든 것은 하나이기 때문입니다. 38절: 어떤 사람이 둘 또는 셋이라고 믿는 것은 어느 것이든지 실제로는 하나입니다. 그러므로 그 사람은 둘 또는 셋으로 보이는 모든 것을 하나로 만들어야 합니다. 39절: 사람 안에 있는 영혼은 창조주의 한 부분이므로 그것은 창조주와 더불어 하나입니다. 따라서 그것들은 둘이 아닙니다.

40절: 육신 또한 다른 형태의 물질로 나타난 영혼의 한 부분입니다. 그러니 그것은 영혼과 하나입니다. 따라서 영혼과 육신은 둘이 아닙니다. 41절: 이 가르침은 어쨌거나 일원성만이 존재할 뿐 어떤 다른 형태로든지 이원성이나 삼원성이 있을 수 없다는 것입니다. 42절: 만일 사람들에게 어떤 것이 이원성 또는 삼원성을 가지고 있는 것으로 보인다면 그들은 속임수의 희생이 된 것 입니다. 이는 그들이 논리적으로 생각하지 않고 단지 인간의 지식에 따라 생각하기 때문입니다. 43절: 그러나 그들이 영혼의 지식에 따라 행동한다면 그들은 법칙에 의거한 논리를 발견할 수 있을 것입니다. 44절: 오직 인간의 사고만이 틀릴 뿐 창조주의 법칙들은 틀릴 수가 없습니다.

45절: 이것이 바로 모든 것은 일원성으로부터 출발한다고 하는 이유이며 이원성은 단지 사람들이 그들의 제한된 사고 속에서 진리를 제대로 파악하지 못하기 때문에 가능해 보이는 이유입니다. 46절: 모든 것은 일원성을 가지고 있으며 모든 것이 창조주로부터 나왔으므로 어떤 이원성이나 삼원성도 존재할 수 없습니다. 왜냐하면 그것은 창조주의 법칙에 위배되는 것이기 때문입니다. 47절: 그러므로 사람들은 그 둘을 하나로 만들어야 하며 창조의 법칙에 따라서 생각하고 행동하여야 합니다. 48절: 사람은 오직 무지한 가운데에서 이원성을 조작해내고 이로서 창조주의 법칙을 위배합니다. 49절: 사람이 모든 것을 일원성으로 배치하여 모든 것을 하나로 만들었을 때는 그가 산을 보고 "옆으로 비키라"하면 산이 움직일 것입니다.

50절: 모든 것이 창조주 안에서 또 법칙과 생명체들 그리고 물질들 안에서 하나이므로 창조주에게는 오류가 없습니다. 51절: 어떤 지혜로운 사람이 모든 것은 언제나 둘이 있다고 말할 때 그것은 그 둘이 자체 내에서 하나이며 합해서도 하나라는 것을 뜻하는 것입니다. 52절: 사물은 단지 겉으로 보기에만 둘입니다. 이는 그 자체 내에서 둘을 합하였을 때 항상 하나이기 때문입니다. 53절: 따라서 악은 그자체로 하나이나 그것이 또한 그 자체로 선이기 때문입니다. 이와 마찬가지로 선은 그 자체로 하나이나 그것은 또한 그 자체로 악이기 때문입니다. 54절: 선과 악은 따로 떨어져서도 하나이며 일원성이기 때문에 그들은 합해서도 하나이며 일원성인 것입니다. 왜냐하면 그것이 창조의 법칙이기 때문입니다.

55절: 따라서 결론은 외관상으로는 두 개로 구분이 되더라도 그것은 모두 그 자체로 하나이며 합쳐서도 하나라는 것입니다. 56절: 사람들이 만일 삼원성 역시 존재한다고 말할 때에는 그들의 의식이 어떤 종류의 종파나 잘못된 가르침, 또는 변조된 사고로 인해 혼란에 빠진 것입니다.

57절: 한 개체는 항상 그들 속에서는 하나인 두 부분으로 이루어집니다. 58절: 인간은 두 부분으로 이루어진 한 개체인 까닭에 영혼은 그 두 부분가운데의 한 개체입니다. 그러나 영혼과 육신은 둘 다 자체 내에서 하나이며 합해서도 하나입니다. 59절: 육신은 영혼 없이 살 수 없고 또한 반대로도 마찬가지입니다. 이는 영혼과 육신이 외관상으로는 둘로 보임에도 불구하고 하나이기 때문입니다.

60절: 영혼도 같은 법칙에 따라 삽니다. 그 자체로 그것은 두 부분으로 구성되어 있으나 각 부분 내에서는 하나이기 때문입니다. 그러므로 그것은 그 자체로 하나입니다. 61절: 영혼의 두 부분이란 지혜와 힘입니다. 62절: 지혜가 없으면 영혼의 능력은 활용될 수가 없으며 또한 어떤 지혜도 영혼의 능력이 없이는 나타날 수 없습니다. 63절: 따라서 모든 것에는 항상 자체 속에서 하나인 2개의 사물이 요구됩니다. 그러므로 이원성이 아닌 일원성 속에서 하나 됨이 있는 것입니다. 64절: 창조의 법칙은 "인간들이란 그 자체로 하나이며 합해서도 하나인 두 개의 동등한 부분으로 스스로를 이루고 있는 개체들이다"라고 말합니다.

65절: 육신과 영혼은 각각 그 자체로 독립된 개체이면서 인간을 구성하는 동등한 2부분인 것입니다. 66절: 율법학자들이 인간은 어떤 삼원성 속에서 살고 있다고 가르칠 때 이 가르침은 틀리고 변조 된 것입니다. 왜냐하면 그들은 창조주의 법칙에 따라서 가르치고 있지 않기 때문입니다.

예수의 말씀 중 창조주에 대한 가르침이라는 이름이 붙은 34장이 가장 중요한 가르침이다. 34장의 말씀 중 28절에서 36절까지를 음미해 보면 우주의 비밀이 저절로 풀린다. 7의 배수라면 7×7=49다. 49는 기간의 맨 앞에 붙는 수다.

49를 49시간 49일 49개월 49년으로 해석하면 큰 낭패를 본다. 현생우주가 180억 세임을 고려한다면 49 다음에 0이 9개 붙은 490억 년이 되어야 마땅하다. 즉 창조주는 490억 년 동안 창조활동을 하시다가 490억 년 동안 휴식과 수면을 취하신다는 말씀이다. 창조주가 창조활동을 하는 기간에는 우주가 점점 팽창하고 수면기에 들어갈 즈음에 우주가 점점 수축되다가 창조주가 잠들면 우주와 우주만물의 물리적 신체는 다 소멸되고 제존재의 본질인 창조주의 o(囧)이 창조주의 본령(本囧)으로 돌아와 하나님과 하나가 된다는 뜻이다.

예수의 말씀으로 그 어느 누구도 알 수 없었던 우주의 비밀이 해명되었다. 34장 28~36절의 가르침은 그동안 논란이 되어 왔던 여러 쟁점을 한꺼번에 일소시킨 인류역사상 최고의 쾌거이며 일대장관이다.

첫째, 시작이 없는 과거 어느 시점에 창조된 원시우주가 끝남이 없는 미래에까지 영존한다는 이른바 원시우주영원설이 깨어졌다. 과거세에서 현생우주에 이르기까지 무량수(無量數)로 창조되었던 우주들은 각각 490억 년의 수명을 가졌고 한 우주에서 다음 번째 우주로 넘어가는 사이에 창조주의 수면과 이에 따른 無창조활동으로 말미암아 각각 490억 년씩의 공백기가 있었다.

둘째, 창조주의 영원불멸성이 증명되었다. 시간과 공간 안에 있는 존재는 언젠가는 소멸되므로 영원하지 않다. 만약 창조주가 490억 년의 10만 배인 4천9백조 년 동안 계속 시간 안에 계신다면 영원하지 않을 수도 있다. 하지만 490억 년의 창조기간이 끝날 때마다 490억 년의 수면 기간이 뒤따르므로 이로서 영원불멸성은 보증된다.

490억 년 수면기간 동안은 자신이 창조한 우주가 없다. 우주라는 공간이 없어지면 시간도 따라 없어진다. 태양이 없으면 날짜와 연도가 없어지고 달이 없어지면 6월이다 9월이다 하는 월별 개념이 없어지는 것과 마찬가지 이치다. 창조주가 잠자는 동안은 시간이 없기 때문에 無시간이다. 無시간이야 말로 진정한 영원의 개념이며 영원의 상징은 0이고 우주가 없어지는 특이점도 0이다. 우주에 있던 모든 존재의 o(旺)이 창조주의 o(旺)으로 귀환하여 o 이 o (영원) 속에서 잠자는데 여기에 무슨 유한성과 한시성의 개념이 있는가? 1에서 9까지 1시에서 9시까지라는 말은 있어도 0에서 0까지 0시에서 0시까지 무시간에서 무시간까지 영원에서 영원까지는 모두 말이 안되기 때문이다.

셋째, 첫번째 창조된 원시우주와 100만 번째 우주, 과거의 우주들과 미래의 우주들로 이어질 영원한 우주의 계기성(繼起性)과 연관성이 증명되었다. 예수께서 말씀하신 元창조, 元존속의 법칙으로 계기성 및 상호 연관성이 보전된다. 첫 번째 창조된 원시우주에서 하나님이 1을 만들기 위해 0.999······ 1천만 번째 9로 끝났다면 2번째 우주에서는 처음부터 다시 시작하는 것이 아니라 0.999······ 1천만 1번째 9로 시작하여 元창조의 과거 역사(役事)를 계승한다는 뜻이 元창조의 법칙이다.

현대물리학에서 말하는 포앙카레 사이클이 원존속의 의미를 어느 정도 대변해 주고 있다. 물질적 우주는 무수한 분자들로 구성되며 재배합된 분자들의 순환에 따라 한가지 상태에서 다음 상태로 여행하는데 존재 가능성이 있는 모든 상태들이 발생한다. 분자 재배합이 계속됨으로써 우주는 이전에 일어났던 상태를 다시 반복한다. 이러한 무제한적인 반복 중복 현상의 순환이 곧 앙리 포앙카레의 이름을 딴 포앙카레 사이클이다. 충분한 시간이 지나면 오래전에 사라졌던 지구라는 이름의 별도 그 안에 살았던 모든 생명체들과 함께 다시 재구성된다. 두 번째 지구는 첫 번째 지구와 100% 같지는 않지만 분자재배합의 배열상태만 약간 다를 뿐 첫 번째 지구의 복사판이나 다름없다.

물리학자인 포앙카레는 물질재배합만 설명 했을 뿐 영혼 이야기는 하지 않았다. 그러므로 포앙카레 사이클에 영혼의 주제를 실으면 예수가 말씀한 元존속의 법칙이 된다. 지구가 언제부터 창조주의 창조 리스트에 올랐는지는 몰라도 현생우주에 분명히 지구는 속해 있다. 따라서 현생우주가 멸망하고 490억년의 수면을 취한다음 창조주가 다음 우주를 창조할 때에도 지구는 분명 재현된다는 뜻이 원존속의 법칙이다. 다만 다음 우주에 있어 지구에 살게 될 인종이나 동식물의 종류는 지금의 지구와 약간 다를지 몰라도 기본 골격은 대동소이하다.

넷째, 연속적으로 출현하는 우주가 반드시 존재해야 할 필연성이 증명되었다. 현생 우주다음에 출현하게 될 미래의 우주들은 가면 갈수록 그 이전의 우주보다 더 커진다.

왜냐? 모든 것을 자기 안에서 하나로 만들어야 하는 하나님의 입장에서는 별들 수가 점점 많아지고 생물들의 수가 증가해야 아직도 모르고 있는 1/무한수, 비유로 말해 한마리 모기 눈물/바다물 전체량 만큼의 지식을 배워 1의 완성을 성취시키고자 하는 영원한 학생이기 때문이다. 앞에서 인용한 바보 온달의 고사를 비유해 하나님의 끝없는 역사를 설명해 보자. 바보온달은 자신의 몸집보다 훨씬 큰 화강암을 더 큰 화강암에 갈아 그 속에 함유되어 있는 소량의 철분을 얻어 눈먼 어머니에게 바칠 귀 큰 바늘을 만들고자 한다. 하루 24시간 중 12시간을 바위 가는 작업에 투입하고 나머지 12시간은 잠자고 휴식을 취하면서 내일을 위해 준비한다. 세상 사람들이 바보라고 놀려도 묵묵히 바위 가는 일에 전념한다. 여기에 바보온달의 위대한 덕성(德性)이 있다.

똑같은 일을 만날 천날 50년 60년 동안 쉬지 않고 반복하기란 참으로 어렵다. 장기간의 단순 반복 노동은 지루함을 불러오고 지루함은 권태감을 낳고 권태감은 나태로 이어지며 나태는 의욕상실을 불러오고 의욕이 상실되면 만사가 귀찮아진다. 천재라면 도저히 견디기 어려운 지루함을 참아내는 것은 바보들만의 장기다.

바보온달이 화강암을 화강암에 가는 단순 반복 노동에서 야기되는 지루함을 참아낼 수 있었던 동인은 효심과 자기 확신이었다. 어떤 어려움이 있더라도 바위를 갈아 바늘을 만들어 어머니를 즐겁게 해드리겠다는 효심과 바위인들 별 거 있나 갈고갈고 또 갈면 언젠가는 반드시 바늘이 된다는 자기확신 없이는 밀물처럼 밀어닥치는 지루함과 권태감을 극복하지 못하였을 것이다.

창조주와 바보온달은 바보이기는 마찬가지이나 큰 어리석음 즉 대우성(大愚性)의 질(質)에 있어 그 차원이 다르다. 대우성이야 말로 진정한 신성(神性)이다. 인간의 경우 진행하던 어떤 일이 난관에 부닥쳐 성사가능성이 전혀 없다고 판단되면 중도에 일찌감치 포기하고 만다.

성사되지 않을 것을 알면서도 끝까지 밀고나가는 사람은 바보 취급을 받고 불가능의 꿈에 처음부터 아예 도전하지 않거나 도전하더라도 불가능한 일이라 판단되면 과감히 중도에 포기하고 마는 사람이 오히려 현명한 사람으로 칭송된다. 그런데 창조주는 어떤가?

제일 처음 원시우주를 창조할 때부터 하나님은 우주만물과 더불어 하나를 이루고자하나 하나가 되지 못하고 0.999······ 무한 9로 이어진다는 자신의 운명을 알고 있었다. 그런데도 왜? 포기하지 않고 결과를 환히 내다보면서도 2번째 우주를 창조하고 ······100만 번째 우주를 창조하고······ 무량수의 우주를 창조 하시는가? 하나님이야 말로 전지전능의 지혜로운 존재가 아닌 크게 크게 어리석은 대우성의 전형이 아니시던가? 490억년식의 한우주가 무시간의 영원 속에서 잠자는 창조주의 수면을 거쳐 연속적으로 출현하는 동인은 무엇인가? 중생일체를 불쌍히 여기는 창조주의 동정심에서도 아니고 우주만물에게 은혜를 베푸시는 창조주의 끝없는 자비심 때문에 연속적인 우주가 계속 출현하는 것은 결코 아니다. 우주만물의 영혼이 모두 창조주의 영혼이기 때문에 우주만물과 창조주는 둘이 아닌 하나인데 자기가 자기를 불쌍히 여긴다거나 자신이 자신에게 은혜와 자비를 베푼다는 것은 창조주의 사전에 없는 논리에 맞지 않는 말이다.

하나님이 연속적으로 우주를 창조하여 만약 1/무한수 을 얻어 0.9999…… 무한 9가 아닌 1을 이룬다면 그 순간에 존재하는 우주는 하나님이 창조한 최후의 우주가 된다. 최후의 우주는 490억 년이 지나면 생자필멸의 법칙에 따라 자동 소멸된다. 최후의 우주가 없어지면 우주창조자인 하나님도 소멸된다. 그러므로 하나님과 우주와 우주만유의 영원성을 유지하기 위해서 우주는 결코 완성되어서는 아니되고 하나님도 결코 완전무결한 존재가 되어서는 아니된다. 제한된 시간의 한시성 안에서는 항상 최초, 최후가 있다.

어느 인생에 있어서도 출생은 최초, 죽음은 최후다. 그러나 영원은 과거도 없고 현재도 없고 미래도 없으며 최초도 없고 중간도 없고 최후도 없다. 최후의 우주가 존재하지 않기 위해서는 영원→490억 년→영원→490억 년→영원→490억 년→영원으로 무한히 계속 영속되어야 한다. 그러므로 온전한 하나가 결코 될 수 없는 운명의 필연성에 스스로를 구속시킨 하나님의 크게 어리석은 대우성이야 말로 인간으로서는 감히 측량할 수 없는 하나님의 크나큰 덕(大德)이자 크나큰 밝은 지혜(大慧)며 크나큰 능력(大力)인 것이다.

다섯째 별들도 윤회의 법칙에 벗어날 수 없음이 증명되었다.

한인하나님이 석가모니에게 준 설산 16자 중 처음 여덟자는 諸行無常 是生滅法이다. "우주에 있는 모든 존재의 물질로 이루어진 물리적 신체는 영원히 존속될 수 없으며 나고 죽고 죽고 나는 윤회법칙의 지배를 받는다"는 뜻이다. 그러나 석가모니는 윤회법칙의 적용범위를 욕계에 사는 인간 및 동식물에 국한시켰다.

하지만 우주 안에 있는 생명은 인간과 동식물에만 국한되지 않는다.

태양은 무엇이고 지구는 무엇이며 생물이 살지 않는 금성, 화성, 수성 등은 무엇이며 헤아릴 수 없을 만큼 많은 은하계의 별들은 또 무엇인가? 그들 모두 인간보다 훨씬 오랜 기간 동안 수명을 누리는 생명체임이 분명하다. 만약 그들이 살아있는 생명이 아닌 죽은 물체들이라면 어떻게 정해진 궤도를 따라 질서 정연한 운행을 계속 할 수 있는가? 별들을 모두 제외시키고 나면 하늘은 그야말로 빈 껍데기에 불과하다. 예수는 분명히 말씀했다.

창조주가 수면을 취하면 모든 존재의 물리적 신체는 다 소멸되고 그들의 O들만이 그들의 고향인 창조주의 O과 하나가 되어 잠을 자게 된다고, 34장 36절의 말씀이 진리를 대변하고 있다.

36절: "이것이 모든 인간과 동식물들 그리고 '모든 생명'이 창조주 안에서 하나임을 입증하는 창조의 법칙입니다."

인간들과 동식물들의 생명을 빼고 나면 우주 안에 남아 있는 생명이라고는 별들의 생명밖에 없다. 위의 '모든 생명'에는 별들의 생명이 포함된다. 이런 의미에서 하나님의 창조법칙인 諸行無常 是生滅法을 포괄적으로 해석하여 윤회법의 작용범위를 우주 안에 있는 모든 생명체에 확대 적용시킨 장본인은 석가가 아닌 예수라고 단언할 수 있다.

예수께서 말씀한 $7^2=49$라는 수는 한국인에게 특별한 감흥을 불러일으키는 아주 친근한 수이다. 망자의 영혼이 하나님이 계시는 천당에 도착하는데 소요되는 날수가 49일이라 해서 49재를 지낸다. 49재는 우리 전래의 삼신신앙에 기원을 둔 것으로 삼신신앙의 한 갈래인 칠성신앙이 고려시절 불교와 통교(通交)함으로써 불교에서도 망자를 위해 49재를 올린다. 일주일에 한번씩 49일 동안 총 7번의 재를 올리는데 이는 예수가 30~31절에서 밝힌 일곱 기간의 일곱 배인 커다란 일곱 기간과 일치한다. 창조주께서 7의 배수 기간 동안 창조활동을 하시고 7의 배수 기간 동안

휴식을 취하면서 주무신다면 원래 창조주 영혼의 한부분인 인간영혼이 천당으로 복귀하는 기간도 7의 배수 기간이 되어야 마땅하다. 7의 배수 기간이 바로 49일 만에 망자의 o이 하나님의 o복귀하는 ア口 ア口 = 7× 7 = 49 = 匪이다.

기존 기독교는 예수께서 말씀하신 7의 배수 기간을 단순 7로 해석하여 여호와가 6일만에 천지만물을 창조하고 7일째 휴식을 취하였다고 기록하고 있으며(창세기 1~2장), 모세의 십계명은 여호와가 휴식을 취한 "안식일을 기억하고 그것을 거룩하게 지키라"를 4번째 계명으로 기록하고 있다 (출애굽기 20장, 신명기 5장). 또한 마태복음 12장 8절에 "인자(人子)는 곧 안식일의 주니라"(For the son of man is Lord even of the sabbath day)한 내용은 예수께서 말씀한 적이 없는 위작임으로 『탈무드 임마누엘』13장에 나와 있는 원문을 여기 소개한다.

13장 6절: 진실로 내가 그대들에게 말합니다. 이 독사의 후손들이여 안식일에 아무일도 해서는 안되기를 기다리느니 차라리 돌맹이가 빵으로 변하기를 기다리는 것이 빠를 것입니다. 7절: 본래 안식일을 거룩하게 지켜야 한다는 율법이란 사람이 논리에 맞지 않게 지어낸 한 법에 불과하며 사람이 만들어 낸 다른 모든 율법들과 마찬가지로 창조주의 율법에 어긋나기 때문입니다. 8절: 거짓 예언자들과 성서를 왜곡한자들이 바로 이러한 창조주와 자연의 율법을 거역하는 율법들에 대해 책임을 져야 할 죄인들입니다. 9절: 안식일을 거룩하게 여겨야 하므로 아무도 이날에는 일을 해서는 안 된다는 것은 인간이 만든 율법입니다. 그러나 이 율법은 인간의 마음에서 비롯된 가르침 가운데 하나이며 또한 논리에 맞지 않는 것입니다.

10절: 진실로 내가 그대들에게 이릅니다. 어떤 안식일도 거룩한 것이 아니며 어떤 율법도 안식일에 일을 하여서는 안 된다고 강요하지 않습니다. 11절: 그러니 안식일이란 그날 해야 할 일을 해도 되는 다른 어느 날이나 마찬가지인 평범한 하루 일뿐 입니다. - 중략 -

16절: 모든 안식일에도 창조주는 하늘의 별들을 운행시키시고 해와 바람과 비를 조절하시며 지상에 있는 모든 생명체들을 키우십니다. 17절: 창조주는 어느 안식일에도 다른 안식일들과 마찬가지로 물이 제 길을 따라 흐르게 하시고 모든 것이 창조주에 의해 만들어진 대로 본연의 길을 가게 하십니다.

진짜 창조주는 490억년 동안 조금도 쉬지 않고 지금 이 순간에도 창조활동을 계속하시는데 유대인들의 상상력이 만들어낸 가짜 창조주 여호와는 아직도 팽창하고 있는 이 광활한 우주를 6일만에 후다닥 창조하고 7일째 휴식을 취한다음 유대인 600만 명이 참혹하게 학살당하는 아우츠비츠 현장에도 나타나지 않고 영영 무소식이다. 특히 16~17절의 말씀은 안식일을 철저히 지키는 유대교의 교리 및 일요일을 주일(主日, Lord's day)로 정하여 예수께 예배드리는 현 기독교 교리의 허구성이 예배받는 당사자인 예수 자신의 입을 통해 여지없이 폭로된 것이라 할 수 있다.

하나님이 하나(1)을 이루지 못하는 운명의 필연성이 一始無始一 一終無終一로『천부경』에 나타나 있음을 이미 밝힌 바 있다. 그렇다면 하나님이 주무시는 기간에는 우주와 우주 안에 있는 모든 존재가 모두 없어져 창조주 o으로 돌아간다는 예수의 말씀도『천부경』에 기록되어 있는지의 여부를 독자 여러분은 궁금해 하실 것이다. 분명 기록되어 있다.

『천부경』81자 중 21번째에서 28번까지의 8자 一積O鉅 無匱化三 (일적영거무궤화삼)이 바로 그것이다. 가림토문자로 씌여진 내용을 한문으로 번역한 최치원의『천부경』에는 一積十鉅無匱化三으로 되어 있지만 411년 왜구들의 침략으로 곤란지경에 빠진 신라를 구출하기 위해 삼년산군(三年山郡, 충북 보은군)에 출병한 광개토대왕이 천고산(天鼓山)에 천제를 지내고 제단 밑 바위에 암각해 놓은 『천부경』 81자에는 분명 一積十鉅가 아닌 一積O鉅로 쓰여져 있었다. 1996년 광산 개발을 이유로 천부경이 암각된 바위는 없어졌지만 『규원사화』(揆園史話)의 저자인 북애자(北涯子) 김태손(金台孫)의 후손인 김정필(金正筆)님의 집안 뜰안 바위에 광개토대왕이 남긴 천부경 81자가 탁본으로 새겨져 있다.

一積十鉅는 '하나가 쌓이고 모여 10이 되면' 또는 '하나가 모이고 또 모여 무한수가 되면' 이라는 뜻인데 이렇게 되면 다음에 나오는 無匱化三을 설명할 수가 없다. 十이란 본래 없는 수다. 수의 기본은 1, 2, 3, 4, 5, 6, 7, 8, 9, 0이며 하도(河圖)와 낙서(落書)에도 9가 최대수이고 10의 수가 없다. 10은 1의 10진법이다. 유럽에서도 0과 10은 몽고군의 유럽침략 후 생긴 수라고 말한다. 따라서 一積十鉅가 아닌 一積O鉅가 되어야 다음 4자인 無匱化三의 뜻과 무리없이 연결된다. 一積O鉅의 一積은 실제로 1이 아닌 0.999…… 무한 9로 계속되는 상태를 말한다. 0.999…… 무한 9로 이어지자 창조주는 이번 우주에서 창조활동을 잠시중단하고 휴식을 취하기 위해 o으로 돌아간다. 즉 무시간(timelessness)의 영원인 o 속에서 o (昷)이 주무신다는 뜻이 一積O鉅다. 無匱化三은 化三부터 해석하는 것이 수순이다. 三은 자미원, 태미원, 천시원의 三界에 살고 있는 모든 생명들의 o (昷)이다. 이 모든 존재의 o 들은 창조주의 일령(一 昷)이 변화한 것이기 때문에 化三이다. 匱는 궤짝 궤이다. 匱는 상자방 囗과 귀할貴의 합성어다. 따라서 匱를 풀어 해석하면 상자 안에 귀한 보물이 있다는 뜻이다. 囗은 우주의 공간이고 귀한 것은 우주에 살고 잇는 모든 생명들이다. 모든 생명의 근원은 창조주로부터 나왔고 모든 생명의 본질은 창조주의 o (昷)이다.

고로 一積O鉅 無匱化三은 0.999……무한 9로 계속 이어지자 잠시 창조활동을 중단하고 휴식을 취하기 위해 창조주의 o(昷)이 무시간의 영원인

o에 주무실 때 창조주의 o의 변화로 이루어진 우주 안에 있는 모든 귀중한 생명들의 물리적 신체는 다 소멸되고(無匱) 그들의 o (匨)들이 창조주의 o (匨)으로 복귀해 하나의 o이 잠을 잔다는 뜻이다. 위에 해석한 一積 o鉅 無匱化三의 뜻이 32~36절에 나와 있는 예수의 말씀이다. 독자 여러분께서 대조해 보시기 바란다.

예수의 말씀으로 인하여 창조→진화→개벽→순환의 우주유전사이클은 수정을 요하게 되었다. 창조주가 창조한 우주 들은 각각 490억 년씩 진화하다가 창조주의 잠으로 말미암아 이전 우주는 없어지고 잠에서 깨어난 창조주가 새로운 우주를 다시 창조하는 것이 개벽이다.

그렇다면 창조→진화 다음에 창조주의 잠이 들어가야 잠에서 깨어난 창조주의 새 우주창조인 개벽으로 무리없이 연결된다. 그리하여 창조주의 우주창조→진화→창조주의 잠→개벽→진화→창조주의 잠→개벽의 사이클이 영원히 순환해야 우주와 우주 만물이 하나님 안에서 하나가 되어 끝없이 유전하는 영속성이 보증될 수가 있다.

제 9장

재물일도(宰物一道)

1. 예수의 예언

『마태복음』 24장 25장에는 장차 일어날 일들에 관한 예수의 예언을 기록하고 있다. 하지만 그 내용은 예수가 예언한 핵심부분이 모두 빠져있는 그야말로 수박겉핥기에 불과할 따름이다. 또 하나의 예언서인 『요한계시록』은 사도 요한이 신의 계시를 받아 영감으로 기록한 것이라고는 하나 성서학자들은 요한이라는 이름이 예수 당시 가장 흔한 남자의 이름이고 『요한복음』의 그리스어와 『요한계시록』의 그리스어가 매우 다르므로 사도 요한이 두 책을 썼을 가능성은 희박하다고 보고 있다.

무엇보다 『요한계시록』은 최후의 심판을 거친 후 천년왕국론으로 결론을 맺고 있지만 이는 예수께서 결코 말씀한 적이 없는 내용이므로 『요한계시록』은 누군가에 의해 조작된 위작으로 판단할 수 밖에 없다. 예수의 예언은 모두 현실화되었다. 예컨대 베드로가 배신하고 바리새유대인 사울이 베드로와 합작하여 예수의 가르침을 변조하고 위조하여 그릇된 진리를 전파하리라는 예언, 무하메드(Muhammed)라는 이름의 예언자가 나타나 새로운 종교를 창시하고 이스라엘인들을 대를 이어 저주하며 핍박한다는 예언이 모두 현실화되었다. 유대교 및 기독교와 이슬람교의 끝없는 적대와 투쟁이 대혼란의 말세를 초래하는 기폭제가 되기 때문에 무하메드와 이슬람교 창설에 관한 예수의 예언은 대단히 중요한 의미를 갖는다. 이에 관한 기사가 『탈무드 임마누엘』30장 십자가에 못박히심편 9~16절에 나와 있으므로 중요한 구절을 살펴보기로 하자.

9절: 진실로 내가 그대들에게 말합니다. 그대들이 나를 때리고 조롱하면 그대들 역시 옛날부터 그대들이 노예로 삼았고 그대들과 그대의 조상들이 그들로부터 땅을 약탈해온 바로 그 사람들에게 얻어맞고 조롱을 당하게 될 것입니다. 10절: 그리고 앞으로 5백년 내로 그대들이 이를 보상해야 할 때가 올 것이니 그 때에는 그대들에게 예속되었던 이 땅의 정당한 소유자들이 그대들에게 항거하여 일어나기 시작할 것이며 먼 뒷날까지 싸우게 될 것입니다. 14절: 그의 이름은 무하메드일 것이니 그의 이름은 그대들의 종족에게 당하여 마땅한 공포와 비참과 죽음을 가져올 것입니다. 15절: 진실로 진실로 내가 그대들에게 말합니다. 그의 이름은 그대들을 위해 피로 씌여질 것이며 그대들을 향한 그의 노여움은 끝이 없을 것입니다.

16절: 그대들은 거짓이라고 주장할 것이지만 그는 진정한 예언자인 까닭에 그대들의 눈에 혼란되고 비지성적인 것으로 비칠 새로운 교리를 가져올 것입니다. 그러나 그가 일으킨 종파도 결국에는 그들과 그대들의 추종자들이 벌리는 피비린내나는 종말을 위한 기초를 다지게 될 때 끝나게 될 것입니다. 이는 그의 가르침이 왜곡되고 날조되어 그릇된 종파로서 끝을 맺게 될 것이기 때문입니다.

올리브산의 설교(The Olivet discourse)로 불리는 『마태복음』24장에 나오는 예수의 예언은 예루살렘의 멸망과 세상의 종말, 예수의 재림과 이에 따른 신자들의 준비자세 등을 언급한 내용이다. 하지만 『마태복음』 24~25장의 기사는 바울이 조작한 내용으로서 첫째, 대환란이 일어나는 시기를 언급하지 않은 점. 둘째, 40~41절에 명시되어 있듯 신의 택함을 받은 자들은 살아남아 천당에 가게 된다 말함으로써 여호와의 선택받은 백성인 유대인들은 자동적으로 구원받는 점을 은연중 드러내고 있다는 점(40절: 그 때에 두 사람이 밭에 있는데 한 사람은 데려가게 되고 한 사람은 남으리라 41절: 두 여인이 맷돌을 갈고 있다가 한 사람은 데려가게 되고 한 사람은 남게 되리라. 42절: 그러나 택함 받은 사람들을 위하여 그 날들이 단축될 것이라). 셋째, 얼마나 많은 사람이 죽게 되는지 그 규모에 대한 언급이 없다는 점. 넷째, 인자(人子)인 예수가 하늘의 구름을 타고 직접 구원하러 오신다는 점에 초점이 맞추어져 있다.

그러나 『탈무드 임마누엘』 25장 예언편에는 『마태복음』의 기록과 매우 상반되는 내용이 담겨져 있으므로 중요한 구절만을 간추려 소개하고자 한다.

25장 3절: 유대인들은 생명과 진리를 유린하면서 사람들이 흘린 피위에 예루살렘을 건설했습니다. 그러나 유대인들은 자신들을 시온의 아들 딸이라고 부르는 이스라엘인들과 그릇된 자기네 종파에 의해 잘못된 믿음을 가지고 있는 유다 사람들로 나누어져 있습니다. 이스라엘인들은 나와 무관하며 또 나를 죽이려고 하는 사람들이지만 유다 사람들에게는 다른 인류에게와 마찬가지로 내가 진리의 가르침을 가지고 왔습니다. 4절: 이스라엘 사람들은 탐욕과 살인을 통해서 이 땅을 강탈했습니다. 그들은 같이 술잔을 나누던 친구들을 죽였으며 또 같은 민족이면서도 단지 종파가 다르다는 이유로 유대종파의 동료신자들을 기만하고 오도해 왔습니다. 5절: 이리하여 이스라엘 사람들은 친구들을 배신하였고 자기들의 욕심 때문에 그들을 살해했습니다. 그러나 그들에게도 장차 똑같은 일이 벌어질 것이니 고대로부터 그들의 권리를 빼앗고 정복해버린 이 땅의 정당한 소유자들에 의해 그대로 당하게 될 것입니다. 6절: 그가 감람산 위에 오르셔서 앉아계실 때 제자들이 와서 물었습니다. 말씀해 주십시오. 언제 그런 일들이 일어나고 어떤 징조가 있겠습니까? 7절: 임마누엘이 대답했습니다. 이천년에서 몇 년이 더 지나서일 것이오. 하지만 그 때까지 이스라엘은 결코 평화를 찾지 못할 것이니 이는 많은 전쟁과 무수한 사악함들이 이 땅의 불법 소유자들인 그들을 위협할 것이기 때문입니다. 그러니 어느 누구도 그대들을 타락시키지 못하도록 주의하시오. 9절: 사람들은 전쟁과 전쟁의 외침소리들을 수없이 듣게 될 것이며 또한 눈으로 보지 않으면 안될 일이기는 하나 이를 두려워해서는 안됩니다. 왜냐하면 이것이 비록 반드시 겪어야만 할 일이기는 하나 이 자체가 지구의 종말을 뜻하는 것은 아니기 때문입니다.

26절: 만일 이러한 날들이 단축되지 않는다면 이 세상에는 아무도 살아남지 못할 것입니다. 그러나 이 기간은 영혼과 생명의 존속을 위해 단축될 것입니다. 27절: 이것은 창조주의 법칙과 진리를 섬기는 사람들 때문입니다. 28절: 이때가 되면 온 세상이 통곡과 이를 가는 소리들로 가득 찰 것입니다. 이는 사람들의 이해부족과 탐욕 때문입니다. 29절: 사람들은 서로를 죽이기 위해 하늘과 땅과 물에서 사용하기 위한 쇠로 만든 기계를 제작 할 것입니다. 30절: 그들은 이 철제기계들을 사용하여 땅과 도시를 가로질러 무거운 발사체들을 던질 것입니다.

31절: 이 발사체들로부터 불이 나와 온 세계를 태울 것이니 남아 있는 것들이 별로 없을 것입니다. 32절: 사람들은 이 발사체들의 치명적인 불을 자극하기 위해 그 속에 생명의 초석을 집어넣을 것입니다. 33절: 진실로 나는 그대들에게 말합니다. 만일 그때에 예전의 하늘의 아들들이 그랬던 것처럼 강력한 힘을 가진 존재들이 나타나서 망상에 사로잡힌 독재자들의 거침없는 미친 짓을 한 순간에 멈추게 하지 않으면 인간은 아무도 살아남지 못할 것입니다. 34절: 그 때에 인류는 5억의 열배를 훨씬 더 넘을 것이므로 그들 가운데 대부분이 멸망하고 죽음을 당할 것입니다. 35절: 이것은 창조주의 법칙이 정해 놓은 길입니다. 왜냐하면 사람들은 법칙을 어겨 왔으므로 먼 미래에 이르기 까지도 계속 창조주의 법칙을 어길 것이기 때문입니다.

40절: 나는 확실히 그 때에 다시 태어날 것이며 내가 사람들로 하여금 나를 알아 볼 수 있도록 하겠습니다. 41절: 이것이 창조주의 법칙과 운명이 원하는 바이며 또한 그렇게 될 것입니다. 42절: 하늘에서 번개가 치면 삽시간에 착지점에 도달하면서 커다란 빛을 발하는 것처럼 미래에 내가 다시 오는 것도 그러 할 것입니다. 나는 새로운 가르침을 가지고 올 것이며 하늘의 아들들로 편성된 천군(天軍)의 도래를 선포할 것입니다. 44절: 그 때에 애통함이 지나면 얼마 안 있어 해와 달이 그 빛을 잃고 혜성들이 하늘에서 떨어질 것이며 하늘의 힘들이 흔들리기 시작 할 것입니다.

45절: 하늘들과 대기의 구조가 교란될 것이며 인간들의 탐욕으로 인해 불이 붙여진 땅에서 나오는 검은 기름으로 말미암아 대지는 불탈 것이요. 하늘은 연기와 불로 캄캄해질 것입니다. 따라서 기상역시 교란되어 혹심한 추위가 닥칠 것이니, 진실로 무분별하게 발달된 인간들의 힘 때문에 온갖 종류의 생명들이 죽음을 맞게 될 것입니다.

46절: 그때서야 비로소 하늘에서 징조들이 나타나게 될 것입니다. 그리고 지구상의 모든 인간들은 울부짖으며 밖으로 나와서 하늘의 구름 사이에 있는 이 인간 세상의 불합리를 징벌하기 위해 오는 위대한 힘과 엄격한 심판을 증거하는 그 징표들을 보게 될 것입니다. 54절: 하늘들과 지구는 때가 되면 없어질 것이며 이 우주 역시 사라질 것입니다. 그러나 내 말씀들은 사라지지 않을 것이니 이는 내 말씀들이 창조주의 생명법칙 안에 있는 진리의 말씀들이기 때문입니다.

『마태복음』의 내용과는 달리 『탈무드 임마누엘』에 수록되어 있는 예수 예언의 핵심은

1) 이전에도 없었고 이후에도 없을 미증유의 대환란은 서기 2천년에서 몇 년이 더 지나 일어난다.("이 모든 일들이 일어나게 될 날짜와 시간은 아무도 모릅니다. 수호천사는 물론 신 자신도 모르며 나 임마누엘 또한 모릅니다. 오직 가장 위대한 지혜를 소유하고 있는 창조주의 법칙과 명령들 속에 있는 섭리와 운명만이 알고 있을 뿐입니다": 25장 55절)

2) 대환란은 창조주의 생명법칙을 어겨왔고 또 먼 미래에 이르기까지 그러 할 것이기 때문에 창조주께서 내리는 엄중한 심판이다.

3) 거짓 신 여호와의 택함을 받아 시온의 아들딸로 자처하는 이스라엘인들은 대부분 죽는다.

4) 진리와 창조주의 법칙을 섬기는 사람들 때문에 환란기간은 단축된다. 따라서 현존인류 65억 명 중 "인간의 영혼은 창조주 영혼의 한 부분이므로 창조주와 인간은 둘이 아닌 하나"라는 예수의 진정한 가르침을 믿는 5억 명만 살아남고 나머지는 다 멸망한다. 이는 지구의 적정인구가 5억 명이라고 한 예수의 말씀과도 일치한다.

5) 재림 예수가 직접 구름을 타고 오는 것이 아니라 하늘의 구름 사이에 있는 이 인간세상의 불합리를 징벌하기 위해 오는 창조주의 위대한 힘과 엄격한 심판을 증거하는 징표가 나타난다. 그 때가 되면 재림 예수는 2천년 전과는 다른 모습으로 환생하여 하늘의 아들들로 구성된 천군(天軍)의 도래를 선포한다.

6) 45절에 나오는 "인간들의 탐욕으로 인해 불이 붙여진 땅에서 나오는 검은 기름으로 말미암아 대지는 불탈 것이요 하늘은 연기와 불로 캄캄해질 것입니다"의 말씀이 시사하는 바와 같이 대환란의 시작은 중동

의 이슬람교 국가들의 땅에 매장되어 있는 석유를 둘러싸고 벌어지는 석유전쟁이다. 따라서 예루살렘의 파괴와 세상의 종말은 석유에 전적으로 의존하고 있는 현대산업문명의 종말일 뿐 지구 자체의 종말을 의미하는 것은 아니다. 이제부터 전술한 34장의 말씀과 25장 예수의 예언에 근거하여 21세기 초 세계 도처에서 나타나고 있는 시대적 상황의 뭇 조짐들을 성찰해 보고 앞으로의 전망을 이야기해 보자.

2. 에너지 위기와 석유전쟁

현대산업문명이 절대적으로 의존하고 있는 주 에너지는 화석연료다. 18세기 중반 삼림자원의 고갈로 영국에서 장작대신 석탄을 사용하여 생산과정의 기계화를 이룬 산업혁명 이래 화석연료의 사용량은 폭발적으로 증가하여 오늘날 소위 문명의 이기라 불리는 비행기나 자동차는 휘발유 사용 없이는 작동이 불가능하고 크고 작은 각종 기계, 각종 가전제품, 전화, 전신, 휴대폰 및 인터넷은 주로 화석연료의 사용으로 생산된 전기에너지에 그 활용권을 전적으로 저당잡히고 있다.

나무와 석탄, 석유, 천연가스의 화석연료는 원래 태양에서 지구로 방사된 에너지의 광합성에 의해 화합물의 형태로 변형된 것들로 모두 저장된 태양에너지다. 틀리는 점이라면 나무연료(장작)는 어린 나무가 충분히 자라 목재나 연료로 사용 될 수 있는 약 50년간의 생태사이클을 인간이 파괴하지만 않으면 언제나 재생 가능한 에너지인 반면 화석연료는 한번 써버리고 나면 다시 재생될 수도, 인간의 능력으로 창조할 수도 없는 재생 불가능한 에너지라는 점이다. 따라서 화석연료의 사용은 유한한 지구 공간에 보존되어 있는 유한한 양의 지배를 받는다. 과학적 용어로 표현하면 에너지의 본질은 열역학 제1법칙과 제2법칙에 구속되어 있다.

제1법칙: 물질 에너지는 일정하다. 그것은 창조되거나 소멸될 수 없고 오직 한 상태로부터 다른 상태로의 변환이 가능할 뿐이다. 제2법칙: 에너지 변환은 사용 가능한 형태로부터 사용 불가능한 분산된 형태 또는 질서 있는 상태로부터 무질서한 상태로만 변한다.

열역학 제2법칙인 엔트로피(Entropy) 이론에 따르면

1) 경제성장이란 사용 가능한 에너지를 취해 사용 불가능한 상태로 변형하는 것에 지나지 않고, 2) 경제가 성장하면 할수록 계속 무질서가 증가하기 때문에 스스로 종말을 향해 달려가는 것이며, 3) 경제성장을 가능케 하는 기술의 본질 또한 사용가능한 에너지를 사용 불가능한 에너지로 바꾸는 변환자일 뿐이라는 진실을 말해준다.

질을 따지지 않고 양적 팽창만을 추구하는 무분별한 성장은 에너지의 흐름을 극대화시켜 혼란과 무질서를 야기시킨다.

지속적인 경제성장의 추구는 에너지위기를 불러오고 생태환경을 파괴하며 사회의 결속력을 와해시켜 양극화의 사회위기로 귀결된다. 하지만 세계 어느 곳이나를 막론하고 산업화된 국가는 공업, 농업, 목축업의 생산체제로부터 의료보건, 서비스, 교통체계, 공공시설, 주거환경 그리고 일상적으로 섭취하는 가공식품에 이르기까지 인간존재의 삶의 양식이 에너지의 소비가 극대화되도록 설계한 환경에 묶여 있기 때문에 고엔트로피 문화를 유지하기 위해 더 많은 에너지를 필요로 한다.

수요는 많은데 공급은 제한되어 있다. 그리고 시간은 비가역적이다. 산업문명의 다리를 이미 건너온 이상 농경사회로 되돌아갈 수는 없다. 수요는 날로 급증하나 매장량의 유한성 때문에 화석 연료 의존도가 높은 선진화된 산업국가 들이 앞다투어 대체에너지 개발에 나선 것은 당연하다고 할 수 있다. 한 때 화석연료 에너지를 대체할 구세주로 대접 받았던 통상 원자력 발전으로 알려진 핵분열(nuclear fission)방식은 대실패로

끝났다. 방사능을 완전하게 처리할 확실한 방법을 발견하지 못했기 때문이다. 반응로에서 방사능 물질이 끊임없이 유출된다. 각 단계마다 방출되는 방사성 물질이 인체 내 세포 속으로 침투하면 체세포를 파괴하는 알파입자(Alpha particles)를 방사하여 돌연변이와 각종 질병을 유발한다. 우라늄 찌꺼기의 방사성 반감기는 8만 년이고 고속 증식로(fast breeder reactor)에 나오는 플루토늄의 방사능 반감기는 25만 년이다. 더구나 노쇠한 반응기의 철심은 해체되어서는 안되고 반드시 밀봉 후 매장되어야 한다.

인간의 수명이 기껏 살아 봐야 100년인데 25만년간 하루도 빠짐없이 밤낮을 가리지 않고 매장된 핵폐기물을 무장 경찰이 지켜줘야만 안전성이 보장될 수 있다면 그야말로 넌센스라 아니 할 수 없다.

핵분열의 반대가 되는 핵융합(nuclear fusion)방식도 확실하지 않기는 마찬가지다. 태양의 중심은 초고온의 플라즈마(Plasma)로 이루어져 있다. 플라즈마는 고체 액체 기체와는 성질이 다른 제 4의 물질로서 원자핵과 전자가 분리된 자유로운 형태의 물질이다. 초고온의 플라즈마 상태에서는 가벼운 수소(H) 원자핵들이 융합해 무거운 헬륨(He) 원자핵으로 변하는 핵융합 반응이 일어나는데 이것이 바로 태양 에너지의 원천인 핵융합 에너지이다.

핵융합이 일어나려면 섭씨 1억도가 넘어 원자핵과 전자가 분리되는 플라즈마 상태가 있어야 한다. 섭씨 1억도라면 상상을 초월한 초고온으로서 플라즈마의 반응으로 생긴 열과 복사선을 견딜 수 있는 광물이나 건축자재는 없으며 또한 갇혀진 상태에서 계속 핵융합 반응이 일어날지 아무도 장담할 수 없다. 갇혀진 상태에서 융합반응은 몇 분의 1초 밖에 유지하지 못한다. 2007년 9월 14일 대전핵융합연구소에서 제작한 차세대 초전도핵융합실험장치(KSTAR), 세칭 인공태양은 2008년 상반기부터 플라즈마를 300초 동안 유지하는 실험을 하게 될 것이라 한다. 반응시간이 연장되지 않으면 생산하는 것 보다 소비하는 에너지의 양이 많아진다. 근본적인 문제는 에너지 효율이다. 플라즈마를 만들기 위해 섭씨 1억도 이상 높이는데 소모된 에너지보다 핵융합으로 만들어지는 에너지가 더 많으면 에너지효율(Q)이 1을 넘는다. 하지만 세계 어느 곳에도 에너지 효율이 1을 넘는 핵융합 장치는 없다.

현재 연구되고 있는 반응은 중수소와 삼중수소와의 반응이다. 일반수소를 전기분해하여 만들어지는 중수소 1g의 가격은 10달러 정도이고, 월성원전에서 만든 삼중수소 1g은 수천만원을 호가한다. 중수소와 삼중수소의 혼합연료 1g은 시간 당 10만Kw의 전기를 생산할 수 있다. 인공태양 옹호론자들은 리튬에서 얻어지는 삼중수소는 바다 밑에 무진장으로 깔려 있다고 말하지만 화석연료가 처음 등장했을 때도 석탄 예찬자들은 석탄은 무진장 매장되어 있다고 선전했다. 유한한 지구 공간에 무진장 있다는 것은 적절치 못한 표현으로서 리튬 역시 우라늄만큼이나 귀한 재생불가능한 에너지다.

무엇보다 핵융합 발전은 2030년이 넘어서야 상용화될 것으로 보여 당장 시급한 에너지 압박을 해결할 수 있는 대체에너지로선 자격미달이라 말할 수 있다. 합성연료(synfuels)는 석탄을 고온으로 가열하여 고압처리해서 얻은 석유를 말한다. 보통 1t의 석탄에서 3, 4배럴의 석유를 얻을 수 있고 부가적으로 엄청난 물이 소요된다.

석탄매장량이 많은 국가에서 궁여지책으로 시도해 볼 수 있는 방법이기는 하나 석탄을 태우게 되면 일반연료보다 2배나 많은 탄산가스를 배출하게 된다. 탄산가스는 우주로 방출되는 복사열을 차단하여 온실효과를 야기시킨다. 지구 중간 위도 부근에는 3~6°의 기온상승을 가져오고 남극과 북극의 기온은 무려 9~12°가 올라간다. 탄산가스뿐만이 아니라 합성연료 생산 공장이나 석탄을 주연료로 쓰는 공장에서 배출되는 이산화유황과 산화질소는 눈에 보이지 않는 대기오염의 주범인 산성비를 유발한다. 스칸디나비아 지역에 있는 수천 개의 호수가 산성비로 인해 이미 죽었거나 죽어가고 있으며 이 부근에 살던 동식물 거의가 멸종되었다. 바이오메스(biomass)는 녹색식물에 의해 생산된 유기물질로 태양에너지이다. 발효한 농산물이나 과실에서 증류하여 에탄올로 변환시킬 수 있고 퇴비, 하수, 폐물 쓰레기로부터 박테리아가 생산하는 메탄가스를 얻을 수 있다. 바이오메스는 재생 가능한 에너지이지만 그것이 자라는 토양은 그렇지 못하다.

대량의 알콜 생산은 토양의 급속한 침식을 초래한다. 최근 미국의 『과학저널』이 발표한 바에 따르면 치솟는 유가와 환경오염문제를 피하기 위한 방편으로 바이오연료의 주원료인 옥수수를 미시시피강 연안에 대량으로 심었으나 이것이 오히려 환경문제를 색다른 각도에서 더욱 악화시키는 요인이 되었다고 한다.

옥수수 밭에 뿌려진 질소비료가 빗물을 타고 미시시피강에 대량으로 유입되어 강의 하류인 멕시코만에 질소를 섭취하는 미생물의 개체 수가 급격히 증가하게 되자 이로 말미암아 바다의 용존 산소량이 줄어들어 어패류가 폐사하고 말았다. 1970년대 서울시 면적의 35배인 2만 2천km²에 이르렀던 멕시코만과 쿠바해안의 죽음의 해역은 매년 10%씩 증가하고 있다.

전문가들은 해결책으로 ① 질소비료 사용을 줄이는 새로운 옥수수 재배 방식의 개발과 ② 옥수수 먹는 가축 수를 줄여야 한다고 말한다. 그러나 이는 실현 가능성이 전혀 없는 서류상의 해결책일 뿐이다. 비료, 제초제, 살충제가 모두 석유화학의 생산제품일 뿐만 아니라 오늘날의 대규모 기계농 특히 세계 최대 농축산물 국가인 미국의 농업 목축업은 완전히 메이저 석유회사들의 지배 하에 놓여 있고 옥수수는 사람의 식품이라기보다 대부분 가축들의 사료로 사용된다. 옥수수 사료를 먹은 가축의 고기를 먹는 미국인들의 육식중심적 식생활 패턴이 변하지 않는 이상 해결책은 없다.

광전지(Photovolatic cells)의 주원자재는 모래 속에 풍부히 함유되어 있는 실리콘이다. 광전지 및 풍력(風力), 조력(潮力)을 이용한 에너지 생산은 전 지구에 분산되어 있어 화석연료처럼 중앙 집중적 발전시설을 필요로 하지 않으나 대량전력이 소모되는 거대 공장을 가동시키는 에너지원으로서는 적합하지 못하다. 반핵운동가와 환경보호론자들이 선호하는 태양에너지는 현제의 에너지위기를 극복할 수 있는 가장 유력한 미래 에너지이다.

태양에너지(Solar energy)는 언제든지 재생가능하고 경제적으로 효율적이며 환경공해를 유발하지 않는 유일무이한 자유 에너지다. 하지만 화석연료에너지로부터 태양 에너지에로의 전이를 방해하는 결정적 요인은 기술적 문제가 아닌 정치적 문제다.

인류의 기술발달사를 살펴보면 1)기술은 항상 다수대중을 희생한 대가 위에 소수에게만 이익을 주어왔고, 2)기술은 모든 인류에게 이익과 혜택을 주는 열린 기술이 아닌 본질적으로 계급성과 당파성의 굴레를 벗어나지 못하는 비민주적 비인간적인 폐쇄독점 기술이었고, 3) 무분별한 자연착취에 기반한 반생태적이고 비환경적 기술로 기술의 본질을 요약할 수 있다.

따라서 새로운 기술의 도입은 다수 대중이 원해서 되는 것도 아니고 일부 과학자들의 지적 호기심을 만족시키기 위해서도 아니다. 독점적인 거대기업의 이익과 정부권력이 체제유지를 위해 어떤 새로운 기술의 도입을 절실히 필요로 할 때 즉 다시 말해 권력과 부를 가진 사람들이 신기술의 개발을 독려하고 후원할 때만 현실화되었다. 이는 결국 기술이 정치권력과 독점대기업의 이익에 봉사하는 충실한 시녀로서 중앙 집권적 권력구조와 긴밀히 유착되어있음을 뜻한다.

태양에너지는 집적판(集積板)을 통해 얻은 에너지를 채열자(採熱者) 자신과 자신의 가정을 위해서만 사용될 수 있으며 전기에너지처럼 송전시설과 전선을 통해 각 가정과 공장에 배급될 수 없다. 태양에너지로의 이전은 각 가정을 단위로 한 진정한 의미의 수평적 민주주의를 의미하기 때문에 화석연료를 사용하여 전기를 생산하는 화력발전소나 원자력발전소 같은 고도의 중앙 집중적이고 중앙통제적인 독점권력의 파천황적(破天荒的) 붕괴를 예고한다.

한국의 한전(韓電)이나 미국의 콘에디슨 같은 독점적 거대 전기회사는 태양에너지가 가장 청정하고 효율적인 에너지임을 알고 있고 또한 석탄 발전소에서 나오는 이산화탄소와 원자력발전소에서 나오는 방사능 유출이 환경에 지대한 해악을 끼침을 알면서도 오히려 화석연료에너지와 원자력에너지가 가장 효율적이 에너지원이라 강변하고 있다. 특히 핵에너지는 세계의 모든 권위주의적 정권과 독재자들이 가장 선호하는 에너지원이다. 모든 사용가능한 에너지 가운데 핵파워(nuclear power)가 소수 파워 엘리트의 손에 정치 경제의 모든 권력을 집중시키는데 가장 적합한 에너지원임은 의심의 여지가 없다.

핵에너지가 갖고 있는 복잡하고 정교한 기술은 고도의 중앙 집중적 통제를 필요로 하며 또한 국가안보라는 미명 하에 핵반응로에서 얻어지는 소량의 플루토늄으로도 핵무기를 생산할 수 있기 때문이다.

산업문명의 기초는 전기 철강 세멘트 등 물질적 자원의 안정적인 수급과 이를 뒷받침하고 집행하는 거대 회사조직과 거대 관료조직이다. 이중 전기가 산업화의 가장 중요한 동력이라는 사실에 의문을 달 사람은 아무도 없다. 1970년 초 지구의 발전소 중 석유와 천연가스를 사용하여 전기를 생산하는 발전소는 64%, 석탄발전소는 34%, 수력발전에너지는 2%에 불과했다. 2천년대 들어 화석연료 발전소는 90%미만으로 줄었고 원자력 에너지가 10% 바이오메스, 조력(潮力), 풍력에서 나오는 에너지는 전체 사용에너지의 3%도 채 되지 않는다. 현대산업문명은 곧 바닥을 드러낼 화석연료에 바탕을 두고 건설된 문명으로 석유공급이 중단되면 전기생산을 할 수 없어 한 순간에 헛것이 되는 지속성이 전혀 보장되지 않는 위험천만한 문명이다.

무제한적 성장을 추구하는 거대기업의 주된 목표가 이윤의 극대화에 있고 부존자원의 한계성을 전혀 고려치 않는 각국 정책입안자들의 심리상태가 양적 팽창만을 추구하는 성장의 강박 관념에 구속되어 있기 때문에 이들 거대기업과 정치권력의 파워 엘리트들은 어떤 대가를 치르드라도 더욱더 에너지 흐름이 극대화되도록 설계된 중앙집권적 경제정치제도를 사수하려 들 것이다.

맑스주의 논법대로 말한다면 생산체제의 하부구조를 근본적으로 바꿀 수 있는 기술의 질적 내용이 변하지 않는 이상 상부구조의 어떠한 변화도 기대할 수 없다. 정치 경제 종교 가릴 것 없이 어떠한 제도든 제도가 일정 규모 이상으로 커지면 제도 스스로의 자기보존과 무제한적 확대를 추구하는 과정이 뒤따르고 이 과정에서 제도 원래의 목적은 필연적으로 왜곡되거나 상실된다. 공산주의 민주주의 할 것 없이 세계의 모든 국가들이 빠른 시일 내에 에너지 흐름이 극대화되도록 설계된 산업화를 그들의 궁극적 목표로 설정한 이상 대체에너지 개발은 도처에서 난관에 봉착하고 있으며 그만큼 상대적으로 석유의 중요성은 더욱더 증대된다.

2006년 11월 18일자 조선일보는 에너지 컨설팅그룹 Facts 총재인 이란 출신의 석유전문가 페사라키의 회견문을 CEO in the News란에 게재한

바 있다. 대체에너지 개발 붐이 거세다는 기자의 질문에 페사라키는 이렇게 대답했다.

"대체에너지요? 하나의 농담처럼 들립니다. 넌센스예요(그는 웃으면서도 넌센스라는 말을 서너번 반복했다). 미국 소비자들이 자동차 운행을 1%만 줄여도 100년 동안 꽃(바이오 디젤)에서 얻는 양만큼의 연료를 절약할 수 있어요. 풍력이 차세대 에너지원으로 각광받고 있지만 디젤 발전기가 있어야 합니다. 에탄올 상용화에는 최소 50년이 걸려요. 대체에너지는 개발 상용화에 따르는 비용이 너무 큽니다. 물론 심리적 위안은 중요하죠. 대체에너지, 재생에너지에 대한 투자는 에너지 고갈이나 원유 100달러 시대에 대비해 뭔가 하고 있다는 만족감은 줍니다. 세계 도처에서 여전히 새로운 유전들이 발견되고 있습니다. 물론 비 OPEC국가들의 생산증가는 미미하고 2010년에서 2012년이면 최대 생산량에 도달할 겁니다. 하지만 유가는 정치의 영향을 크게 받아요. 사우디아라비아나 이란은 향후 최소 50년간은 원유고갈을 피하려 합니다. 러시아도 그렇고… 산유국들은 지금 매장량을 감안한 전략적 계획 생산을 하고 있어 앞으로 50년간 석유가 세계 에너지 시장을 지배할 것입니다."

화석연료 사용과 인구증가는 밀접한 관계에 있다. 인구폭발은 태양에너지의 흐름을 기반으로한 농업경제에서 화석연료시대로 전환한 산업화체제와 일치한다. 산업혁명이 시작되던 1750년 당시 세계 인구는 5억이었다. 출산율이 높았지만 출산율 못지 않게 영아사망률도 높았기 때문에 예수가 말한 지구 적정 인구인 5억명을 유지할 수 있었다. 화석연료를 사용하여 공업화를 이룬 산업혁명 후 생활조건이 개선되고 이와 동시에 전염병 예방기술이 발달하자 출산율은 여전히 높지만 영아사망률은 급격히 줄어들어 1830년에 10억이 되고 1930년에 20억 1960년에 30억 1975년에 40억 1990년에 50억 2008년에 65억에 이르렀다.

이대로 간다면 세계인구는 2020년에 80억 2055년에 160억 명을 돌파할 것으로 예상되고 있다. 폭발하는 인구를 줄이고자 차이나에서는 1가구 1자녀 운동을 몇 십년간 계속해 오고 있고 인디라간디 시절 인도에서는 천만 명이 넘는 남자가 불임수술을 받은 바 있다. 그러나 정작 중요한 것은 사람의 머리 수가 아니라 각 개인이 소모하는 에너지 양이다.

전 세계 인구의 4.7%에 불과한 미국인 3억 명은 전 세계 에너지의 1/3을 매년 소비하고 있으며 미국경제는 화석연료수요를 지수함수적으로 키워갈 수밖에 없는 체제다. 자동차 운행이나 냉난방에 소요되는 기름뿐만 아니라 농업과 목축업이 석유회사의 지배하에 놓여 있는 이상 원유가 없다면 식량생산도 없고 원유가 없다면 에너지 흐름이 극대화되도록 설계된 거대 공장들도 모두 문을 닫아야 할 판이다.

사암(砂岩)과 타르(tar) 그리고 모래밭에 함유된 탄화수소까지를 포함한 원유의 정확한 총 매장량은 아무도 알 수 없으나 세계원유의 70% 이상이 중동지역의 이슬람국가들에 매장되어 있는 것만은 분명한 사실이다. 따라서 석유의존도가 압도적으로 높은 부유한 산업국가들에 있어 상대적으로 대체에너지 개발의 실적이 미미하다면 이는 얼마 남지 않은 석유자원을 둘러싸고 산업국가들끼리 벌리는 군사적 충돌의 위험성이 그만큼 커진다는 것을 의미한다. 더구나 세계 에너지의 1/3을 소모하면서 세계 최강의 군사력을 보유하고 있는 미국은 중동의 석유를 확보하는 일에 점점 더 혈안이 되어가고 있다. 시니어 부시 때 미국이 제1차 중동전쟁에 개입하게 된 동기는 1천억 베럴이 넘는 쿠웨이트의 원유 때문이었고 주니어 부시 때 다시 이락을 징계대상으로 전쟁에 개입한 것은 사담 후세인이 제조한 대량 살상무기 폐기라는 명분을 내세웠으나 진짜 동기가 1천억 베럴이 넘는 이락의 원유 매장량에 있음은 온 세계가 다 알고 있다.

어떠한 경우에 있어서도 전 세계 화석연료의 1/3을 소비하는 미국이 고엔트로피 산업문화를 자발적으로 포기하고 석기시대로 되돌아가지는 않을 것이며 개별적 미국인 어느 누구도 현재 누리고 있는 지극히 낭비적이고 사치스러운 삶의 존재양식을 포기하려 들지 않을 것이다. 페사라키의 말대로 이슬람 국가의 주요 산유국들이 고갈되는 석유 매장량을 감안한 전략적 계획생산으로 향후 50년간 세계에너지 시장을 지배하려 든다면 이는 얼마 남지 않은 석유자원을 둘러싸고 벌어지게 될 석유 쟁탈전이 요원의 불길처럼 번져나가 제3차 세계대전으로 연결될 것이다.

『탈무드 임마누엘』 25장 45절에 나와 있는 "하늘들과 대기의 구조가 교란될 것이며 인간들의 탐욕으로 인해 불이 붙여진 땅에서 나오는 검은 기름으로 말미암아 대지는 불탈 것이요. 하늘은 연기와 불로 캄캄해질 것입니다. 따라서 기상 역시 교란되어 혹심한 추위가 닥칠 것이니 진실로 무분별하게 발달된 인간의 힘 때문에 온갖 종류의 생명들이 죽음을 맞게 될 것입니다"의 내용은 서기 2천년이 얼마 지나지 않아 벌어지게 될 석유전쟁을 예수께서 이미 2천년 전에 예언한 것이다.

닥쳐 올 석유전쟁은 단순한 의미의 석유전쟁만이 아닌 종교전쟁의 성격을 띠고 세계대전으로 번질 것이다. 유대교와 기독교 대 이슬람교간의 오랜 적대감과 분쟁의 역사는 멀리 아브라함으로 거슬러 올라간다. 유대인의 첫 조상 아브라함은 본처 사라가 아이를 낳지 못하자 사라의 몸종인 이집트 여인 하갈로부터 장자 이스마엘을 얻는다. 임신한 하갈이 콧대가 높아져 자신을 멸시한다고 생각한 질투심 많은 사라는 온갖 수단으로 하갈을 학대하여 황야로 내쫓아 버렸다.

이스마엘은 "신이 고통을 덜어준다"는 의미지만 그 후 사회에서 추방된 자를 가르키는 의미가 되었다. 황야로 추방된 하갈이 천사의 도움으로 다시 본 집에 돌아와 아브라함, 사라, 하갈, 이스마엘 네 사람이 같이 살게 되었는데 86세에 이스마엘을 얻은 아브라함이 100세 되던 해 여호와의 언약으로 90세가 된 본처 사라로부터 이삭을 얻었다.

"사라가 본즉 아브라함의 아들 애굽 여인 하갈의 소생이 이삭을 희롱하는지라 그녀가 아브라함에게 이르되 이 여종과 그 아들을 내쫓으라. 이 종의 아들은 내 아들 이삭과 함께 기업을 얻지 못하리라 하매 아브라함이 그 아들을 위하여 그 일이 깊이 근심되었더니 여호와가 아브라함에게 이르시되 네 아이나 네 여종을 위하여 근심치 말고 사라가 네게 이른 말을 다 들어라. 이삭에게서 나는 자라야 네 씨라 칭할 것임이니라. 그러나 여종의 아들도 네 씨니 내가 그로 한 민족을 이루게 하리라 하신지라."(『창세기』21장 9~13절).

이와 같은 과정을 거쳐 장자인 서출 이스마엘은 추방되고 본처에서 태어난 적출 이삭으로 이종주사(移宗主祀)가 이루어져 이삭이 유대인의 정통 2대 조상이 되었다. 문제는 여기서 끝난 것이 아니었다. 이스라엘 민족은 이삭의 후손이지만 『창세기』는 오히려 이스마엘의 후손이라고 말한다. 아랍인들은 자신들을 이스마일(이스마엘의 아랍식 발음)의 후손으로 자처하며 무슬림들은 이브라힘(아브라함의 아랍식 발음)과 이스마일이 메카의 카바신전을 세웠다고 믿는다.

성서와 달리 코란은 이삭이 아닌 이스마일이 제물로 바쳐질 뻔한 아들이며 이슬람교의 창시자 마호메트는 이슬람교야말로 이브라힘의 진정한 신앙을 계승한 정통 종교며 유대인들이 이브라힘의 신앙을 곡해해 왔다고 말하였다.

쥬데오 크리스찬(Judeo-Christian)과 무슬림(Muslim)간의 오랜 적대감과 갈등과 폭력의 역사는 서로가 아브라함의 자손으로 자처하는 유대교, 기독교, 이슬람교, 공동의 성지(聖地)인 예루살렘의 소유권이 자기 쪽에 있다고 믿음으로써 벌어진 분쟁의 역사다. 결국 아브라함은 유대교, 기독교, 이슬람교간에 벌어진 끊임없는 유혈과 폭력의 역사에 원인 제공의 씨앗을 뿌린 셈이다.

『탈무드 임마누엘』 30장 16절에 기록된 "이슬람교 추종자들과 유대교 및 바울교 추종자들 간에 벌어지는 전쟁이 피비린내나는 종말을 위한 기초를 함께 다진다"는 예언은 석유전쟁으로 시작해 인류의 대부분을 멸망시키는 세계대전으로 확산된다는 의미다.

"사람들은 서로를 죽이기 위해 하늘과 땅과 물에서 사용하기 위한 철제무기들을 제작할 것이고 철제 기계들을 사용하여 땅과 도시를 가로질러 무거운 발사체를 던질 것이며 발사체의 치명적인 불을 자극하기 위해 그 속에 생명의 초석을 집어넣는다"는 25장 29~33절의 예언은 자동항법장치가 내장되어 있는 ICBM(대륙간 탄도미사일)이나 SLBM(잠수함발사 탄도미사일) 등의 치명적 무기들을 말한다.

ICBM과 SLBM에 핵탄두를 탑재하여 발사하는 세계대전이 벌어진다면 현존 인류 65억 중 5억 정도만 살아 남고 60억은 죽게 될 것이며 살아 남은 5억도 핵겨울의 여파로 온전한 삶을 살 수 없게 된다. 25장 34절의 "그 때에 인류는 5억의 열 배를 훨씬 넘을 것이므로 그들 가운데 대부분이 멸망하고 죽음을 당할 것이다"의 내용이 이를 대변하고 있다. 예수의 예언이 이미 일어난 과거사에 한 치의 오차도 없이 모두 적중했듯이 다가올 석유전쟁도 재생불가능의 화석연료를 선택한 인류의 피할 수 없는 운명이다.

이슬람국가 중 핵을 보유하고 있거나 핵기술을 가진 국가는 이란, 파키스탄, 카자흐스탄 등이고 유대교, 기독교국가 중에는 이스라엘을 비롯하여 이스라엘의 강력한 후견자인 미국과 유럽연합의 영국, 프랑스 등이 핵무기를 가지고 있다. 만약 예수의 예언대로 얼마 남지 않은 석유자원을 둘러싸고 이슬람국가와 기독교국가간에 세계대전이 벌어진다면 이

와중에서 동방정교회도 공산주의도 아닌 어정쩡한 위상의 핵보유국이자 산유국인 러시아와 산업화 과정에서 더 많은 석유를 필요로 하는 인구 대국이자 핵보유국인 차이나와 인디아도 결코 수수방관하지 않을 것이다.

3. 창조주의 생명법칙과 청산되어야 할 사이비 진리들

『탈무드 임마누엘』에는 창조주의 생명법칙을 인간들이 위배하고 있다는 구절이 여러 군데 등장한다.

창조주의 생명법칙을 이해하기 위해서는 34장 35~36절의 말씀 "창조주는 그 자체 내에서 하나인 까닭에 살아 있거나 존재하는 모든 생명은 창조주 안에서 하나입니다. 이것이 인간과 동식물들 그리고 모든 생명이 창조주 안에서 하나임을 입증하는 창조의 법칙입니다"와 53~55절의 말씀인 "악은 그 자체로 하나이니 그것이 또한 그 자체로 선이기 때문입니다. 이와 마찬가지로 선은 그 자체로 하나이니 그것은 또한 그 자체로 악이기 때문입니다. 선과 악은 따로 떨어져서도 하나이며 일원성이기 때문에 그들은 합해서도 하나이며 일원성인 것입니다. 왜냐하면 그것이 창조주의 법칙이기 때문입니다. 따라서 결론은 외관상으로는 두 개로 구분이 되더라도 그것은 모두 그 자체로 하나이며 합쳐서도 하나라는 것입니다"의 상호 연관성을 반드시 알아야 한다.

『삼일신고』의 말씀처럼 인간과 행저화유재(行䕖化游栽)의 동식물은 창조주로부터 성명정(性命精)의 삼진(三眞)을 받았기 때문에 현상계에 나타난 모든 생명은 육적(肉的)으로는 헤아릴 수 없을 만큼 무한수의 다양하고 상이한 존재들이지만 o 적으로는 하나다. 눈으로 식별키 어려운 미생물로부터 풀들과 온갖 나무들, 땅 위와 물 속에 사는 온갖 생물, 사과

나무 한 그루에 열린 500개의 사과들, 옥수수 한 포기에 열린 수백 개의 옥수수 알갱이들은 모두 창조주의 o 이 분유(分有)되고 체현(體顯)된 것이므로 나타난 육신의 차별상에도 불구하고 o 적으로는 모두 하나의 동일존재다.

육신은 악이고 영혼은 선이다. 어떤 생명이든 살아 있는 생물은 그 육신을 부지하고 지탱하기 위해 다른 생명을 잡아먹어야 하기 때문에 육신은 죽는 날까지 악을 행한다.

그렇지만 영혼의 입장에서 보면 다른 생명을 잡아먹는 행위는 선행(善行)이다. 인간에게 먹힘을 당하는 옥수수 알이나 채소, 사과, 물고기, 가축들, 사자에게 잡아먹히는 영양이나 들소, 제비의 먹이가 되는 파리와 모기, 아궁이에 던져져 불쏘시개로 쓰이는 낙엽들은 다른 생명에게 자기 몸을 사신(捨身)하는 살신성인의 공로로 다음 생에 더 높은 영격(靈格)을 가진 존재로 환생한다. 소와 돼지를 죽여 그 고기를 먹는 행위는 그 자체로 악이지만 잡아먹힌 공로를 창조주에게 인정받은 소와 돼지가 다음 생에 있어 더 높은 영격을 갖춘 인간존재로 윤회할 수 있도록 도와준다는 의미에서는 선이므로 선과 악은 그 자체로 하나인 것이다. 쌀알 천 개를 죽여 밥을 지어먹는 사람이나 밀알 천 개를 죽여 빵을 만들어 먹는 사람에게 생명을 죽였다는 죄의식이 있는가? 물론 있을 턱이 없다.

이것이 바로 해월신사께서 말한 "한울님으로 한울님을 먹는 이천식천(以天食天)의 법칙"이며 영혼은 선과(善果) 육신은 악과(惡果)이나 영혼과 육신은 분리될 수 없는 하나이기 때문에 모든 생명은 창조주를 닮아 그 자체로 선과 악의 구별이 없는 선악일치체(善惡一致體)의 하나라고 한 53~55절의 진정한 뜻이다.

처음부터 인간의 육신을 받아 태어나는 생명은 하나도 없다. 석가모니의 개인 윤회사에서 보듯 지렁이→개구리→잉어→견마지로(犬馬之勞)

를 아끼지 않는 견마의 축생을 거쳐 영적으로 점진적 진화를 거듭한 다음 비로소 모든 생명의 최후 단계인 인간존재로 태어나게 된다. 성불자(成佛者)가 되고 임마누엘이 되기 위해 창조주로부터 주어진 총합적 수명기간인 122억 6천4백만 년 중 반 기간은 비인(非人)의 존재로 반 기간은 인간존재로 산다고 보면 틀림없다.

인간존재로서 계속 나쁜 짓만 하고 전세의 업장(業障)을 소멸시키지 못하면 다음 생에 지옥, 아귀, 축생의 삼악도(三惡道)로 떨어진다는 석가모니의 가르침은 악행을 경계하고 선행을 독려하는 의미에서 말한 교육용일 뿐이고 현생에 인간으로 난 자는 다음 생에 있어서도 인간으로 환생한다는 예수의 말씀이 옳다.

한 톨의 밀알이나 옥수수알도 사람과 동물의 먹이가 됨으로써 영혼의 진화를 거듭하여 축생으로 미래 생을 받고 언젠가 인간으로 태어나 영혼의 완성을 필연적으로 이루어낼 예비 임마누엘이고 예비 부처다. 창조주는 1/1000…무한0 만큼 아직도 모르는 부분이 있어 모든 생명이 세상을 살아가면서 얻는 경험을 자신의 지식으로 만들면서 배우기를 계속하는 영원한 학생이기 때문에 뭇 생명을 창조 또 창조하는 끝없는 창조 활동이 예수께서 말한 창조주의 생명법칙이다. 전일적 생명연대의 총체적 조화를 위해 창조주는 모든 생물에게 하나님으로 하나님을 먹는 이천식천(以天食天)의 권리는 주셨으나 인간집단에게 다른 생물들을 멸종시켜도 좋다는 특명도 권리도 부여하지 않았다. 창조주께서는 인간의 눈에 하찮게 보이는 한 마리의 지렁이와 한포기 잡초에게도 개물평등(開物平等)의 법칙에 부합되는 특수 사명을 주셨기 때문에 그들도 윤회에 윤회를 거듭하고 변역생사(變易生死)의 수많은 바다를 도섭(徒涉: 걸어서 물을 건넘)하여 영적으로 진화하고 개오(開悟), 체관(諦觀)하여 언젠가는 임마누엘이 되고 부처가 되어야 할 필연적 운명을 부여받은 존재들이다.

그러므로 창조주가 만드신 개물평등의 생명법칙을 거역하고 오직 인간의 탐욕스러운 이익을 위해 아무런 죄책감 없이 태연무심히 다른 생물을 멸종시키는 인간들은 34장 25절에 나오는 "인간은 살아 있는 만물의 척도이니, 이는 그가 궁극적으로 창조주의 일부인 때문이니라의 가장 오래된 지혜의 원리가 갖고 있는 견해"를 상실한 짐승보다 못한 존재에 불과할 따름이다.

생물학자와 생태전문가들은 1995년부터 2020년까지 25년간 100만종의 생물이 멸종될 것으로 예측하고 있다. 멸종의 원인은 자명하다.

산업화를 재촉하는 개발의 미명하에 육지와 바다, 수풀과 산하 등 생물의 서식지가 계속 파괴되고 화석연료의 과다 사용으로 대기가 오염되어 오존층이 감소하고 오염된 토양은 날로 산성화되고 지구온난화로 인한 빙하의 해빙 및 급속한 기후 변화로 말미암아 매 15분마다 한 종의 생물이 멸종되어간다. 지금 이 순간에도 벌어지고 있는 생물의 대멸종은 외계에서 온 혜성이나 소행성이 지구와 충돌하여 벌어진 자연 재앙이 아닌 인간들의 잘못이 불러온 인위적 재앙이다.

다시 말해 상율하습(上律下襲)의 우주적 생체 리듬에 부합하지 못하고 창조주가 만든 개물평등의 생명법칙을 고의적으로 거역하는 인간들의 오만과 탐욕이 빚어낸 난동, 망동으로 인해 생물의 멸종은 가속화 되고 종국에 이르러 가해자인 인류마저 파멸의 구렁텅이로 스스로 빠져들어가고 있는 것이다. 이 모두 외관상 다르게 보이는 만물의 현상적 다양성이 창조주 일원성의 표상(manifestation)임을 알아보지 못하므로 인해 빚어진 비극이다.

"사람들은 오직 무지한 가운데에서 이원성을 조작해내고 이로서 창조주의 법칙을 위반하기 때문이다"(34장 48절). "헛되이 부푼 마음으로 인간은 스스로를 창조의 왕관이라 칭하면서도 창조주에게 감사할 줄 모르고 자신을 창조주와 동등한 위치에 둔다"(36장 16절). "인간들의 노력과 사고는 오직 물질의 취득과 권세와 욕망, 열광과 탐욕으로 향하게 될 것이다"(36장 17절). "많은 사람들이 짐승의 상태로 퇴보하게 될 것이며 그들이 지구상에서 보내는 세월은 의식이 없는 무지한 상태에서 헛되이 보내는 세월이 될 것이다"(36장 17절).

"인간의 발달된 지능을 가지고 세상의 사물들로 하여금 인간을 섬기도록 만들 것이나 그 과정에서 인간은 다방면으로 자연의 법칙들과 자연자체를 파괴한다는 사실에 전혀 개의치 않을 것이다"(36장 18절). "인간은 더 이상 자연의 법칙에 근거한 영원한 진리들을 믿지 않을 것이다"(36장 19절). "인간은 자기기만 속에서 창조주와 자연의 법칙이 가진 모든 가치보다 인간과학들 안에서 더 큰 의미를 찾게 될 것이다"(36장 20절). "눈이 멀어버린 광적인 파괴자가 인간들을 지배할 것이며 인간세계의 영웅들은 가장 뛰어난 파괴자들일 것이다"(36장 35절).

이상의 말씀은 말세에 나타날 조짐들을 예수께서 2천년 전에 이미 예언한 내용들이다. 창조주의 법칙과 창조주가 만든 자연의 법칙에 근본적으로 위배되면서도 마치 진리인 것처럼 위장하여 사람들을 계속 기만하는 인간과학의 사이비 진리들은 기계론적 세계관과 그것에 기초한 기계론적 생체관(生體觀)과 진화론, 어떠한 난제라도 기술적 해결이 가능하다고 믿는 이른바 기술만능주의사상들이다. 기계론적 세계관은 지구와 우주 전체를 하나의 거대한 기계로 보는 관점을 말한다. 베이컨, 데카르트, 뉴턴 등이 기계론적 세계관의 설계사들이다.

베이컨은 플라톤의 형이상학과 아리스토텔레스의 목적론적 자연관을 "과거의 학문은 신에게 몸을 바친 수녀와 같은 불임(不姙)의 학문이었다"고 비판하면서 인간생활에 실질적 도움이 되는 것은 발명과 발견이므로 과학의 최종 목표는 자연을 통제하고 정복하고 지배하는 지식을 획득하여 인류의 생활향상에 기여하는데 있다고 말하였다. 대법관 출신인 베이컨은 당시 마녀사냥에 쓰던 용어를 사용하여 자연을 기소하고 구속하여 채찍으로 길들이고 고문을 통하여 그녀(자연)의 비밀을 자백받아 인간의 이익에 철저히 봉사하는 노예로 만들어야 한다고 주장하였다.

한 때 베이컨의 비서를 지낸 바 있는 홉스는 자연계의 모든 것은 물체 (body)며 모든 변화의 유일보편적 원인을 물체의 운동(motion)으로 정의하면서 "인간의 신체가 동물기계, 자동기계인 것과 마찬가지로 인간의 정신도 일종의 기계다. 외부의 자극에 대해 인간의 심리도 기계처럼 작동하고 반응한다. 인간의 신체와 정신은 자동기계이기 때문에 다수인간들의 사회계약으로 이루어진 국가도 사람이 만든 인공물체(artificial body)에 지나지 않는다"고 말한다.

국가가 동물기계들의 집합체인 인공물체인 이상 국가를 성립케 한 사회계약의 기초는 개인의 자연권이다. 홉스가 말하는 자연권을 가진 자연인의 개념은 자기이익 밖에 모르는 근대인의 개념인 원자론적 인간이다.

홉스의 사회계약설을 한층 더 발전시킨 로크의 자연인도 욕망을 가진 이기적 인간이며 인간 개개인의 자기이익이 국가성립의 기초가 된다. 인간의 손이 미치지 않는 방치된 자연은 아무런 가치도 없는 죽은 물질의 혼합체에 불과하며 인간의 노동력이 자연에 가해질 때 자연은 비로소 생산성이 있는 가치로 전환될 수 있다고 하였다.

따라서 로크에 있어 국가의 역할은 자연을 정복하고 자연으로부터 채취된 자원을 최대한 활용하여 물질적 풍요를 창출하고 개개인이 부를 축적할 수 있도록 도와주는 일이다. 로크는 자연에 저장되어 있는 자원은 무한하기 때문에 개인이 부를 축적하면 할수록 행복도 증대되며 사회적 질서와 평화가 유지된다고 믿었다.

기계론적 세계관의 입장에서 볼 때 유능한 지도자는 자연을 대규모로 파괴하여 시민들에게 물질적 풍요를 안겨주는 자이며 삶의 궁극적 목표는 물질의 취득에 있고 행복추구의 자유란 도덕성에 전혀 개의치 않고 무슨 수단을 동원해서라도 최대한의 개인적 이익을 추구하는 영리의 자유다. 결국 기계론적 세계관은 자연파괴와 이로 인한 환경오염에 과학의 이름으로 면죄부를 준 셈이다.

기계론적 생체관의 창시자 데카르트는 정신과 육체를 분리하여 사람과 동물의 육체는 기계적 법칙을 따르는 기계에 불과하고 질병에 걸린 사람의 신체는 고장난 기계이며 의사는 고장난 기계를 고치는 시계수리공 같은 존재라고 말했다. 데카르트의 기계론적 생체관은 생물체를 그 최초의 구성분으로 환원시켜 이들 구성분이 상호작용하는 메카니즘을 연구함으로써 생물체 전체를 파악할 수 있다는 이른바 요소환원주의로 귀결된다.

낙하법칙을 발견한 갈릴레오의 자연에 대한 수학적 기술방법을 계승한 데카르트는 만물의 열쇠는 그것들을 구성하고 있는 수학적 구조의 요해(了解)에 있음으로 사람 및 물건을 수학으로 정량화하고 수학의 기호로 표현할 수 없는 대상은 관찰과 탐구의 영역에서 제외시켜버렸다. 기계는 영혼도, 목적도 없으며 기계가 새끼기계를 낳는 자기복제 능력도 없다. 정신과 육체를 분리하고 생명체의 기능을 육체를 구성하는 미세구조의 세포와 분자의 상호작용하는 메카니즘으로 이해하는 데카르트적 생체관은 최소한 세 가지 점에서 비판받아 당연하다.

첫째, 데카르트적 요소환원주의 질병관은 파스퇴르의 질병세균설을 낳았다. 파스퇴르는 특정 질병에 특정 세균을 대입하여 박테리아의 역할을 강조하면서 병균의 박테리아만 박멸하면 질병은 저절로 치유된다고 했다. 예컨대 홍콩감기에는 홍콩감기를 유발케 하는 세균이 있으므로 이 세균만 파괴하면 홍콩감기는 사라진다는 것이다.

그러나 건강한 사람의 창자 통로에 1억개가 넘는 박테리아(대장균)가 살고 있는 사실을 고려한다면 항생제로 세균을 박멸하여 무균질의 인간을 만든다고 해서 반드시 건강이 보장되는 것도 아니다. 질병은 신체뿐만 아니라 환자의 정신상태, 그를 둘러싸고 있는 자연적, 사회적 환경, 우주의 근본 질서와 합일되지 못하는 부조화 등 여러 가지 원인이 복합적으로 작용하여 발생한다.

둘째, 정신과 육체를 분리한 데카르트의 물심이원론(物心二元論)은 일반의사는 환자의 육체만 치료하고 정신과의사와 심리요법사는 환자의 정신만 치료하도록 유도하여 의사들로 하여금 생명의 통합적 기능을 이해할 수 없게 만든다.

사랑하는 가족 중 어느 누가 돌연사하거나 오랫동안 계획하여 추진하던 일이 참담한 실패로 끝났을 때 한국인들은 '하늘이 무너져내리는 충격', '가슴이 찢어질 듯한 아픔', '속이 시커멓게 썩어들어가는 고통' 등의 표현으로 자신이 얻은 마음병의 증세를 토로한다. 실제 가슴이 찢어져 외상(外傷)의 흔적이 있는 것은 아니며 부패해 가는 창자로부터 썩은 냄새가 나는 것도 아니다. 이런 종류의 환자는 내과 전문의나 외과 전문의의 소관이 아니고 정신과 의사와 심리요법사의 소관이다. 하지만 마음은 형상 있는 물질적 실체가 아니므로 결국 정신과 의사는 신경안정제나 항우울증제 같은 각성제를 환자의 육체에 투여하고 진통제로 마음의 아픔을 해소하려 든다. 각성제나 진통제는 증상을 잠시 억압하여 통제할 뿐 근본적으로 증상을 치유하는 것이 아니므로 이런 식의 치료는 결국 약물 과다복용으로 이어져 환자의 건강상태를 더욱 악화시키는 결과를 불러온다.

셋째, 데카르트의 말대로 인체가 기계고 물체의 기하학적 형태나 운동 회수 등을 수학으로 정량화할 수 있는 것만이 과학의 탐구대상이라면 1

분에 심장박동이 몇 번 뛰며 1분에 뛰는 맥박 수나, 들이쉬고 내쉬는 호흡 회수 등은 수학으로 정량화할 수 있다. 그러나 영혼과 육체의 합일체로서 인간이 갖고 있는 삶의 목표, 윤리감각, 감정의 흐름, 꿈, 동기, 양심 등은 도저히 수학공식으로 정량화할 수 없다. 인체는 복합적인 기관시스템이다. 19세기에는 세포가 생명체의 기본구성체로 간주되었으나 20세기에 들어와 세포보다 더 작은 단위의 분자구조들이 유전인자를 형성하고 있음이 규명되었다. 세포내의 미토콘드리아(mitochondria)에 들어 있는 유전자의 디옥시리보핵산(DNA)과 리보핵산(RNA)이 생명체의 화학적 기초다.

단세포 미생물인 박테리아도 자기 복제능력이 있어 인간이 만든 어떠한 기계보다 복잡성과 정교성에 있어 훨씬 우수하다. 식물의 뿌리에 밀착되어 있는 박테리아는 토양유기물의 분자배열을 바꾸고 인간과 동물의 내장통로에 숙주(宿主)하는 박테리아는 본체의 영양에 기여하고 병에 대한 저항력을 증가시킨다.

바이러스는 세포 밖에서는 작용하거나 번식하지 못한다. 하지만 하나의 핵산으로 구성된 바이러스도 DNA와 RNA 속에 암호화되어 있는 지시에 따라 새로운 바이러스 입자를 만드는 자기복제 능력이 있다. 박테리아나 바이러스 같은 미세유기체에도 삶의 목적이 있고 자기복제의 창조능력이 있는데 하물며 이들보다 훨씬 더 복잡한 구조를 가진 인간존재를 삶의 목적도 창조 능력도 없는 단순기계로 보는 기계론적 생명관은 정말 황당하기 그지없다. 삶의 목표, 자기복제의 창조능력, 양심, 윤리감, 균형잡힌 칭심(秤心)은 모두 창조주로부터 받은 영혼(一心)의 작용이다. 생명의 命이 영혼이며 命줄은 창조주의 o 과 보이지 않는 줄로 연결되어 있다는 진리를 깨달아야 할 때다.

양자현상의 상호연결성을 증거하는 현대 물리학의 성공사례에 아인슈타인, 포돌스키, 로센에 의해 실험 증명된 EPR 효과가 있다. 아무렇게나 회전하는 전자빔이 특정한 타입의 자력장을 통과하면 자력장은 그 빔(beam)을 두 개의 동등한 빔으로 나눈다. 하나의 빔 속에 있는 모든 전자가 위로 회전하면 다른 하나에 있는 전자들은 밑으로 회전한다. 만일 자력장의 방향을 다시 잡으면 모든 전자는 상하 대신 좌우로 회전한다.

제로 스핀(zero spin)을 가진 2개의 입자체계 중 하나는 달로 가 자력장을 통과한다. 자력장은 그 입자를 위로 회전하게 만든다. 목성으로 간 다른 입자는 아래로 회전한다. 만약 자력장의 축이 입자가 날라가는 도중에 바뀌어, 달에서 움직이고 있는 입자가 위로 회전하지 않고 오른 쪽으로 회전하게 되면 목성에서 움직이고 있는 입자는 자동적으로 왼쪽으로 회전하게 된다. 달에서 자력장의 축을 바꾼 것은 목성에서 발생한 일에 영향을 미친다는 이론이 EPR효과다.

우주에 독립된 부분이란 없다. 물리학의 용어로 이른바 국지성불성립(局地性不成立, locality fails)의 원칙이다. 외견상 서로 분리되어 따로 존재하는 것처럼 보이는 이것과 저것은 실제로 분리된 실체가 아닌 동일존재의 각기 다른 표상이다. '무엇' 이 표상된 것인가? 현대 물리학에서는 무엇이 표상된 것인가?의 '무엇' 에 대답할 수 없다.

'무엇' 이란 바로 창조주의 영혼이다. 자미원에서 방사되는 광명의 본체인 보라색 빛은 만물에 내재된 창조주의 o 과 긴밀히 내통하고 자기 소통(self-communication)하여 영감을 불러일으킨다. 이것이 바로 34장 46절의 "모든 것은 일원성을 가지고 있으며 모든 것이 창조주로부터 나왔으므로 어떤 이원성이나 삼원성도 존재할 수 없습니다. 왜냐하면 그것은 창조주의 법칙에 위배되는 것이기 때문입니다"와 36장 27절의 "처음에는 불과 몇몇 사람들만이 인간이 지구상에만 살고 있는 것이 아니라 우주의 끊없는 심연들 속에도 살고 있다는 것과 사람들이 물질적인 세계에 살고 있을 뿐만 아니라 통상적인 감각으로는 감지할 수 없는 다른 세계에까지 그들의 영혼이 도달하게 된다는 것을 알게 될 것입니다" 의 내용이다.

진화론의 핵심주제는 적자생존을 통한 자연도태설과 돌연변이라 불리우는 기회변이의 개념이다. 적자생존을 통한 자연도태설은 생존경쟁에서 외계의 상태에 적응하지 못하는 개체는 망하고 환경에 적응할 줄 아는 유리한 개체만이 살아남아 번성한다는 이론이다.

그렇다면 북태평양의 귀신 고래들이 지구 온난화로 인한 기후변화로 점점 개체수가 줄어 멸종의 위기로 치닫고 인간들이 설치한 저인망그물은 치어(稚魚)마저 잡아 올려 특정 어류의 씨를 말리고 인간의 탐욕으로 인하여 매 15분마다 한 종의 생물이 멸종되는 것도 자연도태인가? 백인 청교도들이 처음으로 북아메리카에 왔을 때 대륙에는 6천만 마리가 넘는 버펄로(buffalo)가 살고 있었지만 1849년 골드러쉬붐(gold rush boom)을 타고 서부개척에 나선 백인들이 버펄로를 위험한 동물로 간주하여 무차별 도살한 결과 1890년에는 겨우 1000마리만 살아 남았다. 지구온난화는 화석연료의 과다사용으로 빚어진 인공적 재앙이고 버펄로를 도살하고 특정 생물을 멸종시키는 인간들이 몰상식한 행위는 자연도태가 아닌 명백한 인공도태이므로 자연도태설은 어불성설이다.

돌연변이설은 인간은 신에 의해 창조된 피조물이 아니라 오랜 세월을 거쳐 낮은 단계의 동물에서 높은 단계의 고등동물로 발전한 진화의 산물이라는 학설이다. 100만년 전에 출현한 호모에렉투스가 진화하여 호모파베르가 되고 호모파베르가 진화하여 현생인류인 호모사피엔스가 되었다는 주장이다. 화석을 통해 확인된 5만년 전 인간의 신체와 두개골은 크기와 용량에 있어 현대인의 그것과 동일하기 때문에 인류의 생물학적 진화는 5만년 전에 정지되었다고 진화설 옹호론자들은 말한다.

그러나 환경에 적응해가면서 신체의 형태, 크기, 생존 방법등이 변이되는 돌연변이설이 검증된 진리로 자리잡기 위해선 직립원인이 호모파베르로 진화된 것을 증명할 80~90만년 과정의 중간화석과 호모파베르에서 호모사피엔스로 진화한 15만년 과정의 중간화석이 있어야 하는데 불행히도 발견된 것이 하나도 없다. 또한 인류의 첫 조상이 100만년 전의 직립원인이라면 직립원인은 어떤 동물이 진화해서 직립원인이 되었는지?

그리고 현생 인류가 진화하면 앞으로 10만년 혹은 100만년이 지난 후 어떤 동물이 되는지? 최소한의 청사진은 밝혀야 하는데 이에 대해 진화론은 아무것도 제시하지 않았다. 돌연변이는 같은 종(種) 내에서만 일어나므로 인간과 다른 유전인자를 가진 침팬치나 베분(baboon)류의 원숭이가 직립원인으로 진화했을 가능성은 제로다. 따라서 돌연변이설은 종의 진화에 있어서 새로운 형질의 발생을 설명할 수 없음이 판명되었고 다윈 자신도 이 결함을 인정했다. 중요한 것은 형질이 유전되는 것이 아니라 염색체 내의 유전인자에 기록되어 있는 유전자부호(Genetic code)의 정보만이 후대에 유전되고 진화한다는 점이다.

10만년 전 인간의 DNA와 현대인의 DNA에는 아무런 상이성(相異性)이 없으며 인류의 핵산은 황인종, 백인종, 흑인종 가릴 것 없이 아무런 차이가 없다. 지구상의 모든 인종은 피부색깔에 관계없이 모두 한 조상으로부터 나왔다는 최근의 유전학적 연구결과가 점점 더 설득력을 얻어가고 있다. 생명이 되기 위해서는 유기체 전 단계의 물질이자 생명의 기본 물질인 단백질, 지방, 탄수화물, 핵산이 있어야 하고 유기체 전 단계의 물질이 생명이 되기 위해선 번개, 자외선, 태양열, 화산폭발열 등 외부 에너지가 필요하다.

1953년 시카고대학의 밀러(Stanley Miller)와 유레이(Harold Urey)는 원시 지구의 물이라 생각되는 물웅덩이와 원시 대기라 생각되는 암모니아, 수소, 메탄가스를 섞은 혼합물에 번개 대신 고압의 전기로 며칠간 방전(放電)을 일으켰다. 이 실험으로 그들은 붉은 색의 액체를 얻었는데 그 액체 속에는 단백질의 기본이 되는 아미노산 따위의 화학적 성분들이 다량으로 포함되어 있음을 발견하였으나 생명체를 탄생시키는 일에는 실패했다. 유기체의 분자들이 어느 정도 이상의 복잡성을 이루었을 때만 생명으로 간주할 수 있는데 물웅덩이 속의 분자들이 아무렇게나 우연히 결합하여 유전자부호를 가진 복잡한 DNA로 배합될 가능성은 제로에 가깝다. 이러한 어려움 때문에 DNA의 분자 구조를 해명하여 세계적 명성을 얻은 크릭(Francis Crick)조차도 지구 최초의 완성된 생명체는 35억년 전 외계로부터 왔을 지도 모른다고 말한다.

인간의 육체적 진화는 20세 무렵에서 끝난다. 육체적 진화가 계속되어 코끼리만큼의 큰 체구를 가질 수도 없으며 고래 같은 거대 포유류 동물이 되어 바다 속에 살 수도 없다.

인간에게는 오직 영적 진화만이 있을 뿐이다. 사람들 눈에 저능아처럼 보이는 인간은 예수의 말씀처럼 처음으로 인간의 몸을 받아 태어난 인생으로 보면 틀림없고 모차르트, 에디슨, 아인슈타인과 같은 천재들은 그들의 육체 속에 거주했던 창조주의 영혼이 무수히 많은 다른 육체들을 윤회하면서 전생들에 선업을 쌓고 쌓아 큰 깨달음을 얻은 영적 진화자들이다. 지구를 다스리는 신도 처음부터 인간으로 태어난 존재는 아니다. 미생물로 첫 생을 받아 윤회를 거듭하면서 영적으로 진화 더 높은 단계로 계속 진화하여 마침내 윤회생사를 그친 불멸의 임마누엘이 된 것이다.

그러므로 모든 생명이 추구하는 영적진화의 최종목표는 임마누엘이 되고 신이 되고 부처가 되는 것이며 이는 예수의 말씀과 같이 인간존재가 애초부터 나아가야 할 필연적 운명이다. 진화론은 5700년 전 여호와에 의해 6일 만에 천지만물이 창조되었다는 유대교와 바울교의 종교적

도그마(dogma)를 혁파시킨 공로로 세상 사람들의 인정을 받을 뿐 그 이상도 이하도 아니다. 지구는 우주와 분리되어 따로 노는 독립적 별이 아님에도 불구하고 진화론은 전일적 우주의 광활한 공간에 살고 있는 모든 생명의 최종목표인 영적진화를 통한 영혼의 완성은 알지도 못한 채 아무런 결론 없는 생물의 육체적 진화만을 다루며 또한 육체적 진화가 발생 진행되는 장소를 지구에 국한시킴으로써 국지성불성립의 원칙에 위배되기 때문에 진리가 아니다.

마지막으로 사이비진리 가운데 하나인 기술메시야주의의 허구성을 논해보자. 오늘을 살고 있는 인류는 과학기술자체를 새로운 신으로 받아들이고 있다. 과학기술이 도깨비방망이같은 마력으로 인간들이 원하는 모든 것을 해결해 줄 수 있다는 믿음 때문에 과학기술을 새로운 메시야로 떠받들고 있다.

예를 들어 지구의 물질적 에너지가 떨어지면 신기술을 이용하여 재생 가능한 새로운 에너지를 개발하면 되고 석유가 고갈되면 유전자 공학을 이용해 에탄올을 채취할 수 있는 미생물을 대량생산하면 되고 과밀화의 지구인구를 해결하기 위해선 어느 행성하나를 정복하여 우주식민지를 건설하고 그곳으로 지구 인구를 대량 이주시키면 된다는 따위다.

2007년 4월 24일 AFP통신은 태양계 밖에서 사람이 살 수 있는 조건을 갖춘 지구같은 행성이 사상 처음으로 발견되었다고 전했다. 지구로부터 20,5광년(192조km) 떨어져 있는 천칭자리의 행성 '581C'가 지구와 비슷한 조건을 갖추고 있다고 말했다. 만약 581C에 생물이 산다고 가정한다면 과연 지구인이 그 별에 가 우주식민지를 건설할 수 있을까? 필자의 사견으로는 도저히 불가능하다고 본다.

태양빛이 지구에 도달하는 데는 겨우 8분밖에 걸리지 않는다. 지구로부터 20.5광년 떨어져있는 581C에 빛의 속도로 갈 수 있는 비행물체도 없고 설사 비행 물체를 지구인이 만든다 하드라도 비행도중 연료는 어떻게 공급받으며 지구대기권을 벗어나면 공기 중의 95% 이상이 수소인데 긴 비행시간 동안 마실 용량이 한정된 산소통을 짊어지고 갈 수도 없고 또한 여행자들이 무엇을 먹을 것이며 무중력 상태에서 생리문제는 어떻게 해결할 것인지 도무지 답이 없다.

가멸적 육신을 가진 인간 수명의 한시성내에서 도저히 갈 수 없지만 그 곳에 갈 수 있는 유일하고도 확실한 방법은 현 생체의 육체가 죽고 난 다음 불멸의 영혼이 다음 생에 다른 육체를 받아 581C 행성국의 국민으로 태어날 수 있으니 이것이 바로 무수한 열반과 윤회를 통해 모든 생명의 영존성(永存性)이 보장되는 창조주의 생명법칙이다. 전술한 바와 같이 기술이란 사용 가능한 에너지를 사용 불가능의 에너지로 바꾸는 변환자(transformer)일 뿐, 인간은 물질과 에너지 어느 것도 생산할 수 없고 다만 주어진 에너지와 물질적 자원을 활용할 수 있는 도구만을 생산할 수 있을 따름이다. 진실이 이러함에도 불구하고 인간은 지구의 자연을 정복, 조종, 착취, 변형시킨 여세를 몰아 우주마저 정복할 헛된 꿈에 부풀어 있다.

여전히 기계론적 세계관을 신봉하는 각국, 특히 강대국의 정치경제지도자들은 무제한적 경제성장의 백일몽에서 깨어나지 못하고 있으며 이 헛된 꿈은 기술 신(神)이 더 많은 부와 행복을 우리들에게 선사하리라는 단순 사고에 길들여진 일반 소비대중에 의해 강력히 뒷받침되고 있다.

지구는 뉴턴물리학이 주장하는 것처럼 무수히 많은 무기물들로 이루어진 영혼과 목적의식이 없는 기계가 아니며 무기물도 죽은 물질이 아니다. 나토륨은 일정한 조건하에서 염소에 반응하여 염화나토륨(소금)을 만들어내고 철은 산소에 반응하여 철산화물(녹)을 만들어 낸다. 무기체와 유기체의 차이는 데카르트, 뉴턴 이후 사람들이 갖고 있는 개념상의 편견일 뿐이며 유기체, 무기체 할 것 없이 모든 존재는 운동하고 변화한다. 지구는 너그러운 품으로 만물을 끌어안아 양육해 주는 위대한 영혼이고 생명이며 우리 모두의 위대한 어머니다.

예수가 말씀한 지구 5억 적정인구론에 밀러의 먹이사슬 구조를 대입시켜조자. 밀러는 사람 1명이 살기 위해 300마리의 송어가 필요하고 송어 300마리는 9만 마리의 개구리, 9만 마리의 개구리는 2천700만 마리의 메뚜기를, 2천700만 마리의 메뚜기는 풀 1천 톤을 필요로 한다고 했다. 여기에 5억 명의 인간을 대입하면 1천500억 마리의 송어, 45조 마리의 개구리, 1경3천5백조 마리의 메뚜기, 5천억 톤의 풀이 필요하며 이로서 생태계의 평형은 유지된다.

그러나 현생인류 65억 명이 살기 위해서는 생물들의 수가 13배로 증가해야 하므로 생태계의 균형은 일시에 무너지고 만다. 어떤 특수 종의 지구지배는 과거 공룡 멸망사에서 보아왔듯 생태계를 황폐화시켜 지구를 파멸로 이끈다. 인간수가 너무 많은 것이다. 지구를 죽은 무생물로 취급하여 어머니의 내장을 뚫어 석유를 뽑고 내장을 구성하는 여러 광물질을 파괴하는 행위는 살모사(殺母蛇)가 어미의 뱃가죽을 뚫고 이 세상에 나옴으로써 모체를 죽이는 존속살해(尊屬殺害)와 하등 다를 바 없다. 예수의 말씀대로 독사의 세대에 속한 현생인류 65억 명의 횡포를 위대한 우리 모두의 어머니는 더 이상 견뎌낼 수 없기 때문에 지구는 파멸할 수 밖에 없다.

그러나 이것이 반드시 겪어야 할 일이기는 하나 지구의 종말을 의미하는 것이 아니며 아직 창조주가 7의 배수 기간 동안 주무실 시간이 아니므로 현생우주가 통째로 사라지는 것도 아니다. 창조주의 생명법칙을 계속 위반하는 독사의 세대들을 징벌하고 죽어가는 지구를 기사회생시키기 위한 창조주의 깊은 배려 때문에 지구는 새로운 시대를 맞게 된다.

4. 미륵불(佛)과 재림(再臨) 예수는 동일인이다

『탈무드 임마누엘』 25장 33절에 나오는 "예전의 하늘의 아들들이 그랬던 것처럼 강력한 힘을 가진 존재들이 나타나서 망상에 사로잡힌 독재자들의 거침없는 미친 짓을 한 순간에 멈추게 하지 않으면 인간은 아무도 살아남지 못할 것입니다"라는 예수의 예언은 우리들이 전혀 모르고 있는 중대한 진실을 암시하고 있다.

위의 구절은 현생 지구 이전에 존재했던 전생 지구 역시 얼마 남지 않은 화석연료를 쟁탈하기 위해 국가 대 국가 왕국 대 왕국이 서로 적대하여 싸우다가 전생 인류의 대부분이 몰살당하는 대참화를 하늘의 아들들인 수호천사들이 나타나 파멸직전의 전생지구를 구제한 진실을 말씀하고 있다. 현생 지구 역시 인간들의 끝없는 탐욕 때문에 전생 지구의 인류가 겪었던 것과 똑같은 대환란을 경험하게 될 것이지만 다행히 "지구상의 모든 인간들이 울부짖으면서 밖으로 나와 하늘의 구름 사이에 있는 이 인간세상의 불합리를 징벌하기 위해 오는 위대한 힘과 엄격한 심판을 증거하는 징표들을 보게 되며"(46절), 영혼과 생명의 존속을 위해 환란 기간이 단축되고 하늘의 아들들로 편성된 천군의 도래를 재림 예수가 선포함으로써 미증유의 대환란은 종식된다.

그렇다면 미혹(迷惑)에 빠진 중생을 제도하여 말겁(末劫)의 재난을 벗게 해주시는 미륵불과 천군의 도래를 선포하여 파멸직전의 지구 및 창조주와 인간은 둘이 아닌 하나임을 믿는 신앙자들을 구제하기 위해 인연 깊은 땅 지구에 환생하는 재림 예수는 동일 인물인가? 아니면 아무런 관계없는 별개의 다른 존재인가?

필자는 원효로부터 미륵과 재림 예수는 이름만 다를 뿐 같은 사람이라는 계시(啓示)를 받았다. 이는 예수의 육신에 거주했던 영혼이 원효라는 이름의 새로운 육신으로 윤회하고 원효의 육신에 거주했던 영혼은 일생 보처보살로 도솔천에서 수행하고 있는 미륵의 영혼이며 2천 년 전과 모습이 전혀 다른 재림 예수의 새로운 육신에 거주할 영혼은 미륵의 영혼이므로 여러 유명한 육체를 윤회한 오직 하나 밖에 없는 영혼은 우주의 中인 본초본생(本初本生)의 창조주 영혼이기 때문에 예수 = 원효 = 미륵보살 = 재림 예수 = 미륵불 = 하나님의 등식이 성립하게 된다.

미륵불과 재림 예수가 동일인물이라는 계시를 받은 이후 이를 증명할 수 있는 몇 가지 단서를 얻었다.

첫째, 석가모니 스스로 궁장(弓長) 조사에게 "붉은 연꽃의 운수는 3천년(紅花運數三千年)이라 밝혔고, 『미륵존경』에 석가모니 치세 3천년이 끝나야 미륵부처가 온다"고 했다.

천사 세 사람이 옥황상제의 조칙(詔勅)을 가지고 미륵불 앞에 무릎을 꿇고 아뢰기를 이제 석가모니 치세 3천년이 기한이 다 찼으니 청컨대 부처님께서 제발 하생하시어 미혹에 빠진 중생을 제도하여 말겁의 재난을 벗어나게 하소서. 옥황상제의 조서를 받든 천사들은 말을 마치고 이내 물러갔다.

天使三人來 詣佛前長跪曰 三千年限今將滿已 請佛下生救度群迷 末劫之難 玉皇有詔依奉諸天使乃退之

석가모니는 B.C. 1027년 4월 8일 갑인일(甲寅日)에 탄생했으므로 2009년은 북방불기 3036년이다. 하지만 석가는 36세에 성불했기 때문에 성불하기 전의 년수 35년을 빼면 2009년은 석가치세 3001년째이며 석가가 현세불(現世佛)로서 퇴위한 원년(元年)이다.

따라서 2009년 이후 2009년과 가까운 어느 해에 미륵불이 출현해도 이상할 것이 하나도 없다.

재림 예수는 2천년 전에 예수가 예언한 대로 2천년이 몇 년 지난 연도에 오기 때문에 결국 미륵불이 오는 시기와 재림 예수가 오는 시기는 겹친다. 진리는 하나인데 한 사람만 오면 되지, 두 사람의 각각 다른 미륵과 재림 예수가 와서 이구이언(二口二言)할 필요는 없다. 이런 의미에서 말세의 대환란을 수습하기 위해 오는 사람은 미륵 예수 한사람이라고 말할 수 있다.

둘째, 연등불이 남긴 『미륵존경』에 미륵이 출세하는 시기를 언급한 내용이 있는데 미륵불은 "물불과 전쟁으로 인해 많은 사람이 죽는 수화도병사(水火刀兵死) 시에 오며 인간 세상에 땔감이 없어 굴뚝에 연기가 끊어지는 인간절연화(人間絶煙火) 시에 온다"고 했다.

水火刀兵死의 시기와 人間絶煙火의 시기는 2개의 분리된 시기가 아닌 같은 시기를 말한다. 옛날 고려 말 석탄이 처음으로 등장했을 때 사람들은 불타는 돌이라 해서 석탄을 '불돌' 이라 불렀다.

필자는 어린 시절 램프 불을 켜기 위해 어머니의 심부름으로 시장에 석유를 사러 간 적이 종종 있었는데 시장에서는 석유를 '물불' 혹은 '불물' 이라 불렀다. 석유는 물과 같은 액체지만 불이 붙는 물이기 때문에 물불이고, 불물이다. 따라서 水火刀兵死는 물불인 석유로 인해 전쟁이 일어나 많은 사람이 죽게 된다는 뜻이다. 다음 땔감이 없어 아궁이나 굴뚝에서 연기가 끊어진다는 그 땔감은 장작을 말하는 것이 아니라 석탄 석유 천연가스의 화석연료를 말한다. 연탄보일러, 석유보일러, 가스보일러는 물론 가정집이나 식당을 막론하고 모든 부엌은 천연가스와 프로판 가스를 사용하여 밥을 짓고 음식을 만든다.

또한 지구상의 발전소 중 거의 90% 가량이 석탄 석유 천연가스를 사용하여 전기를 일으키는 화력발전소다. 만약 화석연료의 땔감이 없어 전기가 끊어지면 냉방도 할 수 없고 고층아파트 화장실에 물도 나오지 않으며 텔레비전, 핸드폰, 냉장고 등 온갖 문명의 이기는 문자 그대로 무용지물이 되고 만다.

그러므로 水火刀兵死 人間絶煙火의 때에 미륵불이 온다는 말은 물불인 석유 때문에 세계대전이 일어나 많은 사람들이 죽게 되고 화석연료의 고갈로 인해 아궁이와 굴뚝에서 연기가 끊어지는 때를 당하여야 말겁의 대환란에 빠진 중생을 구제하기 위해 미륵불이 오신다는 뜻이다. 이는 예수 예언 45절의 말씀 "하늘들과 대기의 구조가 교란될 것이며 인간들의 탐욕으로 인해 불이 붙여진 땅에서 나오는 검은 기름으로 말미암아 대지는 불탈 것이요, 하늘은 연기와 불로 캄캄해질 것입니다. 따라서 기상 역시 교란되어 혹심한 추위가 닥칠 것이니 진실로 무분별하게 발달된 인간들의 힘 때문에 온갖 종류의 생명들이 죽음을 맞게 될 때" 재림 예수가 오신다는 내용과 일치한다.

셋째, 42절에 나오는 "나는 새로운 가르침을 가지고 올 것이며 하늘의 아들들로 편성된 천군(天軍)의 도래를 선포할 것입니다"의 내용은 『무학비기』(無學秘記)에 나오는 다음 내용과도 일치한다.

辰巳에 聖人出하고 午未에 樂堂堂이라
海東初祖 新元曉가 多率禃兵 踏宇宙라

용띠해와 뱀띠해에 성인이 나타나 대환란을 수습하니 말띠 해와 양띠 해에 즐거워 하는 천하만민이 지구 도처에 가득하리라. 이 모두 해동의 첫 조상인 신원효가 하나님의 군사들을 많이 거느리고 우주를 누비며 대환란을 극복했기 때문이다.

천군(天軍)이나 신병(禃兵)이나 모두 하나님의 군대라는 뜻이며 신원효가 바로 미륵불이다. 2012년 2013년 2024년 2025년 2036년 2037년은 진사년(辰巳年)이고 2014년 2015년 2026년 2027년 2038년 2039년은 오미년(午未年)이다. 예수는 "2천년 몇 년 지나서 내가 다시 온다" 말했지만 55절에 "이 모든 일이 일어나게 될 날짜와 시간은 아무도 모릅니다. 수호천사는 물론 신 자신도 모르며 나 임마누엘 또한 모릅니다. 오직 가장 위대한 지혜를 소유하고 계시는 창조주의 법칙과 명령들 속에 있는 섭리의 운명만이 알고 있을 뿐" 이라 했다. 그러므로 대환란이 시작되어 망상에 사로잡힌 독재자들의 거침없는 미친 짓을 한 순간에 멈추게 할 미륵불 = 재림 예수의 출현은 2012년이 될지 2024년이 될지 2036년이 될지 아무도 모르지만 2050년을 넘기지는 않을 것이다.

왜냐하면 재림 예수는 지구 적정 규모의 인구인 5억의 열 배를 훨씬 넘을 때 온다 했으므로 현 65억 명의 인구는 5억의 13배, 2020년의 예상 인구 80억은 16배, 160억이 되는 2050년은 32배가 되며 이는 열 배가 훨씬 넘는 수치가 아니기 때문이다. 예수와 원효는 6장에서 설명한 바와 같이 신여의통(身如意通)을 얻어 여환해탈(如幻解脫)의 묘계(妙計)를 자유자재로 구사할 줄 아는 유이무삼(唯二無三)의 인물이다. 따라서 多率禧兵 踏宇宙하는 해동초조 신원효의 미륵불과 파멸 직전의 지구를 구출하기 위해 天軍의 도래를 선포할 재림 예수는 동일인이다. 미륵불은 구제할 중생이 한 사람도 없을 때 오신다 했다. 이말씀의 깊은 뜻을 살펴보자.

미륵(彌勒)은 산스크리트어로 메트레야(Maitreya), 팔리어로 메테야(Metteya)로 부르며 메트레야의 음역(音譯)이 매달려야(梅怛麗耶)이고 미륵의 본명은 미륵 특유의 성품을 감안해 아일다(阿逸多) 혹은 무승(無勝) 막승(幕勝)으로 한역(漢譯)되었다. 메트레야가 곧 중생들이 겪는 말겁의 재난을 구원할 메시야(Messiah)다.

히브리어, 아람어, 페르샤어, 그리이스어, 라틴어, 영어, 독일어, 슬라브어……기타 등등은 모두 산스크리트어에 어원(語源)을 둔 인도유럽피안 언어군이기 때문에 인도유럽피안 언어를 사용하는 지역에서 우연의 일치랄까? 이사야(Isaiah), 예레미야(Jeremiah), 메시야(Messiah), 메트레야(Maitreya), 메테야(Metteya) 등 위대한 예언자는 그 이름이 모두 '야' 자로 끝난다.

미륵의 본명인 阿逸多, 無勝, 莫勝이 무슨 뜻인지 알아보자. 산스크리트어 a의 음역인 '阿'는 우주 최초의 생명, 만유의 존재를 가능케 하는 최초의 원인인 한인(桓因)이라는 뜻이고 '逸'은 빼어날 일, 뛰어날 일이므로 阿逸은 우주 최초의 뛰어나고 빼어난 존재를 말한다.

우주 최초의 뛰어나고 빼어난 존재는 우주 시공연속체를 존재케 하고 우주만물을 창조한 하나님 밖에는 없으므로 阿逸은 음이 같은 阿一이다.

아일다의 多는 뭇생명, 중생, 만유를 의미한다. 자미원, 태미원, 천시원의 주원삼극(朱元三極) 및 주원삼극의 사역(使役)으로 현상계에 나타난 만유는 모두 하나님의 o (囧)을 공유(共有)하는 존재들이기 때문에 하나님의 곧 우주만물이요 우주만물이 곧 하나님이 되는 一乘卽 無量乘이오 無量乘卽 一乘이 곧 阿逸多의 뜻이다.

無勝은 직역하면 이김이 없다. 莫勝은 이기지 않는다는 뜻이다. 내가 상대적 존재인 너와 싸울 때 한 사람은 승리자가 되고 또 한 사람은 패배자가 된다. 내가 나와 싸운다는 말은 어불성설이고 설사 내가 나와 싸운다면 승리자도 패배자도 없다. 우주의 모든 존재는 미륵과 마찬가지로 창조주의 o을 공유한 존재들이므로 우주의 모든 존재가 곧 미륵이요 미륵이 곧 우주만유다. 우주만물은 미륵에게 있어 상대적 존재가 아닌 절대적 자아이고 내가 나와 싸우지 않기 때문에 無勝이고 莫勝이다.

메르테야의 음역인 매달려야(梅怛麗耶)는 우연의 일치랄까? 창조주의 조화랄까? 결과적으로 한국말이 되고 말았다. 어머니의 팔에 매달려, 철봉대에 매달려, 대입시험 준비에 매달려, 1·4후퇴 당시 수많은 피난민들이 부산가는 만원열차칸에 매달려 목숨을 건졌다.

대환란에서 살아날 수 있는 길은 오직 '매달려야'에 있다. 예수는 "진리를 고집하는 사람들은 살아남고(18절), 진리와 창조주의 생명법칙을 섬기는 사람들 때문에 대환란의 기간이 단축된다"(26~27절)고 했다. 무엇이 진리인가? 진리는 오직 하나 내 육신 속에 거주하고 있는 영혼은 창조주의 영혼이므로 창조주와 나는 둘이 아닌 하나의 동일존재라는 사실밖에 없다. 때문에 예수께서 가르치신 대로 영혼의 문을 두드리면 열릴 것이고 구하면 찾을 것이므로 거룩한 마음으로 온 정성을 다하여 자기영혼에 매달려야 마침내 활로(活路)가 열린다.

저명한 역사가 토인비(Arnold Toynbee)는 고등 종교와 하급 종교를 분류해 말하기를 우주의 정신적 실체인 신과 직접 교류하는 종교는 고등 종교, 큰 바위나 큰 나무 등 비인간적 자연이나 교회, 성당, 사찰 등 집단적 인간권력을 통하여 간접적으로 신과 교류하는 종교를 하급 종교라 했다. 토인비의 규정대로라면 현존하는 지구상의 모든 종교는 하급 종교며 그 중에서도 특히 임마누엘의 가르침을 변조하고 날조하여 예수의 이름을 가탁(假託)하여 성립된 현존 기독교(카톨릭+개신교+동방정교)야 말로 하급 중의 최하급 종교라 말할 수 있다.

진보(進步)는 나아갈進과 발걸음步의 합성으로서 발걸음이 앞으로 나아가는 것을 뜻하는 말이다. 하지만 발걸음이 앞으로 나아간다고 해서 진보가 되는 것이 아니라 앞으로 나아가는 발걸음의 방향이 옳아야 실질적인 진보가 된다. 예컨대 일출을 보기 위해서는 반드시 동쪽 방향으로 발걸음이 나아가야 하는데 반대로 서쪽 방향으로 발걸음이 나아갔다면 이는 명목상의 진보일 뿐 실제로는 진보가 아닌 퇴보다.

이와 똑같은 논리가 예수의 가르침을 변조, 날조한 현존 기독교의 교리에 적용될 수 있다. 찬송가 543장을 보자.

"저 높은 곳을 향하여 날마다 나아갑니다. 내 뜻과 정성 모두어 날마다 기도합니다. 괴로움과 죄가 있는 곳 나 비록 여기 살아도 빛나고 높은 저 곳을 날마다 바라봅니다."

창조주와 창조주가 계시는 천국은 저 높고 광활한 하늘에 있는 것이 아니라 하늘에 비해 지극히 낮고 좁은 내 육신 속에 친히 강림해 있다. "영혼의 왕국(Kingdom of Heaven)은 사람 안에 있으면서 사람의 내부를 지배하므로 영혼의 왕국을 통솔하는 존재는 바로 그 사람입니다"(『탈무드 임마누엘』15장 62절).

이러한 예수의 진정한 가르침을 알지 못하면서 바울이 날조한 헛된 가르침을 앵무새처럼 복창하는 사제에게 있지도 않고 범하지도 않은 죄를 자백하고 저 높은 곳을 향하여 날마다 나아가고 날마다 기도해 봐야 목만 아프고 빛나고 높은 저 곳을 날마다 바라봐야 눈만 아플 뿐 다 부질없는 헛수고일 뿐이다. 내 육신 속에 친히 강림해 있는 하나님의 영혼에 정성을 들여 간구하고 매달려야 언젠가 영혼을 완성하고 윤회를 그쳐 하나님과 하나가 될 수 있다.

"지혜있는 사람은 영원히 변화하는 영속적인 강(江)의 법칙을 알고 이를 유념합니다. 그러므로서 그들은 사물변화의 위대한 과정에 순응하도록 노력을 기울입니다. 왜냐하면 그들은 법칙들의 결정을 통하여 삶의 윤회가 끝을 맺어야 한다는 창조주의 생명법칙을 인식하고 있기 때문입니다"(36장 31절).

현생인류 65억 명은 아직 영혼의 완성을 이루지 못한 덜된 인간들이기 때문에 사람의 육신을 받아 지구에 윤회 전생했다. 영적 깨달음의 관점에서 불교의 삼취중생(三聚衆生) 개념을 빌려 말하자면 현생인류 65억 명은 언젠가는 기필코 진리를 깨달아 영혼의 완성을 이룰 정정취(正定聚), 진리를 깨달아 영혼의 완성을 이룰지, 못할지? 아직 단정지을 수 없는 부정취(不定聚), 진리의 장엄한 일출을 보기 위해 동쪽으로 가는 대신 서쪽으로만 자꾸 가 점점 더 진리의 일출과 멀어지는 사정취(邪定聚)의 3부류로 분류할 수 있다.

하지만 부정취나 사정취도 당대의 깨달음을 얻어 영혼의 완성을 이루지 못할지라도 무수히 많은 생을 윤회하면서 살다보면 미래의 어느 시점에 이르러 반드시 진리를 깨달아 영혼의 완성을 볼 수 있게 된다. 윤회생사의 회수가 턱없이 모자라기 때문에 부정취가 된 것 뿐이고 동쪽에서 해가 뜨는 게 아니라 서쪽에서 뜬다고 잘못 알고 서쪽으로 갔기에 사정취가 된 것 뿐이며 그들의 영혼 역시 창조주 영혼의 한 부분이므로 언젠가는 기필코 묘과(妙果)를 얻어 삶의 윤회를 마감하는 부처가 되고 임마누엘이 될 수 있기 때문이다.

필자는 예수가 예언한 현생인류 65억 명의 대부분이 멸망하고 죽게 되는 대환란의 시기까지 생사여부를 장담할 수 없지만 만약 그 때까지 살아 있어 집단적 대참사(大慘死)에 내 자신이 포함되더라도 기꺼이 웃으면서 죽을 것이다. 살아 남은 자는 행복하고 죽은 자만 불행하다는 생각은 사청취의 분단생사관(分段生死觀)일 뿐, 삶은 죽음의 시작이요, 죽음은 새로운 삶의 시작이라는 생사일여(生死一如)의 변역생사관(變易生死觀)에 요달(了達)해야 비로서 깨달은 자라고 말할 수 있기 때문이다.

"지혜만큼 밝은 눈이 없고 무지만큼 어두운 암흑이 없으며 영혼의 힘만큼 큰 능력이 없고 의식의 가난만큼 무서운 두려움이 없습니다. 지혜보다 더 고귀한 행복은 없고 영혼의 지식보다 더 나은 친구가 없으며, 또한 영혼의 힘 이외에는 달리 구원자가 없습니다"(『탈무드 임마누엘』26장 27~28절).

덧없는 육체의 관점에서 보자면 대환란은 불행이지만 영생불멸하는 영혼의 관점에서 보면 대화란은 불행이 아니다. 왜냐하면 대환란의 쓰라린 경험을 통해 사는 자 죽는 자 할 것 없이 모두 집단적으로 영적개오를 얻어 삶의 고달픈 윤회를 끝맺고 창조주 안에서 하나가 되는 창조주의 생명법칙을 인식하는 위대한 전기가 될 수 있기 때문이다.

날개 짧은 새는 낮은 지대의 수풀을 의지하여 고공으로 날아오르는 비상력(飛翔力)을 키우고 새끼 연어는 얕은 여울을 의지하여 대양으로 나아가기 위한 유영법(遊泳法)을 배운다.

삼취중생 모두 이 책에 소개된 진리의 말씀에 의지하여 귀중한 영적 깨달음을 얻고 다음 生에 더 높은 영격(靈格)의 존재로 태어나 삶의 윤회를 빨리 끝내는 계기가 되길 간절히 바랄 뿐이다.

無量數劫流照 梅怛麗耶梅始耶精神 周十方遍法界
무량수겁유조 매달려야매시야정신 주시방편법계

무량수겁의 영원 속을 흘러 비추이는 매달려야 메시야 정신! 시방세계에 두루하여 법계(法界)를 다 밟았도다.

-〈제2권 끝〉-

■ 후기(後記)

　1995년 여름 어느날 밤, 나는 지금 생각해도 참으로 신기한 꿈을 꾸었다. 평소 등산을 좋아하던 나는 그날도 예외없이 장려한 풍광의 어떤 산길을 걸으며 정상에 도달할 무렵이었다. 그때 갑자기 사람들이 웅성거리던 소리가 들려오더니 어디서 나타났는지 족히 수만명은 되어보이는 사람들이 어떤 인물을 손가락질하며 저마다 큰소리로 떠들기 시작했다.
　"원효대사가 저기 계신다", "미륵부처님이 우리를 구제하러 나타나셨다", " 저분이 바로 하나님이다". 문제의 그 인물은 잠자리 날개같은 옷을 입은 일단의 호위병에 둘러쌓여 산정상을 올라가고 있었고 수많은 군중이 박수치고 환호하며 그 뒤를 따라가기에 큰 구경거리가 생겼다고 생각한 나도 군중속에 합세해 정상으로 올라갔다.
　그 산의 정상은 딱 한번 가본 태백산 천제단을 닮은 듯도 한데 규모면에서 비교가 되지않을 정도로 광활하고 평평한 잔디밭이 펼쳐져 있어 수만명의 군중들을 다 포용하고도 남았다. 군중행렬 후미에 서서 앞을 바라보니 저멀리 오색영롱한 구름이 드리워진 사진으로만 보았던 카일라스산(곤륜산: 불교명 수미산 또는 설산)을 배경으로 원효, 미륵불, 하나님으로 불리는 그 인물이 높은 단 옥좌에 앉아 있었다. 모든 사람이 마음을 가다듬고 귀를 모두어 그로부터 무슨 말씀이 떨어지나 기다리고 있는데 갑자기 그가 내 이름을 3번 연달아 부르며 자신이 있는 곳으로 오라고 손짓하는 것이 아닌가. 호명을 받은 내가 군중 사이를 헤치고 단상 앞에 이르자 계단을 올라 자기 앞으로 오라고 하기에 시키는 대로 12계단을 올라 그를 정면으로 바라보았다. 흰색 바탕에 복숭아 꽃무늬가 수놓인 도포를 입고 머리에 황금면류관을 쓴 그로부터 방사되어나오는 강렬한 빛은 나의 눈을 현기증나게 만들어 그를 정면으로 바라볼 수 없을 정도였다. 만면에 미소를 띤 그는 부드러운 목소리로 "두려워하지 말고 내곁으로 오라" 하시며 황금 열쇠 2개를 꺼내 흔들어 보였다. 20cm 정도 손가락 굵기의 작은 열쇠 하나와 50cm쯤 되는 큰 열쇠 하나였다.

"앞으로 네가 수고 좀 해야겠다. 작은 열쇠는 지금 당장 줄 터이니 받아가고 큰 열쇠는 2000년이 지나 너에게 주겠다. 너에게 꿰멜미(彌) 비칠조(照) 彌照라는 법명을 주노니 이름의 뜻을 잘 새겨라" 하시며 내 손에 작은 열쇠를 쥐어주고 어서가라며 등을 떠다밀기에 화들짝 놀라 깨어보니 꿈이였다. 1988년 윤태첨 노인이 내게준 아호는 눈섭미(眉) 비칠조(照)의 眉照였다. 잠자는 내 양미간(兩眉間)에 빛이 난다 하여 얻은 이름이었다. 음이 같되 뜻이 다른 彌照라는 법명과 작은 황금열쇠를 원효대사로부터 받은 나는 이를 『원효결서』(元曉訣書)의 내용을 세상에 전하라는 계시로 받아들여 1997년 『원효결서』 2권을 펴냈다.

『원효결서』의 인연으로 L.A.거주 이재근목사로부터 『탈무드 임마누엘』을 우송받았고 같은 해 도덕초기회 이홍덕종사를 만날 수 있었다. 『탈무드 임마누엘』에 기록된 예수의 가르침은 기존 신약성서의 내용과 너무나 판이하여 큰 충격을 받았고 이홍덕종사로부터는 궁장조사(弓長祖師)의 일관도(一貫道)와 미륵불이 출현하는 한국땅으로 일관도본부가 옮겨지게된 연유를 들을 수 있었다.

그럭저럭 세월이 흘러 작은 열쇠 큰 열쇠의 꿈도 다 잊어버리고 있었던 2001년 1월 8일 밤 원효대사께서 예의 그 복장으로 현몽하시어 "2000년이 지나 큰 열쇠를 너에게 주기로 하였으니 내일부터 72시간 동안 태백산천제단으로 와 정성껏 기도하고 있으라 그리하면 내가 약속한 대로 큰 황금열쇠를 주리라" 말씀하시는 게 아닌가 하여, 1월 9일 새벽같이 일어나 목욕을 마친 나는 엄청난 눈이 내려 빙판길로 변한 강원도 산길을 따라 영월 상동 화방재를 넘어 발목 위까지 차는 눈속을 걸어 태백산 천제단에 도착했다. 시계를 보니 오후 4시였다. 장갑낀 손으로 천제단에 쌓인 눈을 대충 치우고 제단 위에 촛불을 켠 다음 돗자리를 깔고 좌정했다.

매서운 강풍이 불어 눈발이 휘날리는 매우 추운 날씨였기에 점퍼에 달린 방한모를 덮어쓰고 앉아 몇시간이 흘렀는지 나도 모르게 그만 졸음이 와 깜박 졸고 있었다. 갑자기 대낮같이 밝아진 큰 광명 속에 원효대사가 나타나 큰 황금열쇠를 나의 왼손에 꼭 쥐어주셨다. 황망중에서도 나는 "미륵불과 재림 예수는 동일인입니까, 아니면 다른 인물입니까?" 평소 품어왔던 의문점을 질문했다. 그러자 원효대사는 "두 사람은 이름만 다를뿐 같은 사람이다. 내가 너에게 준 법명 彌照는 나 미륵이 오는 길을 비춘다는 뜻이니 이길로 빨리 하산하여 네 할 일을 다하라"며 내 등을 떠미는 동시 대낮같이 밝은 광명도 사라졌다. 아차! 비명을 지르며 눈을 떠보니 사방은 쥐죽은 듯 고요한 캄캄한 밤이었고 열쇠를 받은 나의 왼손은 주먹이 꽉 쥐어진 채였다. 그길로 하산하여 시계를 보니 1월 10일 새벽 5시였다. 서울로 돌아와 한숨 푹 자고 이튿날 일어나 생각해보니 한편 두렵기도 하고 한편 기가 찰 노릇이였다.

미륵불과 재림 예수가 동일인이라면 내게 『탈무드 임마누엘』을 건네준 일과 이홍덕종사를 만나게 한 일도 모두 원효 미륵의 신묘(神妙)한 묘계(妙計)라 생각하니 등골이 오싹해지는 두려움이 엄습해왔고 미륵불과 재림 예수가 동일인이라는 논제를 다룬 책도 없고 또한 인류역사상 어느 누구에 의해 시도된 바도 없는 논제를 아는 것도 별로 없고 실력도 없는 내가 다루어야 한다니 참으로 기가 찰 노릇이었다. 그리하여 며칠 곰곰히 생각한 끝에 도저히 내 실력으로 다룰 수 없는 주제라는 결론을 얻은 나는 책만드는 일을 포기하고 말았다. 포기한 후부터 2002년 하반기까지 근 2년간은 나의 개인 질병사(疾病史)였다. 나는 태어나서부터 2001년까지 큰병은 물론 잔병조차 거의 앓아본 적이 없는 건강한 사람이었다.

그러던 내가 2001년에만 급성맹장염수술, 인후(咽喉)절개수술, 3도화상을 입어 피부이식수술 등 무려 3번이나 큰 수술을 받았다. 이러한 병력(病歷)을 치루고 난 후에도 수술부위와 아무런 관계가 없는 부위, 정확히 말해 머리 끝에서 발가락 끝까지 안 앓아 본 부위가 없을 정도로 온 몸이 아팠다. 어떤 날은 뒤통수를 무거운 망치로 얻어맞은 듯 멍하고 아무런 생각도 안나 손으로 만져보니 감각이 없었고 어떤 날은 옆머리를 면도칼로 그은 듯한 통증이 왔고 또 어떤 날은 무거운 바위가 앞머리를 누르는 듯한 압박감에 시달렸고 또 어떤 날은 온 머리가 부스럼투성이가 된 날도 있었다. 어떤 날은 아무런 이상이 없는데도 오른쪽 눈알이 빠질 것 같이 아팠고 이튿날은 왼쪽 눈이 그랬고 어떤 날은 오른손이 완전 마비되어 손가락을 움직일 수 없었고 또 어떤 날은 발바닥이 퉁퉁 부어올라 걸을 수 없었고 또 어떤 때는 식중독도 아닌데 온몸에 붉은 반점의 두드러기가 솟아나 가려워 미칠 지경이었다. 병원에 가 X-ray를 찍어보니 머리에 아무런 이상이 없으나 두통이 심하면 두개골 절개수술을 받아야 한다고 했고 피부과전문의는 온몸에 나는 두드러기는 자신도 잘모르는 이상현상이라고 하였다.

그때까지만 하여도 미련한 나는 이러한 증상(症狀)이 노화현상인 줄로만 알았다. 2002년 가을 어느날 온몸이 미친듯 가려워 잠못 이룰 때 비로소 이 모든 질병이 큰 황금열쇠를 미륵 원효로부터 받은 내가 내 사명을 스스로 포기했기 때문에 내려진 천벌이라고 단정했다. 그래서 마음을 다잡고 이 책을 쓰기 위해 불경들을 읽기 시작한 2002년 가을부터 2009년 8월에 이르기까지 온갖 통증에서 해방되어 감기 한번 걸린 적 없는 나의 신체상태를 생각할 때 내가 앓았던 병명도 없는 온갖 질병은 나에게 부여된 사명을 포기한 잘못을 징벌하는 인과응보의 주인이신 하나님이 내리시는 천벌이라고 생각할 수밖에 없었다. 풀잎에 맺힌 이슬처럼 덧없는 내 육신을 당장 죽일 수도 있는데 그렇게 하지 않고 내육신에 참기 어려운 고통을 가함으로써 하나님 영혼=내영혼이 스스로 깨달아 자신의 사명을 수행하게 만드는 하나님의 교육방법이야말로 진실로 찬탄과 필설을 여읜 무언(無言)의 교화(敎化)며 무위(無爲)의 치화(治化)가 아니시던가.

내육체의 게으름을 징벌하는 하나님의 한없는 혜량(惠諒)과 은총을 입은 후부터 읽기 시작한 『천부경』,『삼일신고』,『참전계경』, 역대 단군들의 즉위조서, 8만4천법문의 불경, 지나 유교의 사서삼경, 옛날 한국으로부터 전래된 영육투쟁설의 오르피즘에서 발아한 피타고라스부터 헤겔에 이르는 서양의 형이상학, 그리고 『탈무드 임마누엘』에 기록된 예수의 참 가르침과 기존성서의 내용을 자구마다 대조해 읽은 분량을 총합산하면 아마도 10만 쪽이 훨씬 넘을 것이다. 철학을 전공한 한사람의 배우는 학생으로서 이제까지 미쳐 깨닫지 못한 진리를 일령의 무한한 능력과 지혜에 힘입어 깨달은 바가 참으로 많다.

육체적 존재로서의 인간은 불교적 표현대로라면 생노병사(生老病死)의 노도(怒濤)가 넘실거리는 고해(苦海)에 빠져 허우적거리다 진멸(盡滅)하고 마는 거품에 불과하고 유한한 시간의 한시성에 구속되어 있는 육체적 실존(Da Sein)은 실존주의 철학자 사르트르의 말을 빌어 표현하자면 "끝없는 시련과 좌절의 편력사(遍歷史)로 점철된 존재로서의 인간은 하나의 무익(無益)한 수난(受難)일 따름이다"(I homme est une passion inutile). Da Sein적 존재로서의 나는 한집안의 맏아들로서 한가정의 가장으로서 제역활을 못다한 실패한 인생이다. 하지만 불생불사(不生不死)하는 영혼의 윤회사에서 보자면 실패한 인생도 성공한 인생도 없다. 2차세계대전 당시 유럽전선에서 맹위를 떨쳤던 탱크전의 영웅 조지 페턴(George Pattern)은 "승리란 오직 바보들만이 꿈꿀 수 있는 환상(Victory is an illusion which only the fool can dream)"이라고 말했다. 싸움을 직업으로 하는 전쟁 영웅도 승리와 패배를 하나의 Entity로 보는 승패일여(勝敗一如)의 심오한 진리를 이야기하고 있는데 하물며 선과 악, 미와 추, 정의와 불의, 비극과 희극의 안티노미가 주야로 방송되는 현실 세계의 주어진 무대를 훌륭한 배움의 현장으로 삼아 영혼의 발전과 진보를 목표로 정진하고 있는 홍익인간에게 무슨 승리가 있고 패배가 있는가.

나의 이번 生은 이 책을 저술 출판함으로써 부여받은 바 사명을 완수했다. 나 자신 윤회의 끝이 어디인지 모르면서 그저 발걸음이 옮겨지는 일상의 습관을 쫓아 길을 가고 있는 나그네지만 언젠가는 윤회의 끝을 반드시 찾게 되리라 믿어 의심치 않는다.

지금까지 이책을 읽어주신 독자 여러분들께 충심으로 머리숙여 감사 드리고 이생과 내생의 모든 생들을 보람있게 보내고 열예(悅豫)하시기 바랍니다. 감사합니다.

2009년 9월 31일
彌照 金重泰 씀